LICHTSCHLAG NR. 65

LICHTSCHLAG NR. 65

Umschlag: Lichtschlag Medien Meerbusch
Printed in Germany.

ISBN: 978-3-948971-17-5

Carlos A. Gebauer

Das Prinzip Verantwortungslosigkeit

Beiträge zur Irrationalität im öffentlichen Diskurs

Ein Lesebuch

Barbara zugeeignet.

Inhalt

Einleitung 8

1. Kapitel: Intelligenz

1. Argumentieren ist kein Luxus 13
2. Intelligenzfortifikation 27

2. Kapitel: Politik

3. Ich fordere Deinungsfreiheit 38
4. Darf's ein bißchen mehr sein? 48
5. Der Colt im Haus erspart den Notrufknopf 57
6. Max Frisch reloaded: Biedermann 63
7. Die Euro-Katastrophe – 25 Jahre Roland Baader über den Euro und die Euro-Brandstifter 75
8. Wechselkursschwankungen – Der Höflichkeitsabstand zwischen den Völkern 92
9. Die verkürzte Steuermoral 104
10. Grundgesetz 2030 und Great Reset (Frankfurter Rede) 108
11. Surrealismus 123
12. Selbstbehauptung ohne Selbstbewußtsein 142
13. FAS MOS IUS LEX 159

3. Kapitel: Recht

14. Das Prinzip Verantwortungslosigkeit 164
15. Gesetzgebungsmacht – Die Versuchung über das Unverfügbare zu verfügen 187
16. Ist das „Öffentliche Interesse" tatsächlich das öffentliche Interesse? 206
17. Plurimae leges, summa iniuria 234

18. Subsidiarität als Organisationsversprechen 256
19. Wer haftet für politische Fehlentscheidungen? 269
20. Kann man im Flug gegen das Klima sündigen? 273

4. Kapitel: Medizin

21. Menschenrecht auf Nondigitalität? 291
22. Die Arzthaftung des Staates 335
23. Wenn der Staat beim Sterben hilft 362
24. Die Pilotwerdung des Patientenfluggastes
im Gesundheitssystem 368
25. Der Verlust politischer Kontrolle
im viralen Weltdorf 383
26. Postintelligente Wissenschaft 404
27. Öffnet den Kaufhof! 415

5. Kapitel: Appendix

28. Unlike socialism,
the welfare state lacks a definition 424
29. Public Health and Private Sickness 434
30. The Germans – Scattered Souls
Dissolving into Irrelevance 443
32. Limited spaces call for unlimited thoughts 452

Quellen 466

Zur Einleitung

Wenn man über einen Zeitraum von rund dreißig Jahren eine beinahe unübersehbare Vielzahl von Texten veröffentlicht hat, dann heben sich, ob man es will oder nicht, mit der Zeit einzelne Arbeiten aus dieser Gesamtheit heraus. Das eigene Überlegen kommt immer wieder auf diese Publikationen und Reden zurück, in denen man sich gewissen Themen schon einmal vertieft oder gezielt gewidmet hatte, und man knüpft im weiteren Denken an diese Vorarbeiten an. Ohne dass man es zu Beginn gewusst oder nur geahnt hätte, führt man die dortigen Gedanken weiter. Zugleich bilden sich thematische Schwerpunkte, um die das Publizieren kreist. Was man des Berichtens für würdig hielt und hält, entwickelt sich so, dokumentiert schwarz auf weiß, über die Zeit und gewinnt zunehmend an Kontur.

In diesem Band sind Artikel und Redetexte zusammengefasst, die ich in den vergangenen Jahren an den verschiedensten Stellen habe publizieren dürfen. Und weil kein Anlass zu der Annahme besteht, die verstreuten Arbeiten könnten von alleine irgendwo wieder sinnvoll geordnet zusammenfinden, soll dies hier bewirkt werden. Für die Veröffentlichung dieses Lesebuches danke ich dem Verlag, namentlich André Lichtschlag und Martin Moczarski, daher sehr.

Als Kind der Bundesrepublik Deutschland bin ich dankenswerterweise nicht nur an einem friedfertigen und wohlgeordneten Platz in diese Welt geboren worden, sondern auch in eine historische Periode des allgemeinen Fleißes und des prosperierenden Glaubens an technische Fortschritte. Indem ich diese Worte schreibe, hat sich allerdings nicht nur die Zuversicht meiner Zeitgenossen in eine bessere Zukunft weithin verloren, sondern massive Befürchtungen greifen Platz vor dem, was kommen wird. Gefühle von Sorge und Angst ersticken den Willen, das menschliche Leben mit Kräften des Verstandes und der Rationalität gut und immer besser zu organisieren. Und eine für hochentwickelte Demokratien offenbar historisch unvermeidliche Tendenz, lieber unqualifizierte als qualifizierte Persönlichkeiten an ihre Spitzen zu stellen, trifft fatal auf steigende Anforderungen an das Personal gerade im hochtechnisierten, globalen Dorf.

Die Zuversicht der europäischen Aufklärung war auf den menschlichen Verstand gerichtet. Der immer besser ausgebildete Geist der Moderne sollte ein immer getreulicheres und verlässlicheres Bild von der Realität zeichnen können. Politik sollte sich mit ihren Forderungen innerhalb der fassbaren Welt bewegen. Dem Recht kam die Aufgabe zu, einen ethisch fundierten, wissenschaftlich begründbaren und praktisch handhabbaren Rahmen für jedermann zu bieten. Und nicht zuletzt stand die Hoffnung im Raum, mit rationaler, mitmenschlicher Medizin menschliches Leid immer besser verhindern zu können.

Doch statt mit diesem optimistischen Faden des Fortschritts emsig weiterzunähen, sinkt die hoffnungsvolle Moderne inzwischen zurück in gefühlige Glaubenserwägungen, verliert sie sich in Postfaktisches und Kontrafaktisches, tritt verantwortungslos Surreales an die Stelle demütigen Forschens und Funktionsverbesserns. Just in dem Moment der Geschichte, in dem der Mensch seinen Planeten zur Gänze erobert zu haben schien und sich anschickte, den Sprung über ihn hinaus zu wagen, wird die Weltgesellschaft von Irrationalität erfasst. In der neuen Unzufriedenheit einer Menschheit, deren breiter Wohlstand geschichtlich ohne Vorbild ist, jagen neue Anführer unausgegorenen Illusionen hinterher und lässt eine große Masse der Gesellschaft sie gewähren. Und gerade das, was von sich selbst so pointiert behauptet, Verantwortung für zukünftige Generationen übernehmen zu wollen, erweist sich bei einem detailliert analysierenden Blick als das Unverantwortliche schlechthin: Undurchdachte Ziele werden mit untauglichen Mitteln von unqualifizierten Akteuren verfolgt, der ordnende Rahmen des Rechts wird gesprengt, die unantastbare Würde des einzelnen wird sogar medizinisch in Frage gestellt und eine übersteigerte

Regelungseuphorie verbreitet Heilsversprechen, für die es sachliche Argumente nicht gibt. Dass hierbei in den Republiken des Westens Politiker an den Spitzen stehen, die von aller persönlichen Haftung für ihr weitreichendes Tun rechtlich freigestellt sind, legitimiert die Benennung des Vorganges als das titelgebende „Prinzip Verantwortungslosigkeit".

Wie surreal die politische Lage derzeit ist, erweist eine einfache Beobachtung: Politiker, die nicht bereit sind, rechtliche Verantwortung für ihr Handeln im Hier und Jetzt zu tragen, sondern sich insoweit hinter ihre Gewissensfreiheit zurückziehen, berühmen sich umgekehrt einer Übernahme von Verantwortung für eine Zukunft, die sie aber denknotwendig noch weniger kennen und beherrschen können als die Gegenwart.

Das "Prinzip Verantwortungslosigkeit" ist bei alledem also auch ein diskursives Echo. Unter der Überschrift von einem „Prinzip Verantwortung" hatten kurzsichtige Philosophen in der jüngeren Geschichte bekanntlich davon geschwärmt, die Welt und das Leben der Menschen durch eine konsequente Deindustrialisierung – nötigenfalls mit Gewalt – besser und schöner zu machen. Sie werden damit aber leider nur das genaue Gegenteil erzielen. Man verbessert nicht die Lebensumstände des Menschen, wenn man ihm die mühsam etablierten Instrumente seiner Existenzbewältigung aus den Händen schlägt. Schöpferische Zerstörung bedeutet nicht, dass durch das Zerstören von Etabliertem automatisch Neues und Besseres geschaffen würde, sondern schöpferische Zerstörung beschreibt die Beobachtung einer Zerstörung des Überholten infolge der Nutzung des bereits geschaffenen Neuen.

Getreu der historischen Erkenntnis, dass auf ein Extrem regelhaft sein genaues Gegenteil folgt, steht als nächstes ein mindestens vorläufiges Ende der sogenannten Globalisierung zu erwarten. Die multipolare Rückbesinnung auf kleinere Einheiten gibt dieser Mutmaßung deutlich Nahrung. Mit einer dadurch für die weitere Zukunft ermöglichten rechtlichen Verantwortung auch des Führungspersonals öffnet sich die Perspektive, unsere Gemeinwesen neu zu ordnen und wieder in rationalere Sphären zu leiten. Innerhalb dieses gedanklichen Bogens bewegen sich die hier zusammengefassten Texte.

***

1. Kapitel
Intelligenz

Streitkultur, Argumentieren und Zuhören

Kleine rhetorische Trilogie

Erstens: Kleines Handbuch der Streitkultur

Man muß nur wenig Zeitung lesen, um zu sehen: Unsere Gesellschaft ist auf das Äußerste zerstritten. Es gibt kaum noch ein Thema, bei dem nicht tiefe Gräben das Diskussionsfeld spalteten. Zwischen der Erdatmosphäre und der eigenen Nase, zwischen Lokal- und Weltpolitik, zwischen dem Gaspreis heute und dem Fleischkonsum in 50 Jahren ist inzwischen alles Gegenstand erbitterter Debatten. Wer sich dem allgegenwärtigen Streit nicht aussetzen mag, hat längst die Flucht in das Schweigen angetreten.

Über die Ursachen dieser Verwerfungen ließe sich lange spekulieren. Weniger zeitintensiv könnte sein, sich mit der Frage zu beschäftigen, wie eine Gesellschaft aus diesem Zustand wieder herausfindet. Vielleicht ist der Sache dienlich, einen Blick auf jene zu werfen, die Streiten zu ihrem Beruf gemacht haben: Rechtsanwälte. Sie jonglieren täglich mit streitigem Vorbringen, sie bestreiten gegnerischen Vortrag und sie suchen nach der treffenden Antwort auf die streitentscheidende Frage. Wie also handhaben Anwälte ihren Streitstoff, ohne selbst zu verzweifeln oder sich untereinander mehr als nötig zu ärgern?

Zum Selbstverständnis eines Anwaltes gehört, beim Streiten sachlich zu bleiben. Das Sachlichkeitsgebot stellt eine Kernvorschrift seines Berufsrechtes dar. Die Grundlage dieser Spielregel liegt in der Erkenntnis, dass die Auseinandersetzung mit Nebensächlichem nie einer Erledigung oder Bewältigung derjenigen Sache dient, die den eigentlichen Ursprung des Streites bildete. Tatsächlich: Hat man einmal erkannt, dass das Unsachliche immer auch etwas ist, was neben der Sache liegt, dann sieht man:

Es bringt die Hauptsache X nicht voran, wenn man sich der Nebensache Y widmet.

Welche schier unendlichen Verwirrungspotentiale es hat, wenn die Beteiligten eines Gerichtsverfahrens nicht mehr nur mit dem ursprünglich streitauslösenden Umstand befasst sind, sondern sich auf die sprichwörtlichen Nebenkriegsschauplätze begeben, zeigt schon die einfachste Grundkonstellation des Anwaltsprozesses: Sitzen ein Kläger und ein Beklagter im Beisein ihrer beiden Anwälte vor einem Richter, dann sollten diese fünf Menschen mit nichts anderem beschäftigt sein, als mit der effizienten Klärung des einen Streits zwischen Kläger und Beklagtem. Fangen die Anwälte aber untereinander an, sich Vorwürfe zu machen, lehnen sie den Richter als möglicherweise befangen ab oder äußert sich der Beklagte abfällig über den Klägerbevollmächtigten, dann tritt der Prozess in seiner Hauptsache bald auf der Stelle.

Es wäre abwegig, wollte man annehmen, gesellschaftliche Streitigkeiten außerhalb eines Gerichtssaales unterlägen anderen Dynamiken. Im Gegenteil. Je mehr potentielle Streitparteien an einer Auseinandersetzung beteiligt sind und je weniger klare Prozessregeln es gibt, desto wahrscheinlicher ist es, dass der Ausgangspunkt des Konfliktes in Vergessenheit gerät und an seine Stelle unzählbare weitere Nebenkämpfe treten. Im Idealfall wird dies allen Beteiligten irgendwann klar, sie hören auf zu streiten und fragen sich gemeinsam, warum sie sich eigentlich ursprünglich aufregt hatten. Doch dieser Idealfall ist in der Praxis wohl noch nicht beobachtet worden. Mithin bleibt die Frage: Wie kann man eine gesellschaftliche Debatte mit Hilfe des anwaltsrechtlichen Sachlichkeitsgebotes entwirren?

Am Anfang alles Nachdenkens über eine Versachlichung von Streitereien muß die Erkenntnis stehen, dass Menschen keine kalten Automaten sind. Wir sind lebendig. Wir haben Gefühle. Werden wir von einem anderen Menschen überzeugend – und also erfolgreich – darauf aufmerksam gemacht, dass wir uns zuvor geirrt haben, springt in unserem Inneren also nicht nur ein Schalter um und unsere Ansicht ist geändert. Wir können uns dann vielmehr auch über uns selbst ärgern. Bisweilen schämen wir uns sogar, einem Irrtum oder gar einer gezielten Täuschung durch andere aufgesessen zu sein. Bis wir diesen Ärger überwunden haben, neigen wir in solchen Fällen sogar dazu, demjenigen gegenüber negativ eingestellt zu bleiben, der uns von diesem Fehler befreit hat. Fakten sind nämlich meist in ein Knäuel von subjektiven Befindlichkeiten eingewickelt. Drückt man bei einer Maschine auf einen falschen Knopf, funktioniert sie nicht. Begeht man unter Menschen Fehler, kann man sie dadurch zum Lachen bringen oder sie traurig machen. Für alles Streiten bedeutet dies: Man muß die Emotionen des Gegenüber auch und gerade im eigenen Interesse einer zügigen Erledigung der Sache immer im Blick haben. Sieben Handwerkszeuge sind daher für sachliches Streiten hilfreich:

1.) Man soll im Streit penibel darauf achten, Tatsachen und Meinungen auseinanderzuhalten. Tatsachen lassen sich objektiv beweisen. Meinungen hingegen sind nur im Inneren des Meinenden real. Bis heute gibt es erstaunlicherweise keine allgemein anerkannte Definition dafür, was eine „Meinung" genau ist. Gerichte stellen auf ein „Dafürhalten" oder auf den eigenen „Eindruck" des Betreffenden ab. Am treffendsten dürfte wohl sein, auf das eigene Empfinden abzustellen: Gegenstände, die man noch nicht abschließend erkannt und erfasst hat, die man also nicht beweisen kann, die man aber schon für richtig oder falsch hält, sortiert man nach Maßgabe des eigenen Empfindens. Damit muß aber zugleich klar sein: Der andere kann über den betreffenden Gegenstand anders empfinden. Sein subjektives Befinden als objektiv falsch oder richtig zu bezeichnen, ist folglich unsachlich.

2.) Das, was der andere tatsächlich äußern wollte, und das, was wir verstehen, kann durchaus unterschiedlich sein. Bevor man dem Gegenüber also vorhält, er habe etwas Vorwerfbares gesagt, sollte man klären, ob das tatsächlich der Fall war. Erweist sich, dass man den anderen nur falsch verstanden hatte, kann man vermeiden, ihn wegen einer reinen Unterstellung anzugreifen. Legt man dem anderen grundlos Skandalöses in den

Mund, streitet man also schnell über Sachen, die es nicht gibt. Man ist folglich unsachlich.

3.) Präzision ist bei der sprachlichen Darstellung eines Sachverhaltes im Streit unverzichtbar. In der Realität besteht ein erheblicher Unterschied zwischen einer einzelnen klemmenden Küchenschublade einerseits und einem Zustand, die dem „alle Möbel kaputt sind“ andererseits. Nicht aber so in der Sprache. Aus dem Fehlen einer Biene kann verbal schnell darauf geschlossen werden, dass „alle Insekten sterben“. Wer aber tatsächliche Mücken zu erzählten Elefanten macht, weil beide Beine haben, der streitet inakkurat und somit unsachlich.

4.) Der fehlenden Präzision verwandt ist die mangelnde Konkretheit: In der Emotion des Streites neigen Menschen dazu, Einzelfälle unbotmäßig zu verallgemeinern. In diese Kategorie fallen Sätze wie „Alle Soldaten sind Mörder“, „Jeder Mann ist ein Vergewaltiger“ oder „Alle Kreter lügen“. Eine verlässlichere Möglichkeit, Debatten zu boykottieren, gibt es kaum. Soldaten, Männer im Allgemeinen oder Kreter im Besonderen werden hierdurch faktisch haltlos attackiert. Aus naheliegenden Gründen kann von allen Adressierten kaum erwartet werden, dass sie den Vorwurf übergehen und selbst ausschließlich zur Sache weiterreden. Doch damit nicht genug: Auch derjenige, der einen solchen verallgemeinernden Angriffspfeil abgeschossen hat, stellt sich unwillkürlich selbst in das Feuer der entfesselten Aggression. Erfahrung weist nämlich, dass auch das nüchterne Übergehen einer solchen Attacke durch den Angegriffenen den Streit in solchen Fällen nicht etwa abkühlt. Der Angreifer ärgert sich vielmehr dann, dass der Gegner nicht plangerecht explodiert. Kurz: Unsachlichkeit hilft keinem.

5.) In der Wortwahl ist der Unterschied zwischen sachlicher Kritik und abfälliger Bewertung zwar nur hauchdünn. Im Effekt aber unterscheiden sich beide kolossal. Fragt man einen Schreiner, warum ein Brett 5 Zentimeter kürzer ist als man es bestellt hat, kann er einräumen, das Brett eines anderen Kunden präsentiert zu haben. Fragt man ihn stattdessen, ob ihm Bretter nur gefallen, wenn sie zu kurz sind, stellt sich die Diskurssituation grundlegend anders dar. Einander objektiv zuwiderlaufende Interessen und Standpunkte müssen von subjektiven Wertungen unterschieden und von ihnen bestenfalls freigehalten werden, so lange es irgend geht. Da Wertungen stets individuell sind, gerät der Disput über sie regelhaft unsachlich.

6.) Aus dem gleichen Grund soll man alle Kritik auf den tatsächlichen Gegenstand des eigenen Missfallens beschränken, statt ihn auf die Person des Gegners auszuweiten. Argumente „ad hominem" führen im Streit zu nichts Gutem. Ob der Gegner dick oder dünn, groß oder klein, rosa oder lila ist, hat in aller Regel mit seinem sachlichen Streitbeitrag nicht zu tun.

7.) Hat man sich dazu verleiten lassen, Vergleiche zu ziehen und deswegen den populären Vorwurf kassiert, der Vergleich sei unzulässig, so sollte man zügig klarstellen: Nur Vergleichen kann man schlechterdings alles mit allem. Illegitim kann allenfalls sein, ein Verglichenes mit einem anderen gleichzusetzen. Mit dieser Klarstellung findet man meist zurück zur Sache.

Zweitens: Argumentieren

Hat es Sinn, mit anderen über Themen zu reden, zu denen schon alles gesagt ist? Ist es im Gegenteil nicht sogar Zeitverschwendung, über Dinge zu sprechen, die bereits abschließend erörtert sind? Wozu sollte man Fragen stellen, auf die alle Antworten bereits gegeben sind und über die es sogar einen breiten wissenschaftlichen Konsens gibt?

In der juristischen Literatur gibt es seit langem eine Standardformulierung, mit der man das Recht verteidigt, äußern zu dürfen, was einem gerade durch den Kopf geht. Sie lautet: Die Meinungsäußerungsfreiheit ist für eine freiheitliche Gesellschaft „schlechthin konstituierend". Es war das deutsche Bundesverfassungsgericht, das diese geradezu architektonisch grundlegende Spielregel für das gesellschaftliche Gespräch in der prosperierenden Bundesrepublik in dieser Formulierung erstmals aussprach.

Man soll mithin nicht nur das Recht haben, über Tatsachen zu sprechen. Man soll vielmehr auch befugt sein, das eigene

Empfinden und Einschätzen zum Gegenstand einer Botschaft an andere machen zu dürfen. Genau diese Erweiterung des Rederechtes – über das bloße „Sagen, was ist" hinaus – ist von eminenter Bedeutung für ganze Gemeinwesen. Wer nämlich von einem unbezweifelbar feststehenden Umstand berichtet, der gibt in der Sache nur wieder, was er gesehen oder sonstwie erkannt hat. Das ist zwar wichtig, weil es wahre Nachrichten von unwahren unterscheiden läßt.

Bloße Vermutungen, Rückschlüsse oder Prognosen zu äußern, ist jedoch etwas anderes. Wer so spricht, der teilt das eigene tastende Denken mit anderen, um auf diese Weise unfertige und unerprobte Gedanken außerhalb des eigenen Kopfes kundzutun oder solche – in umgekehrter Richtung – in Erfahrung zu bringen. Meinungsäußerungsfreiheit ist somit im Wesentlichen eine Methode, um zu bestätigen oder zu widerlegen, was man selbst zunächst nur unter Vorbehalt als richtig annimmt. Indem dadurch auch die Erkenntnisse anderer für das eigene Erkennen fruchtbar gemacht werden, vergrößert sich nicht nur das eigene Wissen, sondern wechselseitig auch das der anderen.

Aus diesem Grunde sind Gesellschaften, in denen das prinzipielle Recht herrscht, seine Gedanken jederzeit und jedem gegenüber offen aussprechen zu dürfen, wohlhabender als Gesellschaften, in denen die freie Rede unterdrückt wird. Denn je mehr die Ideen der einzelnen kreisen können, desto schneller setzen sich zutreffende Informationen durch und desto zügiger werden umgekehrt auch unzutreffende Informationen widerlegt. Richtige Vermutungen können sich auf diese Weise schneller zu verwertbarem, sicherem Wissen verdichten, und auf unrichtige Spekulationen werden nicht länger vielerorts Ressourcen verschwendet. Im Ergebnis führt diese zunächst intellektuelle und dann verfassungsjuristische Entscheidung für ein Recht auf allgemein freie Rede damit sogar zu handfesten objektiven Effizienzgewinnen für jedermann.

Dies auszusprechen erscheint heute gerade deshalb von großer Bedeutung, weil im gegenwärtigen Debattenklima der Eindruck vorzuherrschen scheint, Argumentieren sei Zeitverschwendung. Namentlich dort, wo ein überragender wissenschaftlicher Konsens bestehe, hört man, müsse nicht mehr diskutiert werden. Mehr noch: In solchen Situationen dürfe gar nicht mehr argumentiert werden, weil dadurch wertvolle Zeit verloren gehe. Die herrschende Meinung alleine weise bereits den richtigen Weg, Gegenrede störe nur und halte auf.

Abgesehen von der verfassungsjuristischen Problematik einer solchen Weltsicht, führt dieser Impetus zur Diskursreduktion zwangsläufig zu einer Eingrenzung der Entwicklungspotentiale einer Gesellschaft. Wo Diskussionen inhaltlich gehaltloser werden, da verarmt eine Gemeinschaft bald auch ökonomisch. Wirtschaftsgeographische Vergleichsbetrachtungen zeigen immer wieder: Wo der Bildungsstand hoch, das Rederecht frei und die dezentrale Kreativität unbeschränkt ist, da haben selbst Landstriche ohne natürliche Bodenschätze gute Aussicht auf eine materiell hohe Lebensqualität.

Argumentieren ist also kein Luxus. Argumentieren ist vielmehr eine zwischenmenschliche Notwendigkeit. Wer argumentiert, der legt seine Gedanken offen. Die lateinische Mutter des Wortes, das Verb „arguere“, beschreibt die Tätigkeit des Beweisführens. Es geht um das allseits nachvollziehbare Zeigen einzelner Umstände und um das erläuternde Offenlegen von Zusammenhängen unter ihnen. Ein Nachweis im Rahmen der Beweisführung ist also eine kommunikative Darstellung dessen, was der Redner denkt und zeigen möchte. Überzeugend ist eine Argumentation folglich, wenn sie ihren Sachverhalt schlüssig und widerspruchsfrei darstellen kann. Insofern hat das Argumentieren interaktionstechnisch gleich zwei wesentliche Funktionen: Es zwingt den Redner, seinen eigenen Vortrag zunächst selbst auf gedankliche Kohärenz zu prüfen. Ist er infolge dieser Prüfung davon überzeugt, dass sein Gedanke gut strukturiert ist, teilt er ihn anderen mit. Infolge dieser Offenlegung besteht dann für seine Diskutanten die Möglichkeit, die von ihm präsentierte Beweisführung gemeinsam zu prüfen und festzustellen, ob sie tatsächlich zutreffend ist und dadurch alle überzeugt.

Es ist kein Zufall, dass uns genauer betrachtete Worte durchaus leiten können, wenn wir nach neuen Einsichten suchen. Wenn wir zum Beispiel den eigenen „Standpunkt“ verlassen und den eines anderen einnehmen, dann können wir einen Gegenstand nicht nur aus der eigenen, sondern auch aus der Perspektive des anderen betrachten. Dann gelingt jene „Offenlegung“, zu der uns das Argumentieren führt, durch neue Sichtweisen auf das Objekt unserer Überlegungen. Sitzen zwei Menschen hingegen fest auf ihren Stühlen an einem Tisch und betrachten unbeweglich ein und dieselbe Münze in ihrer Mitte, werden sie den anderen nie davon überzeugen können, dass dort (nur!) ein Adler oder eine Zahl zu sehen ist. Erst wenn man beginnt, sich selbst zu bewegen, eröffnet man sich auch neue Erkenntnismöglichkeiten.

Argumentiert man aber nicht nur, sondern diskutiert sogar, dann zerlegt man den betrachteten Gegenstand auch noch in seine Einzelteile, um ihn dadurch in seinen zutage tretenden Bestandteilen detaillierter zu erfassen. Das lateinische „discutere“ bezeichnete nämlich ursprünglich den Vorgang des Zerlegens, da es auf das Wort „quatere“ (zerschlagen) zurückgeht.

Und auch in der gemeinschaftlichen „Erörterung“ eines Themas ist das Wort „Ort“ nicht ohne Grund enthalten: Die Diskutierenden umkreisen ihren Gegenstand in Gedanken gemeinschaftlich, um an ihm durch wechselseitige Kundgabe ihrer eigenen Eindrücke immer neue, bislang verborgene Dimensionen zu entdecken. Selbst der nur imaginäre Rundgang um einen abstrakten Begriff kann so zu ungeahnten Einsichten führen. Läßt man sich darauf ein, den tastenden Gedanken und Darstellungen eines anderen zu folgen, so ist es bisweilen, als sei man zusammen mit einer Taschenlampe um eine monströse Maschine herumgewandert. Die Hinweise des anderen fördern dann oft Bestandteile und Funktionen des Betrachtungsgutes zutage, die man selbst bei ursprünglich noch so intensiver Untersuchung weder gesehen, ja nicht einmal erahnt hatte.

Zu glauben, man könne durch einen offenen und vorurteilsfreien Austausch mit anderen in der Welt nichts Neues mehr sehen, ist nach allem schlicht Hochmut. Nur der Einfältige kann der Überzeugung sein, er wisse schon alles und seine Kenntnisse wären bereits abschließend. Wer das neugierige Argumentieren mit anderen einstellt und skeptische Diskussionen für beendet erklärt, der verarmt. Erst selbst geistig. Und dann ganz praktisch mit seiner ganzen Gesellschaft auch wirtschaftlich. Jede Kreation läßt etwas Neues entstehen. Und neu ist es, weil es zuvor noch nicht existierte. Erst im bohrenden Argumentieren und Diskutieren mit anderen läßt sich dann aber ermitteln, ob das Neue auch etwas Gutes und Sinnvolles ist. Denn der bloße Umstand, dass etwas neu Kreiertes zuvor zwangsläufig noch unbetrachtet gewesen war, bedeutet für sich noch nicht, dass es künftig auch für andere tatsächlich vorteilhaft wäre. Das läßt sich erst in der Erprobung ermitteln. Zunächst in der diskutierten Theorie und dann – vielleicht – in der experimentellen Praxis.

All diese Erkenntnisschritte sind für die Einführung eines neuen Gedankens oder eine ungesehene Erfindung unabdingbar. Sie lassen sich nicht umgehen, will man Katastrophen ernsthaft vermeiden. Im Umkehrschluss gilt sogar: Je weniger die Beteiligten miteinander kommunizieren, desto rückständiger bleibt ihr Denken und desto wahrscheinlicher ist das Risiko für gesellschaftliche Katastrophen. Mit anderen Worten: Ohne freies und offenes Argumentieren gibt es keinen vernünftigen Fortschritt. Oder noch kürzer: Wer nicht fragt, bleibt dumm.

Drittens: Zuhören

Der britische Sprechtrainer Julian Treasure tritt bisweilen auf die Bühne und sagt nur ein Wort: „Listen!“. Nach dieser maximal verkürzten Aufforderung, zuzuhören, schweigt er sein Publikum mehrere Sekunden an. Sofort erstirbt alles Flüstern im Auditorium. In die völlige Stille erläutert er dann: Dies ist das Geräusch der Aufmerksamkeit und des Zuhörens. Dies ist das Geräusch, das man braucht, um einander zu verstehen. Die eigene Stille ist also nicht mehr und nicht weniger als die erste Grundlage menschlicher Kommunikation.

Widmet man sich einer Betrachtung des menschlichen Ohrs und seiner gesellschaftlichen Bedeutung, bietet sich an, zunächst drei kleine Beobachtungen vorab anzustellen:

Wenn wir uns bei der Arbeit mit anderen Menschen austauschen möchten, begeben wir uns meist in einen dafür vorgehaltenen Besprechungsraum. Für die Dauer der dann stattfindenden Besprechung sind wir für andere nicht ansprechbar.

Von Politikern hören wir, dass sie in andere Länder reisen, um dort mit anderen Politikern zu einer Unterredung zusammenzukommen. Nachdem sie miteinander geredet haben, kommen sie wieder nach Hause zurück und berichten, was sie beredet haben.

Empfinden wir Unwohlsein, äußern wir bisweilen den Wunsch, mit anderen darüber ein Gespräch zu führen. Wollen wir derartige Erörterungen möglichst erfolgreich gestalten, besuchen wir Seminare, um Gesprächsführungstechniken zu erlernen.

Schon ein Blick auf diese drei Worte, mit denen wir unsere gedanklichen Interaktionen bezeichnen, macht deutlich: Das Gespräch, die Unterredung und das Besprechen fokussieren sich allesamt auf das Sagen. Die Beschreibung des Vorganges ist primär auf das gerichtet, was andere äußern. Wer sich erklärt, der scheint die Situation zu dominieren. Der Redner ist aktiv, seine Stimme füllt den Raum, er gibt den Ton an. Demgegenüber wirkt der, der schweigt und zuhört, passiv. Er macht, dem Anschein nach, nichts. Er sitzt nur da. Schließt er dabei auch noch die Augen, bleibt sein Geheimnis, ob er sich auf das Hören konzentriert oder ob seine Gedanken ganz woanders sind. Was ist der Grund dafür, dass wir dem Hören gegenüber dem Sprechen eine weniger bedeutsame Rolle zuweisen?

Löst man sich bei der Betrachtung zwischenmenschlicher Kommunikation von diesem ersten Anschein, den ein Redner und ein Zuhörer erwecken, und betrachtet man die Grundstruktur des mündlichen Gedankenaustausches, dann wird klar: Die mindestens zwei Beteiligten an einer solchen Interaktion befinden sich in einem Hin und Her des Mitteilens und Zurkenntnisnehmens der Überlegungen des jeweils anderen.

Bis der andere alle seine Botschaften vollständig und insgesamt ausgesprochen hat, kann der Zuhörende sie aber denknotwendig noch nicht abschließend kennen. Er ist also darauf angewiesen, dem Sprechenden bis ganz zum Ende seiner Sätze zuzuhören. Will er dann tatsächlich auf das gerade Gehörte entgegnen, muß er zunächst die vernommenen Gedanken verstehen, sie überdenken, seine eigenen Überlegungen dazu anstellen, eine (zustimmende oder ablehnende) Haltung zu allem entwerfen und erst dann mit dem eigenen Reden beginnen.

Vergegenwärtigt man sich, was es bedeutet, einen gedanklichen Austausch dieser Art mit einem anderen zu führen, dann wird klar: Immer dann, wenn einer der beiden Beteiligten ausgeredet hat, müsste es immer erst zu einem Augenblick der Stille kommen, bevor der andere seinerseits beginnt, zu reden. Beobachtet – und vor allem: lauscht – man Menschen bei ihrem Miteinanderreden, zeigt sich indes ein vollends abweichender Eindruck: Noch während Herr A spricht, holt Herr B bereits Luft, um nahtlos an das Satzende seines Gegenübers anzuschließen. Manchmal gelingt es Frau C nicht einmal, zu Ende zu reden, da ist ihr Frau D schon ins Wort gefallen.

Dieses Anhören anderer im Alltag erweist, dass Menschen dazu neigen, sich weniger mit den Überlegungen eines Gegenübers zu beschäftigen als vielmehr an der sprachlichen Darstellung ihrer eigenen Gedanken zu feilen. Wer aber überlegt, was er als nächstes sagen wird, der hat schon nicht mehr den nötigen Raum im eigenen Kopf, den währenddessen noch geäußerten Gedanken des anderen zu erfassen. Nahtloses Reden der Beteiligten im Hin und Her ohne Pausen ist also im Kern ein Kennzeichen für konsequentes Aneinandervorbeireden.

Bei alledem ist das Image des scheinbar nur passiven Zuhörers ganz unbegründet. Weil wir nämlich nicht in der Lage sind, in den Kopf unseres Gegenübers hineinzusehen, sind wir darauf angewiesen, ihm zuzuhören, wenn wir ihn verstehen wollen. Je mehr wir einen anderen also ausreden lassen, desto präziser können wir erfahren und erfassen, was er denkt und glaubt. Folgerichtig ist es völlig verfehlt, das schweigende Beisammensein generell als peinliche Stille mißzuverstehen. Oft ist es gerade genau dieses Ruhen der Botschaftssendung, das den Beteiligten die Konzentration und Ernsthaftigkeit ihres Austausches signalisiert.

Welche beeindruckend erkenntnisfördernde Wirkung es hat, wenn man im Gespräch einmal dann nichts sagt, wenn der andere erwartet, dass man zu reden begönne, kann man jederzeit ausprobieren. Das allgemeine Vorverständnis unserer Kommunikationskultur ist geradezu überwältigend geprägt von der Idee, dass Gesprächspausen etwas Unangebrachtes wären. Schweigt man also, wenn der andere mit seinem Vortrag zu Ende gekommen ist, dann wird man bemerken: Er redet schon bald schlicht weiter. Sucht man dann noch den Blickkontakt mit ihm und nickt ihm gar ermunternd zu, dann wird er seinen eigenen Gedanken aus allen erdenklichen Blickwinkeln beleuchten und beschreiben. Der scheinbar passive Teil der Besprechungssituation steuert dadurch den Umfang seines eigenen Erkenntnisgewinns. Wer Pausen im Redefluss aushält, erhält so die umfangreicheren Informationen vom anderen.

Aus alledem wird auch deutlich: Es verschafft nur vordergründig diskursive Vorteile, die eigene Schlagfertigkeit im Gespräch zu trainieren. Schlagfertigkeit ist – wie das Wort bei genauerer Betrachtung verrät – die Bereitschaft, anderen Menschen verbale Schläge zu versetzen. Diese Art der scheinbar geistreichen Spontaneität erweckt vor manchem Publikum bisweilen den Eindruck eines beeindruckend agilen Intellekts. Tatsächlich aber verstellt sich ein solcher rhetorischer Schlägertyp immer wieder die Möglichkeit, zum eigenen Erkenntnisgewinn mehr von anderen zu erfahren.

Über den ehemaligen deutschen Bundeskanzler Helmut Schmidt sagt man, dass er über die Fähigkeit verfügte, druckreife Sätze zu sprechen. Es empfiehlt sich, sein Verhalten insbesondere in Interview-Situationen zu betrachten. Zu der Zeit, als er amtierte, war noch üblich, auch in Fernsehstudios zu rauchen.

Von dieser Möglichkeit machte Schmidt intensiv Gebrauch. Es existieren ungezählte Aufnahmen, die ihn mit Zigarette oder Tabakpfeife im Gespräch mit Journalisten zeigen. Konsequent nutzte Schmidt immer wieder die Möglichkeit, sich nach einer Frage, die ihm gestellt wurde, zuerst seiner Zigarette oder seiner Pfeife zu widmen. Während er die Glut des Tabaks anfachte und dann in großer Seelenruhe den inhalierten Rauch ausatmete, gewann er Zeit, den von seinem Gegenüber in den Raum gestellten Gedanken zu erfassen und seine Antwort zielgenau zu strukturieren. Was er dann antwortete, erklang als vollständiger Satz mit allseits fassbarem Inhalt. Der druckreif Redende war also primär ein konzentrierter Zuhörer.

Je länger und je aufmerksamer man anderen zuhört, desto mehr Informationen sammelt man über die Welt und desto klarer kann man sein eigenes gedankliches Bild von der Realität zeichnen. Da unsere kognitiven Aufmerksamkeitskapazitäten begrenzt sind, müssen wir lernen, sie möglichst gezielt einzusetzen. Während man redet kann man anderen nicht zuhören. Das erste Mittel zum Verständnis der Umwelt ist also, selber zu schweigen und das Ohr in die richtige Position zu bringen. Die einzige Möglichkeit, beim eigenen Sprechen etwas Neues zu erfahren, bietet sich uns dann, wenn wir uns selbst oder anderen einen fremden Text vorlesen. Sobald wir beginnen, unsere eigenen Gedanken auszusprechen, schließen wir unsere Ohren für jeden möglichen Erkenntnisgewinn von außen. Will man es ökonomisch betrachten, ließe sich formulieren: Zuhören ist eine Art Ansparen von Wissen. Je mehr Wissen man sich auf diese Weise erhört hat, desto wertvoller werden später die eigenen Äußerungen.

Der bei all diesen oft unbedachten Fähigkeiten des Ohrs aber vielleicht faszinierendste Effekt des Zuhörens liegt nicht einmal in den intellektuellen Potentialen für den Hörer, sondern in einer weiteren Konsequenz für den Sprecher in einem Dialog: Ihm wird durch die sachkundigen Redebeiträge seines Gegenübers klar, dass er mit seinen Gedanken verstanden wurde. Und genau dieses Verstandensein von anderen rührt an eine zentrale

Emotion aller Menschen. Nicht nur Richter, die in guter juristischer Tradition rechtliches Gehör gewähren, müssen wissen: Anderen das Wort abzuschneiden ist immer auch ein Angriff auf das Selbstwertgefühl des Redenden. Also, aufgemerkt! Zuhören macht klug und beruhigt zugleich die Gemüter.

***

Keine Biofortifikation ohne Intelligenzfortifikation

Tischrede am Vorabend der Haberler-Konferenz 2019 in Vaduz

Einleitung

Paläoanthropologisch läßt sich der derzeit einschlägige Forschungsmainstream – auf das Äußerste verkürzt – sinngemäß etwa so zusammenfassen, daß der Mensch als homo erectus circa 2 Millionen Jahre in Zentralafrika verharrte, bevor er sich auf den Weg „out of Africa" machte. Mit einer Jahresmigrationsstrecke von 400 Metern habe dann sein Nachfolgemodell, der homo sapiens, vor rund 40.000 Jahren die Atlantikküste desjenigen Landes erreicht, das wir derzeit Spanien nennen. (Präzisionsmängel bei dieser Darstellung bitte ich, mir nachzusehen. Sie passieren, wenn pro Zeile rund 350 Millionen Jahre zusammengefasst werden.)

Man muss nicht selber dabei gewesen sein, um zu verstehen: Ein solcher Ortswechsel kann nicht ohne Auswirkungen auf das Denken der Beteiligten und auf ihre Mentalität geblieben sein. Wer sich knapp zwei Millionen Jahre mit seinen Eltern und Kindern am Äquator aufgehalten hat – also an einer Stelle, an der es sonnenlaufbedingt keine Jahreszeiten gibt –, der hat ein anderes Zeitverständnis als derjenige, der sich beeilen muss, vor den Herbststürmen seine Ernte in Sicherheit zu bringen. Wo wegen der Licht- und Temperaturschwankungen nicht an jeder Pflanze alle Jahreszeiten immer gleichzeitig stattfinden und also auch nicht (wie damals am Äquator) durchgängig verzehrbereite Früchte verfügbar sein können, da musste der wandernde Mensch schnell zwei Dinge lernen: Erstens, daß es Zeit gibt. Und zweitens, daß man sich während eines Jahres immer unterschiedlich an verschiedene Umstände anpassen musste, wollte man überleben. Und weil diese Anpassungsnotwendigkeiten durch Erfahrungsgewinne über die Zeit naheliegenderweise zu immer besseren Anpassungstechniken führten, entdeckte der Mensch irgendwann, daß es etwas gibt, das er „Fortschritt" nannte. In einer von algerischen Arbeitern im Sommer 2018 mit einem Kärcher von einer Höhlenwand gereinigten südfranzösischen Wandmalerei aus dem Jahr 37.000 vor Christussoll es nach unbestätigten Meldungen geheißen haben: „Nachdem der Vater gesagt hatte, ‚Das haben wir schon immer so gemacht', entgegnete ihm sein Sohn ‚Ich will das aber jetzt einmal anders machen'. Dann gingen beide verärgert in verschiedene Richtungen fort."

Orthomolekularmediziner sind der Auffassung, daß auch wir Gegenwartsmenschen bis heute (mindestens) rein körperlich noch immer erhebliche Ähnlichkeiten mit unseren äquatorial-afrikanischen Vorfahren aufweisen, weswegen sie empfehlen, das infolge fehlender Sonneneinstrahlung demgemäß unzureichend körpereigen gebildete Vitamin D dem Körper zusätzlich in höherer Dosis als derzeit schulmedizinisch anerkannt zuzuführen.

Sollte also tatsächlich zutreffen, daß wir Menschen auch 40.000 Jahre nach unserer Ankunft in Nordspanien noch immer tief in unserem Inneren mit dem Umstand einer sich stets wandelnden Umwelt und den daraus folgenden Anpassungszwängen hadern? Könnte es sein, daß die Sehnsucht nach einem paradiesischen Urzustand, das Verlangen nach einem Leben im Einklang mit der Natur und der Traum von einer biodynamisch-ökologischen Harmonie zwischen naturbelassenen Pflanzen, gewaltfrei geernteten Früchten, gentechnisch unberührten Tieren und dem modernen Menschen in Wahrheit ein archaisches Streben zurück zu den bequemen Quellen einer zeitlosen Gleichartigkeit jedes Tages in den wohltemperierten, nährstoffreichen Urwäldern beispielsweise des Kongo ist, wo nicht täglich Unwägbares die menschliche Intelligenz herausfordert, statt ihr ein relaxtes Chillen in der coolen Lounge einer gepflegten Rooftop-Bar zu gestatten?

Hauptteil

Die Sehnsucht des modernen Gegenwartsmenschen nach einem heilen und geradezu für heilig erklärten Urzustand der Natur ist heute allgegenwärtig. Die grüne Philosophie und ihre politischen Adepten haben nicht nur Bioprodukte und Biosupermärkte hervorgebracht, sondern auch rückstandsfreie Teesorten, biologisch abbaubare Tragetaschen, freilaufende Hühner und vieles anderes mehr. Ja, sie haben sogar bewirkt, daß die Bremssättel an einigen Hybridsportwagen nicht mehr traditionell knallrot, sondern chlorophyll-grün lackiert werden.

Was aber ist dieser ursprüngliche Naturzustand tatsächlich? Leben der in ein Hemd mit Farben ohne Schwermetalle gewandete Sozialarbeiter und seine Mitbewohner*Innen in ihrer Wohngemeinschaft zwischen Komposthaufen und Insektenhotel, unter Solarpanelen und neben einem Altglascontainer, tatsächlich im Einklang mit der Natur, ganz „ohne chemische Zusatzstoffe", wenn sie auf dem Weg zur Bushaltestelle ihre Limonade ohne Konservierungsmittel aus einem wiederverwendbaren Metallbecher trinken? Ist Fleisch wirklich Mord? Sind Käse und Milch Mißbrauch und ein Blattsalat die Veruntreuung von primärem Biodünger?

Natürlich nicht. Denn im Naturzustand gibt es keine Wasserleitungen, die Flussläufe stören. Im Naturzustand fehlt die Bodenheizung und ist bestenfalls ersetzt durch ein Lagerfeuer, dessen Feinstaubimmissionen niemand messen kann. Im Naturzustand hat das Laptop keinen Strom und da, wo der Umweltaktivist heute WLAN für sein schnelles Internet schätzt, sitzt ohne Forschung und ohne Fortschritt und ohne Technik und ohne Hightech nur eine Mücke, die ihn sticht. P.J. O'Rourke (auf den zurückzukommen sein wird) hat schon vor einigen Jahren treffend angeregt, den wahren Charakter der freien Natur individuell empirisch dadurch zu verifizieren, daß man sich einem Selbstversuch unterziehe: Wenn man sich verläßlich sicher sein könne, alleine zu Hause zu sein (und der Postbote schon da war), solle man sich im Garten nackt ausziehen, in eine Hecke hüpfen und dann über den Rasen rollen. Auf diese Weise verstehe man sofort: Natur juckt.

Kluge Denker haben darauf hingewiesen, daß das Bild einer rundweg positiven und freundlichen Natur bei Jean-Jacques Rousseau nur deswegen so unkritisch gemalt werden konnte, weil er sich in Südfrankreich Zeit seines Lebens einer milden und überwiegend ungefährlichen Flora und Fauna gegenübersah. Romano Guardini hat – wenn ich mich recht erinnere – ausgeführt, daß Rousseaus Denken insgesamt schon dann völlig anderes ausgefallen wäre, hätte er beispielsweise in Persien gelebt und die menschenfeindliche Umgebung einer Wüste erfahren. Kurz: Wer einmal in einer Salzwüste verdurstet, an einem Pol erfroren, von einem Tiger gefressen, von einer Springflut verschluckt oder von einem Killervirus dahingerafft worden ist, der wird aller Voraussicht nach anschließend nicht mehr unreflektiert begeistert die Rückkehr zur Natur proklamieren, sondern er wird gewisse kulturelle Anpassungsmechanismen durchaus zu schätzen wissen. Eine Überlebensration Essen oder die Medikamente, die man zu sich nimmt, dürfen gentechnisch veränderte Komponenten enthalten. Merke: Auch der härteste Gegner der Pharmaindustrie modifiziert seine Weltsicht üblicherweise in Sekunden, wenn er auf dem Behandlungsstuhl seines Zahnarztes sitzt und der ihm ankündigt, es könne nun für einen Augenblick etwas unangenehm werden.

Wer das menschliche Interesse und Bemühen um ein immer besseres Verständnis von natürlichen Zusammenhängen einmal in dem Kontext des eigenen Überlebens, des Vermeidens von Schmerz und des Begrenzens von Leid erfasst und verstanden hat, der nähert sich allen Versuchen, die Abläufe der Welt zum eigenen nachhaltigen Nutzen technisch zu beherrschen, mit größerer Demut. Er lehnt Forschung und Technik fortan nicht mehr rundweg ab, sondern erkennt sie als potentiell sinnvollen Beitrag zu einer menschenwürdigen, lebenswerten Existenz für jedermann. Er begreift, warum es in den Schriften unserer Vorfahren heißt, daß der Mensch sich „die Erde untertan machen“ solle. Weil nur dann, wenn die Wirkweisen der Natur verstanden und nutzbar gemacht werden können, die Grundlage für menschliches Leben auf diesem Planeten auf Dauer gesichert werden kann.

Anders als ein Dschungelbewohner am Amazonas, ein chinesischer Bergbauer in einer unzugänglichen Talschlucht oder ein Inuit irgendwo zwischen Geröllmassen und Eisbergen, wissen viele Bürger in den Ballungszentren von fortgeschrittenen Industriestaaten zu Beginn des 21. Jahrhunderts nicht mehr ansatzweise das Glück zu schätzen, sich in einer funktionierenden Infrastruktur zu bewegen und nicht selten in Minutenschnelle praktisch Zugriff auf alles zu haben, was des Menschen Herz begehrt. Ein Arzt, ein Krankenhaus, ein Medikament, ein frisches Brot und frisches Wasser, Käse und Wein aus aller Welt, Autoersatzteile, Haushaltsgegenstände aller Art, Schlüsseldienste, Kugelschreiberminen, Ersatzbatterien, eine Steckdose, WLAN, eine Bahnhaltestelle usw. usf. Alles findet sich griffbereit. Und dennoch: Trotz (oder gerade wegen?) dieses Überflusses an Lebensbewältigungsmöglichkeiten aller Art hat eine nie dagewesene Technikfeindlichkeit die Seelen vieler erfasst. Die Kunst und der Fleiß der Ingenieure werden nicht mehr hochgeschätzt. Ihr Beitrag zum guten Leben aller wird nicht wertgeschätzt.

Sinnbildhaft ist eine Szene aus dem „Hambacher Forst“ des Jahres 2018 nahe der Aachener Braunkohleabraumgebiete: Hoch oben im Geäst sitzt ein adoleszenter Umweltaktivist, der seinen Baum gegen einen Polizisten verteidigt, indem er diesen mit Ästen und Steinen bewirft, auf daß dieser den Wald nicht für eine anschließende Rodung räume. Denn nur der Erhalt dieses Baumes und dieses Waldes werde – so das Argument des juvenilen Klettermaxes – die Zerstörung des Weltklimas mittels rheinischer Braunkohle noch abwenden können. Wer, fragt der Betrachter sich bange, wird wohl eher eine Lösung für die Energiesicherheit in Europa finden: Ein fleißiger Ingenieur an seinem Arbeitsplatz oder ein wutschnaubender Demonstrant in der Baumkrone, von dem nach Wochen der Waldbesetzung prima vista nicht anzunehmen steht, daß er überhaupt schon je eng in einen hochzivilisierten, arbeitsteiligen Wertschöpfungsprozess eingebunden gewesen sein könnte? Vielleicht hat sein Vater in der Entwicklungsabteilung eines deutschen Automobilherstellers gerade den letzten Feinstaub aus den Motorabgasen herausentwickelt, während er mit gröbstmöglichem Dreck auf Polizeibeamte schmeißt. Wo der Wohlstand zu selbstverständlich und das Bequeme zu unhinterfragt geworden sind, da drohen Ignoranz und fehlende Demut die Grundlagen des angenehmen Lebens zu zerstören. Welchen Aufwand, welche Energie, wieviel Enttäuschungen und Verzweiflung, wieviel immer neue unverzagte Anläufe es gebraucht hat, um die tödlichsten Seuchen, an denen ungezählte Menschen gestorben waren, mit einem kleinen Nadelstich zu besiegen, das ist wohl nur noch den wenigsten Impfgegnern unserer Tage klar. Und auch weiß niemand, was das traditionelle indianische Wort für „Vegetarier" war: Mann, der schlecht schießt.

Die mir persönlich bekannten, durchschnittlichen deutschen „tagesschau"-Betrachter oder „Spiegel"-Leser denken über „Genmais" in etwa dies: Gelingt es der Politik nicht, multinationale Konzerne dazu zu zwingen, Feldflächen mit genetisch manipuliertem Mais hermetisch gegenüber der gesamten Umwelt abzuschließen, dann genügt ein Windstoß, um die genetisch vergifteten Samen in andere Maisfelder zu wehen, wo sie allen anderen Mais binnen Kurzem zerstören und anschließend – weil der manipulierte Mais auch selbst dem Tode geweiht ist – gemeinsam verdorren.

(Am Rande ein kurzes Intermezzo zu den Begrifflichkeiten: Anders als Politik, die nur wirklich gut sei, wenn sie international betrieben werde, verkommen alle ohnehin fragwürdigen Aktivitäten der Wirtschaft zu vollends dubiosen Veranstaltungen, wenn sie genau dies sind: international. Um das schöne Wort von der Internationalität aber nicht durch solche Ambivalenzen zu verschleißen, bezeichnet man grenzüberschreitendes Wirtschaftshandeln als multinational. Ein Zeitungsvolontär, der schriebe, die multinationale EU wolle internationale Arbeitsteilung erschweren, fände sich daher sofort zurechtgewiesen. Um Zurechtweisungen künftig zu vermeiden, schreibt jeder in seiner

Lage dann auch: Grenzwertmanipulation, Kursmanipulation, Genmanipulation aber Botschaftsframing, Imagedesign, Nudging.)

Zurück zum Mais. Ist er ein Naturprodukt? Ein Geschenk des Himmels aus dem Garten der Ursprünglichkeit? Haben keine manipulierenden menschlichen Hände an seinen Feldern gewirkt, um die gottgewollte, natürliche Frucht verantwortungslos zu verändern? Das genaue Gegenteil ist der Fall, wie Bill Bryson in seiner unnachahmlichen Weise in „Eine kurze Geschichte der alltäglichen Dinge“ [S. 59f.] über die Entstehung des uns heute bekannten Mais in Mittelamerika erklärt:

„Die Mesoamerikaner waren die größten Bauern aller Zeiten, doch von all ihren Errungenschaften war keine … so wundersam wie die Züchtung von Mais. … Nichts in der wilden Natur ähnelt auch nur im Geringsten dem modernen Mais. Genetisch ist sein nächster Verwandter ein flauschiges Gras namens Teosinte, doch über die Chromosomen hinaus gibt es keine erkennbare Verwandtschaft. Mais wächst als kräftiger Kolben an einem einzigen Stängel, seine Körner stecken in schützenden, steifen Hüllblättern. Eine Teositenähre ist im Vergleich dazu nicht einmal zweieinhalb Zentimeter lang, hat keine Hüllblätter und wächst an einer Vielzahl von Stängeln. … Ein [einziges] Maiskorn enthält mehr Nährwerte als eine ganze Teosintenähre. Es liegt jenseits unserer Vorstellungskraft, wie Menschen aus einer derartig dünnen, wenig vielversprechenden Pflanze Maiskolben züchten konnten. … Aber die Menschen haben es geschafft! Sie erschufen die erste voll von Menschen gemachte Pflanze der Welt – und zwar so gründlich, dass die Pflanze heute ohne uns gar nicht überleben könnte. Maiskörner lösen sich nicht spontan vom Kolben; wenn sie nicht abgestreift und ausgepflanzt werden, wächst kein neuer Mais. Nur weil man ihn kontinuierlich seit tausenden Jahren hegt und pflegt, ist er nicht ausgestorben.“

Die Herkunft des Maises ist daher für alle Menschen ebenso unaufklärbar und rätselhaft wie es die Techniken und Strategien der heute lebenden Gentechniker aktuell für jeden Laien sind.

Gleichwohl hält eine große öffentliche Meinung das eine für natürlich und das andere für gefährlich. Eines scheint gottgegeben, das andere Teufelswerk. Der aktuell vielfach rezipierte Soziologe Hartmut Rosa benennt den Ort, an dem menschliche Schaffens- und Gestaltungskraft den Gegebenheiten der Natur effektiv begegnet, mit dem Wort „Aggressionspunkt“: „Alles, was erscheint, muss gewusst, beherrscht, erobert, nutzbar gemacht werden. ... Dahinter verbirgt sich ein schleichender Umbau unseres Weltverhältnisses“ (ibid. Unverfügbarkeit, S. 12). Warum aber muß dieser Ort ein Ort der Aggression sein? Wäre nicht legitim, ihn neutraler als den „Wirkpunkt“ zu bezeichnen? Ist menschliches Handeln immer gleich Aggression gegen die Welt? Folgt der von Hartmut Rosa befürchtete Mehltau, der sich aus dem „Weltzugriff der Moderne“ ergibt [ibid. S. 112] nicht eher aus dem falschen und verantwortungslosen Zugriff, statt aus dem Zugreifen an sich? Erscheint nicht eine behutsame Differenzierung schon an dieser Stelle geboten?

Wir sind – als Menschen der hochtechnisierten Moderne – umgeben von Produkten, in denen sich unfassbare Mengen von Intelligenz und Kreativität akkumuliert materialisiert haben. In jeder einzelnen Tütensuppe steckt so viel Hightech wie in einem Formel-1-Rennwagen. Ein derartiges Auftürmen von Schaffenskraft, das Zusammenfügen fernster Elemente zu einem neuen, gedeihlichen Ganzen, das Bewältigen ungeheuerlichster und scheinbar unlösbarster Probleme lässt sich aber nicht gewaltsam herbeizwingen. Zufälle müssen oft hinzutreten und jedenfalls – wenn es um wirklich Neues geht – hinlängliche Freiräume für Phantasie.

Die Illusion, drängende Probleme der Menschheit mit Zwängen politisch lösen zu wollen, und sei der Wille dazu noch so stark und mächtig, ist immer wieder im Nichts verpufft. Als der US-amerikanische Präsident Lyndon B. Johnson am 10. Februar 1966 dem Hunger den Krieg erklärte und diesen „War on Hunger“ mit einer „Food for Freedom Legislation“ führen wollte, da hungerten in der Tat große Teile der Menschheit. Es war aber gerade nicht der Präsident, der schließlich das Problem löste, sondern der fleißige Farmer Norman Borlaug aus Iowa. Seine Idee, damals bekannte Weizensorten mit einem japanischen Zwergwuchsgen zu modifizieren, um so neue Weizenhochleistungssorten zu züchten, brachte einen wesentlichen Durchbruch: Die Pflanze verschwendet ihre Kraft im Ergebnis nicht damit, einen unnötig langen (und entsprechend biegsam-sturzgeneigten) Stängel auszuprägen, sondern sie bildet eine größere Ähre auf einem stabileren Halm. Der gesamte Weizenertrag Indiens verdreifachte sich daraufhin innerhalb von nur zehn Jahren. Mit guten Ideen und kluger Technik lassen sich die Nährstoffanteile von Pflanzen erhöhen. Der Begriff zum Gedanken hat den Namen Biofortifikation.

Hunger scheint nach allem also weniger das Resultat von Mißernten zu sein, sondern eher das technischer Defizite. Man muß die Menschen nur kreativ sein lassen. Die Fortentwicklung der Pflanzenschutzstrategien wie auch die Verbesserung der Salztoleranz von Pflanzen hat der Menschheit weitere Fruchtbarmachung von Land ermöglicht. Es sind Wissenschaftler, Techniker, Ingenieure und Unternehmer, die die Welt tagtäglich retten, nicht aber Politiker. Gegen den Hunger läßt sich schlicht kein „Krieg“ führen. Wie wollte man das auch machen? Indem man der Unterernährung die Nachschubwege abschneidet, Desinformationspropaganda in Besteckschubladen versteckt oder nachts das Licht in den Kühlschränken ausschaltet? Es will den Anschein haben, als müsse neben der beschriebenen Biofortifikation endlich auch eine gezielte Intelligenzfortifikation organisiert werden, um Ideen wie einen „War on Hunger“, das Besetzen von Bäumen zum Schutz der Stratosphäre oder das notorische Verunglimpfen von genetischer Forschung und Technik als Manipulation zu beenden. Der homo sapiens hat nämlich just in den vergangenen 4 Jahrzehnten weitere Erkenntnisschritte „out of Africa“ gemacht und dabei Erstaunliches entdeckt. Der schon genannte P.J. O’Rourke fasst den Kern des Ganzen [„Alle Sorgen dieser Welt“, S. 170 ff.) präzise zusammen:

„Ende der 1970er Jahre begannen Wissenschaftler zu entdecken, daß Austausch und Interpolation genetischen Materials in der Natur ständig ablaufen. Vor allem Bakterien neigen zu hausgemachter Genmanipulation und dagegen können weder der Kongreß, die Gesundheitsbehörden, noch auch [die Zeitschrift] Science etwas unternehmen. … Damit soll nicht bestritten werden, daß Biotechniker immer noch durch Zufall etwas Scheußliches entwickeln könnten, von böser Absicht ganz zu schweigen. Doch in der Natur geschieht das ständig. Die Natur erfindet immer wieder Dinge, wie etwa die Beulenpest. … Abertausende Menschen ertrinken jedes Jahr. Stellen Sie sich angesichts der heutigen Angst vor Gefahren und der Begeisterung für regierungsamtlichen Schutz davor einmal vor, man hätte eben erst das Wasser erfunden. … Nur Erwachsene mit einer besonderen Genehmigung dürften baden und von Kindern unter 14 würde man verlangen, daß sie bei der Benutzung einer Wasserpistole eine Schwimmweste tragen.“

Schluß

Das Leben der Menschen auf diesem Planeten ist in den letzten zwei Millionen Jahren nicht nur sicherer, angenehmer, langandauernder, schmerzfreier und gesünder geworden. Es hat insgesamt an Buntheit und Vielgestaltigkeit gewonnen. Das Leben und Überleben des homo erectus dürfte hingegen so gleichförmig und eintönig herausfordernd anstrengend gewesen sein, daß er nicht einmal hinreichend Gelegenheit hatte, in Phasen von Langeweile dumme Ideen zu entwickeln.

Verglichen mit den Irrtumspotentialen unserer Vorfahren haben wir Heutigen es mit einer völlig anderen Lage zu tun. Da man heute nicht verhungert, wenn man wochenlang auf einem Baum sitzt, um zu verhindern, daß der Himmel einstürzt, besteht für die Betreffenden auch die Möglichkeit, in sehr abgekoppelter Weise Weltbilder zu entwickeln. Absurde Ideen sind nicht mehr unmittelbar lebensgefährlich. Deswegen breiten sie sich aus.

Intelligenzfortifikation bedeutet: Wissenschaft und Forschung zuzulassen, freie Informationen durch Lehren und Lernen zu verbreiten und Realitätskontakte durch Eigenverantwortlichkeit zu verstärken. Wo die Gefahr besteht, daß Forscher unkontrolliert Experimente durchführen und Erfindungen machen, die anderen schaden könnten, da reicht in aller Regel ein einziges Korrektiv. Was immer ein Wissenschaftler ersinnt und in die Welt bringt, er muß es zuerst an sich selbst anwenden, testen, es essen, trinken oder schlucken. Denn wenn er an sich selbst und an die Richtigkeit seiner Arbeit glaubt, dann wird er genau das tun. Auf diese Weise kommen neue Produkte in die Welt und die künftigen Nutzer sind vor Abirrungen geschützt.

Risiken bleiben immer. Solange die freien Entdecker sie selbst tragen, profitieren alle. Auf dem Grab von Otto Lilienthal steht ein Satz, den jeder Fluggast ihm auf ewig danken muß: „Opfer müssen gebracht werden“. Was für ein Unterschied zu einem, der sich nur in den Baum setzt und laut schreit.

***

Ich fordere Deinungsfreiheit!

Tastendes Denken braucht Spielräume

Nein, es ist kein Schreibfehler! Mein Plädoyer hier zielt nicht auf Meinungsfreiheit. Es geht mir tatsächlich um Deinungsfreiheit. Die gibt es zwar – noch – nicht. Aber was sollte dagegen sprechen, sich für einen neuen Begriff zu begeistern? Ich möchte das, was ich über den Begriff der Deinungsfreiheit meine, in neun kleinen Schritten vorstellen.

1. Grundrechtliche Freiheitsräume werden bekanntlich in Begriffen erfasst und mit Worten beschrieben. Der in terminologischer Hinsicht unproblematischste Schutzbereich eines solchen Raumes ist wohl der, den der 13. Artikel unseres Grundgesetzes benennt: Die Wohnung. Bei ihr mag man über Angrenzungsfragen diskutieren („Gehört eine Garage mit zur Wohnung, wenn sie baulich nicht mit dem Gebäude verbunden ist?"). Im Kern aber ist unzweifelhaft: Wo ein Mensch lebt, schläft, isst und also wohnt, da ist seine Wohnung.

Schwieriger schon, aber immerhin doch noch an Äußerlichkeiten erkennbar, ist die Bestimmung des Begriffsinhaltes anderer Grundrechte: Was ist das religiöse Bekenntnis eines Menschen? Wann ist etwas eine Demonstration? Wer gehört zu einer Familie? In diesen Fällen lässt sich von Umständen, die der Jurist bisweilen „Hilfstatsachen" nennt, auf den Kern des Schutzgutes rückschließen. Die Definition dessen, worum es geht, erhält damit wenigstens einen ersten argumentativen Ankerpunkt.

Ganz anders ist das mit der Meinungsfreiheit. Das zugehörige Grundrecht will das „Meinen" schützen. Was aber, fragen sich nicht nur Juristen, ist überhaupt das „Meinen"? Wodurch ist es gekennzeichnet? Was macht das „Meinen" aus? Versucht man, den Begriffsinhalt dieser Bezeichnung zu bestimmen, stößt man sehr schnell an Grenzen. Oder, besser gesagt: Man stellt fest, schon nach nur wenigen Gedankenschritten außerhalb aller Geländer in leerem Gelände zu stehen. Insbesondere der Versuch, sich dem mit „Meinen“ gemeinten Meinungsinhalt wortlautinterpretatorisch nähern zu wollen, führt sofort ins Leere. Will sagen: Etymologisch meint es dieser Ansatz gar nicht gut mit uns. Die Suche nach Synonymen verrennt sich bald ohne substantielle Ergebnisse in der Trias aus Meinen, Denken und Fühlen. Definitorisch gewonnen ist damit nichts. Dies spiegeln Gerichtsentscheidungen zu Streitigkeiten über Meinungsfragen üblicherweise wider, wenn sie betonen, das „Meinen“ sei durch ein subjektives Element des Dafürhaltens gekennzeichnet. Dies rückt zwar die Vokabel der „Haltung“ in die Nähe der Meinung, konturiert aber insoweit augenscheinlich nicht wirklich eine Antwort auf die Frage: Was genau tut einer, der etwas „meint“? Immerhin weist die Rechtsprechung hier auf das offenkundig Subjektive des Meinens hin: Das, worum es beim Meinen geht, spielt sich offenbar ganz wesentlich im Inneren des Einzelnen ab. Ich kann etwas meinen, ohne dass es irgendjemand bemerkt. Anders gesagt: Einer, der nur dasitzt, sich schweigend seinen Teil denkt und irgendetwas dabei meint, der verlässt sein Inneres überhaupt nicht. Warum aber sollte er dann dazu eines einklagbaren Grundrechtes bedürfen?

2. Diese Frage zu stellen, führt zwangsläufig zu der Erkenntnis, dass es im Kern nicht die Freiheit einer (unmerklichen) Meinung ist, die des verfassungsrechtlichen Schutzes bedarf. Was geschützt werden soll und muss, ist tatsächlich die Freiheit, eine Meinung äußern zu dürfen. Denn nur dann, wenn die Meinung eines einzelnen nach außen tritt, kann sie für einen Disput – und dann: einen Dissens – überhaupt erst bedeutsam werden. Anders gesagt: Einer jeden Abgrenzung von individuellen Befugnissen gegeneinander bedarf es nur dort, wo Interaktionen zwischen Beteiligten mindestens theoretisch möglich sind. Wer schweigend meint, der interagiert nicht. Und selbst der, der seine Meinung lautstark äußert, der sie schallend herausschmettert, kollidiert nicht mit irgendwelchen Sphären anderer, wenn die dies gar nicht zur Kenntnis nehmen. Robinson Crusoe konnte alles

sagen, was er wollte. Es hatte keine Bedeutung für andere. Denn sie bemerkten es nicht.

Für die Bestimmung des Begriffs von der „Meinungsäußerungsfreiheit“ ist damit zumindest schon einmal die Erkenntnis gewonnen, dass das wahre Schutzgut für alles subjektive Meinen irgendwo in der äußeren, objektiven Welt liegen muß. Meinungsfreiheit als solche hat also kein fassbares Substrat, weil das bloße Meinen allen anderen unentdeckt bleibt. Interessant (und potentiell problematisch) wird es gesellschaftlich und rechtlich und systematisch erst, wenn das Element der Interaktion zum dann offengelegten Meinen hinzutritt.

3. Damit sind zwar zwei abgrenzbare Sphären für die Betrachtung konturiert: Eine (für Interessenkonflikte prinzipiell irrelevante) Sphäre der unbemerkten individuellen Subjektivität hier und eine in der objektiven Realität bemerkbare Sphäre von individuellen Äußerungen dort. Diese Differenzierung führt aber nicht weiter bei dem Versuch, die Frage zu beantworten, was genau eine „Meinung“ sein kann, die äußern zu können Schutz verdiene.

An dieser Stelle dürfte sich empfehlen, den Blick der Betrachtung kurz vom Gegenstand der „Meinung“ auf einen anderen Gegenstand zu wenden: Ebenso wie das Meinen hat nämlich auch das „Wissen“ eine primär subjektive Komponente. Was ein Mensch weiß (und was er nicht weiß), ist zuallererst eine Frage nach dem, was er in seinem Kopf hat. Sagt er nicht, was er weiß, kann also auch sein Wissen nicht in der Interaktion mit anderen kollidieren. Anders als im Kontext des „Meinens“ (wo man oft sagen hört, es gehe um „Meinungsfreiheit“ statt – wie beschrieben – um „Meinungsäußerungsfreiheit“) geht Rednern hier offenbar nie durch den Kopf, ein Grundrecht der „Wissensfreiheit“ einfordern zu müssen. Ohne hier psycholinguistisch zu spekulativ werden zu wollen, könnte die Vermutung naheliegen, dass all jenen, die zwar „Meinungsfreiheit“ verteidigen, nicht aber auch „Wissensfreiheit“, dabei unausgesprochen ein gewichtiger Unterschied zwischen Meinen und Wissen bewusst ist: Ob das, was einer zu wissen glaubt, und was er deswegen vernehmlich äußert, auch tatsächlich zutrifft, das lässt sich in der äußeren, realen Welt auf seinen Wahrheitsgehalt überprüfen.

Die Äußerung eines Umstandes, von dem ein Mensch weiß, dass er zutrifft, ist daher im Wesentlichen risikolos. Das subjektive Wissen kann nach außen treten und sich gefahrlos in den harten Wind der intersubjektiven Überprüfung wagen. Solange der Wissende sich zuvor nur selbst kritisch geprüft und vergewissert hat, muß er die Konsequenzen seines Heraustretens nicht fürchten. Wer insoweit also unangreifbar ist, der braucht auch keine rechtlichen Schutzräume. Das Kollisionspotential seiner Erklärung in der öffentlichen Interaktion ist vernachlässigbar.

Ganz anders aber steht es – um nun wieder das „Meinen" in den Blick zu nehmen – um dasjenige Etwas, das unter den Schutz der Meinungsäußerungsfreiheit fallen soll. Was jemand nur meint, das kann er nicht als falsch oder richtig beweisen. Die Äußerung einer Meinung ist also gegenüber der Erklärung eines Wissens der weit riskantere kommunikative Akt. Wäre das, was der Meinende sagt, tauglicher Gegenstand eines Wissens, müsste seine Äußerung nicht mit dem subjektiven Gefühl eines Unbestimmtseins abgegeben werden. Anders als beim Wissen bietet das Meinen demjenigen, der meint, weder selbst kognitive, noch gar kommunikativ akzeptierte Sicherheit. Gegenüber der Sicherheit des Wissens ist das Meinen daher stets mindestens vorübergehend noch eher unbestimmt. Wer etwas meint, der fragt sich also eher noch selbst, als daß er sich schon eine Antwort gäbe.

4. Da sich sowohl das noch ungeäußerte Meinen, als auch das nicht erklärte Wissen nur im Bereich des individuellen Denkens abspielen, ließe sich konstatieren: Wissen ist die Art von Denken, die auf größerer individueller Sicherheit beruht als das Meinen. Denn der Inhalt erklärten Wissens läßt sich – sobald es geäußert ist – nötigenfalls als zutreffend beweisen. Der Inhalt des Gemeinten ist einem solchen Wahrheitsbeweis dagegen mindestens vorübergehend noch nicht zugänglich.

Bei Gericht erklären Zeugen, die ihre Wahrheitspflicht ernst nehmen, deshalb manchmal klarstellend: „Ich meine, mich zu erinnern, dass …“. Denken, das noch keine eigene Sicherheit gefunden (oder sie durch Zeitablauf wieder verloren) hat, verunklart sich mit solchen Erklärungen in die sicherere, unangreifbare Sphäre des unverbindlichen Meinens. Insoweit ist alles Meinen dem bloßen Vermuten oder reinen Mutmaßen nahe: Ihm fehlt die Sicherheit, Gewußtes oder Bewußtes zu sein. All dies dürfte hier die definitorische Hypothese legitimieren: Meinen ist tastendes Denken.

Die Gedanken des Meinenden versuchen, sich tastend an einen Gegenstand heranzufühlen. Der Meinende will dabei durchaus positiv sagen, was er für richtig hält. Sein Meinen ist also mehr als nur die bloße Negation. Ein Zeuge, der vollends im Unbestimmten bleiben will, sagt dagegen nicht, was er aktuell noch über Früheres meint, sondern er erklärt stattdessen: „Ich weiß nicht, ob ich das damals wusste.“ Die Erklärung eines solchen Unwissens ist – ebenso wie ein prozeßtaktisch vorsorgliches Bestreiten unliebsamen gegnerischen Vortrages mit Nichtwissen – die Verweigerung aller Versuche, sich tastend an der interaktiven Wahrheitsfindung zu beteiligen. Und weil Irren für das Denken dasselbe ist wie das Stolpern für das Gehen, verweigert der sein Wissen so verschließende Zeuge selbst den vorsichtig tastenden Gang nach vorn.

5. Ganz anders als ein solcher Zeuge, der sein subjektives Inneres von der Welt abkapselt, verhalten sich Menschen, die einander ihre Meinungen äußernd offenlegen. Im intersubjektiven Dialog wagen sich die tastend Denkenden aus ihrer Subjektivität hinaus in die Außenwelt, um ihr je eigenes inneres Erwägen in der Außenwelt gemeinsam mit anderen zu erproben und sich der gedanklichen Folgerichtigkeit ihrer eigenen Überlegungen zu vergewissern.

Einander zu erklären, was man meint, erfordert daher einen Raum des wechselseitigen Vertrauens. Denn das, was man meint, kann man dem anderen – wie gezeigt – nicht beweisen. Das Gemeinte ist dem Nachweis nicht ebenso zugängig wie ein

Gewußtes. Gleichwohl ist alles Meinen des Einzelnen auf diese Erprobung seines Überlegens im Dialog mit anderen, die möglicherweise etwas Abweichendes meinen oder vermuten oder mutmaßen, elementar angewiesen. Denn gerade weil der Meinende sein Meinen nicht insgeheim in der objektiven Welt einem experimentellen Wahrheitsbeweis unterziehen kann, um es dann – bei dessen Gelingen – interaktiv als erweisliches Wissen zu äußern, ist er auf einen Abgleich mit anderen unausweichlich angewiesen. Insofern ist es die Besonderheit allen Meinens, gerade wegen seiner wesensmäßigen Unbestimmtheit auf einen gedanklichen Abgleich mit einem ebenso wenig konturenscharfen Meinen anderer angewiesen zu sein. Das bedeutet aber auch: Je weniger das eigene subjektive Meinen auf sich selbst zurückgeworfen ist, je mehr es sich also durch freie Äußerung in den Dialog mit anderen hervorwagen darf, desto weniger irrtumsanfällig ist und bleibt es. Wer nicht alleine denkt, sondern sich in seinem Meinen an anderen ausbalancieren kann, dessen Denken steht weniger in der Gefahr, ins Stolpern zu geraten. Auf diese Weise wirkt die Freiheit der Meinungsäußerung auf die Qualität des unmerklichen Meinens zurück. Die Balancen, die Gegengewichte, die Widerstände auch des geäußerten Meinens anderer konturieren das eigene Meinen und führen es dadurch vielleicht sogar in die Richtung des belastbaren, einem Beweis als richtig zugänglichen Wissens.

6. Der Schutzraum, in dem sich ein solcher Diskurs der Meinungen ereignen kann, vergrößert sich erheblich, wenn er nicht nur auf die Sphären des privaten Vertrauens konkreter Beteiligter zueinander beschränkt bleibt, sondern wenn er durch entsprechende verfassungsrechtliche Garantien im gesamten öffentlichen Raum ermöglicht wird. Je mehr Beteiligte risikolos wagen können, ihr noch nicht objektiv beweisbares Meinen mit anderen zu erörtern, desto größer wird der Diskursbereich für alle. Das angstlose Heraustreten des einzelnen mit seinem Meinen in den offenen Dialog bereichert alle Diskursteilnehmer um die Möglichkeit, sich zu seinen Meinungsäußerungen zu positionieren, sei es zustimmend oder ablehnend.

Schneidet man die Möglichkeiten der Meinungsäußerungsfreiheit hingegen zurück, indem man sie den tastend Denkenden ganz oder teilweise entzieht oder indem man ihre Äußerungen durch die Androhung von Sanktionen nur faktisch eingrenzt, dann ergeben sich gleich mehrere Folgen. Man verkleinert nicht nur den Bereich, in dem eine intersubjektive Erörterung des individuellen Meinens stattfindet und aus dem heraus sich künftig für jedermann fruchtbares Wissen ergeben könnte. Man minimiert auch – wie vorstehend beschrieben – die Chancen für jeden einzelnen, seine eigenen Irrtümer im Dialog mit anderen zu bereinigen. Die Qualität des individuellen Meinens läßt nach, wenn es sich nicht im Diskurs mit anderen bewähren kann oder muß. Das Potential folgerichtigen, subjektiven Denkens wird reduziert. Dies beraubt die Gesellschaft nicht nur ihrer Möglichkeiten, durch die intellektuellen Kapazitäten Einzelner gedeihliche Fortschritte zu erzielen. Es führt im Gegenteil sogar dazu, dass sich der Pool aus möglichen guten Gedanken verkleinert, da gute Gedanken nicht im Dialog geschärft und verbessert werden können. Mehr noch: In der erzwungenen Absonderung von anderen wächst die Wahrscheinlichkeit individueller Irrtümer. Wer alleine denkt und meint, wird durch andere nicht ausbalanciert. Kurz: Wo die Freiheit, eigenes Meinen nicht gefahrlos äußern zu können, begrenzt wird, da wächst die Wahrscheinlichkeit für schlechtere Gedanken.

7. Es gehört zu den empirisch erfahrbaren Tatsachen, dass Meinungsverschiedenheiten unter Menschen regelmäßig mit höherer Emotionalität und – daraus abgeleitet – mit größerer Aggressivität oder gar Destruktivität ausgetragen werden als bloße Wissensverschiedenheiten. Die Erklärung für dieses Phänomen liegt auf der Hand, wenn man sich vergegenwärtigt, was den Unterschied zwischen meinendem Denken und wissendem Denken kennzeichnet: Die Äußerung einer nachweisbar unzutreffenden Wissenserklärung läßt sich experimentell vergleichsweise einfach aus der Welt schaffen: Man stellt die unrichtige These des Kontrahenten auf die praktische Probe, führt vor, dass sie dysfunktional ist, und hat damit sein Argument effektiv

widerlegt. Genau das ist aber – wie erläutert – mit einer Meinungsäußerung nicht möglich. Das lediglich Gemeinte ist dem Experiment nicht zugänglich.

Stimmt X der von Y geäußerten Meinung also nicht zu, vertritt er eine andere Meinung oder tritt er dieser Meinung sogar robust argumentierend entgegen, dann hat Y keine greifbare Handhabe, einen effektiven Gegenbeweis anzutreten, um X zu kontern. In der Nichterweislichkeit der kollidierenden Mutmaßungen und in der Unwiderlegbarkeit der widerstreitenden Vermutungen liegt daher ein hohes Konfliktpotential. Die Meinungsäußerung des anderen zu ertragen, obwohl sie der eigenen Meinung diametral entgegensteht, ist daher eine erhebliche emotionale Zumutung. Und diese Zumutung stammt in aller Regel aus derjenigen Hirnhälfte, die das eigene Meinen nicht rational konturiert hat.

Derartige Zumutungen des geäußerten fremden, denkenden Tastens zu ertragen, ist aber die nicht hinwegzudenkende Bedingung dafür, einen allseits gesellschaftlich gedeihlichen Diskurs ermöglichen zu können. Denn nur weil der einzelne diese Zumutung des Dissenses erträgt, hat er auch selbst ein Recht darauf, von dem anderen verlangen zu können, ihm sein eigenes denkendes Tasten zumuten zu dürfen. Wo ein Wahrheitsbeweis (noch) nicht möglich ist, da haben alle unwiderlegten Meinungen denselben Status.

8. Das Erfordernis der wechselseitigen Toleranz als unverzichtbare Bedingung der Möglichkeit für die Existenz eines solchen Diskursraumes beschreibt zudem eine weitere, geradezu architektonische Voraussetzung für die dauerhaft tragfähige Statik solcher Räume: Wer fremde, dissentierende Meinungsäußerungen nicht mit eigener, duldsamer Stabilität ausbalanciert, der stellt die Standfestigkeit dieses Modells für einen allseitigen Wissenserwerb durch denkendes Tasten insgesamt in Frage. Ein Dialog über das Meinen kann nicht nur dadurch gefährdet oder gar zerstört werden, dass ein Beteiligter die gesellschaftlich akzeptierten Toleranzbereiche vorsätzlich ignoriert und überdehnt. Unbotmäßige Schwäche und Verletzlichkeit gefährden (insbe-

sondere übrigens auch dann, wenn sie nur vorgeschützt sind) die wesentliche intellektuelle Konstruktionsbedingung jeder auf gedeihliche Dialoge angewiesenen Gesellschaft in gleicher Weise. Gäbe es nicht das Phänomen der Zumutungen, bedürfte es keiner Toleranzen ihnen gegenüber. Gerade weil das, was X als seine Meinung äußert, für Y eine Belastung ist, muß Y diese Last tragen, will er nicht seine Möglichkeit verlieren, seine Lasten bei X abzuladen. Do ut des.

9. Um nach allem nicht nur die wesentliche Bedeutung der eigenen Meinung, sondern auch die der Meinung des anderen terminologisch zu unterstreichen, plädiere ich für die Einführung des Wortes „Deinungsfreiheit“ als der Freiheit jedes anderen, mir und allen anderen sein Meinen offenzulegen.

Ein solcher Neologismus ist wie eingangs gezeigt auch ohne jede Kollision mit semantischen Eingrenzungen aus der etablierten Bezeichnung des „Meinens“ möglich. Das Wort „Meinen“ hat keinen beschreibenden Charakter hinsichtlich seines Begriffsinhaltes, der dieser neuen Bezeichnung sprachlich Gewalt antäte.

Und was besonders bedeutsam ist: Anders als bei der „Meinung“ bedarf es bei der „Deinung“ auch keiner Klarstellung, daß nicht lediglich die Freiheit des unmerklichen Meinens gemeint ist. Denn an alles das, was ein anderer als seine „Deinung“ tastend denkt, kommt man schon zwangsläufig nur dadurch heran, daß man ihm gestattet, es auch tatsächlich offen zu äußern. Für den Fall, daß sich mein terminologischer Vorschlag zur Einführung der Deinungsfreiheit gesamtsprachlich nicht durchsetzen sollte, bleibt hoffentlich die Erkenntnis: Nur wo das offene Reden frei ist, kann es auf Dauer auch sinnvolles, freies Denken geben.

***

2. Kapitel
Politik

Darf's ein bißchen mehr sein?

Einer der schönsten und gleichzeitig doppelbödigsten Sätze der deutschen Sprache lautet: „Darf es ein bißchen mehr sein?". Der Satz erscheint zunächst höflich, weil er nach einer Erlaubnis fragt. Auch klingt er maßvoll, weil er seinen Gegenstand offenbar nicht übertreiben möchte. Und in allem enthält er auch noch eine Art Verheißung, weil er dem Gefragten irgendein Mehr in Aussicht zu stellen scheint. Gleichwohl ist der Satz moralisch zutiefst problematisch. Denn in seinem Kern birgt er, versteckt, schlichtweg Teuflisches. Die Metzgersgattin nämlich, die uns Kunden diese Frage stellt, ist in Wahrheit weder höflich, noch zurückhaltend. Tatsächlich ist sie erstens träge, weil sie das auf die Waage geworfene Wurstbündel nicht aufwendig entwirren will, und zweitens ist sie simpel interessiert, uns mehr Ware zu verkaufen, als wir eigentlich bestellt hatten. Und das gezielt auf unsere Kosten. Sie könnte nämlich auch, mit mehr Aufwand an Worten und Sätzen, gefragt haben: „Haben Sie den Mut, mir laut und vernehmlich vor allen anderen Kunden im Laden zu widersprechen, wenn ich versuche, Ihnen etwas tiefer in Ihre Tasche zu greifen?

Und möchten Sie wirklich darauf bestehen, dass alle anderen Kunden hier noch länger wartend anstehen müssen, während ich, alleine im Dienste Ihres Geizes, Gramm für Gramm, das Wurstgewicht auf der Waage wieder minimiere?". So gewendet, bliebe nichts von Höflichkeit, Maß oder Vorteil für den Gefragten. Und genau das ist auch der Grund, warum wir Wurstkäufer diese Sätze von der Fleischerfrau noch nie gehört haben.

Auch in anderen Lebenszusammenhängen begegnen uns vergleichbare Sätze, die wir in aller Regel für harmlos und akzeptabel halten, ohne uns je ihren eigentlichen Bedeutungskern zu verinnerlichen. Diese Gedankenlosigkeit kann an diesen anderen Orten aber massiv dazu führen, dass man mehr verliert als nur ein paar Münzen in der Schlachterei. Im allgemeinen

Rechtsverkehr und unter Staatsbürgern ist beispielsweise die Rede verbreitet, man wolle sich „an Recht und Gesetz halten".

Warum aber will man das eigentlich? Warum an beides? Warum genügt es nicht, gesetzestreu, und warum reicht es nicht, rechtschaffen zu sein? Gibt es am Ende Unterschiede zwischen Recht und Gesetz? Und kann ein Gesetz vielleicht gar selber Unrecht sein? Wer einmal entdeckt hat, dass es einen solchen Unterschied zwischen Recht und Gesetz tatsächlich gibt, der steht von diesem Zeitpunkt an vor der nicht mehr tilgbaren Aufgabe, beides für sich selbst, in Abgrenzung des einen vom anderen, zu definieren. Denn ohne diese Klärung ließe sich der vormals noch naive Anspruch, unbedachtsam sowohl das Recht als auch das Gesetz in tumber Einheit respektieren zu können, nicht mehr aufrechterhalten. Viele Bürger des sogenannten „modernen Staates" leben heute weitgehend in der Vorstellung, das Recht setze sich aus der Gesamtheit aller derjenigen Gesetze zusammen, die der Staat in einem ordnungsgemäßen Verfahren beschlossen, erlassen und verkündet habe.

Tatsächlich aber sind das Recht und seine Regeln viel älter als es irgendein Staat heutiger Prägung wäre. In der europäischen Tradition des menschlichen Miteinanders gab es seit jeher Rechtsregeln, die ihren Ursprung in althergebrachten Bräuchen und Traditionen hatten. Was Menschen seit unvordenklichen Zeiten für richtig erkannt und immer wieder über Generationen praktiziert hatten, genau das galt ihnen als Recht. Und weil es seit jeher Konflikte an der Wurzel zu vermeiden oder in den Verästelungen zu entwirren half, genau deshalb war dieses Recht auch allgemein als das richtige akzeptiert. Kurz: Das Rechte war das Richtige und das Unrichtige das Unrechte.

In seiner Anbindung an das Unvordenkliche, Überzeitliche fand sich demgemäß auch ein nur allzu naheliegender Bezug des Rechtes zu gelebter Religion und allgemeiner Moral. Die biblischen Tötungs-, Diebstahls- und Begehrensverbote des Dekaloges beispielsweise, als faktisch überkulturelle, elementare Grundregeln für ein friedlich funktionsfähiges Gemeinwesen, bestanden lange, bevor moderne Staatsverfassungen – je nach der weltanschaulichen Grundausrichtung ihrer Verfasser mal mehr und mal weniger ernsthaft – erklärten, sie seien es, die das Leben und Eigentum der Bürger schützten. Ein kurzer rechtsvergleichender Blick erhellt diesen Zusammenhang. Während Artikel 26 der Schweizer Bundesverfassung beispielsweise noch heute formuliert: „Das Eigentum ist gewährleistet“, klingt Artikel 14 des bundesdeutschen Grundgesetzes von 1949, nahezu wortgleich mit der vorangegangenen Weimarer Reichsverfassung von 1919, ganz anders: „Das Eigentum und das Erbrecht werden gewährleistet. Inhalt und Schranken werden durch die Gesetze bestimmt“. Die Abweichung im Wortlaut scheint klein, ist aber in der Sache durchaus wesentlich. Die Schweizer Verfassung sieht das Eigentum nämlich noch als eine vorgesetzliche Größe, die aus sich heraus verständlich ist und deshalb auch keiner erläuternden Definition durch den Gesetzgeber bedarf. Zum Unterschied hiervon will das deutsche Grundgesetz sowohl den Inhalt des Eigentums als auch seine Schranken exklusiv staatlicherseits durch Gesetze definiert wissen.

Noch weiter ging die DDR-Verfassung vom 7. Oktober 1949 in ihrem definitorischen Machtanspruch. Sie bestimmte in Artikel 22: „Das Eigentum wird von der Verfassung gewährleistet. Sein Inhalt und seine Schranken ergeben sich aus den Gesetzen und den sozialen Pflichten gegenüber der Gemeinschaft.“ Und der Ost-Berliner Verfassungsartikel 89 stellte dazu gleich noch klar: „Ordnungsgemäß verkündete Gesetze sind von Richtern auf ihre Verfassungsmäßigkeit nicht zu prüfen.“ Der ursprünglich ganz unbedingte, im Dekalog biblisch gebotene Eigentumsschutz verdünnte sich im Laufe der Geschichte auf diese Weise zu einer staatlichen Gewährleistung gerade noch derjenigen individuellen Machtpositionen, die der jeweils definierende Verfassungsgeber als bürgerliches Eigentum hinzunehmen bereit ist.

Die Entwicklung des deutschen Vertragsrechtes seit dem Inkrafttreten des Bürgerlichen Gesetzbuches (BGB) mit dem 1. Januar 1900 zeigt einen vergleichbaren normativen Kulturkampf zwischen einerseits hergebrachten Traditionen und andererseits formaljuristischen Möglichkeiten: „Ein Rechtsgeschäft, das gegen die guten Sitten verstößt, ist nichtig" besagt – ähnlich dem Artikel 20 des Schweizerischen Obligationenrechtes – der deutsche Paragraph 138 BGB. Er tritt neben die weitere Regel, dass ausdrückliche gesetzliche Verbote Rechtsgeschäfte nichtig, das heißt juristisch inexistent, machen können.

Auf diese Weise bezieht der gesetzliche Verweis auf das Sittengesetz alles außergesetzlich gesellschaftlich Verbindliche in die förmliche Rechtsordnung mit ein. Der Richter hat dabei zu prüfen, ob – wie man sagt – ein Rechtsgeschäft dem „Anstandsgefühl aller billig und gerecht Denkenden" entspricht oder ob dieses Anstandsgefühl es gebietet, jenem betreffenden Geschäft eine rechtliche Verbindlichkeit abzusprechen.

Die hierzu nötige richterliche Prüfung arbeitet mitnichten nur eine rhetorische Leerformel ab. Ganz im Gegenteil! Sie hat zu fragen, was „alle", also eine mindestens überragend große Mehrheit der Rechtsgemeinschaftsmitglieder, im breitesten Konsens für gemeinschaftlich anständig, also für richtig halten. Und diese „alle" Menschen, die Prüfmaßstab sind, haben nicht nur „gerecht" zu denken, das heißt in den Kategorien von formalem Recht oder formalem Unrecht, sondern zugleich in den Kategorien der Billigkeit, mit anderen Worten in den Maßstäben der Angemessenheit. Ein bloßes Abstellen nur auf formaljuristische Rechtspositionen, auf gesetzliche Spielräume oder beckmesser'sche Vertragswinkel scheidet damit hier aus. Das überraffinierte Kleingedruckte, die listige Falle für den unbedarften Geschäftspartner: An dieser Prüfungsschwelle scheitert, wer den Rechtsgenossen unanständig übervorteilen wollte. Das BGB hat in dieser Verklammerung von staatlichem Gesetz und außerstaatlicher Sittenregel eine geradezu geniale Möglichkeit geschaffen, rechtliche Normen mit außerrechtlichen Argumenten, faktisch solchen der individuellen Gnade im Einzelfall, abzuwägen. Wo – wie man sagt – „Gnade vor Recht ergeht", da treten in der Sache Angemessenheitserwägungen an die Stelle nur formaler Gesetzeslogik. Doch der darin liegende Verstoß gegen das geschriebene Recht verletzt nicht die materielle Rechtsordnung insgesamt. Vielmehr gehört der Regelbruch seinerseits noch zum und also in das Recht.

Die gesetzlichen Möglichkeiten für Richter, auf diesem Wege kraft eigener Überlegung die normative Grundlage für eine anschließende eigene Einzelfallentscheidung zu legen, schwinden indes zusehends. Wo das deutsche Gericht auf der Suche nach dem einschlägigen Sittengesetz das Anstandsgefühl aller billig und gerecht Denkenden erforschen muß und wo das Schweizer Gericht in Ermangelung einer vorhandenen Gesetzesregel „nach der Regel entscheiden (darf), die es als Gesetzgeber aufstellen würde", wie Artikel 1 Absatz 2 des Schweizer Zivilgesetzbuches bestimmt, da dringen innerhalb der Europäischen Gemeinschaft zunehmend staatliche Billigkeitserwägungen in die normativen Lücken. Wenn beispielsweise Paragraph 309 des deutschen BGB inzwischen bei Dauerschuldverhältnissen allgemeine Geschäftsbedingungen für unwirksam erklärt, wenn sie eine längere Kündigungsfrist als drei Monate vor Vertragsende vorsehen, dann ist dies in erster Linie eine Misstrauenserklärung des Gesetzgebers gegenüber den Gerichten. Denn diesen wird offenbar nicht zugetraut, derartige Fälle über den dogmatischen Ansatz eines Sittenverstoßes zu lösen. Damit aber nicht genug. Dass dieselbe Vorschrift des BGB sich selbst für unanwendbar erklärt, wenn ein Versicherungsvertrag im „Kleingedruckten" derartige Verlängerungsklauseln enthält, lässt zwanglos auf die beteiligten Interessen bei der Gesetzwerdung rückschließen.

Anders gesagt: Nicht mehr die überwältigende Mehrheit der betroffenen Rechtsgenossen muss derartigen Regeln als „billig und gerecht" zustimmen. Es genügt nunmehr im Gegenteil die gezielte Einflussnahme auf den zuständigen Gesetzgeber bei der Normsetzung. Zieht man mit in das Kalkül, dass derartige nationale Gesetze nur die Umsetzung überstaatlicher EU-Richtlinien darstellen, wie etwa die Vorschriften zu Fernabsatzverträgen, Haustürgeschäften oder sonstigen Verbraucherschutzregeln, dann wird klar: Die Regelungskreise des förmlichen Gesetzes werden gegenüber denen des allgemeinen Rechtes immer weiter ausgedehnt. Der Bürger hat sich vermehrt nur noch an die Gesetze, nicht aber an das Recht zu halten. Denn die alleine scheinen ihm den einzigen Weg in die verlässliche Legalität zu weisen.

Im Gewand der juristischen Verlässlichkeit und der vermeintlich erhöhten Rechtssicherheit ergreift die Staatsorganisation somit immer kleinteiliger die Regelungsbefugnis über das Recht. Jene Machtausweitung beschränkt sich nicht auf das Zivilrecht. Sie erstreckt sich insbesondere auch auf die staatliche Domäne des Polizeirechtes. Während dieses ursprünglich „Sicherheit und Ordnung“, also geschriebenes und ungeschriebenes Recht, gegen Gefahren schützen sollte, tritt der Ordnungsgedanke dort zunehmend in den Hintergrund. Was „öffentliche Ordnung“ sei, erschließe sich nicht hinlänglich rechtssicher, weswegen mehrere Polizeigesetze der deutschen Länder ihren Polizisten die Eingriffsbefugnis bei bloßen Verstößen gegen die öffentliche Ordnung entzogen haben. Parallel zu dem Richter, dem ein eigener Gedanke nicht mehr zugetraut wird, wird damit auch dem Polizisten die Möglichkeit genommen, einzelfallbezogen angemessen zu agieren. Zugleich steigt die Zahl der nötigen Gesetze. Denn grober Unfug wird von ungezogenen Menschen nach wie vor angestellt, auch wenn der Gesetzgeber die Vorschrift nun nicht mehr so nennt. Darf es also ein bißchen mehr sein? Darf der Gesetzgeber im Interesse der Rechtssicherheit und der Rechtsklarheit, zur Schaffung größerer Verlässlichkeit im Geschäftsverkehr und zur besseren Vorhersagbarkeit gerichtlicher Entscheidungen, immer mehr und immer kleinteiligere Vorschriften erlassen und sie „Gesetz“ nennen?

Vorsicht scheint mehr als geboten. Denn nicht nur Richtern und Polizisten werden – wie gezeigt – die Möglichkeiten einer angemessenen Rechtsverwirklichung im Einzelfall zunehmend genommen. Mit jedem zusätzlichen Gesetz minimieren sich die Handlungspotentiale aller Teilnehmer an der Rechtsordnung. Während in freien und freiheitlichen Gesellschaften die Generalregel gilt: „Was nicht ausdrücklich verboten ist, das ist erlaubt“, greift in unfreien, diktatorisch regierten Ländern die Regel: „Erlaubt ist nur das, was ausdrücklich gestattet wurde“. Die Grundregel der Bundesrepublik Deutschland zur bürgerlichen

Handlungsfreiheit findet sich im zweiten Verfassungsartikel des Grundgesetzes: „Jeder hat das Recht auf die freie Entfaltung seiner Persönlichkeit, soweit er nicht die Rechte anderer verletzt und nicht gegen die verfassungsmäßige Ordnung oder das Sittengesetz verstößt".

Sehr viel eingegrenzter waren im direkten Vergleich hierzu die Lebenschancen der DDR-Bürger nach ihrer bis 1990 geltenden Verfassung, die in Artikel 19 klarstellte: „Frei von Ausbeutung, Unterdrückung und wirtschaftlicher Abhängigkeit hat jeder Bürger gleiche Rechte und vielfältige Möglichkeiten, seine Fähigkeiten in vollem Umfang zu entwickeln und seine Kräfte aus freiem Entschluß zum Wohle der Gesellschaft und zu seinem eigenen Nutzen in der sozialistischen Gemeinschaft ungehindert zu entfalten. So verwirklicht er Freiheit und Würde seiner Persönlichkeit. Die Beziehungen der Bürger werden durch gegenseitige Achtung und Hilfe, durch die Grundsätze sozialistischer Moral geprägt." Anstelle prinzipiell unbegrenzter Möglichkeiten standen den Bürgern hier also nur „vielfältige" zur Wahl. Und die staatliche Behinderung ihrer individuellen Lebensräume begann dort, wo der Kontext einer sozialistischen Gemeinschaft oder die Grundsätze einer sozialistischen Moral überschritten schienen. In Verfassungstexten wie diesen ist der Gedanke des Rechtes durch die definitorischen Befugnisse der Gesetzgeber tatsächlich vollends verdrängt. Dass, wie schon gesagt, nicht einmal mehr staatliche Richter die Gesetze der DDR auf ihre Verfassungsmäßigkeit prüfen durften, fügt sich in dieses Bild. Der Gesetzgeber ergreift in solchen Staatsgebilden die Definitions- und Regelungsmacht absolut.

Neben die Eingrenzung der individuellen Handlungsmöglichkeiten im Recht und neben die Entmachtung der Gesellschaft als gemeinschaftlicher Normgeber tritt jedoch zunehmend das Element der faktisch undemokratischen Gesetzgebung durch immer kleinere Zirkel der Macht. Hochspezialisierte Kleingruppen von Formulierungsexperten gestalten Gesetze, die anschließend in irgend definierten Gesetzgebungsverfahren erlassen werden und in Kraft treten. Von da an gelten sie als Recht für jedermann.

Je kleiner aber die Gruppe der Gesetzesdesigner ist und je größer ihr Machtanspruch, desto umfassender ist die Korruptionsgefahr und desto undemokratischer geraten die Regeln, nach denen alle zu leben haben. Darf es also auf dem Gebiet der Gesetzgebung ein bißchen mehr sein? Oder hat es hier ein deutliches bißchen weniger zu sein? Wo das Gesetz nicht mehr mit der Überzeugung seiner Bürger übereinstimmt, dort verlieren sie die Bereitschaft, dem Gesetzesbefehl noch als etwas Verbindlichem zu gehorchen. Die freiwillige Regelbefolgung im Allgemeinen schwindet zusehends. Gesetzmäßiges Verhalten muß immer kleinteiliger und – im Laufe der Zeit mit immer mehr faktischem Durchsetzungszwang – herbeigeführt werden. Die Kräfte des Staates erschöpfen sich dabei unvermeidlich. Der Geist der Gesetze stirbt. Ihre Regeln verkommen zu totem Recht. Von einem gewissen Zeitpunkt an tut jeder, was ihm beliebt. Denn er kann mit guter Aussicht auf Erfolg darauf bauen, mit seinem Regelverstoß unentdeckt zu bleiben. Andere sehen es, sind zunächst empört, tun es dann bald ebenso. Die Ordnung zerfällt. Polizisten und Gerichte werden zu selbst unverantwortlichen Vollstreckern fremder Anordnungen. Angemessenheits- und Billigkeitserwägungen haben keinen Platz mehr. Sittlich gutes Verhalten nach übergeordneten Normen wird unmöglich unter dem anonymen Großbefehl der fernen, alles regelnden und bestimmenden Macht.

Diese, umgekehrt, blickt auf das wachsende Chaos und glaubt, diesem nur mit noch mehr eigenen Anordnungen wieder Herr werden zu können. In Artikel 352 des Vertrages über die Arbeitsweise der Europäischen Union heißt es: „Erscheint ein Tätigwerden der Union im Rahmen der in den Verträgen festgelegten Politikbereiche erforderlich, um eines der Ziele der Verträge zu verwirklichen, und sind in den Verträgen die hierfür erforderlichen Befugnisse nicht vorgesehen, so erlässt der Rat einstimmig auf Vorschlag der Kommission und nach Zustimmung des Europäischen Parlaments die geeigneten Vorschriften." Diese Art von Machtanmaßung hat nichts mehr von der restlichen Höflichkeit, dem Maßhalten oder Um-Erlaubnis-Fragen einer ruppigen Metzgerin. Diese Kompetenzanmaßung verläßt den Rahmen des akzeptablen Rechtes. Von ihr darf es nicht mehr geben. Von ihr muß es weniger geben. Sehr viel weniger. Gar nichts.

Der Colt im Haus erspart den Notrufknopf

Ein Plädoyer für das Recht unbescholtener Bürger auf Waffenbesitz

Ich bin ein Kind der Bundesrepublik. Meine Welt war aufgeräumt, geordnet und gewaltfrei. Die Straßenschlachten meiner Jugend fanden im Fernsehen statt. Doch selbst diejenigen, die sich vor Wasserwerfer stellten oder im Staatsforst gegen Großprojekte protestierten, sie riskierten nicht wirklich ernsthafte Verletzungen. Denn die Polizisten meines Landes hatten zuvor geübt, wie man demonstrierende Sitzblockierer ohne weitere Gewalteskalation von der Straße hebt. Wirkliche Prügeleien gab es nur in der Nähe von Fußballstadien. Und wer nicht den Fehler beging, sich mit einem roten Schal in eine blaue Kurve zu setzen, der blieb unbehelligt.

In einem solchen Umfeld schien selbstverständlich, dass Waffenbesitz ein Privileg des Staates war. Allenfalls behördlich handverlesen ausgesuchte Bürger in Jagd- oder Sportlerkreisen hatten die Chance auf eine eigene Schusswaffe. Wo kämen wir denn hin, sprach ich meinen Lehrern nach, wenn jeder Dummkopf die Möglichkeit hätte, nach Belieben überall herumzuballern?

Meine Einstellung zur Frage des Waffenbesitzes hat sich inzwischen völlig gewandelt. Ich bin heute der Auffassung, dass jeder unbescholtene Erwachsene das Recht hat, in angemessenem Umfang selbst privat Waffen zu besitzen, wenn er sie nachweislich technisch beherrscht und wenn er für deren möglichen Fehleinsatz Versicherungsschutz organisiert hat. Staatliche Gesetze können dieses grundlegende menschliche Recht nicht wirksam beseitigen. Im Gegenteil ist es sogar die Aufgabe eines Staates, dieses Recht auf privaten Waffenbesitz positiv zu respektieren. Woher kam der Wandel in meiner Auffassung?

Die traditionelle europäische Staatsphilosophie geht bekanntlich spätestens seit Thomas Hobbes am Ende des 17. Jahrhunderts davon aus, dass der einzelne Bürger sich im Befriedungsinteresse aller entwaffnen solle, um sein ursprüngliches Selbstverteidigungsrecht den legitimierten und ordnungsgemäß kontrollierten staatlichen Stellen zu überantworten. Wenn dann dereinst alle Bürger entwaffnet seien, könne der Staat durch seine nach wie vor bewaffneten Bediensteten schnell und dauerhaft den allgemein wünschenswerten Frieden sicherstellen und nötigenfalls herbeiführen. Der bedroht Bürger greift dann zuletzt nicht mehr selbst zum Schießeisen, um haarige Situationen zu bestehen, sondern er telefoniert rasch einen polizeilichen Profi herbei, der dies für ihn besorgt.

Diese weit verbreitete Sicht auf die Dinge übersieht allerdings mindestens drei ganz wesentliche Gesichtspunkte: Erstens verkennt sie den Umstand, dass ausgerechnet die aggressivsten Angreifer sich nicht selbst an das gesetzliche Verbot halten, keine Waffen zu benutzen. Die Entwaffnung der Bevölkerung durch den Gesetzgeber ist also im Kern die Entwaffnung der möglichen Opfer, nicht aber die Entwaffnung der wahrscheinlichen Täter. Zweitens verkennt sie den Umstand, dass Täter und Waffen unter den heutigen technischen Möglichkeiten äußerst schnell ihren Einsatzort wechseln können. Thomas Hobbes hatte nicht die Möglichkeit, mit einem Mobiltelefon binnen Minuten eine Polizeihundertschaft herbeizurufen. Die Angreifer zu seiner Zeit waren aber auch nicht in der Lage, mit ein paar Lieferwagen schnell größere Tätergruppen flexibel von einem Ende der Stadt an das andere zu fahren. Kurz: Auch das schnellste Telefon mit Notrufknopf kann niemals einen Polizisten so schnell in Verteidigungsstellung bringen wie jeder Täter seine illegalen Waffen in Angriffsstellung. Drittens aber verkennt die heute noch herrschende Doktrin weitgehender Waffenlosigkeit den Umfang ihrer eigenen Rationalität. Die Entwaffnungsgesetze der Gegenwart werden von Menschen gemacht, die selbst in bestens bewachten Sonderbiotopen inmitten unserer Metropolen leben.

Ministerbüros und Ministerfahrzeuge verfügen über Panzerglas. Bewaffnete Bedienstete chauffieren die Entscheider bisweilen viele Jahre und Jahrzehnte durch hauptstädtische Gefilde. Niemals ist ein waffentragender Beamter mit Blaulicht und Kollegen weiter als ein paar Schritte entfernt. Dies prägt das Realitätsverständnis der Gesetzgeber.

Völlig anders ist die Lage dort, wo die Feldwege enden, wo einsame Bauernhäuser fern aller Siedlungen in Wäldern stehen, wo kein Laternenschein die Szene erleuchtet und wo über weite Flächen Funklöcher im Mobilnetz klaffen. Die Zeiten der Dorfgemeinschaft, in der man jedes Gesicht kannte und die dahinter wohnende Seele einzuschätzen wusste, sind vorbei. Die meisten Menschen, die uns tagtäglich begegnen, haben wir noch nie gesehen. Globalisierung mobilisiert Menschenmassen in Ausmaßen, wie sie die Welt noch nie sah. Offene Grenzen tun ihr übriges dazu. Der Kontakt zu einem Fremden ist nicht mehr die Ausnahme, sondern geradezu die Regel.

Wo die persönliche Vertrautheit aber schwindet, da erwächst der Bedarf nach einem kleinen zeitlichen und räumlichen Zusatzabstand, um erst einmal eine gewisse Lageklärung betreiben zu können. An wenigsten Stellen versinnbildlicht sich dieses Bedürfnis besser sichtbar als in der Architektur unserer Gerichtsgebäude. Nicht mehr nur wenige örtlich zugelassene Anwälte haben dort heute unbeschränkten Zugang, sondern ungezählte Unbekannte begehren Einlass. Deswegen werden sie dort von bewaffnetem Personal zuerst durch Hochsicherheitsschleusen geleitet. Man will ja wissen, mit wem man es zu tun hat. Man will wissen, ob der Gast nichts Böses im Schilde führt. Man will ihn waffenlos begrüßen.

Im Zentrum des ganzen Themas steht dies: Das Waffenrecht einer Gesellschaft verrät die Erwartungserwartungen ihrer Mitglieder. Erwartet Herr A, dass Herr B in der Erwartung lebt, Herr A werde ihm nichts tun? Oder lebt Herr A in der Erwartung, Herr B könnte sich vorstellen, dass Herr A ihm schaden will, weswegen Herr B sich gegenüber Herrn A vorsorglich kampfbereit hält? Da wir immer nur wissen können, wie sich ein Mensch in einem konkreten Augenblick verhält, nie aber auch, wie er sich im nächsten Moment verhalten wird, sind wir stets auf Spekulationen über das Künftige angewiesen. Basiert diese Spekulation einem Fremden gegenüber auf der Möglichkeit, er könne uns angreifen, während wir von uns selbst wissen, unbewaffnet zu sein, dann verschafft diese Balancelosigkeit ein Gefühl der Unsicherheit. Beruht das wechselseitige Spekulieren über das künftige Verhalten eines Fremden zudem auf der gemeinsamen Annahme, es sei wenig wahrscheinlich, dass einer von beiden sich im Angriffsfalle mit Waffen würde wehren können, dann intensiviert sich dieses Unbehagen in einer Konstellation besonders: In der Konstellation nämlich, in der ein gesetzestreuer (d.h. waffenloser) Akteur sich vorstellt, sein Gegenüber sei mutmaßlich nicht gesetzestreu (d.h. bewaffnet). In diesem Fall wird jedes Aufeinandertreffen Unbekannter von einer potentiellen Handlungsasymmetrie geprägt. Wer in solcher Lage die Waffe tatsächlich besitzt – und sei es illegal – der weiß sich im taktischen Vorteil.

Im allgemeinen Diskurs über Waffen in Deutschland ist heute das Argument weit verbreitet, man wünsche nicht, dass jedermann jederzeit freien Zugang zu einer Waffe habe. Denn dann könne zu viel und zu unkontrolliert geschossen werden. Dieses Argument beruht ersichtlich auf der Annahme, die ganz überwiegende Mehrzahl der Beteiligten werde sich regeltreu an das gesetzliche Verbot unerlaubten Waffenbesitzes halten. Diese Ansicht geht zumeist einher mit der Darstellung, man würde sich nicht mehr sicher fühlen in der Öffentlichkeit, wenn jedermann die Möglichkeit hätte, eine Waffe zu führen.

Interessanterweise wird mir in einschlägigen Debatten allerdings immer wieder bestätigt, dass sich dieses vermeintliche Unsicherheitsgefühl bei allen Beteiligten substantiell noch nie eingestellt hat, wenn sie durch einen Ort in der Schweiz gegangen sind, obwohl dort alle Armeeangehörigen bekanntlich eine Schusswaffe im eigenen Haus vorhalten. Mithin könnte doch mindestens dort in jedem Augenblick ein Unglücklicher wild aus seinen Fenstern schießen. Ebenfalls hat mir noch nie jemand erklärt, er fühle sich an Flughäfen deswegen unsicher, weil dort junge Männer, die er noch nie sah und deren Namen er nicht kenne, schwer bewaffnet umherlaufen. Die bloße Tatsache, dass diese Waffenträger in einer bestimmten Farbe gekleidet sind und ihr Hemd einen bestimmten Aufdruck aufweist, sorgt hier bereits für Entspannung. Dass nicht einmal der Dienstherr dieser Polizisten heute noch genügend Vertrauen zu ihnen hat, um ihnen zu erlauben, Strafmandate vor Ort in bar zu kassieren, scheint an diesem Vertrauensvorschuss der Bevölkerung nichts zu ändern. Dieselbe Bevölkerung, die in einer großen innerstädtischen Menschentraube wenige Zentimeter vor den kraftstrotzenden SUV-Fahrzeugen wildfremder Menschen mit laufenden Motoren die Fußgängerfurt überquert, fürchtet um ihre Gesundheit, wenn ihr Leben nicht am Kupplungsfuß eines Autofahrers, sondern am Abzugsfinger desselben Menschen hinge.

Wir alle neigen dazu, unsere erfahrenen Realitäten zu verabsolutieren. Nur weil wir noch nie sahen, dass ein Autofahrer aus seiner Warteposition plötzlich in eine Fußgängermenge hinein raste, nur deswegen halten wir diese Möglichkeit für fernliegend. Und was wir für fernliegend erachten, dafür glauben wir, keine Vorsorge treffen zu müssen. Politiker jedoch, die bislang – aus ihrer beschriebenen Sicherheit heraus – glaubten, bürgerliche Erwartungserwartungen mit allgemeiner Entwaffnung zur generellen Friedfertigkeit hin gestalten zu können, werden mittelfristig umdenken müssen. Insbesondere dann, wenn die Bewohner Deutschlands sich nicht mehr ausnahmslos aus gesetzestreuen Kindern der Bundesrepublik konstituiert, sondern in maßgeblicher Zahl auch aus solchen Menschen, die vormals gänzlich andere Aggressionserfahrungen gemacht haben. In solcher Lage kann für einen Gesetzgeber nötig werden, die wechselseitigen Erwartungserwartungen der Beteiligten neu auszurichten. Ein Täter, der nicht mehr mit an Sicherheit grenzender Wahrscheinlichkeit annahmen darf, ein unbewaffnetes Opfer vor sich zu haben, der wird sich eher defensiv verhalten wollen. Wie wahrscheinlich ist es beispielsweise, dass sich das Kölner Silvester 2015/2016 in der gesehenen Art ereignet hätte, hätte seitens der Angreifer die Überlegung stattgefunden, jede zehnte angegriffene Frau oder ihr Begleiter könne möglicherweise über einen Colt verfügen?

Waffen wirken bereits, wenn sie unsichtbar sind. Denn schon alleine die bloße Möglichkeit ihrer Gegenwart ändert das Möglichkeitsspektrum der Verhaltensweisen aller Beteiligten. Und selbst wenn man nicht weithin allen Bürgern das Recht einräumen wollen mag, sich überallhin mit einer Waffe zu begeben, etwa weil es in unseren Innenstädten doch jedenfalls hinreichend polizeilichen Schutz gebe, so bleibt ein bürgerliches Recht nach meinem Dafürhalten heute kaum noch bestreitbar: Das Recht, sein eigenes Haus mit einer dort stationierten Waffe verteidigen zu dürfen. Denn niemand zwingt einen Fremden, mein Haus zu betreten. Wenn er es doch tut, dann weiß er, wer dort das Hausrecht hat und wie lange er dort freundlich empfangen ist. Ob das liberal sei, werde ich in letzter Zeit bisweilen gefragt. Nichts könnte liberaler sein, antworte ich. Denn der Liberalismus schützt Leben, Körper, Gesundheit, Eigentum, Privatheit und Selbständigkeit. So wie ein Colt.

Max Frisch reloaded: Biedermann und die Euro-Brandstifter

Vortrag im „Saal der Verfassungsfreunde" in Offenburg

Der Schweizer Schriftsteller Max Frisch (*1911 – †1991) veröffentlichte im Jahre 1958 – nach rund zehnjährigen Vorarbeiten in Gestalt von Prosaskizzen und Hörspiel – sein Theaterstück „Biedermann und die Brandstifter". Noch im selben Jahr wurde das Stück erstmals in Zürich und dann in Frankfurt am Main aufgeführt.

In Europa hatte das Leben nach dem Ende des 2. Weltkrieges zu dieser Zeit gerade wieder begonnen, sich halbwegs zu normalisieren. Adenauer besuchte de Gaulle in Frankreich, die Römischen Verträge zur Gründung der Europäischen Wirtschaftsgemeinschaft waren in Kraft getreten, die DDR schaffte ihre Lebensmittelkarten ab, Papst Pius XII. erklärte Klara von Assisi wegen ihrer Visionen zur Schutzpatronin des Fernsehens und Elvis Presley trat seinen Wehrdienst in Deutschland an.

Es wurde also Zeit, intellektuell aufzuarbeiten, was die Geschichte des laufenden Jahrhunderts Europa bis dahin beschert hatte. Während der Lebenszeit von Max Frisch hatte die Menschheit nicht nur zwei Weltkriege gesehen, sondern auch massive weltgeschichtliche Umwälzungen; 1917 die Machtergreifung der Sowjets in Moskau, 1933 die der Nationalsozialisten in Berlin, und nun, mit der Gründung von NATO 1949 und Warschauer Pakt 1955, die faktische Teilung in Ost und West.

In dieser Lage stellt Max Frisch uns Gottlieb Biedermann auf die Bühne, den wohlhabenden Haarwasserproduzenten, und seine gesundheitlich schwächelnde Ehefrau Babette, die beide mit ihrem Hausmädchen Anna eine respektable Stadtvilla bewohnen. Am Ende des Bühnenstücks werden alle in genau dieser Villa verbrannt sein. Das Haus und das ganze Stadtviertel werden von dem arbeitslosen Ringer Josef Schmitz und seinem Freund Willi Eisenring angezündet worden sein. Ein unterdessen auch auftretender Polizist wird das Inferno ebenso wenig verhindern können, wie ein merkwürdiger dritter, namenlos bleibender Brandstifter mit dem Titel „Dr. phil.“, der sich kurz vor der Tatvollendung noch von alledem distanziert.

Im Mittelpunkt des Stücks steht einzig die zentrale Frage, wie es den Brandstiftern gelingt, sich als wildfremde Hausierer Zutritt und Aufenthalt in der Villa zu verschaffen, den ganzen Dachstuhl des Hauses vor den sehenden Augen des Hausherrn mit Benzinfässern zu füllen und ihr zerstörerisches Werk in Seelenruhe zu vollenden; all dies, obwohl doch Gottlieb Biedermann schon vor seinem ersten Kontakt zu den Tätern aus eigener Zeitungslektüre hinreichend dezidierte Kenntnis von dieser Art des – schon wiederholt andernorts identisch praktizierten – Verbrechens hat; und obwohl er schon zuvor in der Öffentlichkeit lautstark gefordert hatte, man solle derlei Täter rigoros „aufhängen“.

II.

Max Frisch entwickelt die einerseits grenzenlose Wehrlosigkeit der Opfer und die andererseits unerbittliche Entschlossenheit der Täter in einer geradezu zermürbenden Folgerichtigkeit. Erschüttert müssen Leser und Publikum ertragen, wie Biedermann und seine Frau ohne wahre Not jede der beinahe zahllosen Chancen verspielen, das Unheil noch abzuwenden und wie – umgekehrt – rücksichtslos die Täter ihren Plan fast maschinenhaft zur Tat werden lassen. Segmentiert man den Ablauf, so lassen sich wenigstens acht Entwicklungsschritte erkennen:

1) Unaufgefordertes Eindringen - Zu Beginn begehrt Josef Schmitz an der Tür bei dem Hausmädchen Eintritt in die Villa. Biedermann aber lässt ihm den Zutritt verbieten, gerade weil er – gewarnt durch die Zeitung – keinen Besuch von (bekanntermaßen potentiell gefährlichen!) Hausierern wünscht. Dennoch tritt Schmitz ein, am Hausmädchen vorbei. Die erste Grenzüber-

schreitung ist vollbracht. Gegen den Willen von Biedermann steht Schmitz in seinem Haus. Der übliche Abwehrmechanismus gegen unliebsamen Besuch hat versagt. Der Täter hat seinen Willen rein faktisch durchgesetzt.

2) Konsequente Anspruchshaltung im fremden Haus - Unter Hinweis auf sein Schicksal als obdachloser Arbeitsloser fordert Schmitz zunächst noch nur ganz höflich einfach „Menschlichkeit“ von Biedermann, „wenn ich nicht störe“. Als der, statt ihn gleich wieder des Hauses zu verweisen, ihm nachgiebig entgegenkommend Brot und Wein bringen lässt, setzt Schmitz sofort nach: Jetzt will er auch noch Butter, Käse, kaltes Fleisch, ein paar Gurken, eine Tomate, etwas Senf. Das besitzergreifende Anspruchstellen im fremden Haus hat begonnen. Die Machtfrage nach den häuslichen Verfügungsgewalten ist gestellt.

3) Intensivierung der Übergriffigkeiten - Schmitz lobt Biedermann für sein Gewissen, stellt aber auch schon unmissverständlich klar, daß sein vorheriger Arbeitgeber bei einer Feuersbrunst tödlich verunglückt sei. Nachdem die körperlichen Kräfteverhältnisse zwischen den Anwesenden am Esstisch von dem Ringer Schmitz dergestalt geklärt sind, erinnert er Anna an den vergessenen Senf und moniert die Trinktemperatur des präsentierten Weines. Dann kommt er sofort zu seinem nächsten Begehren: „Wenn Sie ein Unmensch wären, dann würden Sie mir heute Nacht kein Obdach geben. Und wenn’s auch nur auf dem Dachstuhl ist“. Biedermann, völlig unfähig zur Grenzziehung gegen den Unverschämten, weiß schon jetzt ganz präzise von der Gefahr, in der er steht, flüchtet sich aber in die naive Frage: „Sie versprechen es mir aber: Sie sind wirklich kein Brandstifter?“ Eine Antwort hierauf erhält er schon gar nicht mehr. Zu tief sitzt die Zecke schon im Fleisch.

4) Ausweitung der eigenen Handlungsspielräume – Während Biedermann sich und seine Frau über die entstandene Lage mit simpler Sehnsucht nach schlichter Normalität beruhigt („Man muß auch ein bißchen Vertrauen haben...“), weiten die Täter ihre bereits gewonnenen Handlungsspielräume konsequent aus: Schmitz steigert den nächtlichen Komfort auf dem

Dachboden durch ungefragte Nutzung des hauseigenen Schaffells, bestellt zum Frühstück bei Babette zwei Dreieinhalbminuteneier und erwirkt anschließend seinem Freund Willi als weiterem Gast den Zutritt zum Haus mit dem bizarren Versprechen: „Der hat Kultur, Madame“.

5) Fakten schaffen - Die Phase der vorgeschützten Höflichkeiten und des Fragens nach Erlaubnissen findet nun ein jähes Ende. Jetzt werden von den Tätern völlig eigenständig Fakten geschaffen. Schmitz und Eisenring rollen Unmengen von Benzinfässern auf „ihren“ Dachboden. Biedermann entdeckt die Fässer und den zweiten Gast. Überrannt von den Ereignissen, flüchtet er sich in einer erste Haltung des Nichtwahrhabenwollens: Benzin sei in diesen Fässern? „Machen Sie keine Witze!“. Als ihm das insoweit noch wohlmeinende Schicksal sogar einen leibhaftigen Polizisten in sein Haus sendet, mit dem er ohne weiteres auch körperlich kräftig genug wäre, den beiden Verbrechern zu trotzen, antwortet er auf dessen Frage nach dem Inhalt der Fässer mit: „Haarwasser“. Er weiß: Zu sehr ist er durch sein Zögern und Zaudern schon in die geschaffene Lage verstrickt. Schließlich könnten die Täter ihre Fässer sofort anzünden. Und: Würde ihm der Polizist seine fehlende Mitwirkung an allem Geschehenen noch glauben – bei allem insbesondere, was an fatalen Fakten schon geschaffen ist?

6) Das Nichtglaubenwollen auf Opferseite - In seiner wachsenden Verzweiflung über die Lage intensiviert sich das Nichtwahrhaben- und Nichtglaubenwollen. Statt nur zarter Indizien zum Nachdenken präsentieren sich ihm jetzt im Wortsinne handfeste Anhaltspunkte für das Verbrechen. Biedermann aber beruhigt sein Gewissen mit dem Recht, denken und nicht denken zu dürfen, was er wolle; Vertrauen haben zu dürfen; die Gesundheit seiner Frau nicht gefährden zu wollen; einen Benzingeruch im Hause eigentlich gar nicht zu bemerken… Derselbe Biedermann also, der innerhalb der gewachsenen Strukturen eines Rechtssystems hart genug ist, mit seinem Angestellten einen Gerichtsprozess zu führen, der einem solchen Streit sogar mit Todesverachtung entgegensieht; derselbe Mann weiß

sich in physischer Gegenwart zweier Verbrecher nicht mehr zu wehren.

7) Versuch, Freund der Eindringlinge zu werden - Dann plötzlich erhofft sich Biedermann – geradezu in Vorwegnahme des „Stockholm-Syndroms“ von 1973 – Rettung durch Freundschaft mit den Brandstiftern. Er lädt sie zum Gänseessen ein und fordert sie auf, sich gerne auch in seinem Badezimmer zu waschen, da auf dem Dachboden nicht einmal eine Toilette vorhanden sei. Die Antwort fällt eiskalt aus: „Im Gefängnis gab's auch kein Badezimmer“, weiß Eisenring aus seinem Leben zu berichten. Und, nachdem die Lage nun deutlich ist, wie sie deutlicher gar nicht mehr werden kann; jetzt lässt Max Frisch jenen Eisenring die legendären Worte sagen: „Scherz ist die drittbeste Tarnung. Die zweitbeste: Sentimentalität. Aber die beste und sicherste Tarnung ist immer noch die blanke und nackte Wahrheit. Komischerweise. Die glaubt niemand.“

8) Assimilationsversuche - Nachdem auch das Freundwerdenwollen die Gefahr nicht bannen kann, flüchtet sich Biedermann noch weiter vorwärts in eine Art Assimilation mit den Tätern. Um „Klassenunterschiede“ zu beseitigen, weist er sein Hausmädchen an, Tafelsilber und Tischdecke für das anstehende Gänseessen zu entfernen: „Es gibt ganze Völkerstämme, die ohne Servietten leben“. Doch auch diese Art der Fraternisierung und Kollaboration führt nicht zu einer Entspannung. Im Gegenteil. Schmitz und Eisenring sind längst die Herren in Biedermanns Haus. Der arbeitslose Kellner Eisenring fordert: „Gans und Pommard – dazu gehörte eigentlich bloß noch ein Tischtuch“ und Biedermann lässt Anna sofort allen fortgeschafften Tischschmuck wieder herbeibringen, einschließlich der silbernen Kandelaber, deren Kerzen er auf Geheiß von Eisenring gleich mittels Streichholzes anzündet. Während schon Sirenen auf den Straßen zu hören sind, bettelt Biedermann beide noch einmal an: „Scherzen wir nicht länger über Brandstifterei“. Doch Schmitz entgegnet: „Wir scherzen ja nicht!“ und „Warum nicht offen darüber reden?“. Als Zeichen seines Vertrauens fordern sie Biedermann zur Herausgabe seiner Streichhölzer auf

und der wiederum beruhigt seine Babette diesbezüglich: „Wenn die wirklich Brandstifter wären, Du meinst, die hätten keine Streichhölzer?“. Im Gefühl der eigenen Unschuld verbrennen Anna und Gottlieb Biedermann mit ihrer Villa.

III.

Max Frisch hat auf die wiederholte Frage, welche politischen Brandstifter er denn konkret habe beschreiben wollen, Kommunisten oder Nationalsozialisten, geantwortet, er verstehe die Tat selbst apolitisch. Ihm sei vielmehr daran gelegen gewesen, die dämonische Beziehung zwischen Biedermann und den Brandstiftern als solche zu beschreiben. Tatsächlich deutet auch der Untertitel des Stücks – „Ein Lehrstück ohne Lehre“ – darauf hin, daß hier eine gleichsam allzumenschliche Schwäche jenseits eines ganz bestimmten historischen Kontextes thematisiert ist: Die Unfähigkeit des gewöhnlichen Menschen mit all seinen Stärken und Schwächen, einer konsequent handelnden, destruktiven Unverfrorenheit schrankensetzend entgegenzutreten. Fehlende Zivilcourage aus Furcht vor der eigenen Unzulänglichkeit öffnet den Ruchlosen immer wieder die Tür zum Unfassbaren, offenbar auch weit über Europa hinaus; zeitgleich mit den ersten Aufführungen des Theaterstücks in der Schweiz und in Deutschland vollzog in China Mao tse Tung brachial und augenscheinlich völlig ungehindert seinen „Großen Sprung nach vorn“, bei dem 38 Millionen Menschen verhungerten.

Müssen wir Europäer uns demnach auch heute wieder mit dieser spezifischen Art menschlicher Schwäche befassen; mit einem solchen Wachsamkeitsmangel und einem falsch verstandenen Appeasement? Birgt vielleicht insbesondere die Politik der Europäischen Union das Potential zu einer Brandstiftung? Worin könnten die acht Entwicklungsschritte zu sehen sein, die Max Frisch uns in seinem Lehrstück beschrieben hat?

1.) Ein unaufgefordertes Eindringen der EU in die Nationalstaaten liegt wohl durchaus in dem beachtlichen Phänomen, daß die Völker Europas bis heute nie aufgefordert wurden, selbst über das Projekt einer europäischen Verfassung unmittelbar demokratisch abzustimmen. Mehr noch: Da, wo derartige Abstimmungen abgehalten wurden, im Mai 2005 in Frankreich und im Juni 2005 in den Niederlanden, lehnten die Bürger eine EU-Verfassung ab, ohne daß dies substantielle Konsequenzen gehabt hätte. Ersatzweise schlossen die Regierungen der EU dann im Juni 2007 den Vertrag von Lissabon. Das ursprünglich ablehnende Volk in Irland wurde durch einen zweiten Wahlgang zur Zustimmung gebracht. Der Integrationsprozess wurde malmend fortgesetzt.

2.) Auch für eine konsequente Anspruchshaltung der EU im jeweils fremden Haus der Nationalstaaten steht beispielhaft die kontinuierliche Ausdünnung des Grundprinzips der Subsidiarität. Während noch der Vertrag von Maastricht 1992 die Befugnisse der EU auf solche Gebiete beschränkte, die von Mitgliedsstaaten nicht ausreichend selbst bewältigt werden konnten, bringt die gelebte Rechtswirklichkeit immer größere Kompetenzzuwächse für den Brüsseler Zentralstaat. Mehr noch: Die Zuständigkeitsdefinition ist zur Aufgabe ausgerechnet des eigenen Gerichtshofes der Europäischen Union gemacht worden, von dem – als einem Organ der EU – realistisch kaum Kompetenzeinschränkungen zu Lasten der eigenen Zentrale zu erwarten sind.

3.) Die sich intensivierenden Übergriffe der EU auf die Nationalstaaten zeigen sich besonders auf dem Gebiet der Währungsfragen. Die bloße Idee einer Währungsunion aus dem Jahr 1989 führte schon 1991 zu ersten institutionellen Strukturen für eine solche Union durch Änderung des EWG-Vertrages. Zunächst erhielten die nationalen Zentralbankpräsidenten in einem neu geschaffenen Ausschuss 1992 eigene Zuständigkeiten. Dieser Ausschuss ging 1994 in das Europäische Währungsinstitut und dann 1998 in die Europäische Zentralbank über. Die Nationalstaaten haben inzwischen keine eigene geldpolitische Kompetenz mehr.

4.) Eine konsequente Ausweitung der eigenen Handlungsspielräume fand im Jahr 2010 im Euro-Raum statt, als die europapolitischen Akteure sich auf einen Verstoß gegen das Bail-

Out-Verbot aus Art. 125 des Vertrages über die Arbeitsweise der Europäischen Union einigten. In den unverfroren offenen Worten der ehemaligen französischen Finanzministerin und heutigen IWF-Chefin Christine Lagarde wurde der Maastrichter Vertrag von den Verantwortlichen ‚bewusst gebrochen, um Europa zu retten'. Merke: Die beste Vorgehensweise ist immer noch die blanke und nackte Wahrheit?

5.) Mit derartigen Aktionen werden von europäischen – und nationalstaatlichen – Politikern naturgemäß auch irreversible Fakten geschaffen. Immer neue Rechtssubjekte und Behörden erhalten immer neue Befugnisse und Eingriffsrechte in nationale Gesetzgebungs- und Verwaltungskompetenzen; immer weitere Mittel werden ihnen zur Aufgabenerledigung zugewiesen; zum äußeren Zeichen des Machtzuwachses prangt über allen öffentlichen Gebäuden und auf bald allen behördlichen Schriftstücken der blaugelbe Sternenkranz. Mit jeder Neuschöpfung von Geld, sei es in der Gestalt von neuen Banknoten, sei es in der Gestalt von Kreditgeld, wird in Zeiten der „lockeren Geldpolitik" ein mehr an Zahlungsmitteln geschaffen, mit dem das realwirtschaftliche Wachstum nicht Schritt halten kann. Ist das Abschöpfen dieser zusätzlichen Liquidität dann unmöglich, setzt unausweichlich Teuerung ein. Dieser Geist kommt nimmermehr zurück in die Flasche.

6.) Daß die für ihre einzelnen Staaten Verantwortlichen die Konsequenzen dieser Politik nicht wahr haben und nicht glauben wollen, selbst wenn die Fakten von verschiedensten kompetenten Seiten auf den Tisch gelegt werden, fügt sich in das Gesamtbild. Die Zeitungen berichten von steigender Arbeitslosigkeit und Staatsverschuldung in Europa; hunderte Ökonomen rufen ihre Warnungen in die Welt; in den Straßen der überforderten Länder brennen schon die Barrikaden. Doch die Biedermänner machen weiter wie bisher. An die erste Phase ihrer Beschwichtigungspolitik, in der Parolen verkündet wurden wie „Niemand hat so sehr vom Euro profitiert wie Deutschland", schließt sich die Propaganda namens „Scheitert der Euro, dann scheitert Europa" an; diese wiederum mündet in der Phase, in der es heißt „Kein Preis ist zu hoch für Europa“ oder „Ein Tag Krieg kostet mehr als zehn Jahre Euro-Rettung“. Was es tatsächlich heißt, wenn gesagt wird, man rette den Euro „um jeden Preis“, wird manchen im Nachhinein noch bitter erstaunen.

7.) In das Bild, ein Unheil abzuwenden, indem man versucht, Freundschaft mit dem Gefahrenbringer zu schließen, fügen sich immer wieder beispielhaft die Verhandlungen zwischen Angela Merkel und Francois Hollande, jüngst über eine gemeinsame Bankenaufsicht in der Euro-Zone. Daß eine (zumindest nominell) konservative Regierungschefin aus einem einstmals auf Geldwertstabilität setzenden Land mit einem sozialistischen Regierungschef aus einem inflationsfreudigen Land nicht ohne weiteres Einigkeit erzielen kann, liegt auf der Hand. Einigt man sich dann aber auf einen Kompromiss und tritt zuletzt – nach dem gemeinsamen Gänseessen am Staatsbankett – einander umarmend und herzend vor die Pressefotografen, dann ist zumindest für den medienwirksamen Anschein einer Konfliktvermeidung gesorgt. Biedermann kann weiter an die deutsch-französische Freundschaft als volkswirtschaftliches Allheilmittel glauben. Daß die Fliehkräfte der europäischen Kunsteinheitswährung ungeachtet dessen weiter mit Macht an allen volkswirtschaftlichen Eckdaten zerren, wird durch das freundliche Lächeln und die Verabredung zum Treffen auf dem nächsten Krisengipfel nicht geändert.

8.) Das blankste Assimilationsverhalten liegt schließlich in dem Willen zum Gleichmachen aller Schuldlasten und Zinskosten. Wenn die (relativ) seriöser wirtschaftenden Regierungen der nördlichen Euro-Zone die (relativ) unseriöser wirtschaftenden Länder der Südsphäre nicht mit sparkommissarischer Gewalt zu anderem Handeln bewegen können, dann bleibt schließlich nur der allzu oft gesehene Weg des moral hazard, die Einheitlichkeit durch auch eigenes Hasardeurwirtschaften herbeizuführen. Alle Anreize zum eigenen Sparen schwinden. Statt fremde Schulden über Euro-Bonds zu tilgen, werden dann flugs eigene Schulden aufgehäuft, um aus dem sonst unausweichlichen Mittelabfluss nach dem Süden wenigstens vorübergehend noch teilweise selbst ein wenig zu profitieren.

VI.

Zum Schluss wird das Haus der Biedermanns brennen und dann bald auch die ganze Stadt. Warum dulden wir (schon wieder) das Zündeln an unserem Geld? Warum lassen wir offensichtlich ahnungslose Parlamentarier immer neue Geldmengen in Fässern auf den europäischen Dachboden rollen? Warum nehmen wir hin, daß im vorgeschützten Namen von europäischer Menschlichkeit, von historischem Gewissen, internationalem Frieden und politischer Einigung mathematische Gleichungen gerechnet werden, die niemals werden aufgehen können? Sind Rücktritte wie die von Horst Köhler, Axel Weber, Jürgen Stark oder sonstigen „Dr. phil." denn wirklich schon die schärfsten Proteste, zu denen wir in der Lage sind? Oder handelt es sich bei derartigen Rückzügen nicht in Wahrheit um Konfliktvermeidungsstrategien; präsentiert das Establishment den Rettungsschirmträgern mit solchem Platzmachen am Tisch nicht nur immer neue Handlungsspielräume?

Der jahrzehntelange Friede in Europa seit 1945 war bis 1999 unübersehbar von einem ganz besonderen währungspolitischen Charakteristikum geprägt: Von einer Vielzahl prinzipiell unterschiedlicher, nationaler Währungen! Will man diesen Frieden nicht gefährden, muß man sich eingestehen, daß ein multikulturelles Europa Vielfalt braucht. Die merkwürdige Sehnsucht nach einem Gleichschritt der Massen gefährdet diese Harmonie. Gestehen wir es uns alle gemeinsam endlich ein: Wechselkursschwankungen markieren den Höflichkeitsabstand zwischen den Völkern!

Die Schweiz hat sich gegen derartige übernationale Vereinnahmungsversuche seit langem (relativ) erfolgreich gewehrt. Sie ist insofern – ebenso nach außen wie auch nach innen, gegenüber ihren eigenen Kantonen – (relativ) beweglich geblieben. Diese Beweglichkeit, Unabhängigkeit und Eigenständigkeit, diese Flexibilität ist aber auch notwendig, um heranziehenden Gefahren schnell ausweichen zu können. Insofern kann und muss die EU lernen von der Schweiz.

Demokratie heißt Wählenkönnen. Ihr Lebenselixier sind daher Vielfalt und Alternativen. Und die jeweilige Wahl muß eine wohlbedachte sein, im besten Falle immer eine solche, die auf hinreichender Tatsachenkenntnis beruht. Nicht nur die Deutschen im Besonderen, sondern alle Europäer sind mit ihrer gemeinsamen Geschichte aufgerufen, immer wieder von den fatalen politischen Fehlern zu berichten, die in Europa während der letzten hundert Jahre gemacht wurden. Zu diesem Berichten gehört, Erfahrungen zu teilen und scheinbar merkwürdige, irrsinnige Beobachtungen zu erklären.

Der britische Journalist Adam Fergusson zitiert die Schriftstellerin Erna von Pustau als Zeitzeugin der deutschen Inflation von 1923 mit den Worten:

„Üblicherweise sagten wir, ‚der Dollarsteigt schon wieder', während der Dollar in Wirklichkeit stabil blieb, aber unsere Mark an Wert verlor. Aber sehen Sie, wir konnten kaum sagen, daß unsere Mark fiel, weil sie in Zahlen gemessen ständig stieg – und so auch die Preise. Das war wesentlich sichtbarer als die Erkenntnis, daß der Wert unseres Geldes abnahm … All das erschien einfach nur wie ein Irrsinn, und er machte die Menschen irre."

Berichten wir also allen von dem, was wir wissen. Setzen wir den obwaltenden geldpolitischen Fehlvorstellungen ein Ende. Wenden wir uns gegen die schier irrsinnige Vorstellung, eine politische Integration in Europa könnte durch eine funktionsunfähige und konfliktschürende Kunstwährung vorangebracht werden. Setzen wir den makroökonomischen Hasardeuren und Voodoo-Ökonomen Grenzen. Verteidigen wir die politische Vielfalt und die ökonomische Beweglichkeit in Europa gegen die Starrheit und Überheblichkeit einer undemokratischen Zentralregierung!

Europa braucht keine hochfinanzherrschaftlichen Superstrukturen, in denen wie auf einem neuen Wiener Kongress immer starrere Menuette getanzt werden. Europa soll die Hüften schwingen können wie es Elvis gezeigt hat. Und mit der Hilfe Klaras von Assisi werden wir diese Visionen aus dem Saal der Verfassungsfreunde auch diesmal wieder durch das Internet in die Welt senden. Die Botschaft ist klar: Europa darf nicht brennen! Wir müssen es, wir werden es verhindern!

Roland Baader und die Euro-Katastrophe Zur Neuausgabe 2018

Im Jahre 1748 schenkte Charles-Louis de Secondat, Baron de La Brède et de Montesquieu der Welt sein bis heute unvergessenes, staatsphilosophisches Werk „Vom Geist der Gesetze". Er entwickelte dort unter anderem seine Theorie über das Beziehungsgeflecht zwischen den Gesetzen eines Landes und den Sitten der dort lebenden Menschen. Notwendigerweise entstehe nämlich gerade wegen dieses Zusammenhanges in jeder Nation ein besonderes, einzigartiges Normengewebe, das sich den natürlichen Gegebenheiten des Ortes und den traditionellen Üblichkeiten ihrer Bürger punktgenau anpasse. Jener beinahe organische Zusammenhang aus faktischem Dasein und normativem Sollen sei auch die ganz wünschenswerte Grundlage für ein nachhaltig geordnetes Zusammenleben im Staat: „Denn nichts tun wir so gut wie das, was wir aus freiem Willen und unserer Natur entsprechend tun."

Im 25. Jahr nach dem Erscheinen der „Euro-Katastrophe" ist dieses traditionelle Wissen der europäischen Staatsphilosophie und sind die feingliedrigen Sensibilitäten für historische, landschaftliche, klimatische, künstlerische, musikalische, institutionelle, familienpsychologische oder selbst mikrosozial traditionstypische Prägungen den führenden Politikern in Deutschland offenbar abhanden gekommen. In einem Thesenpapier zu kultureller Integration und gesellschaftlichen Zusammenhalt ließ die sozialdemokratische Integrationsbeauftragte der Bundesregierung – eine zugleich stellvertretende Kuratorin des Deutschen Historischen Museums und der Stiftung „Haus der Geschichte" – wissen: „Eine spezifisch deutsche Kultur ist, jenseits der Sprache, schlicht nicht identifizierbar".

Klarer als mit dieser vermeintlich unmöglichen Identifizierbarkeit der oft beschriebenen „deutschen Seele" hätte die in Hamburg geborene Migrationspolitikerin ihr fehlendes Gespür für die spezifisch deutschen und europäischen Befindlichkeiten kaum unter Beweis stellen können. Denn die Tatsache, daß Deutschland und Europa in diesen Jahrzehnten ebenso tragisch ungebremst wie fatal vielschichtig in die von Roland Baader beschriebene Euro-Katastrophe abglitten und abgleiten, findet ihre Ursache bei genauerer Betrachtung eben nirgendwo sonst als in eben diesem von dem Baron Montesquieu beschriebenen Zusammenhang aus kultureller Befindlichkeit und (noch immer) weithin akzeptierten Gesetzesnormen.

Denn Deutschlands europäische Nachbarn belächeln die Deutschen zwar wegen ihrer legendären Ängste so sehr, daß das Wort von der „German Angst" inzwischen sogar – ebenso wie die Vokabel „Weltschmerz" – in den englischen Wortschatz übernommen ist. Doch auch die anderen europäischen Player sind nicht frei von eigenen Befürchtungen: So legen französische Politiker spätestens seit der Montanunion des Jahres 1952 immer wieder ganz offen den größten Wert auf die organisatorische Einhegung und Einbindung Deutschlands, um friedenstiftende supranationale Zusammenarbeit vorsorglich auch gleich mit einer Verunmöglichung nationaler Alleingänge ihrer östlichen Nachbarn zu paaren. Und von Briten, die 1990 aus London nach Deutschland geschickt wurden, um über die deutsche Wiedervereinigung zu verhandeln, wird berichtet, sie hätten einen „starken Hang zum Selbstmitleid" ihrer Gesprächspartner sowie „den Wunsch, gemocht zu werden" festgestellt. Margaret Thatcher überlegte demnach sogar, russische Truppen vorsorglich möglichst lange in Ostdeutschland stationiert zu halten: „Vielleicht brauchen wir sie noch eines Tages, um ein vereintes Deutschland in Schach zu halten".

Wer diese wechselseitigen Grundperspektiven der binneneuropäischen Betrachtung mit ihren unabsehbar kleinteiligen Konsequenzen auf den Alltag dieses Kontinentes nicht in seine Welterkenntnis einbezieht, der muß zwangsläufig ohne jede

Chance bleiben bei dem Versuch, die kulturellen Befindlichkeiten in Deutschland und Europa in ihrem Kern zu verstehen. Denn die Sorge der europäischen Staaten vor einem unbeherrschbaren Deutschland in ihrer Mitte paart sich just mit der beschriebenen, traditionell innerdeutschen Angst vor allen denkbaren und undenkbaren Schicksalsschlägen. Dies schafft natürlich ein dem Außenstehenden verborgenes, doch sehr spezifisches Wechselspiel der regionalen, nationalen und internationalen Kräfte. Gerade weil die „German Angst" nämlich so prägend ist für Deutschland und die Deutschen, läßt sich mit ihr innerhalb dieses Landes so geschmeidig Politik betreiben; vor allem dann, wenn man die Bereitschaft besitzt, im rücksichtslosen politischen Eigeninteresse Ahnungslosigkeit, Unaufmerksamkeit und Überforderung der weit verstreuten Bürger auszunutzen.

Nicht ohne Grund läßt sich daher auch jeder im deutschen Bundestag vertretenen Partei problemlos eine spezifische Angst zuordnen, vor der sie ihre Wähler zu bewahren verspricht: Das ehemals konservative Lager der christlichen Parteien jongliert mit der Angst vor Wohlstandsverlusten, Sozialdemokraten mit der Angst vor sozialem Abstieg, Kommunisten mit der Angst vor Altersarmut, grüne Politiker mit der Angst vor dem Zusammenbruch der Umwelt, Liberale mit der Angst vor Unvernunft in der Politik und die sogenannten rechten Politiker mit der Angst vor Überfremdung und staatlichem Kontrollverlust. Jeder deutsche Kanzler seit Bismarck wusste: Die vielgestaltigen Ängste der deutschen Bevölkerung sind natürlich der ideale Humus, um darauf einen für seine Verwalter reiche Früchte tragenden Sozialstaat zu züchten. Die Ausdehnung der innerdeutschen Stabilitätspolitik auf ganz Europa und das beruhigende Versprechen, mittels politischer Instrumente Frieden und wachsenden Wohlstand zu garantieren, stellt sich in diesem Kontext faktisch als Versuch dar, den angesehenen Bonner Sozialstaat auf den ganzen europäischen Kontinent auszudehnen. Wer die Wohltaten bringt, der wird gemocht und nicht gefürchtet. Wer die Sicherheit garantiert, dem fliegen die Herzen der Ängstlichen zu. Wer heute satt ist und zufrieden, der fragt nicht, wie es morgen um ihn wirtschaftlich und wie es übermorgen um ihn politisch bestellt sein wird.

Roland Baader gehörte zu denen, die früh erkannten, wie trügerisch und brüchig diese wirtschafts- und währungspolitische Sedierung des europäischen Bürgers war und ist. Indem er zur Feder griff, um 1993 vor der „Euro-Katastrophe" zu warnen, setze er sich Kritikern aus, die ihm – wie allen anderen Hellsichtigeren – geradezu reflexhaft eine anti-europäische Haltung vorwarfen. Teils wuchtige und vor tiefer Empörung geradezu aufschreiende Formulierungen haben seinen Gegnern zuweilen die Vorlage geboten, den akademischen Gehalt seiner Darlegungen in diabolischer Rhetorik anzuzweifeln. Tatsächlich aber zählt Roland Baader, ganz im Gegenteil, zu den intellektuell sattelfesten und moralisch herausragenden, vorbildlichen Europäern, die auf der Grundlage eigenen demütigen Lernens, Forschens, Verstehens und Erklärens die kulturellen, wissenschaftlichen, rechtlichen und ökonomischen Kontexte dieses Kontinents erfaßt und vermittelt haben.

Aus heutiger Sicht wirkt die „Euro-Katastrophe" aus dem Jahr 1993 gleichsam wie eine hellsichtige Prophetie dessen, was wir seither in Europa politisch wie wirtschaftlich sahen und sehen. Sie ist zugleich auch eine Quelle, aus der sich gut maßgebliche Details und verständliche Argumente für Parlamentsreden schöpfen lassen. Wer also die Prinzipien und Prämissen einer wirklich tragfähigen Ökonomie und einer substantiell friedenstiftenden Politik erfahren möchte, der sollte zur Lektüre dieses Buches greifen. Denn wenn sich nach 1993 beinahe alles genau so entwickelte, wie es Roland Baader 1993 voraussagte, dann spricht natürlich vieles – wenn nicht alles – dafür, daß die Instrumente seines Weltverständnisses eher richtig als falsch sind. Und wenn diese Instrumente in den vergangenen 25 Jahren für zutreffende Erkenntnisse gesorgt haben, dann deutet darüber hinaus auch alles darauf hin, daß sie uns in der weiteren Zukunft richtig leiten werden.

In seinem dreigliedrigen Werk über die Euro-Katastrophe arbeitete sich der äußerst belesene Roland Baader zuerst ebenso detail- wie kenntnisreich durch die gesellschaftlichen Probleme jener (im Kern natürlich paradoxen) Multikulti-Zentralkultur, die bis heute aus Brüssel proklamiert wird, um sodann die Institutionen der nun „Europäische Union“ heißenden Politkonstruktion zu beleuchten. In seinem dann dritten und abschließenden Schritt beschrieb er die absehbaren Dysfunktionalitäten einer vereinheitlichten Währung und eines „harmonisierten“, d.h. gleichgeschalteten Steuersystems.

Im Rückblick fällt auf, wie sehr auch schon vor 25 Jahren sachliche Kritiker der Überverwaltung als rückständige Nationalisten und Reaktionäre verunglimpft wurden, statt sich mit ihren Einwendungen inhaltlich auseinanderzusetzen. Insgesamt bestätigt sich der Eindruck, daß der seinerzeitige wie heutige Hurra-Utopismus der organisierten EG-Institutionen einer jeden rationalen Basis jenseits schierer Machtpolitik ermangelt. Der geneigte Leser erkennt nicht ohne Erschütterung, mit welchem Weitblick Roland Baader die kommenden Jahrzehnte überschaute. Lange vor dem migrationspolitischen Versagen der Kanzlerin Merkel ab dem 4. September 2015 formulierte er: „Möge Europa gastfreundlich sein. Doch möge Europa niemals so töricht sein, die Türen und Fenster des Hauses Tag und Nacht offen stehen zu lassen. Die Gäste, die dann kommen, werden mehr als eine Mahlzeit und ein Gespräch verlangen. Es zeichnet sich jedenfalls ab, daß sich die 800-jährige Reconquista in Spanien (722-1492) ab der bevorstehenden Jahrtausendwende in Europa mit umgekehrten Vorzeichen abspielen wird. Und sie wird weniger als 800 Jahre benötigen.“

Roland Baader warnte davor, ein pluralistisches Miteinander verschiedener Kulturen in ein Projekt umschlagen zu lassen, in dem jene unterschiedlichen Kulturen zu einem multikulturellen Einheitsbrei verrührt werden. Denn dies werde am Ende nur zu einer Auslöschung der ursprünglichen Kulturen und dadurch zu einem Zustand der Unkultur führen. Gerade der zentraleuropäische Trend des 20. Jahrhunderts, Menschen zu religiösen Analphabeten zu erziehen, führte in der Einschätzung Roland Baaders dazu, daß Christen sich mehr und mehr die Hand von tonangebenden Nicht-Christen führen ließen: „Nach der überwiegenden bis totalen Politisierung der Schulen und Hochschulen, der Medien und Informationsträger, des Arbeitslebens und des Gesamtbereichs des ‚Sozialen' inklusive der Kirchen, soll die letzte Bastion konservativen und bürgerlichen Lebensgefühls, nämlich die Kultur im weitesten Sinne, durch vollständige Relativierung lächerlich gemacht und minimalisiert werden."

Sorgenvoll zitiert Roland Baader den Züricher Soziologen Thomas A. Becker mit seiner Warnung vor kultureller Einebnung durch „Multikulti" als der „Gretchenfrage der Moderne". Und nochmals, geradezu prophetisch, formuliert er: „Multikultur erweist sich nicht als friedensstiftend, sondern als Systematik der Konfliktüberflutung. Unheil erwächst den Europäern aus einem Zuviel an Aufnahmebereitschaft für nicht-integrationswillige und nicht-assimilationsfähige Menschen außereuropäischer Kultur- und Religionszugehörigkeit. In einer politischen Union wird Europa mit einer unabsehbaren Menschenlast seines kolonialen Erbes konfrontiert werden. Wohin die Reise geht, zeigt die Dubliner Konvention vom Juni 1990. Das Übereinkommen besagt, daß künftig der erste in irgendeinem EG-Land gestellte Asylantrag Wirkung für das gesamte Gemeinschaftsgebiet haben soll. Glaubt jemand im Ernst, daß ein Neuankömmling, dem man in Griechenland oder Portugal Asyl gewährt, in diesen Ländern bleiben wird, wohlwissend, daß ihm in Deutschland weit höhere Löhne und ein wesentlich bequemeres Sozialnetz erwarten?" Hätte man im deutschen Kanzleramt die „Euro-Katastrophe" schon 1993 gelesen, dann würden sich der 4. September 2015 und seine Folgen anders dargestellt haben.

In der Betrachtung der sicherheitspolitischen Architektur Europas plädierte Roland Baader für einen atlantischen Zusammenschluss unter dem Dach der NATO. Denn er hielt für fraglich, ob eine von jahrzehntelang gesichertem Dasein verwöhnte europäische Bevölkerung noch das hinreichende Verständnis haben werde, welche inneren und äußeren Kräfte zusammenwirken müssen, um die einmal etablierte, hochkomplizierte Zivilisation zu erhalten.

In großer analytischer Schärfe erspürte Roland Baader bereits die aufkeimende Interessenlage der USA innerhalb der NATO. Nicht mehr fern sei der Tag, an dem in den USA der Ruf ertönen werde „Stecken wir unser Geld in unser eigenes Land!“. Daß sich durch eine Abspaltung Europas von den USA die Sicherheitslage in Europa aber keinesfalls vereinfachen werde, beschrieb er unter Hinweis auf die Unterschiedlichkeit der Nationalitäten innerhalb Europas: “In Anbetracht der deutlichen Unterschiede der europäischen Nationen hinsichtlich Mentalität, Geschichte, Parteienstruktur, ökonomischem Potential, geostrategischer Lage und gravierend differierender Bindungen zu vielfach sprachlich verwandten Nachbarländern, kann es in einer politischen Europa-Union keine wirksame einheitliche Sicherheitspolitik geben. In einem Gebilde aus derart heterogenen Interessenträgern ist Einheitlichkeit ein logischer Widerspruch in sich selbst.“

Den genauen Kontrast zum Respekt vor diesen Unterschiedlichkeiten markiert das Bestreben der Zentralisierungsbefürworter, alles und jeden in Europa mit einem Einheitsmaß zu messen. Die Kluften und Abgründe zwischen den verschiedenen Ländern und Nationen der Gemeinschaft werden seit jeher als bloße „Wettbewerbsverzerrungen“ verharmlost, die es durch Umverteilung zu entzerren gelte: „Nicht sehen will man, daß als Folge solchen Treibens die Transferzahlungen der Starken an die Geschwächten ins Uferlose wachsen und somit als finanzieller Aderlass auf die eigenen Bilanzen zurückschlagen müssen.“

Immer wieder scheint in den Darlegungen Roland Baaders das spezifische Gefahrenpotential des Totalitarismus durch Umverteilung und – mit ihm – die Warnung vor den zentralstaatlichen Usurpatoren auf: „Es ist kein Zufall, daß alle Despotien der Geschichte zentralistisch angelegt waren“. Indem die europäische Zentralverwaltung mehr und mehr zu einem bürokratisch-konstruktivistischen Sonderprojekt entartet, werden die Spielräume für gesunde, spontane, dezentrale Evolutionen immer geringer. Das glückverheißende „Sozialeuropa“ fasste Roland Baader in Kurzform zusammen: „Schleichender Sozialismus und Freiheitszerstörung. Das ist keine pessimistische Implikation, sondern eine realistische. Man braucht hierüber nicht zu spekulieren. Die Reiseroute steht fest." Tatsächlich muß dem sensiblen Bürger die aufkeimende Mischung aus politischen Zentralisierungsgelüsten, überwachungs- und steuerungstechnischen Digitalisierungspotentialen und sprachlich-kulturell diversifizierter (und damit also faktisch außer Kraft gesetzter) öffentlicher Kontrolle den kalten Schauer über den Rücken jagen.

Als Volkswirt wusste Roland Baader die Kennzahlen der beteiligten Nationalökonomien sehr wohl zu deuten. Er verglich beispielsweise die Arbeitskosten Portugals mit denen der Bundesrepublik Deutschland und stellte fest, daß ein portugiesischer Arbeiter im Jahre 1990 nur 19 Prozent der Produktivität eines deutschen Arbeiters erbracht hatte. Nicht nur deswegen war ihm klar: „Hieraus wird ersichtlich, welche verheerenden Konsequenzen fixe oder gar – mittels einer Währungsunion – entfallende Wechselkurse zeitigen können." Die Arbeitslosigkeit müsse unter solchen Bedingungen „weit über das bisher gekannte Maß hinaus" ansteigen. Allerdings werde kein zur Ausgleichung gezahlter Betrag ausreichen können, um diese Leistungsgefälle zu beseitigen, „weil Transfers dieser Art die Leistungsanreize der Beschenkten mit jeder Übertragung noch weiter senken" und die Leistungskraft der Geber „mit jedem Zwangstransfer progressiv austrocknet". Wer könnte angesichts des Bail-Out-Dramas in Griechenland an diesen Sätzen zweifeln?

Wer in den Tagen kurz vor und nach der deutschen Bundestagswahl im September 2017 die Reden des Kommissionspräsidenten der Europäischen Union und des französischen Staatspräsidenten zur Erweiterung der EU mit eigenen Steuerhebungsrechten Brüssels gehört hat, dem müssen die Sätze Roland Baaders aus dem Jahre 1993 in erschreckender Weise noch prophetischer erscheinen: „Wie schon bei den Euro-Beiträgen und den verschiedenen Fonds, so sollen auch die von der EG in supranationaler Hoheit neu zu erfindenden und zusätzlich zu den nationalen Steuern zu erhebenden Steuern und Abgaben künftig die reichen Länder auf der Erhebungsseite progressiv stärker belasten und auf der Verwendungsseite degressiv weniger begünstigen als die ärmeren.“

Indem die Zentralisierer und Verstaatlicher dem Bürger immer mehr seiner privaten Freiheiten und Dispositionsbefugnisse entziehen, engen sie seine individuellen Handlungsspielräume immer weiter ein. Solange der Bürger aus solchen Staatsgebilden wenigstens auswandern kann, sorgt alleine dies für eine gewisse Disziplinierung der Staaten. Wird dem Bürger jedoch auch dieses Ausweichen durch die terminologisch als „Harmonisierung“ verharmloste Gleichmachung der Lebensverhältnisse überall verunmöglicht, geht zuletzt auch dieser letzte verbliebene Rest bürgerlicher Freiheit verloren: „Wohin sollen die Menschen fliehen, wenn ihre Abstimmung mit den Füßen überall in die gleichen Amtsstuben führt?“ Der Baseler Professor Peter Bernholz hatte gemeinsam mit Kollegen im Jahre 1990 einen alternativen Verfassungs-Rahmenentwurf für Europa veröffentlicht. Dort plädierte er zwar durchaus für einen europäischen Bundesstaat, stellte aber klar, dessen Zentralgewalt drastisch zu begrenzen: „Die Mitgliedstaaten haben das Recht, aus der Gemeinschaft auszutreten. Provinzen oder Gemeinden können sich mittels Mehrheitsentscheidung ihrer Bevölkerung von ihrem bisherigen Staat trennen und sich einem anderen Mitgliedstaat anschließen, sofern dessen Bevölkerung mehrheitlich zustimmt.“ Jene Verfassungskonstruktion erwies sich jedoch für die machtbewussten Zentralstaatler als bei weitem zu bürgerfreundlich. Was die EU hier nicht erlaubt, gestattet übrigens seit der Verfassungsreform des Jahres 2003 das Fürstentum Liechtenstein seinen Gemeinden. Mag jeder Europäer selbst beurteilen, wo ein Raum der Sicherheit, der Freiheit und des Rechtes besser verwirklicht ist.

Die Kreativität der Bürokraten bei der Umgehung ihrer eigenen, fundamentalen Gründungsdogmen zur europäischen Einigung wird von Roland Baader als faktisch unbegrenzt entlarvt. Insbesondere die Aushöhlung des verfassungsrechtlichen Subsidiaritätsprinzips durch die Brüsseler Zentralverwaltung erschien schon ihm als geradezu diabolisch. Er zitierte hierzu aus einem Tagungsprotokoll des Europäischen Rates in Lissabon Ende Juni 1992. Einerseits warnen die dortigen Verfasser vor der Gefahr, daß mit jedem erweiternden Beitritt zur Union eine Überlastung und Lähmung der Gemeinschaft eintreten könnte, weswegen „der Grundsatz der Subsidiarität viel rigoroser befolgt werden" müsse. Am Ende des Protokolls wird andererseits diese Bezugnahme auf das Subsidiaritätsprinzip faktisch wieder in ihr Gegenteil verkehrt, indem die Kommissionäre zwischen Entscheidungsbefugnis und Durchführungsbefugnis der Mitgliedstaaten differenzieren, „wobei letztere häufig dezentralisiert werden" solle. In den Worten Roland Baaders bedeutet dies lediglich einen „dezentral delegierten Handlangerdienst für allmächtige Entscheidungszentralisten". Im bundesrepublikanischen Kommunalrecht sprechen Juristen von „Pflichtaufgaben zur Erfüllung nach Weisung". Um nichts anderes geht es. Für den ebenso weitgehend unterlaufenen bundesrepublikanischen Föderalismus beschreibt Roland Baader ein vergleichbares Phänomen dort, wo der grundgesetzliche Kompetenzföderalismus zu einem bloßen Beteiligungsföderalismus verdünnt wird. Die Zentrale befiehlt, die Peripherie gehorcht.

In der seinerzeitigen Debatte dominierte bisweilen das Wort von einem Demokratie-Defizit in der Europäischen Gemeinschaft. Roland Baader hingegen riet bereits, sich eher „über die Erosion der rechtsstaatlichen Fundamentalprinzipien beunruhigt" zu zeigen und bei alledem auch keine große Hoffnung auf das Bundesverfassungsgericht zu setzen. Denn: „Diese Hoffnungen werden trügen." Fatal klingen in den Ohren eines Juristen die von Roland Baader zitierten Worte des italienischen Ethikers Angelo M. Petroni: „Wenn es etwas gibt, was uns die politische Geschichte der letzten hundert Jahre gelehrt hat, dann ist es, daß Verfassungen ein weitgehend untaugliches Mittel zur Beschränkung von Machtzuwachs sind. Es gibt auch keinen Grund anzunehmen, daß diese Lehre bei der Heranbildung einer neuen Macht, wie es die Europäische Union zwangsläufig sein wird, nicht mehr gültig wäre."

Selbstverständlich stelle die Vision des „einigen Europa“ eine Idee von welthistorischem Rang dar. Roland Baader warnte allerdings davor, in dieser europäischen „Übernation“ die Rettung vor schädlichem Nationalismus zu sehen. Wer so denke, der möge innehalten und überlegen, „daß das Schlechte oft nicht als das Gegenteil des Guten auszumachen ist, sondern als ein Zuviel des Guten.“ Europa sei eben gerade keine Einheit, sondern eine Vielheit, die sich noch weit kleinteiliger darstelle, als ein Zusammenschluss nur aus ihrerseits weitgehend fiktiven nationalen Einheiten: „Man muss nicht nur an Basken, Bretonen, Korsen, Schotten, Tiroler, Kroaten oder Kurden denken, um zu sehen, daß sich diese vermeintliche Homogenität fast überall als Illusion erwiesen hat.“ Aus der Perspektive des Jahres 2017 wird man dieser Aufzählung explizit auch die Katalanen hinzufügen und dezidiert vor einem neuen Hypernationalismus der EU-Euphoriker warnen müssen.

Frappierend stellt sich dem Leser auch eine weitere historische Parallele dar. Im Jahre 1992 schrieb der damals 90-jährige Karl R. Popper zur Lage der europäischen Einigung: „Wenn ich John Major wäre, würde ich sagen: ‚Fangen wir nochmal von vorne an. ‘ Die ganze Situation seit der Zeit der Römischen Verträge ist in unvorhersehbarer Weise verändert und ich verstehe nicht, warum wir nicht nochmal von vorn anfangen sollen.“ Diese Sätze Poppers fallen faktisch in dasselbe Jahr, in dem sich der spätere Brexit-Vorbereiter Nigel Farage in Großbritannien politisierte. Im September 2017 erklärte er in einem auf youtube veröffentlichten Video-Interview, die Europäische Union könne nicht mehr reformiert werden. Der letzte Zeitpunkt, in dem dies vielleicht noch hätte gelingen können, liege nun 25 Jahre zurück.

Aus heutiger Sicht muss erschrecken, welche Vielzahl anerkannter Kapazitäten und Autoritäten in jenen Jahren mit ihren Warnungen und Mahnungen ungehört blieb. Der Bonner Staatsrechtslehrer Fritz Ossenbühl riet eindringlich, aus Begeisterung für Europa den bewährten Bestand nationaler Verfassungsstrukturen nicht zu gefährden. Maurice Allais, Nobelpreisträger für Wirtschaftswissenschaften 1988, forderte auf, die demokratische

Gesellschaft dadurch zu verteidigen, daß die staatliche Macht unter so vielen Menschen wie eben möglich aufgeteilt werde. Alle Experten, die sich gegen jene exzessive Machtzusammenballung bei der Brüsseler Zentrale aussprachen, konnten sich natürlich auch ohne weiteres ihrerseits auf unbestrittene Vordenker berufen: „John Locke hatte die Gewaltenteilung damit begründet, daß es gefährlich für die Freiheit des Staatsbürgers sei, wenn eine Legislative die von ihr erlassenen Gesetze auf einen konkreten Fall anwenden könnte, statt auf solche allgemein gültigen Regeln, von denen die an der Gesetzgebung Beteiligten befürchten müssen, daß sie irgendwann an ihnen selbst exekutiert werden." Und: „Fast beschwörend gemahnt uns Wilhelm Röpke: ‚Achtung vor dem Eigenen und Besonderen, vor dem Mannigfaltigen, den kleinen Lebens- und Kulturkreisen und die Ablehnung jeder mechanischen Zentralisierung; das wären einige der allgemeinen Richtlinien, deren Respektierung uns erst dazu legitimiert, uns echte Europäer zu nennen'." Gleichwohl setzte sich in Brüssel ein Konglomerat aus nationalen Exekutivorganen durch, das begann, sich seine eigenen Gesetze zu schreiben. „Wohin man blickt: Regierung, Regierung, Regierung, Regierung. Eine Exekutiv-Orgie. In einer Art institutionalisierter Erbmonarchie wird die Exekutive aus der Exekutiven selbst geboren."

Roland Baader war klar, daß gerade die immense Vielfältigkeit der Strukturen in Europa einer zentralisiert handhabbaren Exekutivmacht wesentlich entgegensteht. Als Motor der harmonisierenden Vereinheitlichung erkannte er das Prinzip „Vielfalt braucht den Überblick. Also muss sie beseitigt werden." Wie intensiv die Machtgelüste der seinerzeit handelnden Politiker sich darstellten, beschrieb Roland Baader anhand eines Papiers sozialdemokratischer Wirtschaftspolitiker aus dem Jahre 1991. Diese forderten „die Erweiterung der wirtschaftspolitischen Ziele des Stabilitäts- und Wachstumsgesetzes von 1967. Diese [viereckige] Alchemisten-Formel, die Preisstabilität, hohen Beschäftigungsstand, außenpolitisches Gleichgewicht und stetiges Wachstum zwar gesetzlich festschreiben, aber natürlich niemals einlösen konnte, sollte zu einem magischen Neuneck erweitert werden. Zu den vier genannten Zielen sollten hinzutreten: Erhaltung und Verbesserung der nationalen Lebensgrundlagen, Erleichterung des wirtschaftlichen Strukturwandels, Abbau des regionalen Wirtschaftsgefälles, gleichmäßige Einkommens- und Vermögensverteilung und vorsorgender Verbraucherschutz." Dem hielt Roland Baader entgegen: „Das größte Hindernis und die größte Gefahr für das große, einige Europa sind nicht die erheblichen Unterschiede in Kultur, Mentalität, Sprache, Wertestrukturen, industriellem Entwicklungsstand und sonstigen sozio-ökonomischen Gegebenheiten der verschiedenen europäischen Völker und Nationen, sondern die Einheitlichkeit des ökonomokratischen Organisationswillens der Politiker, Bürokraten und Interessen-Syndikate aller Länder des Kontinents. Schon heute beherrschen diese Kräfte fast alle Institutionen, die sie benötigen, um ihre Pläne um jeden Preis durchsetzen zu können. Werden sie eines nicht allzu fernen Tages auch die Währung in der Hand haben, gibt es für den Niedergang Europas keine Barriere mehr."

Mit diesem Hinweis auf das drohende geldpolitische Desaster in Europa leitete Roland Baader vor 25 Jahren von seiner Institutionenkritik über zu seinen geldpolitischen Betrachtungen. Auch diese fallen wiederum in schlichtweg erschreckender Weise prophetisch aus. Wer den aktuellen Kampf der interessierten Kreise gegen die Verwendung von Bargeld kennt, der liest jene Zeilen aus dem Jahre 1993 mit Entsetzen: „Wenn nach dem Wegfall der Schlagbäume und Personenkontrollen an den innereuropäischen Grenzen das Paradies für das organisierte Verbrechen meilenweit offensteht, dann werden die großeuropäischen Fiskalsozialisten mit den Drohvokabeln Mafia, Drogenbosse, Geldwäsche und internationale Verbrecherbanden alle Werkzeuge in der Hand haben, um den anständigen und harmlosen Rest von 99 Prozent der Bevölkerung mit einem dichten Netz unentrinnbarer Schnüffelbürokratie zu überziehen und ihn im Namen eines sicheren und gerechten Europas einen gespenstigen Steuer- und Abgabenterror aussetzen können."

Die Möglichkeiten, diesen Automatismen durch Parlamente in den Mitgliedstaaten noch zu entgehen, wurden schon damals systematisch ausgeschlossen. „Das Wörtchen ‚automatisch' führt zu dem Schluss, daß die EG zu einem Zeitpunkt nach dem 31. Dezember 1996 die Bundesrepublik wird zwingen können, an der Währungsunion auch dann teilzunehmen, wenn Parlament und Bundesregierung dagegen stimmen sollten." Ökonomisch sinnvolle Vorschläge für ein evolutionäres, organisches Zusammenwachsen der europäischen Währungen, wie sie Helmut Schlesinger oder auch John Major (mit einer Parallelwährung namens ‚Harter ECU') in die Debatte stellten, blieben machtpolitisch unbeachtet. Die Bevölkerung Europas, die gegen diese organisierten Machtinteressen infolge eigener Zersplitterung und sprachlicher Barrieren keine Gegenmacht mehr aufbauen konnte, blieb schutzlos. Innerhalb der Bundesrepublik Deutschland wurden die Unübersichtlichkeiten der zeitgleich stattfindenden Wiedervereinigung zu verfassungsrechtlichen Weichenstellungen genutzt, mit denen Europa weiter in die Falle einer Brüsseler Zentralisierung getrieben wurde. Roland Baader protokollierte: „Hinsichtlich der Eile, die der Gesetzgeber beim ‚Europa-Artikel' des Grundgesetzes [Art. 23 GG] an den Tag legte, bekundete der Bochumer Lehrstuhlinhaber für Öffentliches Recht, Professor Dr. Peter J. Tettinger seine Verwunderung: ‚Wenn man daran denkt, welche Sorgfalt in freiheitlichen Demokratien üblicherweise selbst kleinen Verfassungsänderungen gilt, so erscheint es doch in höchstem Maße überraschend, ja befremdlich, wie hier für ein Staatswesen ganz zentrale, alle Bürger unmittelbar betreffende, fundamentale Änderungen durchgepeitscht werden'."

Aus dem Abstand von 25 Jahren wird dem Leser – auch dem seinerzeitigen Zeitzeugen – noch einmal bitter bewusst, welche machtpolitischen Rücksichtslosigkeiten jenen Abschnitt der Geschichte prägten und mit welcher bemerkenswerten Konsequenz die damaligen Akteure handelten. Roland Baader notierte: „Nach dem Gipfel in Maastricht (9. und 10. Dezember 1991) ließ Finanzminister Theo Waigel verlauten, mit der Währungsunion werde in Europa eine Stabilitätsgemeinschaft von noch nie gekanntem Ausmaß geschaffen. ‚Wir Deutschen haben eine der härtesten und stabilsten Währungen der Welt. So stark wie die Mark wird auch im vereinten Europa die gemeinsame Währung bleiben'." Daß die Brüsseler Zentralpolitiker mit ihren seinerzeitigen und bis heute erreichten Machtzuwächsen keine Ruhe geben würden, wusste Roland Baader ebenfalls bereits vor 25 Jahren vorherzusagen. Wer den neuesten Plan Jean-Claude Junckers aus dem September 2017 gehört hat, die europäische Einigung nun weiter dadurch voranzutreiben, daß alle EU-Mitgliedstaaten den Euro als einheitliche Währung übernehmen sollen, der weiß, die Klugheit Roland Baaders zu schätzen, der 1993 formulierte: „Längst liegen Vorschläge auf dem Tisch, den polnischen Zloty, die tschechische Krone und den ungarischen Forint an den ECU ‚anzubinden'. Der Aufweichung des ECU soll mit ‚Interventionsverpflichtungen' mit Stand-by-Krediten und dem ganzen Budenzauber moderner Währungsklempnerei entgegengewirkt werden."

Natürlich wusste Roland Baader auch 1993 bereits, daß die in den vergangenen Jahren immer wieder rhetorisch ins Feld geführten Versprechungen über „rote Linien" und „Brandmauern" zum Schutze der Gemeinschaftswährung das Papier nicht wert waren, auf denen sie niedergelegt wurden: „Die Zusicherung im Maastricht-Vertrag, daß es für die Staatsschulden einzelner Mitglieder keine solidarische Haftung geben soll, entspricht in ihrer Irrationalität der Behauptung eines Unternehmers, er könne bei Bedarf seine Buchhaltungsabteilung zu Konkurs gehen lassen, ohne daß dieses Ereignis seine Firma oder seine Bilanz berühre. Solches albernes Beschwichtigungsgerede erinnert an den Scherz des EG-Budgetdirektors Jean-Paul Mingasson, der Übergang von der D-Mark zum ECU sei nichts anderes, als wenn man der Mark eine Pappnase aufsetze."

Paul Fabra, der Leitartikler von „Le Monde" legte die Sehnsüchte seiner französischen Politiker 1992 eindrücklich offen: „Die wahre Absicht hinter der offiziellen Erklärung von der Aufteilung der geldpolitischen Souveränität unter den Teilnehmerstaaten sei, daß der Gouverneur der Banque de France im zukünftigen europäischen Zentralbankrat als Vertreter der Interessen Frankreichs auftreten und dabei, je nach den Umständen, unterschiedliche Allianzen knüpfen könne. Während man so tue, als ob die Geldwertstabilität nach Maastricht-Definition am deutschen ‚Anker' hinge, sei das wahre Ziel des Vorhabens, die Rolle der Mark zu schwächen. ‚Der Bundesbank ihre Bewegungsfreiheit zu nehmen', so Fabra, ‚das war vom Anfang bis zum Ende der Regierungskonferenz über die Währungsunion das zwanghaft verfolgte Ziel der französischen Unterhändler und zweifellos auch der Italiener und einiger anderer'."

Roland Baader schließt seine Betrachtungen zur Euro-Katastrophe mit einem eindringlichen Appell, die Verantwortung der seinerzeitigen Akteure und ihr Handeln gegen allen Sinn und Verstand nicht zu vergessen: „Keinem der Akteure des Maastricht-Dramas darf die Gelegenheit geboten werden, sich eines Tages die Selbstabsolution zu erteilen und sich aus der Verantwortung zu schleichen. Denn noch niemals in der Geschichte der Bundesrepublik hat es einen vergleichbaren Massenprotest gegeben, wie er in den zwölf Monaten des Nach-Maastricht-Jahres 1992 die Repräsentanten der ökonomischen Wissenschaft und der politischen Publizistik in Warn- und Ablehnungsschriften vereinigt hat. Keiner der politisch Verantwortlichen soll sich jemals darauf berufen können, nicht rechtzeitig gewarnt worden zu sein oder nichts von den Gefahren gewusst zu haben, die von dem Maastrichter Brandstifterpapier für die Völker Europas und für die europäische Idee ausgehen. Sie alle handeln wider besseres Wissen; zumindest wider ihrer Verpflichtung, sich das notwendige Wissen anzueignen."

Leider hat sich gezeigt, daß die Reaktionsträgheit der europäischen Bevölkerungen gegen den übernationalen politischen Organisationsakt zu groß war, um ihn noch abzuwehren. Bis die vielen Bürger Europas spüren werden, welche Schäden ihnen jene vermeintlich soziale Harmonisierungspolitik aus Brüssel zugefügt hat, werden viele der ursprünglichen Täter schon nicht mehr in ihren Ämtern sein oder gar gestorben. Gleichwohl bleibt es eine Aufgabe der weiterblickenden und verantwortlicher handelnden Europäer, die beschriebenen Abläufe nicht zu vergessen, die Erinnerung an sie im Gegenteil wachzuhalten und mit der nötigen kulturellen Sensibilität und europäischen Ausbildung noch besser und intensiver darauf hinzuarbeiten, wieder einer gesündere, gedeihlichere, unschädliche Politik für alle Europäer zu ermöglichen. Roland Baaders „Euro-Katastrophe" bietet dazu zugleich einen wertvollen historischen Blick zurück und einen fachlichen Blick nach vorne, um aus den Fehlern der Vergangenheit zu lernen. Denn am Ende werden die Europäer in ihrer langen Tradition auch diesmal wieder wissen, was zu tun ist, um ihre Gesetze mit einem freiheitsliebenden Geist zu erfüllen.

Wechselkursschwankungen

Der Höflichkeitsabstand zwischen den Völkern

Zunächst einmal ganz herzlichen Dank für die Einladung nach Bern! Vor allem Weiteren zur Sache erlauben Sie mir eine Vorbemerkung. In der Tat habe auch ich, als ich Ihre Einladung gelesen und insbesondere die Referentenliste gesehen habe, gedacht: Eigentlich ist es ja schon paradox, dass Sie sich in der Schweiz ausgerechnet von zwei Deutschen erklären lassen, was Unabhängigkeit und Souveränität bedeuten.

Aber ich möchte Ihnen eines versichern: Wenn Herr Schachtschneider eingeladen wird, und wenn ich eingeladen werde, auch von FDP-Parteigremien in Deutschland, dann werden wir dort meist als sogenannte „Querdenker“ vorgestellt. Die Tatsache, dass ich heute bei Ihnen reden darf, ist also in umgekehrter Blickrichtung, aus meiner Perspektive, geradezu anrührend. Denn sie zeigt mir, dass mein innerer Kompass offenbar noch nicht völlig verkommen ist. Wenn nämlich in Wahrheit die anderen verquer denken, dann bin exakt nicht ich der „Querdenker“, sondern umgekehrt ein Geradeausdenker.

Dies vorausgeschickt, habe ich Ihnen, wie ich das gerne tue, wenn ich einen Vortrag halten darf, drei Dinge mitgebracht: eine Einleitung, einen Hauptteil und einen Schluss.

In der Einleitung sind wir schon angekommen. Mein anschließender Hauptteil hat sechs Unterpunkte. Die will ich abarbeiten, um dann zu meinen Schlussbemerkungen zu kommen.

Erster Teil meines Hauptteiles – „Höflichkeitsabstände“

Jeder kennt das. Sobald Sie einen Fahrstuhl betreten, dann treffen Sie dort Leute, die sich merkwürdig verhalten. Die einen drängen sich an die Wand und schauen betreten nach unten. Die anderen schauen angestrengt irgendetwas an der Decke an. Beide Verhaltensweisen haben etwas damit zu tun, wie Anthropologen sagen, dass wir eine „Individualdistanz“ wahren möchten. In einem engen Raum, in einem Fahrstuhl, werden wir bedrängt. Wir fühlen uns beengt, das heisst, unser (wie ich ihn nennen möchte) „Höflichkeitsabstand“ ist berührt. Das wiederum bewegt uns, das macht uns die Lage erst einmal unangenehm.

Psychologen unterscheiden meist drei verschiedene dieser Individualdistanzen: Erstens den Intim-Abstand, den ich in persönlichen Sphären habe. Zweitens den privaten Abstand. Und ganz zum Schluss drittens den öffentlichen, den wir jetzt beispielsweise zusammen und zueinander haben, die größte dieser Distanzen. Jedes unkontrollierte Eindringen in diese Sphären empfinden wir – je nachdem, von wem es herrührt – mal als nur beengend, mal als Aggression, mal auch als Eingriff in unsere Lebenschancen und in unsere Lebensführung. Dieses sehr spezielle menschliche Empfinden ist nun etwas, was sich nicht nur in Aufzügen einstellt und das nicht nur etwas mit unserem reinen Körper zu tun hat. Es ereignet sich auch andernorts, weit darüber hinaus.

Zweiter Teil meines Hauptteiles: „Autoschlangen und Gartenzäune“

Wenn seit längerer Zeit niemand zu Ihnen diese (sicherlich auch in der Schweiz verbreitete) Geste gemacht hat, Sie anzuschauen und mit der eigenen flachen Hand vor seinem Gesicht Scheibenwischerbewegungen zu machen; dann haben Sie vielleicht wieder einmal Lust, dass jemand Ihnen dieses Zeichen gibt. Wenn das so sein sollte, dann empfehle ich: Fahren Sie an einer Ampel mit Ihrem Wagen ganz nah an Ihren Nachbarn auf dem Nebenfahrstreifen heran, so dass sich die Spiegel der Autos schon fast berühren. Schauen Sie den anderen Fahrer dabei direkt an, strecken Sie den Kopf, am besten etwas kinnbetont, keck vor und lächeln Sie. Ganz sicher bekommen Sie dann dieses Spezialwinken des anderen. Denn unser Bedürfnis nach Abstand ist nicht nur auf den Körper selbst beschränkt, sondern es bezieht sich auch auf unser Auto, auf diejenigen Lebenssphären, die uns im weiteren Sinne unmittelbar umgeben. Deswegen – und das ist in der Schweiz sicher nicht anders als in Deutschland – kann auch der frech wachsende Zweig des Nachbarn über meinen Zaun ohne weiteres der Anstoß für einen jahrelangen gerichtlichen Prozess werden. An wenigen Orten wird so intensiv gestritten und prozessiert wie am Nachbarszaun – eben weil die Beteiligten sich dort in ihren elementaren Höflichkeitsabständen sehr schnell bedrängt fühlen.

Dritter Teil meines Hauptteiles: „Respekt statt Aggressivität“

Schopenhauer hat einmal geschrieben, „Höflichkeit ist wie ein Luftkissen – eigentlich ein nichts, aber es mildert die Schläge der Welt“. Diese Art Höflichkeit sehen wir insbesondere auch in diplomatischen Reden. Wenn Diplomaten miteinander sprechen, sei es nun dem Thema nach bitter ernst gemeint oder nicht, dann reden sie jedenfalls formal freundlich miteinander, weil sie jedenfalls nicht übergriffig erscheinen wollen. Respekt vor dem anderen zu haben und zu zeigen, statt aggressiv zu sein, ist eine sehr große Tugend des menschlichen Miteinanders. Auch eine Tugend von Völkern und von Staaten untereinander. Man lässt den anderen gewähren und ist dadurch friedlich miteinander.

Vierter Teil meines Hauptteiles: „Intimsphären der Völker“

Ich behaupte nun: Auch ganze Völker in ihren Staaten, nicht nur ihre Diplomaten, brauchen gewisse Höflichkeitsdistanzen zueinander. Selbst wenn Völker nämlich untereinander juristisch gleichberechtigt sind, dann beseitigt diese normative Gleichberechtigung ja nicht zugleich ihre tatsächliche Unterschiedlichkeit. Unterschiedliche Völker haben nun einmal unterschiedliche Mentalitäten. Es gibt bekanntlich vielerlei Befindlichkeitsvarianzen, teils sogar massive Unterschiede im jeweiligen Empfinden.

Ein sehr augenfälliges Beispiel ist die vieldiskutierte Burka: In unserem Kulturkreis empfinden wir es als eine Unterdrückung der Frau, wenn sie in einer Burka durch die Stadt laufen soll. In einer anderen Kultur zeugt genau das von einer gesicherten Respektwahrung gegenüber der Frau. Beide Ansichten stehen völlig konträr zueinander, wir bringen sie also schlicht nicht unter einen einheitlichen gesellschaftlichen Hut. Die einzige Chance, diese einander ausschließenden Mentalitäts- und Befindlichkeitsunterschiede höflich koexistieren zu lassen, besteht darin, sie räumlich voneinander zu trennen, um die Friedlichkeit zu halten.

Das ist letztlich nichts anderes, als das, was wir alle aus unserer Schulzeit kennen: Wenn zwei Schüler sich in ihrer gemeinsamen Schulbank partout nicht einig werden und vertragen können, dann werden sie schlicht auseinandergesetzt. Dann ist jedenfalls Ruhe. Denn nur so wahrt man dann die nötige Distanz zueinander.

Ganze Völker haben aus ebenso handfesten wie simplen Gründen derartige unterschiedliche Dispositionen. Ein Österreicher ist im Zweifel nie Experte für den Deichbau am Meer. Und ich glaube, die dänischen Hochgebirgsspezialisten wird man auch an einer Hand abzählen können.

Unsere unterschiedlichen Herkünfte prägen auch unser Sprechen. In der deutschen Sprache haben wir ein Wort dafür, wenn wir genug gegessen haben. Dann sind wir „satt“. Aber es gibt in unserer Sprache kein Wort dafür, wenn wir genug getrunken haben. Warum ist das so? Weil es in den Gebieten, in denen unsere Sprache entstanden ist, nie ernsthaft das Problem gegeben hat, dass man nichts zu trinken hatte. Hier, im deutschen Sprachraum, regnet es immer genug. Wir hatten also keinen Grund, dieses „fehlende“ Wort zu erfinden, weil es uns nicht fehlte. In der Wüste ist das sicher anders.

Verschiedene Völker haben auch verschiedene Zeitempfindungen. Neulich erzählte mir ein Grieche, der in Zürich wohnt, er habe einen Termin bei seinem Straßenverkehr samt zu absolvieren gehabt. Sein Termin war auf 11.08 Uhr angesetzt. Als er um 11.10 Uhr dort erschien, sagte ihm der freundliche Mitarbeiter des Straßen Verkehrsamtes: „Nein, das ist zu spät – da müssen Sie einen neuen Termin vereinbaren...!". Das hat meinen griechischen Freund sehr irritiert.

Solche grundlegenden Zeitempfindungen können sich dann bis in die technische Ausrichtung der nationalen Volkswirtschaften niederschlagen. Ich selbst war kürzlich auf Malta und wohnte in einem Hotel, in dem zufällig auch die Kuwaiter übergangsweise ihre Botschaft betreiben. Ich wartete vor dem Hotel auf ein Taxi, was sehr, sehr lange dauerte. Schließlich habe ich zu einem Trick gegriffen: Ich habe mir eine Zigarette angezündet, weil es eine ungeschriebene Regel gibt. Die lautet: Sobald Du Dir eine Zigarette anzündest, kommt sofort Dein Bus bzw. Dein Taxi. Das ist zuhause immer so. Und die Regel gilt offenbar nicht nur in Deutschland. In Malta hat es auch funktioniert. Ich habe mir die Zigarette angemacht und schon kam das Taxi! Ich bin dann an einem Kuwaiter Botschaftsangehörigen vorbeigegangen, der gerade auch rauchend vor der Tür stand und habe zu ihm gesagt: „Es ist doch immer wieder das Gleiche: Kaum hat man die Zigarette angemacht, schon kommt das Taxi!". Während ich meine Zigarette auslöschte, sah er mich völlig konsterniert an und fragte kopfschüttelnd: „Warum rauchst Du Deine Zigarette nicht erst zu Ende, bevor Du in die Taxe steigst?" Wie, dachte ich, könnte man präziser erklären, warum alle Welt Schweizer Uhren möchte, aber keine arabischen?

„One size fits all", wie man neudeutsch sagt, „Eine Größe passt allen", das stimmt eben nicht. Es stimmt für Textilien nicht, es stimmt für Währungen nicht und es stimmt für so viele Dinge nicht. Schon *Montesquieu* hat bekanntlich geschrieben: Jedes Volk hat seine eigenen Gesetze, die aus seiner Kultur entstehen und aus ihr erwachsen. Vielleicht sollte man sich einmal ein bisschen daran halten, diese unterschiedlichen Kulturen zu betrachten, um sie zu verstehen.

Lassen Sie mich zum besseren Verständnis noch einen weiteren kurzen Exkurs machen: In einem argentinischen Polo-Club hat man vor einigen Jahren eine merkwürdige Unfallhäufung festgestellt. Immer wieder sind Menschen vom Balkon gefallen. Niemand hatte eine Erklärung dafür. Warum fallen

Menschen von den Balkonen? Man hat es untersucht und man hat festgestellt: Es waren ausnahmslos Europäer, die vom Balkon fielen. Es erwies sich Folgendes: Immer wieder haben argentinische Gastgeber sich mit ihren europäischen Gästen unterhalten, aber die „normale“ Distanz zwischen einem Argentinier und einem Europäer beim Reden ist eine unterschiedliche. Ein Europäer hält im Gespräch rund 80 cm Abstand zu seinem Gegenüber, dann fühlt er sich wohl. Ein Argentinier hält jedoch 40 cm Abstand für „richtig“. Immer dann also, wenn ein Europäer im Polo-Club mit dem Rücken zum Geländer stand und der Argentinier auf der Balkon-Innenseite, wich der Europäer während des Gespräches zurück, um sich wieder wohl zu fühlen. Doch der Argentinier rückte sofort nach, um sich selbst wieder im Gespräch wohl zu fühlen – und so spielten sie sich gegenseitig an den Abgrund, bis der Europäer herab plumpste. Beachten Sie bei dieser Geschichte bitte eines ganz besonders: Keiner von beiden meinte es böse, und dennoch ging es schief; ich komme gleich noch einmal auf dieses Phänomen zurück.

Fünfter Teil meines Hauptteiles:
„Wechselkursschwankungen als Höflichkeitsabstand“

Viele Menschen wissen es nicht. Man muss sich wohl schon speziell mit Geldtheorie beschäftigen, um es gehört zu haben: 1971 ist ein ganz markantes Jahr in Ihrer und meiner Lebensgeschichte. Bis 1971 gab es nämlich ansatzweise noch so etwas wie echtes Geld. Weil nämlich diese Papierzettel, die wir mit uns herumtragen, Franken oder Dollar, bis dahin mindestens noch mittelbar an das Gold angebunden waren; an einen Sachwert also, an ein irgendetwas Greifbares. Am 15. August 1971 ist diese Bindung gefallen. Hier ist nicht die Zeit, das im Einzelnen auszuführen, jedenfalls ist an diesem Tag unser Geld weltweit nur noch zu (bestenfalls) reinem Papier geworden. Spätestens seit dieser Zeit sind Wechselkursschwankungen aber ein ganz ernstes Problem zwischen den Völkern.

Wir haben es bei diesem reinen Papiergeld (wieder einmal) mit jener Art fehlverstandener Progressivität zu tun, die uns an so vielen Stellen Probleme bereitet. Die maßgebenden Leute hier sagen seither: Wir machen mit diesem neuen Geld ganz hochmoderne Geld-Produkte; Geld wird zwar staatlich aus dem Nichts geschöpft, aber wir steuern dennoch alles hochintelligent makroökonomisch global, zum Besten aller. Wir machen etwas Ungesehenes, Unerhörtes, etwas völlig Neues nach Jahrtausenden abweichend tradierter Menschheitsgeschichte.

Schließlich dann passiert mit unserem Geld genau wieder das, was an vielen, vielen anderen Stellen auch immer wieder geschieht: Unbedachte Traditionsbrüche führen unweigerlich ins Chaos. Meine Lieblingsbeispiele hierzu:

Hier in der Nähe, im Bodensee, hatten die Pfahlbauten schon vor 6000 Jahren Satteldächer. Mehr noch: Praktisch alle Häuser haben seither Satteldächer, weltweit, seit Jahrtausenden. Dann aber, vor gut hundert Jahren, kam einer, der sagte: „Warum brauchen wir Satteldächer? Wir machen etwas ganz anderes, etwas Hochmodernes. Wir machen ein Flachdach! Das sieht doch auch viel cooler aus.“ Doch wenn Sie sich auskennen, dann wissen Sie: Flachdach ist nur ein anderes Wort für „undichtes Dach“. Wir rücken also ab von einer Tradition und tun so, als wenn es reinen Zufall gewesen wäre, dass Menschen seit 6000 Jahren immer wieder Satteldächer errichtet haben.

Ein anderes Beispiel: seit 2000 Jahren gibt es Papier. Dann erfindet ein Jugendlicher 1981 in einer Garage den Personalcomputer und kurz danach gibt es schon wieder maßgebliche Leute, die allen Ernstes sagen: „Wir machen jetzt das moderne, das papierlose Büro!“. Jetzt muss nicht mehr die Bibliothek von Alexandria brennen, um Menschheitswissen auszulöschen. Es reicht schon eine neue Generation Speichermedien. Hatte Moses die Gebote Gottes vielleicht auf einer Floppy-Disc gespeichert? Hat noch jemand ein Abspielgerät? Was für eine Hybris, was für eine Arroganz!

An Beispielen für derart traditionsvergessenen Hochmut ist kein Mangel: Seit Jahrhunderten machen Menschen Hüte mit einer Krempe drumherum; dann kommt eines Tages auch hier der Modernisierer, der sagt: „Es ist doch ein Unsinn, dass man so viel Stoff für die Krempe verschwendet. Ich nähe Euch ein Käppi mit Mini-Krempe nur über den Augen. Das reicht doch, da blendet auch nichts!“. Irgendwann einmal merkt der Träger aber dann, dass er ganz rote Ohren und einen knallroten Nacken hat. Dann gehen alle Käppi-Träger hin und drehen ihr modernes Mützchen um. Kurze Zeit später haben sie dann alle mitten auf der Stirn einen Halbkreis von der Sonne eingebrannt… Ist das nicht Irrsinn, nüchtern betrachtet?

Zuletzt: Juristen überlegen sich über Jahrhunderte hinweg, dass Gewaltenteilung und Föderalismus gute Ideen sind. Und doch werden sie einfach mit den Worten abgeschafft „Wofür brauchen wir Föderalismus? Es ist doch viel besser, wenn alles einheitlich zentralstaatlich gemacht wird!“

All dies ist eine Anmaßung von Wissen und eine Anmaßung von Können. Eine Unverschämtheit, eine wenig gedeihliche Aktion. Es ist schlicht vorausprogrammiert, dass diese EU (Herr Schachtschneider hat es ja gerade schon gesagt) tot sein wird, tot wie der Euro. Die Strukturen der Einheitswährung tragen ja faktisch alle schon diesen verbrannten Halbkreis auf der Stirn!

Seit dem Geldsystem von Bretton Woods aus dem Jahre 1944 war das Weltwährungssystem immer wieder geprägt davon, zu versuchen, die unterschiedlichen Währungen der einzelnen Staaten gegeneinander innerhalb gewisser Schwankungsbreiten zu halten, d.h. ihre tektonischen Spannungen gegeneinander aufzuhalten und immer wieder Dehnungsfugen einzubauen. Bis man dann in den Jahren 1992/1993, merkte, dass die Spannungen im System einfach zu groß wurden. Man erweiterte die vorgesehenen Schwankungsbreiten von 3 Prozent auf 15 Prozent, weil es anders nicht ging. Doch statt in Demut das währungstechnische Flachdach zu ersetzen, in Demut wieder einen Hut mit Krempe aufzuziehen, in Demut auch wieder etwas auf Papier zu schreiben, ging man daran und schuf einen Euro, eine Währung ohne jede Bewegungsspielräume. Man machte genau das Gegenteil dessen, was der Klugheit gemäß geboten war.

Da sind nun also die Mentalitätsfragen: Wollen wir eine Zentralbank à la Rom, oder wollen wir eine Zentralbank à la Frankfurt? Konflikte sind vorprogrammiert.

Es gibt in Düsseldorf einen klugen Herrn, Sieghardt Rometsch heisst er, der hat 1998 bei der VEBA AG einen Vortrag gehalten (Dr. rer.oec. Sieghart Rometsch war Gesellschafter des Bankhauses HSBC Trinkaus & Burkhardt AG in Düsseldorf). Sieghardt Rometsch hat damals fast wortwörtlich gesagt: Ich weiß, Ihr seid jetzt alle „Euro–, Europa- und EU-betrunken und ich werde Euch nicht mehr daran hindern können, den Euro einzuführen zum 1. Januar 1999; aber gestattet mir, Ihr Vorstände der VEBA AG, die Ihr viel Geld bewegt, Euch jetzt, am Vorabend der Euro-Einführung, noch eines mit auf Euren Weg zu geben. Diese Währung funktioniert nicht, das klappt nicht, es wird in einem Desaster enden.

Rometsch hat bei dieser Gelegenheit zu seiner persönlichen Vorstellung ausgeführt, dass er sich seit 1964 mit Währungsunionen beschäftigt hatte. Er war der erste, der zu diesem Thema überhaupt ein Buch geschrieben hat, eine Promotion. Und er betonte, kein Anti-Europäer zu sein, weil er schon unter Walter Hallstein (dem ersten Präsidenten der EWG) in Brüssel gearbeitet hatte. Solcherart „politisch sauber" erklärte er dann zur Sache: Dieser Euro kann nicht funktionieren, weil er erstens Transferzahlungen erforderlich macht. Das aber würden die Völker absehbar nicht lange mitmachen. Alternativ zu Transferzahlungen kämen zwar zweitens auch Lohnabsenkungen in Betracht. Auch die aber seien eine Illusion, weil die Gewerkschaften so etwas nicht mitmachen würden. Drittens wäre nötig, dass die Arbeitskräfte innerhalb Europas mobil würden, wovon nicht auszugehen wäre, da die Sprachbarrieren innerhalb Europas größer seien als beispielsweise innerhalb der USA. Schließlich, viertens, wäre der Euro nur überlebensfähig, wenn zwischen den Ländern (wieder) Einfuhrschranken errichtet würden, wenn also bestimmte Produkte nicht mehr über die Grenzen gebracht werden dürften, was aber paradoxerweise mit dem ersten Ur-Gedanken der europäischen Friedensunion ganz unvereinbar wäre, mit dem Gedanken des Binnenhandels nämlich.

Es gab und gibt demnach ein unglaublich blasiertes Unwissen bei diesen maßgeblichen europäischen Akteuren. Jean-Claude Juncker hat beispielsweise am Vorabend der Euro-Einführung gesagt, künftige Transferzahlungen in der Währungsunion seien so wahrscheinlich wie Hungersnöte in Bayern. Das war seine Prognose für den Euro! Was für ein winziges Währungswissen. Als ich mit meiner Sekretärin gestern auf dem Weg zu Ihnen in Zürich bei Sprüngli saß, da habe ich übrigens ein „Luxemburgerli" gegessen, und ich wusste gar nicht, wieso ich in diesem Augenblick ausgerechnet an Jean-Claude Juncker denken musste.

Es ist seinerzeit vor der Euro-Einführung eine gigantische Propagandawelle über Deutschland gerollt. Alle möglichen Leute sind bemüht worden. Einer der größten Experten für internationale Währungsfragen war damals Berti Vogts - Sie alle kennen Berti Vogts, den berühmten deutschen Fußballer mit den kurzen Beinen, die Blutgrätsche. Er hat dem Publikum damals erklärt, der Euro sei ein „Steilpass" ins 21. Jahrhundert – Tja, auf diese Art Steilpässe freuen wir uns doch immer, insbesondere in der Schweiz!

Angela Merkel wird, wie Sie vielleicht wissen, mittlerweile von Demonstranten auf Plakaten mit montiertem Hitler-Bärtchen durch Athen getragen. Ich weiß nicht, ob diese Bilder in der Schweiz publiziert werden. In Deutschland wird das überall gezeigt. Es ist für mich ein erwartbares Symptom für die empfundene Übergriffigkeit in Griechenland. Und es ist natürlich kein gutes Zeichen. Es macht die Menschen aggressiv, und das muss uns nachdenklich machen. Erinnern Sie sich? Keiner meint es böse. Und trotzdem fallen jetzt die ersten im europäischen Währungs-Polo-Club vom Balkon!

Sechster Teil meines Hauptteiles:
„Die Gefahren aus der vereinheitlichten Distanzlosigkeit“

Ich behaupte, diese Art von Vereinheitlichung ist lebensfeindlich und lebensgefährlich. Denn wenn alle dasselbe machen, dann droht Gefahr.

Ich weiß nicht, wieso mich diese Geschichten immer aus Südamerika erreichen, aber die Geschichte von einem brasilianischen Ausflugsdampfer ist sehr eindrücklich. Der Ausflugsdampfer fuhr herum und kam schließlich an einem Strand vorbei, der als Nacktbadestrand genutzt wurde. Weil das Schiff recht nahe an der Küste entlang fuhr, entwickelten plötzlich alle Menschen auf dem Dampfer das Bedürfnis, auf dieselbe Seite des Schiffes zu gehen, von der aus man diesen Nacktbadestrand betrachten konnte. Obwohl kluge Leute auf dem Schiff immer wieder Durchsagen machen („Lasst das! Wir werden kentern!“), bleiben sie trotzdem stehen – und natürlich kenterte das Schiff. Genau das passiert, wenn alle dasselbe machen und wenn dadurch die Balance verloren geht.

Wir Menschen haben an vielen, vielen Stellen inzwischen die wissenschaftliche Erkenntnis gewonnen, dass Vielheit das Überleben dort garantiert, wo eine Vereinheitlichung genau das Gegenteil bewirkt. Herr Schachtschneider hat insoweit die sogenannte „Diversifizierung“ gerade völlig mit Recht angesprochen. Wir haben Kartellämter, die Monopole verhindern. Wir wissen, dass Monokulturen besonders anfällig sind gegen Schädlinge. Förster werden durch Wälder geschickt, um sicherzustellen, dass der Mischwald ein Mischwald bleibt. Wir haben einen Energiemix, um nicht von irgendeinem einzelnen Energieträger abhängig zu werden. Überall Vielheit, und dann dennoch – die eine, die tragische, traurige Euro-Währung. Das ist ein intellektuelles Desaster.

Politik ohne Opposition ist Diktatur. Denn was sein Gegenteil nicht hat, das verliert die Balance. Und niemand, meine Damen und Herren, weiß besser als ich, 48 Jahre alt, in Deutschland geboren, mein ganzes Leben geprägt, ebenso wie meine Familie, von der Geschichte meines Landes und davon, dass gewisse Dinge nicht wieder passieren dürfen. Wir wissen: Gleichschaltung ist völlig unerträglich! Deswegen macht es mich mürbe und treibt mich an, wenn Gleichschaltung plötzlich einen anderen Namen bekommt und „Alternativlosigkeit" genannt wird. Wer nämlich könnte historisch mehr dazu aufgerufen sein, etwas gegen diese sogenannte Alternativlosigkeit zu sagen als gerade ich als Deutscher? Deswegen stehe ich hier, und deshalb stehe ich hier, um genau das zu sagen.

William Haig, der Britische Außenminister, auf den ich mich berufen möchte, sagt inzwischen, Zitat: „Es war Wahnsinn, dieses Euro-System zu schaffen. Jahrhundertelang wird darüber noch geschrieben werden als Beispiel für ein Monument des kollektiven Wahnsinns."

Ich komme zu meinen **Schlussbemerkungen:**

Meine Damen und Herren, ich bitte Sie:

Bleiben Sie stolze und standfeste Schweizer!

Bleiben Sie unabhängige Schweizer. Wer die Unabhängigkeit und die Neutralität der Schweiz verteidigt, der verteidigt nicht nur die Schweiz, sondern er verteidigt die Freiheit in ganz Europa, weil es nämlich dann innerhalb Europas eine Alternative gibt, die das Lebenselixier für Freiheit und Demokratie und Rechtsstaatlichkeit auf unseren winzigen Kontinent sein muss, die es sein soll und die es bitte bleiben soll. Verteidigen Sie das!

Abseits zu stehen dort ist nicht ungehörig und keine Unhöflichkeit, sondern abseits zu stehen ist die Voraussetzung für ein friedliches Miteinander. Denn ein Volk, das sich anmaßt, anderen seinen Willen aufzuzwingen, verliert über Generationen hinweg das Recht, laut und vernehmlich die eigene Nationalhymne zu singen. Singen Sie Ihre laut, vernehmlich und stolz und genießen Sie es, unabhängig zu sein. Gott schütze die Schweiz!

Die verkürzte Steuermoral

Wer einen anderen durch Gewalt oder durch Drohung mit Gewalt zu einer Vermögensverfügung, beispielsweise zu einer Geldzahlung, veranlasst, der wird als Räuber bestraft. Handeln mehrere Täter gemeinsam und überwinden sie Widerstand mit bereitgehaltenen Vorkehrungen, begehen sie einen schweren Raub.

Auch Steuern werden bekanntermaßen unter der Androhung erhoben, dass der Steuerpflichtige im Falle der Nichtzahlung einer Gefängnisstrafe entgegenzusehen hat. In der Literatur wird deswegen bisweilen die Auffassung vertreten, Steuereintreibung erfülle, je nach dem Einzelfall, den äußeren Tatbestand entweder des Raubes oder aber der räuberischen Erpressung.

Tatsächlich unterscheidet nur ein einziges normatives Tatbestandsmerkmal Raub und räuberische Erpressung einerseits von Steuerbeitreibung andererseits: Räuber ist nur derjenige, der die Zahlung mit Unrecht erwirkt. Da Steuerzahlungen nach Maßgabe der Steuergesetze jedoch als rechtmäßig bewirkt gelten, sind Finanzämter keine organisierten Räuberbanden.

Diese erstaunliche Nähe zwischen gewöhnlichem Steueralltag hier und schwerem Verbrechen dort gibt Anlass, sich mit dem einschlägigen Differenzierungskriterium namens „Recht“ eingehender zu befassen. Ein Staat, der es in der Hand hätte, jedwede bürgerliche Steuerpflicht durch Inkraftsetzung eines einschlägigen Steuergesetzes zu „Recht“ in diesem Sinne zu machen, könnte seine Bediensteten erkennbar vollends von aller strafrechtlichen Verantwortung als potentielle Räuber freistellen. Wäre nämlich jedes Steuergesetz zugleich auch immer Recht, könnte der Staat nie unrechtmäßig Steuern erheben.

Nicht ohne Grund aber unterscheiden Juristen zwischen Gesetz und Recht. Gesetze können durchaus unrechtmäßig sein. Mit anderen Worten: Recht entsteht nicht zwangsläufig dort, wo staatliche Organe in einem vorgesehenen Verfahren formal ordnungsgemäß ein Gesetz erlassen. Ob ein Gesetz wirklich auch rechtens ist, bedarf gesonderter Prüfung, worauf übrigens nicht zuletzt auch Papst Benedikt XVI. bei seiner Rede im Deutschen Bundestag, Augustinus zitierend, hinwies.

Die Frage nach dem Recht ist jenseits der reinen Formrichtigkeit des Gesetzgebungsverfahrens immer auch eine Frage nach der ethisch-moralischen Akzeptanz der angeordneten Regel innerhalb einer Rechtsgemeinschaft. Unterschiedliche Wertvorstellungen verschiedener Gesellschaften bilden je eigene Moralkodizes aus. Zu unserer mitteleuropäischen Moral gehört es, den Besitz- und Eigentumswillen eines Menschen prinzipiell höher zu bewerten als die Kraftpotenziale eines anderen. Aus diesem Grund halten wir die gewaltsame Wegnahme von Gegenständen gegen den Willen ihres Besitzers für sozialschädlich und also, als Raub, für strafwürdig. Ginge unsere Gesellschaft dazu über, Gewalt höher wertzuschätzen als Eigentum, bliebe alles Rauben absehbar bald straflos. Mithilfe ethischer Überlegungen werden moralische Grundvorstellungen wie diese dann in einen konkreten sozialen Handlungsrahmen umgesetzt.

Aus diesem ethisch gewonnenen Gerüst können im Anschluss einzelne, konkrete Rechtsregeln abgeleitet werden. Wegen dieser Zusammenhänge bezeichnet man das, was Recht ist, bisweilen auch als das „ethische Minimum“. Anders gesagt: Moralisch mag ein Mensch bisweilen zu mehr verpflichtet sein, als er nach dem Recht schuldet, aber das Recht darf ihn nie zu Unmoralischem verpflichten. Diese Rückanbindung des Rechtes an die Moral wird im Alltag durch den Maßstab der gesellschaftlichen Akzeptanz geleistet. Was eine Gesellschaft als Rechtsregel nicht akzeptiert, weil es ihren Moralvorstellungen nicht entspricht, das wird nicht (mehr) gelebt und verwandelt sich bald zu totem Recht. Erkennt der Gesetzgeber in diesem Falle, dass sein geschriebenes Gesetz nicht mehr allgemein als Recht akzeptiert wird, setzt er dieses Gesetz außer Kraft. Weigert er sich hingegen, das inakzeptabel gewordene Gesetz aufzuheben, riskiert er seine eigene Akzeptanz als juristische Autorität.

Betrachtet man diese begrifflichen Zusammenhänge, wird schnell eines deutlich: Die gegenwärtigen Debatten über die sogenannte „Steuermoral“ sind in bemerkenswerter Weise intellektuell verkürzt. Üblicherweise wird bei diesen Diskussionen nämlich jeder, der eine bestimmte formalgesetzliche Steuerpflicht nicht erfüllt, bereits – wörtlich – zum „Steuersünder“ erklärt. Der Rückgriff auf das theologische Verdikt gegen den „Sünder“ legt also nahe, dass der Verstoß gegen das Gesetz bereits einen Verstoß gegen die Moral bedeute. Genau dieser Rückschluss ist jedoch, wie gezeigt, gerade nicht zulässig. Denn nicht das staatliche, förmliche Gesetz gibt die Wertskalen vor, denen die Moral dann zu folgen hätte. Vielmehr hat das Gesetz, exakt umgekehrt, den Grundlegungen des moralisch Akzeptierten zu folgen.

Zum allgemein anerkannten Handwerkszeug jedweder ethischen Untersuchung gehört es nun, eine bestimmte Handlung nicht nur je für sich zu betrachten. Vielmehr sind darüber hinaus auch ihre dabei beabsichtigten (ebenso wie ihre nicht beabsichtigten) Folgen zu bedenken. Während sich jede ethische Erörterung aller Fernwirkungen einer Handlung erfahrungsgemäß schnell vom Hundertsten ins Tausendste verlieren kann, so darf doch bei der Frage nach der moralischen Bewertung einer Steuerzahlung jedenfalls ihre nächstanschließende Wirkung nicht außer Betracht bleiben: Die Frage nämlich, was der Steuereintreiber mit der von ihm eingenommenen Zahlung zu tun beabsichtigt bzw. welches weitere Handeln ihm infolge einer gesetzlich pflichtwidrigen Nichtzahlung unmöglich bleibt.

Kurz: Ob derjenige, der eine Steuer nicht bezahlt, tatsächlich moralisch ein „Sünder“ ist, lässt sich nur dann ethisch ordnungsgemäß entscheiden, wenn man zugleich auch bewertet, ob das, was mit seiner erfolgten Zahlung hätte geschehen sollen oder durch seine Nichtzahlung nicht geschieht, seinerseits moralisch akzeptabel ist. Ohne eine solche abwägende Betrachtung ist eine ethisch vertretbare Einordnung des Steuerpflichtigen als „Sünder“ oder „Nichtsünder“ unzulässig verkürzt und mithin schlechterdings unmöglich.

Abseits der von einschlägigen Experten vielleicht noch halbwegs überschaubar zu beantwortenden Frage, ob eine unterbliebene Steuerzahlung formal gesetzeswidrig war, bleibt die Frage nach ihrer materiellen Rechtswidrigkeit. Sollte die ethisch gebotene Abwägung zwischen der Steuereinnahme- und der Steuerausgebeseite nämlich erweisen, dass die moralischen Gründe für die Nichtzahlung auch jenseits der nur individuellen Betrachtung des Handelnden in der gesellschaftlichen Akzeptanzbetrachtung schwerer wiegen als die moralischen Motive und Ziele des anschließenden Steuermitteleinsatzes, dann könnte das Nichtzahlen einer Steuer durchaus als rechtmäßig anzusehen sein. Das Steuereintreiben wäre in diesem Falle folgerichtig spiegelbildlich unrechtmäßig, mit allen hier eingangs dargestellten Konsequenzen.

Käme man demgemäß an den Punkt, dem Steuerstaat in Ansehung beispielsweise entgleisender Großbauprojekte, exzessiver Staatsverschuldung, der Rettung maroder Banken und Staaten oder insgesamt unbeschränkter Zentralbankaktivitäten zu Lasten der Steuerzahler eine nicht unerhebliche Verschwendung von Steuermitteln im Grundsätzlichen anlasten zu müssen, dann verringerte dies nicht nur die Zahl der moralischen „Steuersünder". Es wäre dann wohl auch nur eine Frage der Zeit, bis die Frage im Raum stünde, ob das Nichtzahlen von Steuern notwehr- oder notstandsrechtlich gerechtfertigt ist.

Grundgesetz 2030 – Modernisierungsvorschläge für eine verfassungsrechtliche Erhaltungssanierung

Referat in Frankfurt am Main
am 4. Juni 2022

I. Einleitung

Was veranlasst einen Juristen, eine neue Verfassung zu schreiben? Im Kern ist es die Beobachtung, dass die vertraute, gute und bestehende – das Grundgesetz der Bundesrepublik Deutschland – gegenwärtig demontiert wird.

Im Inland bereitet in finanzieller Hinsicht Sorge, dass es inzwischen ein Sanierungs- und Abwicklungsgesetz von Instituten und Finanzgruppen (SAG) gibt, das nicht nur Banken und deren Organisationen „*abwickeln*" helfen soll, sondern den eigenen Mitarbeitern einer Abwicklungsbehörde sogar unter Strafandrohung verbietet, über ihre Arbeit zu reden (§ 5 Abs. 1 SAG). Das Versicherungsaufsichtsgesetz (VAG) gestattet Versicherungsgesellschaften in § 314 VAG, Versicherungsleistungen „*herabzusetzen*", statt Insolvenz anzumelden; zugleich jedoch gilt: „*Die Pflicht der Versicherungsnehmer, die Versicherungsentgelte in der bisherigen Höhe weiterzuzahlen, wird durch die Herabsetzung nicht berührt.*"

Neben zerstörerischen Entwicklungen im Inland sind es aber insbesondere internationale Einflüsse, die der Befürchtung Nahrung geben, das Grundgesetz werde übernationalen Entwicklungen nicht unbeschadet standhalten können. Der Blick fällt hierbei insbesondere auf gezielte globale

Umbaumaßnahmen namens „*Great Reset*", auf die sogenannten „*17 Nachhaltigkeitsziele*" der Vereinten Nationen, die „*Agenda 2030*" zur Transformation der Welt, die Vorstellung, bis zum 2050 das Weltklima bewusst menschlich steuern zu können sowie die vielfachen Pläne für eine „*vierte industrielle Revolution*".

Anhand einer gedrungenen weltgeschichtlichen Empirie will ich zunächst kurz umreißen, an welchen wohlklingenden Plänen Gesellschaften üblicherweise scheitern. Damit nehme ich übrigens ein Recht in Anspruch, das die Generalversammlung der vereinten Nationen am 9. Dezember 1998 in ihre Resolution A/RES/53/144 als Art. 7 festgeschrieben hat: „*Jeder Mensch hat das Recht, einzeln wie auch in Gemeinschaft mit anderen, neue Ideen und Grundsätze auf dem Gebiet der Menschenrechte zu erarbeiten und zu erörtern und für ihre Annahme einzutreten.*"

II. Phänomenologie des Scheiterns von Sozialingenieuren

Ein schneller Gang durch die Menschheitsgeschichte zeigt, welche Weisheit in der alttestamentarischen Formulierung von Kohelet 1,9 liegt:

„*Was geschehen ist, wird wieder geschehen, was man getan hat, wird man wieder tun. Es gibt nichts Neues unter der Sonne.*"

1.) Der antike Stadtstaat von Sparta ist im Jahre 371 v. Chr. untergegangen, obwohl er einen „*Musterstaat aus Gleichen*" war, nachdem er Landreformen durchführte, den Geldverkehr einschränkte und seine Bewohner von einer rücksichtslosen Geheimpolizei möglichst lückenlos bespitzeln ließ.

2.) Rom ist im Jahre 476 n. Chr. untergegangen, weil die Landwirtschaft kollabierte (Max Weber), weil die gewöhnliche Ressourcen- und Energieversorgung zusammenbrach (Joseph Tainter: The Collapse of Complex Societies), weil die Transportkosten stiegen, weil steigende Militärausgaben die Steuererhebung radikalisierten; weil – seit Diokletian (301 n. Chr.) die Inflation durch ein Höchstpreisedikt zu stoppen versucht wurde; weil sich die Verfolgung der christlichen Minderheit zu radikalen Exzessen auswuchs.

3.) Byzanz ist im Jahre 1453 nach drei Bürgerkriegen wirtschaftlich kollabiert. Seine Staatseinnahmen flossen zu diesem Zeitpunkt nicht mehr nach Byzanz selbst, sondern ganz überwiegend an die Schutzmacht in Genua.

4.) Noch vor der förmlichen Gründung der USA scheiterte der Brite James Edward Oglethorpe mit seinem Versuch, ab dem Jahre 1733 die 13. Kolonie der neuen Welt zu einem Musterstaat Georgia zu konstruieren.

Oglethorpe (Humanist und britischer Sklavenhändler) verfolgte die sozialreformerische Idee, arbeitsfähige Schuldner aus britischen Schuldnergefängnissen zu befreien und sie gemeinsam mit flüchtenden Protestanten in Georgia anzusiedeln. Wehrfähigen Einwanderern gewährte er Ländereien, um Georgia gegen Spanier aus dem amerikanischen Süden und Franzosen aus dem amerikanischen Norden für Großbritannien militärisch zu sichern. Das Klima Georgias brachte ihn auf die Idee, die Briten unabhängig zu machen von Seiden-, Hanf-, Wein-, Olivenöl- und Gewürzimporten aus dem Orient. Zur Neuordnung und Absicherung Georgias verbot er die Sklavenhaltung, den Rum und Katholiken. Zugleich sorgte er dafür, dass niemand die Staatsorganisation durch Abhaltung von Wahlen störe.

In knapp 20 Jahren seit 1733 gelang es nie, mehr als 6.000 Menschen in Georgia anzusiedeln. Als die Zahl der Einwohner auf 500 gefallen war, gab Oglethorpe auf. Ende des 18. Jahrhunderts lebten dann – ohne Oglethorpe und seine Sozialsteuerung – 160.000 Menschen in Georgia.

5.) Trotz des konstruktivistischen Scheiterns von Oglethorpe machten auch die Protagonisten der Französischen Revolution von 1789 im Kern dieselben Fehler: Bei hochwissenschaftlicher Kalender- und Uhrenreform endeten ihre Bestrebungen bekanntermaßen dennoch in den Morden des Wohlfahrtsausschusses.

6.) Nur knapp ein Jahrhundert später, 1870/1871, scheiterte die Pariser Kommune mit ihrem Versuch, einen sozialreformierten, humanistischen Staat zu gestalten. Das Dekret über den Erlass rückständiger Mieten, das Dekret über Arbeitszeitverkürzungen und das Verbot von Zeitungen rettete nicht den ambitioniert modellhaften Plan, Paris herausragend zu verwalten. Dem deutschen Historiker Wilhelm Oncken wird für das Jahr 1890 die rückblickende Feststellung zugeschrieben: „*Mit Pressefreiheit ist überhaupt keine Regierung möglich.*" Die Pariser Kommunarden kamen nicht einmal mehr dazu, die Banque de France zu verstaatlichen. Es blieb dabei, dass Frauen ein Recht auf Arbeit und auf gleichen Lohn erstritten. Am 28. Mai 1871 kollabierte die Kommune in einem Blutbad infolge eines versuchten Gefangenenaustausches der in Geiselexekutionen ausartete.

7.) Über das Scheitern der Russischen Revolution von 1917 bis zum Jahre 1928 verhält sich der Roman „*Zyniker*" von Anatoli Marienhof aus dem Jahre 1928. Zwischen Kriegskommunismus und Bürgerkrieg rissen alle Lieferketten, nachdem zuerst nur die Straßenbeleuchtung ausgefallen war und Straßenbahnen nicht mehr in die Außenbezirke Moskaus fuhren. Der Roman war bereits abgeschlossen, als der Ukrainische Holodomor infolge der Verringerung von Anbauflächen unter Schrumpfung des Viehbestandes einsetzte. Das Mittel gegen Hungerflüchtlinge waren seinerzeit in der Ukraine Grenzschließungen. Der ungarischer Arthur Koestler schrieb:

„*Unter meinem Fenster in Charkov zogen jeden Tag Leichenbegängnisse vorbei. Kein einziges Wort über die örtliche Hungersnot, über Epidemien, das Aussterben ganzer Dörfer. Man bekam ein Gefühl traumhafter Unwirklichkeit; die Zeitungen schienen von einem ganz anderen Land zu sprechen, das keinerlei Berührungspunkte mit dem täglichen Leben, das wir führten, hatte, und ebenso verhielt* es *[sich] mit dem Rundfunk.*"

8.) Das Ende des Berliner Versuches, Wirtschaftslenkung und Zwangsorganisationen umzusetzen zwischen den Jahren 1933 bis 1945 ist hinlänglich bekannt. Public-Privat-Partnership wurde von dieser Regierung allerdings nicht so genannt.

9.) Mit ihrem „*großen Sprung nach vorn*" wollte die chinesische Regierung zwischen 1958 und 1963 ganz China zu einem Industrieland umbauen. Das Vorhaben endete jedoch 1961 mit der größten Hungerkatastrophe, die die Menschheit bis zu diesem Zeitpunkt gesehen hatte. Der große Sprung nach vorn schloss sich unmittelbar an die „*Anti-Rechts-Bewegung*“ der kommunistischen Partei an. Inzwischen spricht man in China nicht mehr von einem „*großen Sprung*“, sondern – seit 1981 – offiziell von der „*dreijährigen Schwierigkeitsperiode*“. Bis 1981 nannte man sie „*Dreijährige Naturkatastrophe*“.

Die chinesische Historikerin Jung Chang berichtet in ihrem umfänglichen Werk über die Politik Maos, er habe zu dieser Zeit eine „*Haltet-Die-Leute-Dumm*“-Politik befürwortet. Ob Mao Wilhelm Oncken gelesen hat, ist unbekannt.

10.) Kurze Zeit später, ab April 1975, versuchte Pol Pot in Kambodscha auf kommunistischer Basis einen klug erdachten Staat zu errichten. Seine „*Rote Khmer*“ vertrieben die ihnen zu bürgerlich erscheinende Bevölkerung aus der Hauptstadt, sie verboten Geld und Märkte, sie untersagten die private Herstellung von Speisen zuhause und sie dreiteilten die gesamte Bevölkerung in Vollberechtigte, in „*Kandidaten*“ (für eine volle Berechtigung) und in „*Deponierte*“ (d. h. Vertriebene). Das Demokratische Kampuchea brach bereits 1978 unter Hungersnöten und Massenmorden („*Killing fields*“) zusammen. Dem absolut gleichbehandelten „*Bruder Nr. 1*“ half nicht, dass der beliebte Londoner Hochschullehrer James Alexander Malcolm Caldwell die Deportationen im Kambodscha befürwortete, da sie im Vergleich zu Exekutionen ein „*milderes Mittel*“ darstellten.

11.) Robert Mugabe zerstörte Simbabwe in den Jahren nach 2000 durch seine Landumverteilungspolitik, durch Treibstoffknappheit, Hyperinflation, Arbeitslosigkeit und Hunger.

12.) Gleiches ereignete sich praktisch zeitgleich in Venezuela. Die Politik betrieb exzessive Vermögensumverteilung innerhalb der stark gespaltenen Gesellschaft. Alleine in den Jahren 2015 bis 2019 ging die Ölproduktion des Landes um 2/3tel zurück. Die Währung wurde zerstört und 95% der Bevölkerung sind heute arm. Der Blick auf Venezuela erinnert an die Ereignisse von Kuba seit 1959. Ich will es aber hier bei diesem runden Dutzend von Beispielen belassen.

III. Eine aktuelle Melange aus allen Fehlern

Was gibt Veranlassung, exemplarisch dieses Dutzend von mörderisch gescheiterten Experimenten der Sozialingenieure zu thematisieren? Die Empirie zeigt meines Erachtens, dass die aktuellen 17 „*Nachhaltigkeitsziele*“ der Vereinten Nationen einschließlich des Traums von einer gesteuerten Vierten Industriellen Revolution (samt genetischen Fortentwicklungen, die nicht der Natur überlassen, sondern in einer Cloud konstruiert werden) den vielleicht exzessivsten Versuch darstellen, einen Turm zu Babel zu errichten?

Meine Prognose ist: Niemand wird diesen machtvoll vorgetragenen Versuch der globalen Transformation noch geordnet stoppen können. Eine umfänglichere Zusammenfassung der Abläufe findet sich u. a. bei Michael Rectenwald anlässlich eines Vortrages zum „*Great Reset*“ für das Hillsdale Collage am 7. November 2021, der bei YouTube abrufbar ist.

Die 17 Nachhaltigkeitsziele der Vereinten Nationen wiederholen geradezu die Essenz der gesamten Kasuistik, wie sie aus der vorangestellten Empirie erkennbar wird. Die 17 Ziele lauten in aller Kürze:

1.) Armut beenden,
2.) Hunger beenden,
3.) Gesundheit für alle,
4.) Bildung für alle,
5.) Geschlechtergleichstellung,
6.) Wasser für alle,
7.) bezahlbare und verlässliche Energie für alle,
8.) menschenwürdige Vollbeschäftigung,
9.) resiliente, innovative Industrie,
10.) gleiche Lebensverhältnisse überall auf der Welt,
11.) inklusive und sichere Städte,
12.) nachhaltige Produktionsweisen,
13.) Klimawandel sofort stoppen,

14.) Ozeane bewahren,
15.) biologische Vielfalt der Landökosysteme schützen,
16.) Zugang zu Recht und Gerechtigkeit für alle,
17.) globale Partnerschaft unter allen.

Schon heute – zur „*Halbzeit*“ der Agenda 2030 – ist klar, dass die hochtrabenden Pläne scheitern. In seinem „*Länderbericht der Schweiz 2022*“ schreibt der Schweizer Bundesrat einleitend:

„*2022 ist die Halbzeit zur Umsetzung der Agenda 2030 für nachhaltige Entwicklung nahezu erreicht. Weltweit konnten in dieser Zeit wichtige Fortschritte erzielt werden, die die Weltgemeinschaft den 17 SDGs näherbringt. Diese reichen jedoch nicht aus, um die Ziele bis 2030 zu erreichen. ... Mit Blick auf die 8 verbleibenden Jahre wird deutlich, dass die Ziele nur durch ein entschlossenes Handeln in der ganzen Gesellschaft zu erreichen sind.*“

Auf der Wikipedia-Seite zum „*Holodomor*“ wird Lenin mit seinem Satz (über solches „*entschlossenes Handeln*“) aus dem 1921 zitiert:

„*Der Bauer muss ein wenig Hunger leiden, um dadurch die Fabriken und die Städte vor dem Verhungern zu bewahren. Im gesamtstaatlichen Maßstab ist das eine durchaus verständliche Sache; dass sie aber der zersplittert lebende verarmte Landwirt begreift – darauf rechnen wir nicht. Und wir wissen, dass man hier ohne Zwang nicht auskommen wird – ohne Zwang, auf den die verelendete Bauernschaft sehr heftig reagiert.*“

Muss man sagen: Der Europäer muss ein wenig unter Stromausfällen leiden, um dadurch im gesamtstaatlichen Maßstab das Gemeinwesen zu retten? Muss er deswegen Zwang erfahren, um zum Guten genötigt zu werden?

Übrigens: Schon am 11. August 1524 wurden Eltern in Zürich per Gesetz unter Bußgeldandrohung verpflichtet, ihre Säuglinge taufen zu lassen. Erinnert das nicht an die gewisse heutige Stiko-Empfehlungen?

Aus der Zusammenschau der geschichtlichen Erfahrungen mit den 17 SDGs lässt sich vernünftigerweise nur der Schluss ziehen, dass auch diese Transformation wieder nur in einem fatalen Chaos enden wird.

Dieses Mal haben sich indes global so mächtige und einflussreiche Mitwirkende mit je eigener Agenda zusammengeschlossen, dass das Chaos ein weit größeres sein wird als je zuvor.

Was ist also zu tun? Jedenfalls klugerweise nichts, was sich diesem „*Hybridkrieg*" entgegenstellt. Widerstand ist meines Erachtens zwecklos, weil nur selbstzerstörerisch. Man kann (und muss) „*nur*" abwarten. Auch diese Revolution wird wieder ihre eigenen Kinder fressen. Nichts Neues unter der Sonne!

Die Macht zum Beispiel der Firma Blackrock wird derzeit von ihrem Chef Larry Fink selber gebrochen, der sämtliche Investments in Gebiete veranlasst, in denen es vernünftigerweise gar nichts zu investieren gibt. Auch geballte Fehlinvestitionen sind und bleiben aber Fehlinvestitionen.

Wenn das Postulat von der subjektiven Wertlehre der Österreichischen Nationalökonomie zutreffend ist (wovon ich ausgehe), dann regulieren stets akkumulierte subjektive Wertentscheidungen ungeplant und dezentral entscheidender und handelnder Individuen das gemeinsame Menschheitshandeln. Diese subjektiven Einstellungen mögen „*behavioristisch*" eingrenzbar vorhergesagt werden können. Sie lassen sich aber in einem unendlichen Universum der Möglichkeiten auf Dauer weder verlässlich „*herbeinudgen*", noch auch per künstlicher Intelligenz determinieren. Die Planer des Great Reset und der Agenda 2030 werden schon bald ganz wesentlich mit immer komplexeren Abweichungsmanagements beschäftigt sein. Die Realität löst sich im Zeitablauf immer weiter vom Plan. Dadurch bröckelt zugleich die Konvergenz der beteiligten Player. Denn auch die größten Kooperationen bestehen ihrerseits aus Individuen, auf deren Mitarbeit sie unabweisbar angewiesen sind. Stockt die Akzeptanz, stürzt der gemeinsam geplante und zu errichten begonnene Turm ein.

IV. Der Tag danach: Ein modernisiertes Grundgesetz

1.) Ich habe im Frühsommer 2021 für die Zeit nach diesem Zusammenbruch 116 Vorschläge für eine Erhaltungssanierung des Grundgesetzes publiziert. Zu diesen Vorschlägen gehören Präzisierungen in der Grundrechteformulierung, eine Basisdemokratisierung des Öffentlichen Rundfunks, diverse Adjustierungen der Staatsorganisation wie eine Amtszeitbegrenzung für das Kanzleramt, die Direktwahl des Bundespräsidenten, die teilweise Wahl von Verfassungsrichtern durch das Volk, detaillierte kommunale Sezessionsrechte zur Qualitätsverbesserung der Landesverwaltung und das Recht der Bundesländer, eigene Währungen zu emittieren.

Ökonomischer Hinweis: Nichts bietet wohl bessere Anreize für kurze Lieferketten und erzeugernahen Konsum als eine regional begrenzte Währung. Eine globalisierte Rechnungseinheit verleitet zu übermäßig verlängerten Warentransporten. Dies haben insbesondere Umweltschützer bislang noch nicht erkannt.

Eine ganz zentrale Reparatur ist im Gesamtkontext die Implementierung einer Abgeordnetenhaftung. Sie lautet in meinem Entwurf wörtlich:

„Die Abgeordneten des Deutschen Bundestages werden in allgemeiner, unmittelbarer, freier, gleicher und geheimer Wahl gewählt. Sie sind Vertreter des ganzen Volkes, an Aufträge und Weisungen nicht gebunden und sie haben bei ihrer Parlamentsarbeit die Sorgfalt eines ordentlichen und gewissenhaften Mandatsträgers anzuwenden. Eine Pflichtverletzung liegt nicht vor, wenn der Abgeordnete bei einer politischen Entscheidung vernünftigerweise annehmen durfte, auf der Grundlage angemessener Information zum Wohle des Volkes zu handeln. Abgeordnete, die ihre Pflichten verletzen, sind den Geschädigten zum Ersatz des daraus entstehenden Schadens als Gesamtschuldner verpflichtet. Ist streitig, ob sie die Sorgfalt eines ordentlichen und gewissenhaften Mandatsträgers angewandt haben, so trifft sie die Beweislast. Schließt der Abgeordnete eine Versicherung zur Absicherung gegen Risiken aus seiner beruflichen Tätigkeit ab, ist ein Selbstbehalt von mindestens 10 Prozent des Schadens bis mindestens zur Höhe des Eineinhalbfachen seiner festen jährlichen Abgeordnetendiäten vorzusehen. Für die Dauer seiner Zugehörigkeit zum Bundestag gilt jeder Abgeordnete als Amtsträger im staatshaftungsrechtlichen Sinne.“

2.) Warum bedarf es einer solchen „*Politikerhaftung*“?

a.) Die Haftung anderen gegenüber für verantwortliches, eigenes Tun ist ein allgemeines Prinzip des Rechts.

b.) Wir prüfen üblicherweise stets die Verfassungsmäßigkeit von Rechtsvorschriften, es ist aber Zeit, die Rechtmäßigkeit von Verfassungsregeln zu überprüfen.

c.) Die juristische Nichthaftung von Politikern zieht sich wie ein roter Faden durch die gesamte vorstehend beschriebene Empirie. Alle Akteure konnten *ex ante* annehmen, für ihr Tun *ex post* juristisch nicht belangt zu werden. (Faktisch blieb es natürlich bei ihrer Haftung in einem archaischen Sinne: Sie verloren oft vorzeitig ihr Leben.)

d.) Das Rechtsprinzip der persönlichen Haftung muss über eine archaische Rache hinausgehen. Es darf auch nicht nur auf den international Strafgerichtshof beschränkt sein, der Menschenrechtsverletzungen strafrechtlich verfolgt.

e.) Ein funktional wirksames Haftungssystem für politisches Handeln ist möglich und wünschenswert. Schadensersatzregelungen und Naturalrestitution für politisches Fehlhandeln sind möglich. In einem modernen Gemeinwesen ist ein Politikerhandeln ohne **rechtliche (!)** Verantwortung auf Dauer nicht nachhaltig und auch nicht akzeptabel.

f.) Die rechtlichen Regeln hierzu müssen auch nicht neu erfunden werden. Der von mir zur Debatte vorgelegte neue Artikel 38 GG transferiert die Haftung der Vorstände von Aktiengesellschaften auf die Parlamentsmehrheit und die Haftung der Aufsichtsräte von Aktiengesellschaften auf die Parlamentsminderheit.

Wesentlich hierbei ist:

Die Akteure schulden den Regierten keine Ergebnisgarantien, sondern Verfahrenspräzision.

Parlamentarier müssen sich *ex post* dafür rechtfertigen können, bei ihren Entscheidungen *ex ante* alle verfügbaren Erkenntnisquellen ausgeschöpft zu haben.

Legt ein Geschädigter schlüssig dar, dass den handelnden Parlamentariern ein relevanter Aspekt bei ihrer Entscheidung hätte bekannt sein können und müssen und ist sein Schuldvorwurf gegen den einzelnen Abgeordneten begründet, so haften die betroffenen Abgeordneten, sofern sie nicht einen entsprechenden Entlassungsbeweis führen.

Abgeordnete der Minderheitsfaktionen haben die Pflicht, ihre Parlamentskollegen der Mehrheitsfraktionen auf Bedenken ausdrücklich aufmerksam zu machen. Schweigen sie oder prüfen sie eine zur Entscheidung stehenden Sachverhalt nicht hinreichend selbst, so haften auch sie den Geschädigten wie ein pflichtvergessener Aufsichtsrat. Ihre Bedenken werden vom Parlamentsprotokoll festgehalten. Wer schweigt, gibt sich den Anschein, zugestimmt zu haben.

Auch wenn es paradox klingt: Die juristische Verantwortlichkeit eines Parlamentariers schützt ihn auch selbst. Denn er kann bei seinen Beratern Rückgriff nehmen (!). Je mehr Abgeordnete sorgfältig handeln, desto kleiner ist der Kreis der haftenden Politiker. Das erhöht ihren jeweiligen persönlichen Haftungsanteil. Um diese Haftung auszuschließen oder zu minimieren, sorgen die Berufshaftpflichtversicherer der Parlamentarier dafür, dass diese einen zur Entscheidung stehenden Sachverhalt – nötigenfalls gegen einseitig beratenden Lobbyinteressen – vollumfänglich aufklären.

Jeder einzelne Abgeordnete wird dadurch faktisch zu einem haftungsrechtlich moderierenden Zwischenglied, das handelnde Politikberatung und geschädigte Bürger in ein rechtliches Verhältnis der Balance führt. Exzessive staatliche Überschuldungen sind damit in diesem Modell ausgeschlossen.

g.) Ein Anwendungsbeispiel aus der aktuellen Zeitgeschichte mag dies veranschaulichen: Exzessive Pandemiebekämpfungsmaßnahmen als Unterelement der großen industriellen Transformation hätten ihr schädigendes Potential nicht entfalten können.

Zur „*Sorgfalt eines ordentlichen und gewissenhaften Mandatsträgers*“ hätte es im Deutschen Bundestag gehört, das im Juni 2020 erschienene Buch „*COVID-19-Der Große Umbruch*“ zu lesen. Denn dessen Hauptautor, Klaus Schwab, war – wie ein angemessen über eine epidemische Lage von nationaler Tragweite entscheidender Parlamentarier jedenfalls am 11. März 2020 wissen konnte – auch an der Finanzierung des „*Event 201*“ vom 18. Oktober 2019 in New York beteiligt.

Eine jede parlamentarische Entscheidung über Pandemiemaßnahmen „*auf der Grundlage angemessener Information zum Wohle des Volkes*“ hätte also spätestens im Juli 2020 den Abgeordneten zu der Frage geführt: Warum war Klaus Schwab bereits im Juni 2020 – also nur gut 12 Wochen nach Ausrufung der „*Pandemie*“ durch die WHO – in der Lage, zu schreiben:

„*Aller Wahrscheinlichkeit nach werden die Folgen von COVID-19 in Bezug auf Gesundheit und Mortalität im Vergleich zu früheren Pandemien relativ gering sein ... Ende Juni 2020 hat das Corona-Virus bisher den Tod von weniger als 0,006% der Weltbevölkerung gefordert ... An der Spanischen Grippe staben 2,7% der Weltbevölkerung.*“

(a.a.O. Seite 296)

Sicher gehört auch zu den zumutbaren Verpflichtungen eines gewissenhaften Abgeordneten, die wichtigste Zeitung der Welt zu lesen. Die New York Times berichtete bereits am 29. August 2020 unter der Überschrift „*Your Corona Virus Test is Positive – Maybe It Shouldn't Be*“ über die exzessiven Fehltestungen per PCR-Test. 90% aller dieser Tests waren zu diesem Zeitpunkt falsch positiv. Spätestens nachdem der Wissenschaftspublizist Dr. Simon Goddek im Januar 2021 auf die völlig unangemessen hohen Replikationszyklen des Corman-Drosten-Tests (45 ct!) hingewiesen und sie als „*Wissenschaftsbetrug*“ angeprangert hatte, wäre ein sorgsamer Abgeordneter in der Lage gewesen, die Pandemiebekämpfungsmaßnahmen als überzogen zu erkennen.

Nach § 8 IV Nordrheinwestfälischen Verordnung zur Testung in Bezug auf einen direkten Erregernnachweis des Corona-Virus SARS-CoV-2 und zur Regelung von Absonderung nach § 30 des IfSG vom 4. Mai 2022 steht inzwischen fest:

„*Sofern die Testung mittels PCR-Test erfolgt, ist eine Beendigung der Isolierung auch bei einem positiven Testresultat mit einem ct-Wert über 30 zulässig.*"

Ordentliche und gewissenhafte Abgeordnete hätten sich schon bei Erstaufrufung der „*epidemischen Lage von nationaler Tragweite*" kritisch mit der Frage auseinandersetzen können, warum der Generalarzt Dr. med. Hans-Ulrich Holtherm schon am 1. März 2020 Leiter der neuen Abteilung 6 im Bundesgesundheitsministerium wurde, um die Pandemie im Innenland federführend zu koordinieren, obwohl die „*Pandemie*" erst 10 Tage später – am 11. März 2020 – von der WHO ausgerufen wurde (?).

Kurz: Ein sorgfältiger Abgeordneter im Bundestag hätte die mannigfaltigen Implausibilitäten der „*Pandemie*" ohne weiteres erkennen können und erkennen müssen. Eine gesetzliche Haftungsnorm hätte ihn davon abgehalten, Pandemiemaßnahmen der gesehenen Art zu beschließen. Es wären nicht nur wirtschaftliche Milliardenschäden verhindert worden, sondern auch unermessliches menschliches immaterielles Leid.

Will man verhindern, dass es zu einer Fortsetzung der schier endlosen Reihe politischer Anmaßungen, fehlgehender Sozialexperimente und menschlichen Leides kommt, dann ist Zeit für die Einführung einer verantwortlichen politischen Führung auf dem Globus. Eine Steuerung durch verantwortungslose Steuermänner ist nicht länger zu akzeptieren. Verfassungsbürger haben ein Recht auf Recht.

Von dem in Monaco lebende Spanier Álvaro de Orléans-Borbón habe ich die Frage: Nach jedem Flugzeugabsturz untersuchen internationale Flugsicherheitsbehörden die Ursachen des Absturzes so lange, bis sie sie erkannt haben, um für die Zukunft eine Wiederholung desselben Vorganges ein für alle Male auszuschließen. Warum werden solche Untersuchungen und Verhinderungsmaßnahmen nicht im Falle von staatlichem und politischem Versagen implementiert?

V. Schlussbemerkungen

Es gehört heute zum gesicherten Kenntnisstand der Unternehmensberatung, dass 80% aller Change-Management-Prozesse scheitern. In der Beratungsindustrie ist man sich einig: Gründe für das Scheitern sind unklare Kommunikation, Kontaktverluste zu den Geführten, nicht ernst genommene Mitarbeiter, falscher Expertenrat, Machtkämpfe unter den Beteiligten sowie Umsetzungsunsicherheiten.

Im „*Change-Management-Kompass 2020*" empfiehlt die Beratungsgesellschaft Porsche Consulting „*starke Führung als wichtigsten Faktor für erfolgreiche Transformation*". Dabei müsse gelten: „*Die strategische Transformation des gesamten Unternehmens wird nicht auf Jahre geplant, sondern muss in Quartalen gelingen.*"

Diese Eile der Unternehmensberater erinnert an ein Element des großen Sprungs nach vorne, für den Mao das Prinzip der „*Dreigleichzeitigkeiten*" ausgegeben hatte:

„*Gleichzeitig untersuchen, planen und ausführen, unter anderem bei geologischen Vorhaben.*"

In ihrer Biographie zum Leben von Mao stellt Jung Chang fest: Dazu kam bald die vierte Gleichzeitigkeit: Die Revision.

Der ehemalige Direktor der General Motors Corporation, Henry Grady Weaver bemerkte über James Oglethorpe:

„*Er verstand nicht, dass eine militärische Befehlsstruktur genau gegen einen kreativen Prozess bei den Beteiligten verläuft: Menschliche Initiative ist das Gegenteil von Befehlsgehorsam.*"

Auf dem Weg zur Implementierung einer Politikerhaftung stehen uns große Herausforderungen bevor. Der US-amerikanische Ökonom Brian Wesbury berichtet davon, wie er anlässlich eines Angelausfluges in Chile beinahe zum Opfer der Naturgewalten geworden wäre. Nachdem die Todesgefahr abgewendet war, erfuhr er von seinem Freizeitveranstalter: Der

Unterschied zwischen einer Qual und einer Herausforderung liegt in der eigenen Haltung.

Der amerikanische Literaturwissenschaftlicher William Deresiewicz hat den anstrengenden Satz formuliert:

„*Wenn es nicht unkomfortabel ist, dann ist es keine Unabhängigkeit.*“

Und Henry Grady Weaver schreibt:

„*Menschliche Freiheit ist eine persönliche Angelegenheit. Nur der Einzelne kann seine Menschenrechte in der unendlichen Komplexität menschlicher Beziehungen untereinander schützen. Nichts auf der Erde ist wertvoller als ein Mensch, der weiß, dass alle Menschen frei sind und der akzeptiert, dass Verantwortlichkeit zur Freiheit dazugehört.*

Wie der Surrealismus die Politik eroberte

Staatshandeln als Collage irrationaler Kreativakte

Beitrag für die Festschrift zum 75. Geburtstag von Gerd Habermann

Einleitung

Ein Kunsthistoriker, ein Politologe und ein Kulturwissenschaftler würden sich wohl kaum trauen, eine These wie die aufzustellen, die ich hier im Folgenden entwickeln möchte. Doch getreu der nietzscheanischen Erkenntnis, dass das Vergnügen in aller Regel ohnehin bei den Halbwissenden sei und zugleich ermutigt durch den Philosophen Odo Marquard, der zu berichten wusste, bisweilen als Experte für das Generelle zu Kongressen geladen worden zu sein, um dort gezielt gerade solche Ideen vorzustellen, die qualifizierte Fachexperten (noch) nicht zu äußern wagen durften, hebe ich, der Jurist, nun hier also an zu meinem nur vielleicht kühnen gesellschaftsphilosophischen Theorem über Surrealismus und Politik.

Meine Behauptung lautet in aller Kürze: Das zunächst noch nur kunstgeschichtliche Konzept des Surrealismus als realitätensprengende Überwirklichkeit hat über die vergangenen gut einhundert Jahre in der Ideengeschichte jedenfalls unserer westlichen Kultur eine so ausgiebige und umgreifende Wirkungsmacht entwickelt und entfaltet, dass seine Konsequenzen heute weit jenseits nur der Kunst oder der Literatur das ganze menschliche Leben und damit jedenfalls auch unsere gesamte politische Realität erreicht, erfasst und sich unterworfen haben. Noch kürzer: Wir leben heute im Zeitalter des politischen Surrealismus und unser tatsächliches, politisch-praktisches Geschehen wirkt sich dadurch – vice versa – insgesamt surreal aus. Indem surreale Vorstellungswelten das politische Denken prägen, folgt ihm darin auch das legislative, administrative und das juridische Alltagsgeschäft unserer Gegenwart. An allen Fronten der Öffentlichkeit haben die Adepten der Surrealisten, mal bewusst, mal unbewusst, mal wissend und wollend, aber zumeist wohl schlicht ahnungslos, in der jeweiligen Sache tonangebend die einschlägigen Steuer der Staatsschiffe ergriffen. Unsere Gemeinwesen gleichen entgleisten Zügen, die abseits ihrer Schienen vor den Augen des staunenden Betrachters sogleich zu Schiffen mutiert auf diffus flimmernden Meeren des Irrealen segeln, von ihren Gestaltern mit freudigen Strichen beherzt über die Bildränder hinaus auf die öffentlichen Museumswände gemalt, um, aller Wirklichkeit entrückt, dem konturenlosen Traum einer im Nirgendwo aufgehenden, besseren Sonne als der unseres alten Gestirns entgegenzuhalluzinieren. Das gesamte Staatshandeln aller Ebenen erscheint zunehmend als eine wilde Collage aus irrationalen Kreativakten.

Surrealismus

Weniges kann man sich als im Ursprung so ziel- und planlos vorstellen, wie den Prozess der Abfolge von verschiedenen Kunststilrichtungen. Anders als im Kontext wissenschaftlich-technischer Fortschritte, die regelhaft auf eine konkrete Verbesserung der Zweckdienlichkeit einer jeweiligen Sinneinheit abzielen, folgt in dieser Welt auf einen bestimmten Kunststil nicht eine konsequente, wenigstens irgendwie von einem Ziel her vorherseh- oder -sagbare Optimierung seiner Inhalte, Themen oder Methoden. Denn jedenfalls die unschuldige, nichtinstrumentalisierte Kunst kann gerade nicht wie ein Werkzeug oder ein technisches Gerät zu einer bestimmten Zweckverfolgung mit dezidierten Zielstellungen eingesetzt werden. Im Gegenteil entzieht sie sich diesem Mechanismus geradezu notwendig. Ein Auto, ein Mobiltelefon oder eine Produktionsstraße können in ihrer energetischen oder ökonomischen Effizienz gesteigert werden, ein Gemälde oder eine Plastik aber nicht. Die ursprüngliche, ureigene Zielstellung von nichtinstrumentalisierter Kunst ist eine andere als die der Ökonomie oder der Technik. Wer etwas ausdrücken will, was das ist und wie er es macht, liegt alleine in der Hand des Künstlers. Ob er Gegebenes fortführt, verfeinert, ihm widerspricht oder es gar zerstört, folgt mindestens im Anfang ausschließlich seiner künstlerischen Willkür. Das aber ist auch der Grund, warum Kunststile dergestalt willkürlich aufeinanderfolgen, mal als antwortende Verfeinerung auf das Vorangegangene, mal als gezielt radikaler Bruch damit. Für das künstlerische Fragen und Antworten gibt es keinen naturgesetzlichen Rahmen, der dem Schaffen des Einzelnen oder seiner Interaktion mit anderen faktische Grenzen setzen könnte. In diesem Sinne ist der Künstler frei. Seine Unfreiheit indes setzt ein, sobald er sein Werk aus dem eigenen Atelier in die Öffentlichkeit und also in die interpretierende, fremdbestimmte Beurteilung anderer entlässt. Dann verliert der autonome Schöpfer des Werkes sogleich seine Kontrolle über die Botschaft, die er senden will, er unterliegt der Fremddefinition und – nicht zuletzt – allen Gefahren, sich mit dem, was er tut, auch selbst instrumentalisieren zu lassen. Den Künstlern des Surrealismus ergeht es insoweit nicht anders als den Vertretern aller anderen Stilrichtungen.

Jedem wahren Surrealisten zum Ärger und seiner Überzeugung zum Trotz will ich hier zunächst versuchen, einigermaßen widerspruchsfrei zu definieren – also: einzugrenzen – wovon ich rede, wenn ich die Buchstaben- und Lautfolge „Surrealismus" aus- und aufrufe. Denn wie bei allen „-ismen", so finden sich auch unter dem Begriff des Surrealismus von unterschiedlich interpretierenden Autoren solche Vertreter zusammengefasst, die ihn selbst erfunden oder fortgeführt haben wollen, solche, die ihm von Dritter Seite zugeordnet werden, solche, denen abgesprochen wird, ihm zuzugehören und solche, die nicht einmal ahnen, ihren Namen in seinem Zusammenhang hören zu können. Ebenso diffus ist die Beschreibung der geschichtlichen Ausgangslage, die das weitere kunstgeschichtliche Geschehen namens Surrealismus geprägt habe. Das Spektrum der Erklärungsansätze ist weit, wie es weiter kaum denkbar scheint: Pia Müller-Tamm beispielsweise argumentiert in einem Katalog zu einer Düsseldorfer Ausstellung von Werken Henri Matisses im Jahre 2005, dass die „faktische Zerstörung zahlreicher Wohnräume“ im ersten Weltkrieg diesem Künstler Anlass gegeben habe, ab dem Jahr 1918 nicht mehr häusliches Interieur als solches zu malen, sondern wesentlich sein abgebildetes menschliches Modell. In einer Magisterarbeit für die Universität Wien aus dem Jahr 2009 berichtet Sabine Hahlweg dagegen von der Theorie, den versammelten Dadaisten von Zürich sei im Jahre 1916 offenbar geworden, wie Europa insgesamt zunehmend in ein vielstimmiges Chaos glitt, weswegen sie versuchten, durch die Reduzierung aller Sprache auf bloße Laute eine neue kommunikative Basis für sprachlichen Austausch zwischen Menschen zu schaffen. Kurz: Die Sekundärliteratur zu Beginn des 21. Jahrhunderts ist über mögliche historische Erklärungsansätze für die zeitgenössisch gesehene und gehörte Kunst vor hundert Jahren nicht im Ansatz verlegen.

Spätere Zuschreibungen jedenfalls haben unter berufenen Fachleuten und Enzyklopädisten inzwischen offenbar wenigstens im Groben zu einem gewissen Konsens dahin geführt, dass sich der Surrealismus etwa im Jahre 1917 aus dem Dada (oder: dem Dadaismus?) entwickelt und seine erste wirklich schärfere Konturierung in André Bretons Erstem Surrealistischen Manifest von 1924 gefunden habe. In einer bemerkenswerten Rationalität, und also für das Surreale bereits im Kern widersprüchlich, reklamiert Breton dort bemerkenswert kategorisch eine Art eigenes Erfindungs- und Selbstbestimmungsrecht der Surrealisten für das Surreale:

„Sehr unredlich wäre es, wollte man uns das Recht streitig machen, das Wort SURREALISMUS in dem besonderen Sinne, wie wir ihn verstehen, zu gebrauchen; denn es ist offenkundig, dass vor uns dieses Wort nicht angekommen ist. Ich definiere es also ein für allemal: SURREALISMUS, Subst. m. – Reiner psychischer Automatismus, durch den man mündlich oder schriftlich oder auf jede andere Weise den wirklichen Ablauf des

Denkens auszudrücken sucht. Denk-Diktat ohne jede Kontrolle der Vernunft, jenseits jeder ästhetischen oder ethischen Überlegung.“

Diese (interessanterweise zwischen dem wahren surrealistischen Ich und einem authentischen Wir oszillierende) Definition reklamiert also nicht nur den eigenen Anspruch auf das legitime Erfindungsrecht für eine Theorie über die vollständige Abwesenheit der Vernunft, sondern der französische Denker hält allen potentiell künftigen Kritikern seiner Definition vorsorglich schon einmal präventiv ihre eigene Unredlichkeit für den Fall vor, sollten sie sich seiner kompletten Verneinung jeglicher ethischen Relevanz widersetzen wollen.

So schön widersprüchlich und inkonsistent kann, um es bereits hier deutlich zu betonen, Surrealismus sein. Das eine kann kategorisch für wahr erklärt werden, das genaue Gegenteil gleichzeitig aber auch. Touché! In der Tat waren sich die Avantgardisten des neuen „–ismus“ darin einig, durch Rausch- und Traumerlebnisse das Bewusstsein des Künstlers gezielt zu erweitern, um entgegen der engen logisch-rationalen Kategorien hergebrachter, bourgeoiser Kunst das Überreale und also Irreale in halluzinierenden Schaffensakten für ungesteuerte, kreative Umstürze in der Kunst zu nutzen. Das misstönend Absurde, das abgründig-zerklüftet Groteske, das possenhaft Skurrile und das launenhaft Bizarre sollten gezielt provozieren, um Denkgewohnheiten zu erschüttern. Ein (um ihn einmal so zu nennen) Vulgärfreudianismus tat sein Übriges. Ernst H. Gombrich formuliert:

„Viele Surrealisten waren tief beeindruckt von den Schriften Siegmund Freuds, der gezeigt hatte, dass Kindlichkeiten und Wildheit in uns allen am Rande des Bewusstseins lauern und die Herrschaft ergreifen, sobald das wache Bewusstsein die Zügel lockert. Das bestärkte die Surrealisten in ihrem Verdacht, dass die taghelle Vernunft niemals Kunst produzieren könne. … Was dabei herauskommt, mag dem Außenstehenden sinnlos vorkommen, aber wenn er seine Vorurteile zum Schweigen bringt und seiner Phantasie freien Lauf lässt, kann er vielleicht an der seltsamen Traumwelt des Künstlers teilhaben. Ich glaube nicht, dass diese Theorie richtig ist und sie stimmt nicht mit Freuds Ideen überein."

In einem solchen Umfeld grenzziehend Begriffe definieren zu wollen, muss für sich gesehen zwangsläufig irritieren, ganz abgesehen von dem weiteren Paradox, das irreal Unwirkliche zum auch realen „wirklichen Ablauf des Denkens" zählen zu wollen. Gerade eine von Fakten unbeeindruckte Entgrenzung der menschlichen Erfahrung galt den Protagonisten des Surrealismus aber als das notwendige und wesentliche Tor zum erhofft Phantastischen: Giorgio de Chirico erklärte, am wichtigsten sei ihm das, was er mit geschlossenen Augen sehe und Pablo Picasso erläuterte Kritikern seiner Werke, die ihm vorhielten, nichts wirklich Existierendes abgebildet zu haben, die Natur existiere zwar – „aber meine Bilder auch".

Man hat den Surrealismus nach den 1920er Jahren, nach den 1930er und nach den 1950er Jahren kunsthistorisch vielerorts für beendet gehalten. Man hat ihn sich spalten sehen in einen kritisch-paranoiden und einen absoluten Surrealismus und ihn sich in vielen Gestalten wiederzubeleben geglaubt. Tatsächlich dürfte er, denke ich, seit seiner Entstehung nie erledigt oder überholt gewesen sein. Im Gegenteil. Er hat in seinem Verlauf persistierend geistesgeschichtliche Kraft und Größe gewonnen, wie eine Lawine, die unaufhaltsam auf ein Tal zurast. Seine Vertreter – oder die, die ihm nolens volens zugerechnet wurden und werden – sind bis heute faktisch die maßgebenden Ausstatter aller publikumswirksam beachteten und medial breit thematisierten Kunstausstellungen: Arthur Rimbaud, Salvador Dalí, Marcel Duchamp, Joan Miró, Francis Picabia, Marc Chagall, Vincent Van Gogh, Louis Aragon, Man Ray, René Magritte, Giorgio de Chirico, Max Ernst, Dora Maar, Pablo Picasso, Yves Tanguy, Frida Kahlo, Paul Klee, Alberto Giacometti, Hans Arp, Francis Bacon, um nur einige der Prominentesten zu nennen. Das Schaffen, Wirken und Denken dieser Künstler hat in den vergangenen Jahrzehnten stilprägend zunächst die Alltagskunst, die Werbung, den Kunstunterricht und zuletzt gleich die gesamte Popkultur erreicht. Werbeslogans wie ein „Nichts ist unmöglich!“, ein „Geht nicht, gibt’s nicht!“ oder ein „Just do it!“ kommen nicht aus dem Nichts, sondern sie haben Ursachen. Sie fallen nur dann auf fruchtbare Böden und sprießen dort, wenn der Acker des kollektiven Bewusstseins zuvor einschlägig urbar gemacht war. Kinder in den Schulen pausten zuvor Bilder und fertigten Collagen, bastelten Unsinnssätze nach den Spielregeln der surrealen „Écriture automatique“ und eiferten ihren Popidolen stilistisch nach. Nicht nur Lady Gaga mit ihren vollends entgrenzten Kostümen bis hin zu einem aus Fleischstücken genähten Kleid wäre undenkbar, hätte es den Surrealismus nicht gegeben. Kurz: Das Surreale prägt heute, 85 Jahre nach der Aufnahme des „Suréalisme“ als Stichwort in den Großen Brockhaus des Jahres 1934, in wenigstens zweiter, eher schon dritter Generation maßgebend die Lebenswelt unserer Kultur. Was der Brockhaus 1957 eher noch vorsichtig distanziert beschrieb als einen „dichterischen Akt, [der] im passiven Niederschreiben beliebiger Zurufe aus vorrationalen Tiefenschichten“ bestehe und der „betont traditionsfeindlich und antichristlich“ auftrete, findet in Meyers Enzyklopädischem Lexikon 1978 bereits eine weit weniger distanzierte Darstellung:

„Grundlegend für die Künstler war ... der Versuch, Gegenstände und Situationen, deren Verbindung im alltäglichen Leben als unmöglich galt, zusammenzustellen, um dadurch widersprüchliche Kombinationen und traumhafte Vieldeutigkeiten herkömmlicher Erfahrungs-, Denk- und Sehgewohnheiten zu erschüttern.“

The New Encyclopaedia Britannica vermerkt 1987 den auf totale zeitliche Unbestimmtheit hin orientierten, suchenden Prozess des surrealen Projektes für Künstler und Betrachter:

„As the viewer‘s mind works with the provocative image, unconscious associations are liberated, and the creative imagination asserts itself in a totally open-ended investigative process.”

Schon der Urvater der Bewegung, André Breton, hatte diese dereinst aus der Kunst in die realen Lebenswelten vordringenden Ansprüche und Perspektiven für das Surreale in seinem Ersten Manifest vorhergesagt:

„Die Zeit komme, da sie das Ende des Geldes dekretiert und allein das Brot des Himmels für die Erde bricht! Es wird noch Versammlungen auf den öffentlichen Plätzen geben, und Bewegungen, an denen teilzunehmen ihr nicht zu hoffen gewagt habt. ... Schluss mit der langen Geduld, der Flucht der Jahreszeiten, der künstlichen Ordnung der Ideen, dem Schutzwall vor der Gefahr, der Zeit für alles! Man gebe sich doch nur die Mühe, die Poesie zu praktizieren. Ist es nicht an uns, die wir bereits davon leben, zu versuchen, dem größere Geltung zu verschaffen, was am meisten für uns zeugt?“

Die Perfidie (oder auch vielleicht nur die unschuldige intellektuelle Unfähigkeit) des surrealen Denkansatzes ist es, sich bewusst aller traditionellen „bürgerlichen“ Logik und erprobter Rationalität entziehen und widersetzen zu wollen, um genau auf diese Weise das erhoffte innovierende Terrain zu erobern. In dieser Absetzung von dem hergebracht Funktionalen liegt nicht nur das vermeinte Potential des revolutionär surreal Kreativen, sondern – dummerweise – auch die fatale Emanzipation von allen überkommenen Fehlerkorrekturmechanismen: Wer sich den Gesetzen der Logik und den Sicherheiten tauglich erwiesener Lebenspraxis als dem ihm feindlich-reaktionär Entgegenstrebenden widersetzt, der immunisiert dadurch seine surreale Argumentation insgesamt gegen jede mögliche, fruchtbringende interaktive Kritik auf dem Boden bewährter Methodik. Die Absurdität des Scheiterns, die groteske Abweichung vom Offenkundigen und der permanente Misserfolg einer stets zum Nachbessern gezwungenen Revolution werden so zum paradoxen Ausweis der wahrhaften Neuerung. Die Dysfunktionalität im Konkreten beweist erst und gerade das Funktionieren der Theorie im Abstrakten. Wer im Vorhinein gewarnt hatte, dass ein gewisses Experiment scheitern werde, weil es nach allem, was Menschen bereits wissen, scheitern müsse, der wird von den Scheiternden im Nachhinein zum erfolgsverhindernden Defätisten erklärt. Nach demselben Mechanismus hatten bekanntermaßen schon die sowjetischen Gesellschaftskonstrukteure ihre befragten Experten zu Saboteuren definiert, wenn das Widervernünftige, das die Räte der fachunkundigen politischen Weisen sich erdacht hatten, in der Realität partout nicht umzusetzen war. Wo die nackten Tatsachen dem Planen und Wünschen entgegenstehen, da werden die bloßen Boten des Misserfolgs zu den in der Sache Schuldigen. Nicht ohne Grund hegten Surrealisten und Kommunisten in den vergangenen Jahrzehnten bei der Formulierung ihrer Innovationssehnsüchte oft große Sympathien für einander. Ein Zufall ist das nicht.

Doch nicht nur die Lossagung von rationaler Kritik hat ihr fatales Potential für den und aus dem Surrealismus. Fatal wirkt auch, dass die Befreiung von der Last, das Hergebrachte zuerst verstehen zu müssen, bevor es zerschlagen wird, ein machtvolles Bedürfnis des Menschen befriedigt: Die Bequemlichkeit. War surreal sein will und darf, was sich also um die Realität nicht scheren muss, das steht nicht unter dem Legitimationszwang, Gegebenes, Erprobtes, Funktionierendes, Vorhandenes zunächst einmal demütig und schweißtreibend erkunden zu müssen, bevor man sich an das Werk seiner Veränderung macht. In den Handbüchern der Grundschulpädagogik wird für den Kunstunterricht seit Jahrzehnten die surreale Technik der Collage gelobt: Die Kinder sollen spielerisch-haptisch erfahren, dass Inhalte, die aus ihrem ursprünglichen Kontext mit der Schere herausgetrennt werden, in anderer Zusammensetzung neue Sinnhaftigkeiten konstituieren. Dies, heißt es, fördere die kindliche Kreativität. Vor den Zerstörungsakt mit der Schere setzt diese Lehrmethode allerdings nicht die prinzipielle Anstrengung, das zu schaffende Trümmermaterial zunächst noch in seinem Ursprungskontext zu erfassen. Die Destruktion – nicht einmal die Dekonstruktion – des Ursprünglichen wird so zum nur geistlosen Durchgangsstadium bei der ungesteuerten Erschaffung etwas surreal Neuen. Später wird hier zu zeigen sein, wie dieselben Akteure, die als Kleinkinder gelernt hatten, gebundene Illustrierte und Magazine zu zerreißen, um die bunten Fetzen mit hervorstakenden Kordeln und fröhlichen Papierblumen dreidimensional neu zusammenzukleben, als Erwachsene dieses ungestüme Werk kraftstrotzender Kreativität am ursprünglich feinen Gewebe ihrer gesamten Gesellschaftsarchitektur fortsetzen.

Das gelebte Surreale hat – neben der prinzipiellen Immunisierung gegen Kritik und neben der skizzierten Kausalität aus der Schulpädagogik – eine dritte fatale Konsequenz: Ein öffentlich finanziertes Kunstgeschäft mit seinen Museumsrealitäten schlägt die Brücke von der Kunst in die Wirklichkeit der politischen Lebenswelt. Immer weniger Menschen haben infolge der technischen Fortschritte in den vergangenen Jahrzehnten einen immer größeren materiellen Reichtum schaffen können. Die dadurch freigesetzte menschliche Arbeitskraft hat einen Kunstmarkt von historisch ungesehenen Ausmaßen geschaffen, der politisch instrumentalisierbar ist, weil seine Werke, unzählbar oft präsentiert und öfter noch kopiert, mühelos ein Millionenpublikum erreichen und prägen. Der surreal produzierende Künstler ist nicht länger mehr nur ein intellektueller Zerstörer vormaliger ästhetischer Vorstellungen und Gewerke, sondern er ist Zulieferer für eine irrealitätsaffine museale Nachfrageindustrie. Der museumspädagogische Wolkenkuckuck sitzt im öffentlich subventionierten Bestellsessel und kauft aus Steuermitteln diejenigen kapitalismuskritischen Exponate, mit denen er seine Financiers darüber belehrt, wie wenig gesellschaftlich wertvoll ihr ökonomisch wertschöpfendes Tun ist. Und der zuliefernde Künstler betont zugleich, wie sehr es ihn eigentlich anwidert, überhaupt handelstaugliche Werke zu schaffen. In einem Werk über René Magritte berichtet David Sylvester 1992:

„Die Tretmühle: ‚Ich schreibe Ihnen zum Thema Rosen‘, so Iolas an Magritte zu Beginn des Jahres 1951, ‚denn hier gibt es eine sehr wichtige Dame, die gerade im Begriff ist, eine sehr außergewöhnliche Zeitschrift herauszugeben. Sie liebt Rosen… Sie fragte, ob Sie Bilder mit Rosen gemalt hätten… Wenn Sie also Ideen haben, in denen blendend schöne Rosen vorkommen, lassen Sie es mich sofort wissen, denn ich möchte ihr unbedingt etwas verkaufen‘… Magritte antwortete: ‚Hängt eigentlich Ihre Beurteilung meiner Bilder davon ab, ob diese auf einen Käufer überzeugend wirken? Ich frage dies, da Sie mir bisher rieten, keine Bilder mit Rosen zu schicken und jetzt fragen Sie danach, weil eine Dame Rosen liebt. Nehmen Sie zur Kenntnis, dass ich diesen Gesichtspunkt berücksichtigen kann, dann aber handelt es sich um nichts anderes als Geschäft, und keineswegs darum, meine Bilder unter künstlerischen Maßstäben zu beurteilen. .... Sie vertreiben die Bilder und ich lebe von meiner Arbeit. Wir haben beide unsere jeweilige Beschäftigung selbst frei gewählt. Genau wie Sie möchte ich viel verkaufen, aber nicht egal was. ... Um die besten Resultate zu erzielen, darf man Kunst nicht mit Geschäft verwechseln. ... Auf diese Weise können keine Missverständnisse entstehen, zum Nachteil von Geschäften und unserem Gerechtigkeitsempfinden. '"

Wie jener Briefwechsel gelautet hätte, wäre der amerikanische Counterpart des Künstlers (der seine Kunst – auch insoweit konsequent surreal – gleichzeitig mit Geschäft nicht verwechselt sehen, und dennoch von seiner Arbeit leben wollte) nicht ein auf Überschusserzielung konzentrierter Kunsthändler des Jahres 1951 gewesen, sondern beispielsweise ein auf surreale soziale Museumspädagogik fokussierter, verbeamteter Kunsthistoriker aus einer beliebigen, real existierenden, gegenwärtigen Ruhrgebietsstadt in der Tradition André Bretons, liegt auf der Hand: Nicht Geschäfte müssen nun hier dominieren, sondern heute gilt es, eine Poesie zu praktizieren, in der das Brot des Himmels in Gestalt des verfassungsrechtlich garantierten kulturellen Existenzminimums gebrochen werde. Auch kaum zufällig schickte sich die von den ursprünglichen Surrealisten um Breton herausgegebene Zeitschrift der Künstler an, dezidiert umstürzend zu wirken: „La révolution surréaliste" war ihr programmatischer Name. Nach allem kann nicht wundern, in welchem Jahr das Erste Surrealistische Manifest in die deutsche Sprache übertragen wurde: Man schrieb das Jahr 1968. Wehe also heute dem Künstler, der ein Werk nach dem Geschmack der Massen produziert! Von Jazzmusikern, die auch singen, um mehr Platten zu verkaufen, heißt es heute aus der Szene, sie prostituierten sich. Auch hier blitzt wieder kritikresistent die Imprägnierung gegen ein anderes Argument hervor: Der ökonomische Misserfolg des Künstlers im Handelskontakt mit einem potentiellen Werkkäufer dient als Beleg für den besonderen intellektuellen Wert seines Werkes. Ausschließlich in Kollusion mit dem exklusiv erwerbenden öffentlichen Museumsdirektor erhebt sich der Werkschöpfer dann über die unwürdigen Massen der verständnislosen Banausen. Die pädagogische Feuerkraft des subventionierten Kulturbetriebes auf das kollektive Bewusstsein überhöht auf diese Weise die seltsame Traumwelt des Künstlers zum allgemeinverbindlichen Maßstab des Weltverständnisses. Die Streubreite dieser Botschaften ist nicht zu unterschätzen: Man kann heute mit einer südkoreanischen Fluggesellschaft von den USA nach Mexiko fliegen und an Bord einen Film sehen, der von der schleswig-holsteinischen Landesfilmförderung mitbezahlt worden ist.

Surreale Politik

Es kann nach allem nicht ohne Folgen für das Bewusstsein des Menschen bleiben, wenn seinen Sinnen von frühen Kindesbeinen an über Jahre und Jahrzehnte ohne Unterlass immer wieder an allen erwarteten und unerwarteten Stellen surreale Bilder und Botschaften präsentiert werden. Die permanente Wiederholung von Glaubenssätzen, das hämmernde Stakkato der wichtigsten Worte, die Endlosschleifen kollektiv hergesagter Überzeugungen – sie alle prägen das individuelle Denken eines jeden einzelnen unmittelbar und in der Folge mittelbar die kollektiv gelebten Gedanken. Die Alltagserfahrung der technischen Moderne, dass ein neues Produkt üblicherweise eine Verbesserung gegenüber seinem Vorgängerprodukt darstellt, hat das zentrale marxistische Mantra tief in den Seelen des Gegenwartsmenschen verankert: Es kommt darauf an, die Welt zu verändern. Doch, um die aus dem technischen Verbesserungsimpetus pervertierte reine Destruktionswut der politisch-surrealen Botschaft mit den klarstellenden Worten Daniel von Wachter noch präziser zu fassen: „Das Ziel ist nicht, etwas Wahres auszusagen, sondern die Welt zu verändern!“. Das Vokabular dieses Veränderns, des Gestaltens, des Aufbauens, des Erneuerns und des Neumachens hat augenscheinlich alle politische Rhetorik erfasst. Selbst diejenigen Politakteure, die heute am lautstärksten propagieren, Bestehendes erhalten oder in einen glücklicheren Vorzustand zurückführen zu wollen, hüten sich in ihrer Sprache vor den Wortfeldern des Konservierens oder der Reaktion: Die Propagandisten der ökologischen Rückkehr zur Vormoderne trennen mit rhetorischer List den Menschen begriffsbildend aus der Welt heraus, stellen ihm eine „Umwelt" gegenüber und fordern ihn auf, durch eigenen Fortschritt in einen nicht mehr existierenden, vormaligen Naturzustand voran(!)zugehen. Jenes Zurückkommen durch Vorwärtsgehen bildet eines von mehreren intellektuellen Kraftzentren, die ihre politische Energie allesamt aus einem kontrarationalen, nicht gegenständlich anschaubaren Paradox herleiten. In einem kollektiven politischen Schaffensrausch sollen launige gesellschaftliche Traumvorstellungen gegen alle Erfahrung und Denkgewohnheit ungesteuert das Bestehende umstürzen und es zu einem ungesehenen Neuen verändern. Es naht dann der Tag, an dem jeder Joghurt so wertvoll sein kann wie ein kleines Steak. Vorurteilsfrei und ohne die Lasten der Schwerkraft soll eine neue Welt gestaltet werden, die besser ist als die für mangelhaft befundene reale: Wenn man das Unmögliche nur lange genug provoziert, dann werde es schon ausbrechen aus seinen Ketten. „Imagine all the people!" in einem endlos kreativen Erkenntnis- und kollektiven Schaffensakt: Einkommen kann dann von allen bedingungslos und ohne alle Unbequemlichkeiten erzielt werden! Wer das für unmöglich hält, ist nur ein Gefangener seiner eigenen Vorurteile. Man muss bloß anders denken, anders handeln, anders fernsehen – und dann geht es. Mit dem Mut zur Veränderung wird das Leben aller zur Poesie.

Es fällt nicht schwer, in einem solchen Gesellschaftsgemälde die schlaff an Ästen hängenden Uhren Dalís wiederzuerkennen. Wo eine Meeresküste auch die Schnauze eines Hundes ist und sein Halsband zugleich eine Brücke, da können Wolken am Himmel die Form eines Stuhles annehmen, da vermögen die Konturen einer Reiterin durch den Wald mit Baumstämmen zu verschmelzen und da darf Vincent Van Gogh die Haare seines portraitierten Freundes grellgelb leuchten lassen oder die Zimmerwand hinter ihm zu einem endlosen, tiefblauen Himmel ausmalen. Denn wenn die Beine der Betroffenen nicht mehr lang genug sind, um ihren Dienst zu versehen, dann wird ein Alberto Giacometti sie schon in die Länge ziehen und für die schlaflosen Nächte der Sorgenvollen inmitten dieser Renaissance der prärationalen Denk-Diktate ohne Vernunftkontrolle findet sich bestimmt auch irgendeine freudianische Traumdeutung zur Lösung des unverarbeiteten frühkindlichen Konfliktes. Nichts ist unmöglich.

Aus Kindern, die nach der Schule auf dem Abenteuerspielplatz ihre Collagen vom Vormittag aus den Tornistern holten, um sie einander zu präsentieren und anschließend achtlos wegzuwerfen, wurden Leute, die Gesetze diskutierten, beschlossen, in Kraft setzten, vollzogen, judizierten und vollstreckten. Sie sind es, die glauben, mit der Dosierung eines einzigen Spurengases ein Milliarden Jahre altes, hoch komplexes Weltklima über Jahrzehnte hinweg alleine auf seine Temperaturhöhe hin feinsteuern zu können. Sie sind es, die die empfindliche emotionale Balance zwischen den Mentalitäten der Völker Europas nach Jahrhunderten blutig ausgelebter Gewaltexzesse dadurch stabilisieren wollen, dass sie alle Volkswirtschaften in eine einzige monetäre Zentralbankwaagschale setzen. Sie sind es, die der Logik einer in befriedender Sicherungsabsicht abgeschlossenen Haustür das Prinzip unkontrollierter Gastfreundschaft an den Landesgrenzen entgegensetzen. Sie sind es, die auf einem an Rohstoffen armen und zu seinem Fortbestand auf überdurchschnittliche Ausbildung und Kompetenzen seiner Jugend angewiesenen Kontinent Schülermassen für eine bessere Zukunft die Schule schwänzen lassen. Sie sind es, die Schulkinder vor den Zwängen der Orthographie schützen wollen, sich zugleich mehr Mädchen in MINT-Studiengängen wünschen und dennoch Lehrer in Inklusionsklassen systematisch überfordern. Sie sind es, die Migration für die Lösung des Problems einer demographischen Lücke halten, zugleich aber diskutieren lassen, ob freiwillig kinderlos bleibenden Frauen eine Prämie gezahlt werden solle, weil jeder nicht existierende Mensch ein Gewinn für die Umwelt sei. Sie sind es, die im Namen des Schutzes der Meinungsfreiheit Uploadfilter für das Internet beschließen und zur Verteidigung von Presse- und Rundfunkfreiheit Lizenzvorbehalte einführen. Sie sind es, die erstmals in der dokumentierten sechstausendjährigen Geschichte des Geldes einen Nullzins erfunden und mithin den Preis des Geldes abgeschafft haben. Sie sind es, die gleichzeitig das Rauchen von Nikotin verbieten und das Rauchen von Cannabis erlauben wollen. Sie sind es, die glauben, einen Mindestlohn einführen und anheben, zugleich aber widerspruchsfrei eine Mietpreisbremse anordnen zu können. Sie sind es, die sagen, dem Menschen gehe wegen der maschinellen Automatisierungen die Arbeit aus, die aber zugleich betonen, jeder einzelne werde künftig länger arbeiten müssen, um seine Rente zu finanzieren. Sie sind es, die Rentenkassen für alle möglichen und unmöglichen Zwecke plündern, dann aber das sinkende Rentenniveau beklagen und eine hinlängliche Respektrente fordern. Sie sind es, die Ärzte in Überverwaltung und Honorarregressen ersticken, zugleich aber einen Facharztmangel bejammern. Sie sind es, die eine Abtreibung der Leibesfrucht bis kurz vor der Niederkunft und eine Organentnahme bei nicht widersprechenden Sterbenden für ethisch diskutabel halten, zugleich aber die Werteorientierung ihrer auf allumfassend würdevollen, veganen Lebensschutz gerichteten Politik betonen. Sie sind es, die Kernkraftwerke und Steinkohlekraftwerke und Braukohlekraftwerke abschalten und zugleich das nicht errichtete Netz zur Umverteilung von Strom aus anderen Quellen für einen Energiespeicher halten. Sie sind es, die einen Flughafen in Berlin nicht bauen können, zugleich aber planen, qua Enteignungsaktes die Eigentümerverantwortung für 100.000 Mietwohnungen ebendort zu übernehmen. Sie sind es, die den Strom, über den sie nicht verfügen, in großem Stil für den Verkehr nutzen wollen, wobei sie zugleich eine der besten Autoindustrien der Welt zerstören. Sie sind es, die mit geistlosen Grenzwerten und Fußgängerzonen, mit Autofahrverboten und Fahrradspuren, Innenstädte lahmlegen, zugleich aber das Aussterben des dortigen Handels beweinen. Sie sind es, die mit ihrer Gleichstellungspolitik die Gleichberechtigung der Geschlechter abgeschafft, zugleich diverse neue Geschlechter anerkannt und im Ergebnis die genderneutrale Toilette für alle als drittes Einheits-WC etabliert haben. Sie sind es, in deren justizministeriellem Diskussionsteilentwurf zur „Mit-Mutterschaft" es über die zeugungsaktersetzende Dreiererklärung heißt:

„Künftig soll es … aber auch möglich sein, den Partner die Vaterschaft bzw. die Partnerin die Mit-Mutterschaft anerkennen zu lassen, der bzw. die statt des Ehegatten oder der Ehegattin wahrscheinlich an der Entstehung des Kindes beteiligt war. Dies geschieht nur mit Zustimmung des Ehepartners bzw. der Ehepartnerin durch eine sogenannte Dreier-Erklärung. Bezüglich des zweiten Elternteils soll die intendierte Elternschaft der Elternschaft aufgrund natürlicher Zeugung bei Vorliegen bestimmter Voraussetzungen gleichgestellt werden. Im Hinblick auf den im Rahmen der künstlichen Befruchtung geäußerten Willen zur Elternschaft soll die Person, die gemeinsam mit der Mutter in die künstliche Befruchtung einwilligt, an ihrer Verantwortung für die Entstehung des Kindes festgehalten werden. Die Einwilligungen der intendierten Eltern verbunden mit dem Verzicht des Spenders auf die Elternrolle sollen dabei, was die daraus abgeleiteten Rechtsfolgen betrifft, an die Stelle des Zeugungsaktes treten."

The creative imagination asserts itself in a totally open-ended investigative process?

Ausblick

Die Seelen der traditionell in den Kategorien von Wenn und Dann Denkenden, die Herzen der Rationalen und Diesseitigen, sie alle sind gut beraten, ihre Hoffnung fahren zu lassen, jener entgleiste Zug der Aufklärung, jenes umherirrende, teilmultinationale Staatsschiff und seine verworrenen Anführerschaften könnten durch Wiedererlangen besserer Gedanken doch noch wieder „zur Vernunft kommen" und irgendwer könnte – mit Bodenkontakt unter Hinnahme der Schwerkraft als Realität – das Ruder noch willentlich zum eingefügt Passenden, zum Funktionsfähigen, zum Reellen wenden. Nichts von alledem wird geschehen, kein Ordnungsruf – und sei er noch so wohlerwogen – wird die verlorenen Geister aus dem Surrealen zurückzuholen vermögen. Zwanzig Jahre nach den Untersuchungen Justin Krugers und David Dunnings über Menschen, die „unskilled and unaware of it" sind, haben genau diese traurigen Gestalten aus dem Reich der Inkompetenz endgültig die politische Kontrolle über unsere Gemeinwesen übernommen: Wie der von Dunning und Kruger zitierte Bankräuber McArthur Wheeler, der glaubte, auf den Videoaufzeichnungen seiner Opfer nicht erkannt werden zu können, weil er sich sein Gesicht doch mit Zitronensaft eingerieben hatte, glauben die Organisatoren der deutschen Energiewende, die komplette Umstellung der Energieversorgung weg von fossilen Quellen werde nur so viel kosten „wie eine Kugel Eis". Welchen Beweises bedürfte es noch, um die Richtigkeit des Dunning-Kruger-Effekts nachzuweisen?

Gerd Habermann hat die aufbrandende soziale Desintegration am Ende des 20. Jahrhunderts bereits thematisiert, als er 1988 in einem von Karl Hohmann und Horst Friedrich Wünsche herausgegebenen Werk über Grundtexte zur sozialen Marktwirtschaft die Überwindung des Wohlfahrtsstaates und Erhards sozialpolitische Alternative dazu beschrieb:

„Das Fortschreiten des Wohlfahrtsstaates stellte sich für Erhard als soziale Desintegration dar, und als wesentlichsten Urheber dieses Zerstörungswerkes sah er die Interessengruppen, denen nachgiebige Staatsleitungen illegitimen Einfluss auf ihre Entscheidungen eingeräumt hatten. Für Erhard bedeutete die erfolgreiche Eroberung der Staatszitadelle durch private Machtkörper den Zerfall der einheitlichen Gesellschaft in gegeneinander organisierte und bevorrechtete Partikularismen. An die Stelle einer Gesamtordnung setzten sich Pseudoordnungen, welche die Volkswirtschaft in Kästchen einteilen und welche nur durch gesteigerte Bürokratisierung zusammengehalten werden können. Die Zerklüftung und Zerrissenheit einer Gesellschaft wird sich umso stärker ausprägen, je mehr diese in sogenannte Teilordnungen aufgegliedert ist. …“

Man wird dem Phänomen des politischen Surrealismus und seinen Gefahren nicht gerecht, wenn man glaubt, jenes Abirren von den Realitäten, jene rausch- und traumhafte Negation des Reellen, werde sich nur wie ein schlechter Witz oder wie ein dummer Streich mit einem kurzen, heilenden Knalleffekt wieder auflösen lassen. In den kunstgeschichtlichen Zuordnungsversuchen ist zutreffend darauf hingewiesen worden, dass die Surrealisten des 20. und 21. Jahrhunderts in Europa durchaus einen gewichtigen Vorläufer hatten: Hieronymus Bosch. Welche Szenarien sich ergeben, wenn das Irreale sich der Wirklichkeit bemächtigt, wenn Fabelwesen und Getier die Kontrolle über Menschen gewinnen, lässt sich auf seinen Gemälden hinlänglich betrachten. Das Abseitige und Sinnwidrige, das Absurde und Surreale, all dies ist eben mehr als nur eine harmlose Tabakpfeife, die von sich selbst sagt, keine Pfeife zu sein. Der Realitätsverlust im Ganzen kann Gemeinwesen in ein apokalyptisches Chaos stürzen. Wo die überkommenen Vertrautheiten auf breiter Front schwinden, da greifen Panik und Angst um sich, Furcht wird zum allgemein dominanten Gefühl und Wut erfasst die Massen. Erleben wir nicht gerade eine Zeit des „hate speech“ und der „fake news“? Ist das ein Zufall?

Nur der unvermeidliche Schmerz des einstigen Wirklichkeitskontaktes, nur der deftige Aufschlag auf den Boden der Welt wird, wie stets bei pathologischem Lernen, die Abgeirrten (jedenfalls diejenigen, die das vernunftvermeidende Projekt der surrealen Gesellschaftstransformation globalen Zuschnitts überlebt haben werden) wieder auf den Pfad des demütigen Erkennens, des Postsurrealen, kurz: in die non-surreale Realität, zurückführen. Individuelle Konkurse genügen zu diesem Lernen nicht, es bedarf eines Gesamt-Blackouts und einer für jedermann unübersehbaren Dunkelflaute. Die Erkenntnis klingt bitter, traurig und düster auf den ersten Blick. In ihrem Kern jedoch spendet sie Trost für alle diejenigen, die ihr Denken jenem Surrealismus nicht ausgeliefert haben. Denn die Erkenntnis der

Unabänderlichkeit entlastet gleichermaßen von dem Drang und von der Verantwortung, zu glauben, man könne noch und müsse also eingreifen. Die kluge Übung besteht eher in der Kunst, sich unbeschadet abseits zu halten und das surreale Treiben der anderen zu beobachten. Bisweilen kann ja auch erheiternd sein, Kindern beim Spielen zuzusehen.

Selbstbehauptung ohne Selbstbewußtsein?

Von der Unmöglichkeit, nicht definierte europäische Werte souverän zu wahren – oder gar zu verteidigen

Vortrag am 12. Februar 2016 vor Wirtschaftsvertretern in Niederösterreich

I.) Einleitung

Warum können wir uns vorstellen, daß Woody Allen in einer New Yorker U-Bahn von Rockern verprügelt wird? Und warum ist John Wayne genau das nie passiert?

Selbstbewußtsein und Selbstbehauptung eines Menschen stehen miteinander in einer engen Verbindung. Nur wer an sich selber glaubt, hat überhaupt erst eine Aussicht auf die Möglichkeit, daß auch andere an ihn glauben. Dieser spezifische Zusammenhang besteht nicht nur bei einzelnen Personen, sondern auch bei Gruppen von Menschen. Gegen den FC Bayern oder den CF Barcelona können allenfalls solche Fußballmannschaften gewinnen, die ohne Angststarre in das Spiel gehen. Nur wer selbst daran glaubt, besser sein zu können als der andere, der kann auch gewinnen – notfalls in der Verlängerung. Entscheidend ist, welches Bild die Betreffenden von sich selber haben. Denn genau dieses Bild lebt man und zeigt man der Welt.

Gesetzt, diese grundsätzlichen Überlegungen sind richtig: Warum sollte für Europa insgesamt etwas anderes gelten? Vielleicht muß dieses Europa (was immer es überhaupt sei) weniger Angst vor „Überfremdung“ haben, wenn es sich vorab einmal für sich selbst interessiert – und also dafür, was es in der Welt sein will. In diesem Falle könnte jeder einzelne Europäer am Ende auch dafür zu gewinnen sein, nicht nur negativ gegen eine Islamisierung, sondern im Gegenteil konstruktiv und positiv für eine Europäisierung des Abendlandes einzustehen.

II.) Hauptteil

1.) Die Frage nach einem europäischen Selbstbewußtsein

a.) Eine erste terminologische Vorüberlegung: Was ist Selbst-be-wußt-sein?

Von einem „Selbstbewußtsein" zu sprechen bedeutet, vier gedankliche Aspekte zu erfassen: (1) Das „Sein" – als Substantiv – deutet auf eine bestehende Existenz. Etwas ist. (2) Mit dem Wortbestandteil vom Wissen („...wußt...") wird ein denkendes Subjekt angesprochen: Irgendjemand weiß etwas. (3) Das Morphem „...be..." kündet von der Passivität dessen, von dem etwas gewußt wird: Ebenso, wie einer besonnt wird oder beschallt, wie er berühmt ist oder begnadet, besessen, beseelt oder belächelt; er steht im Lichte eines fremden Wissens. (4) Schließlich sagt das „Selbst" in „Selbstbewußtsein", daß irgendjemand etwas von dieser Existenz eines anderen weiß; und dieser andere ist eben rückbezüglich das eigene Selbst. Anders gesagt: Wenn ich mir meiner selbst bewußt sein will, dann geht das nur, wenn ich für einen Augenblick aus mir heraustrete und mich selbst betrachte. Dann weiß ich von mir. Von mir selbst.

b.) Auf der Suche nach einem kollektiven Selbst

Eine völlig andere Qualität von „Selbstbewußtsein" ist angesprochen, wenn ich nicht von einem einzelnen Individuum spreche, sondern von einer Mehrzahl von Menschen. Denn ein Kollektiv von Menschen verfügt nicht über ein „Selbst" wie ein konkreter einzelner Mensch. Eine menschliche Gesellschaft kann keinen Kopf- oder Magenschmerz haben, weil sie weder über einen Kopf noch über einen Magen verfügt. Eine Menschenmenge ist kein konkretes Subjekt! In den Worten von Margaret Thatcher: "There is no such thing as society." Das heißt: In der objektiven, äußeren Welt gibt es keine Gesellschaften. Es gibt nur einzelne Menschen. Gesellschaften entstehen nicht in der realen, objektiven Außenwelt, sondern im Auge und Kopf des Betrachters. Gesellschaften sind immer nur subjektive gedankliche Abstraktionen desjenigen, der über sie spricht. Verschiedene Betrachter können daher beim Betrachten ein und derselben Ansammlung von Männern gleichzeitig völlig andere Gesellschaften sehen: Einen Männerclub, einen Raucherclub oder eine Skatrunde. Den Mitgliedern einer solchen Gesellschaft geht es dabei nicht anders. Jeder konkrete einzelne macht sich unter Umständen völlig unterschiedliche Vorstellungen darüber, welcher Gruppe er angehört, weil jeder einzelne die Gemeinschaft, in der er sich befindet, subjektiv anders deutet.

c.) Gemeinsame Narrative als Vergewisserung für ein kollektives Selbst

Um sich ihrer selbst als Gemeinschaft zu vergewissern, tauschen die Angehörigen einer Gesellschaft sich über ihr jeweiliges Selbstverständnis als Gruppe aus. Die Individuen definieren, was jeder zusammen mit den anderen darstellen möchte. Der eigene Beitrag zum Ganzen und die Erwartungshaltung anderen gegenüber werden ausgesprochen. Bürgerliche Gesellschaften z.B. definieren dazu in einem Gesellschaftsvertrag ihren gemeinsam verfolgten Gesellschaftszweck und sie bestimmen, welches Individuum welchen konkreten Beitrag zum Ganzen zu leisten hat. Das erscheint in übersehbaren Gruppen noch vergleichsweise simpel.

Schwieriger gestaltet sich die Lage, wenn die Mitgliedschaft einer Gesellschaft so viele Köpfe umfasst, daß sie einander nie auch nur persönlich treffen können. In solchen Gesellschaften, etwa zur Konstituierung eines Staates aus einer Menschenmasse, ersetzen Erzählungen über das gemeinsame Herkommen, über den gemeinschaftlich bewohnten Landstrich oder über Staatsziele die verbindende Zweckbestimmung und Selbstdefinition aller. Dieses (heute gerne so bezeichnete) „Narrativ“ konstituiert dann ein gewisses gemeinsames Selbst und also die Bedingung der Möglichkeit von gesellschaftlichem Selbstbewußtsein.

2.) Die Frage nach einem gemeinsamen europäischen Narrativ

Gibt es aber ein solches gemeinsames europäisches Narrativ, ähnlich der Nibelungensage oder dem Rütlischwur, das allen Europäern die Chance zu einer kollektiven Selbstfindung, zu einer überindividuellen Identifikation spenden kann? Kann es ein verbindendes Moment geben, das für (nahezu) alle Menschen, die sich körperlich in Europa aufhalten, Gemeinschaft stiftend verbindlich ist? Oder wird der französische Napoleon immer ein anderer sein als der englische, deutsche oder polnische Napoleon?

a.) Was überhaupt ist auf Dauer Europa, was europäisch?

Wie hat man Europa (und das Europäische) überhaupt zutreffend zu definieren? Augenscheinlich weiß das niemand so genau. Geographisch? Historisch? Ökonomisch? Weltanschaulich? Religiös? Rechtlich? Wertorientiert? Politisch gar, mit der EU? Alles das scheint gut vertretbar, das jeweilige Gegenteil allerdings auch.

b.) Welche kulturellen Narrative dominieren aktuell?

Jenseits der definierenden Grenzziehungen schwirren die buntesten Narrative über unseren Kontinent. Der Ökologismus, in allen Spielarten von Bodenschutz bis Klimaschutz. Ein allgegenwärtiger Konsumismus. Nihilismus und Pessimismus. Demokratismus. Bürokratismus. Multikulturalismus. Antirassismus. Emanzipatismus. Wohlfahrtsstaatlicher Umverteilungs-Infantilismus. Bequemer Komfortismus etc. pp.

c.) Eine Vakuum-Hypothese: Es gibt kein allgemeingültiges Narrativ der Europäer

Die Europäische Union (als eine von vielen Möglichkeiten, „Europa“ zu verstehen) sagt von sich selbst, sie sei ein Raum der Sicherheit, der Freiheit und des Rechts. Mißt man diese Ideale an den Realitäten, könnten Zweifel aufkommen. Unkontrolliert-ungebändigte Masseneinwanderung schafft keine Sicherheit. Die Freiheit in einer das Internet zensierenden und das Bargeld abschaffenden Gesellschaft erscheint, milde gesagt, limitiert. Das Recht erfährt abnehmende Beachtung, wenn das

Primat der Politik vordringlich blanken Funktionalismen folgt. Was also bleibt?

Lange Jahrzehnte waren Europa und die Europäische Union Hoffnung spendende Synonyme für den Frieden. Herrscht aber (noch) Friede zwischen Mitgliedstaaten, wenn sie einander mit Kommissaren überwachen, sich unter Kuratel stellen, einander Bedingungen stellen und in Kategorien wechselseitiger Schuldzuweisungen agieren?

Und: Selbst wenn man konstatiert, daß alle Mitgliedstaaten der Union nicht in offen gewaltsame Konflikte miteinander verstrickt sind: Herrscht Friede der Europäischen Union und ihrer Mitgliedstaaten gegenüber dem Außen? Oder sind nicht vielmehr schon offene Konflikte Teil des europäischen Alltagshandelns geworden, in Afghanistan, in Mali, in Syrien, um einige zu nennen?

d.) Ist innerer Friede ein Exportgut?

Selbst wenn man annähme, in der Europäischen Union herrsche interner Friede und selbst wenn man weiter annähme, die Europäische Union und ihre Mitgliedstaaten stünden nicht in unfriedlichen Konflikten mit Dritten außerhalb, dann bliebe zu fragen: Läßt sich innere Friedlichkeit exportieren in eine unfriedliche Welt? In eine Welt, die mindestens außerhalb Europas unübersehbar miteinander in unfriedlichen Verhältnissen steht? Welches wären die Voraussetzungen, um einen solchen Friedlichkeitsexport mit Aussicht auf Erfolg durchzuführen?

3.) Ein desillusionierendes Zwischenresümee

Wenn es kein allgemeinverbindliches, weil allgemein für richtig und zutreffend gehaltenes Narrativ für alle Europäer gibt, dann mangelt es wohl an genau demjenigen Selbstbewußtsein, dessen es bedürfte, um anderen außerhalb Europas Kunde von der Überzeugungskraft der auf diesem Landstrich für richtig gehaltenen, gemeinsamen Selbstbetrachtung zu geben. Und wer nicht einmal an sich selbst glaubt, der kann – wie eingangs schon festgestellt – andere denknotwendig nicht dafür begeistern, diesen Glauben zu teilen. Aktuell finden sich auf Deutschlands

Straßen Demonstranten unter Plakaten zusammen, auf denen es heißt „Liebe Ausländer, lasst uns mit diesen Deutschen nicht allein!“ oder „Deutschland, Du mieses Stück Scheiße“. Anders gesagt: Die Begeisterung eines Außenstehenden für eine solche Gesellschaft, die der unseren gleicht, ist in diesem Kontext wohl eher unmöglich.

4.) Konsequenzen und Ableitungen

In der gegenwärtigen „Flüchtlingskrise“ (die ungeachtet ihrer Bezeichnung neben eigentlichen Flüchtlingen im klassischen Sinne offenbar auch vielerlei Migranten unterschiedlichster Subkategorien zum hoffnungsvollen Aufbrechen in ein anderes Leben motiviert) droht nicht nur der Friedensexport zu scheitern, sondern im Gegenteil sogar ein Konfliktimport verwirklicht zu werden.

[Am Rande, sozialstaatlich bemerkt: Der wenig kluge Begriff vom „Wirtschaftsflüchtling“ – zum Unterschied von einem ‚wirklichen‘ politischen Flüchtling – enthält einen bitteren Beigeschmack: Kann man, unter normalen Umständen, vor der Wirtschaft fliehen? Man kann, wie jeder Glücksritter, besseren Lebensumstände erwarten, im Idealfalle bessere Arbeitsbedingungen für einen größeren persönlichen Wohlstand. Doch wer vor Wirtschaft flieht, den zieht es in einen Wohlfahrtsstaat; schade für dessen ökonomisch ausbalancierten Bestand…]

Die Staaten auf dem Territorium Europas sehen sich derzeit nach Monaten der unbeschränkten Einreisemöglichkeiten für jedermann vor einem Zwei-Fronten-Konflikt mit variierenden Kulturen: Nicht nur an den Außengrenzen der Länder droht Ungemach, sondern insbesondere auch im Inneren der europäischen Staaten. Den (in den Augen von Sicherheitsexperten) schier endlos einströmenden Mengen und Massen junger waffenfähiger Männer von überall stehen die (in den Augen der Sozialpolitiker) begrenzen Humankapitale Europas mit ihren eingefallenen demographischen Pyramiden gegenüber. Fast will scheinen, als verwirklichten sich vor unseren Augen die düsteren Prognosen über den „Youth Bulge“, also die Warnung vor demographisch gegenläufig konturierten Gesellschaften, deren junge Männer sich im Verteilungskampf um Lebensaussichten benachteiligt sehen und ihr Aktivitäts- und Aggressionspotential zum Ressourcenerwerb nun gegen die aus ihrer Sicht teilungsunwilligen Besitzenden zum Einsatz bringen.

Gesetzt den Fall, wir müßten annehmen, daß Europa in der Tat nicht positiv definiert werden kann, sondern – worauf zurückzukommen sein wird – nur negativ, dann wäre vielleicht mindestens übergangsweise zielführend, die Fahndung nach dem gesuchten Narrativ einer Eigendefinition vorläufig in einer Negativabgrenzung nach außen zu verorten. Anders gesagt: Findet sich Europa vielleicht dadurch, daß es erst einmal klarstellend verneinend sagt, was es jedenfalls nicht ist, statt gleich bejahend zu sagen, was es ist? Ein geschichtlicher Exkurs mag Licht in die mögliche Fruchtbarkeit dieser Arbeitshypothese bringen.

5.) Geschichtlicher Inkurs: Wo steht Europa?

Ein Blick auf die Landkarte rund um das Mittelmeer und eine Vergegenwärtigung der historischen Entwicklungen ebendort läßt tatsächlich etwas erkennen, was manche Tagespolitik aus dem Blick verloren zu haben scheint. Der uns eben noch – bis zum Jahr 1990 – so übermächtig präsente Ost-West-Gegensatz der großen politischen Blöcke stellt sich im größeren Kontext der Betrachtung geradezu nur als eine kurze Episode der geographisch näheren Konfliktgeschichte dar. Anders gesagt: Die tatsächlich existentiellen Kampflinien verlaufen seit mindestens anderthalbtausend Jahren völlig anders. Betrachtet man in möglichster Kürze die Entwicklung der Machtverhältnisse rund um das Mittelmeer, gewinnt man recht bald gewichtige andere Perspektiven.

Im Jahr 570 wurde der Prophet Mohammed in Mekka geboren. Bis zu seinem Tod in Medina anno 632 änderte er die Machtverhältnisse auf der arabischen Halbinsel. In der Folge blieb rund um das Mittelmeer nichts, wie es gewesen war. Im Jahr 610 hatte er sich als der Prophet Allahs erkannt, 613 seine Mission begonnen und sich 620 mit Mitstreitern daran gemacht, die arabische Halbinsel zu erobern. Als er starb, war dieses Werk bereits gelungen. Seine Nachfolger [die in Gestalt entzweiter Sunniten und Schiiten zugleich bis heute vielgestaltig heftig um das wahre Erbe des Propheten und seiner wohl einzigen leiblichen Tochter ringen] eroberten bis 638 dann die Gebiete des heutigen Irak, Syriens und Palästinas, bis 642 Ägypten, 651 weitgehend den Iran, 654 Rhodos, sie teilten 688 Zypern und zogen bis 698 westwärts quer durch Nordafrika. Im Jahr 700 war der Mittelmeerraum faktisch dreigeteilt in eine weströmische, eine oströmische und eine islamisch beherrschte Einflußsphäre.

Der anschließende Eroberungsfeldzug des Islam gen Norden erfolgte auf breiter Front; im Osten, im Westen und in der Zentralregion des Mittelmeers: 717/718 belagerten arabische Kämpfer im Osten – noch – erfolglos Konstantinopel, das heutige Istanbul und mithin die seinerzeitige Hauptstadt des Byzantinischen Reiches. 719 eroberten sie hingegen im Westen ungebremst erfolgreich fast das gesamte heutige Spanien nebst Portugal, zogen 720 nordwärts bis Narbonne und konnten (nach vorherrschend geltender Geschichtsschreibung) erst 732 in der Schlacht bei Tours von dem Franken Karl Martell zurückgeschlagen werden. Das heutige Frankreich blieb demgemäß christlich. 878 jedoch wurde im Süden Syrakus und mit dem Fall von Taormina 902 schließlich ganz Sizilien arabisch bzw. islamisch.

Eine Gegenbewegung hierzu setzte erst im Jahre 961 wieder ein, als die Byzantiner zunächst Kreta und 965 dann Zypern für das christliche römische Reich zurückeroberten. Bis zur vollständigen Rückeroberung der iberischen Halbinsel durch den christlichen Norden vergingen indes noch mehr als 500 Jahre: Die sogenannte Reconquista erlangte in Spanien erst im Jahre 1492 wieder die Macht für das Christentum. Wer Granada besucht, erhält diesen Kampf durch die Betrachtung einerseits der Alhambra und andererseits des nebenstehenden Palastes von Kaiser Karl bis heute eindrücklich vor Augen geführt.

Anders als Rom, das inmitten Italiens noch sicher vor arabischen Angriffen gelegen war, standen Konstantinopel und mithin das gesamte Byzantinische Reich spätestens seit 717 stets unmittelbar an der Grenze dem expansionsgeneigten Islam gegenüber. Nicht ohne Grund wird Byzanz heute als ein wesentlicher – wenn nicht der wesentliche – Faktor dafür angesehen, daß der Mittelmeerraum bis heute (noch) nicht insgesamt islamisch geworden ist. Byzanz war im Kern eine Melange aus römischer Verwaltung, griechischer Kultur und christlichem Glauben. Diese Elemente verliehen dem Byzantinischen Reich eine beachtliche Bestandsdauer von 393 bis 1453. Nicht ohne Grund wird diese Zeitspanne herangezogen, um das gesamte Mittelalter zeitlich zu definieren.

Zur Erinnerung ein Rückblick: Die sogenannte Reichsteilung Roms in eine weströmische und eine oströmische Hälfte erfolgte im Jahre 395, weniger um das Ganze zu zerteilen, sondern mehr, um schlankere und handlungsfähigere Strukturen zur Erhaltung des schwächelnden Gesamtreiches herbeizuführen. Während die ewige Stadt Rom die Hauptstadt des weströmischen Teiles blieb, stieg Konstantinopel zur Hauptstadt des oströmischen Reiches auf. Das vormalige exilgriechische Byzantion (oder lateinisch: Byzantium) war zu Ehren des Kaisers Konstantin des Großen (270 – 337) umbenannt worden. Denn mit seiner „konstantinischen Wende“ hatte er das Christentum zur führenden Religion in Rom gemacht. Indem Christen seitdem die „Staatsreligion“ stellten, sahen sie sich übrigens vor dem Problem, eine Theorie zum legitimen Gebrauch von Waffen im Krieg zu entwickeln. Dies besorgte der im Jahre 430 gestorbene „Kirchenvater“ Augustinus mit seinem Konstrukt vom „gerechten Krieg“: Nach dieser Darstellung gilt derjenige Krieg als gerechtfertigt und gerecht, der einen Frieden herbeiführt.

Der im Jahre 395 abgetrennte Westteil des römischen Reiches war dennoch schließlich im Jahre 476 nicht mehr gegen die germanischen, gotischen und alemannischen Angriffe aus dem Norden zu halten. An die Stelle des letzten autochthonen Kaisers Romulus Augustulus trat der eingewandert assimilierte Germane („Flavius“) Odoaker, der sich jedoch sogleich dem oströmischen Kaiser unterstellte. Unter der Führung Konstantinopels erlebte das Römische Reich daraufhin noch einmal eine erhebliche Blüte. Verlorene weströmische Provinzen wurden zurückerobert, zwischen 528 und 534 kodifizierte Kaiser Justinian (527 – 565) den Corpus Iuris Civilis – eine Rechtsquelle, die bis heute in Europa juristisch erheblich nachwirkt! – und 537 ließ er den Rohbau der Hagia Sophia fertigstellen.

572 indes begann für Byzanz der Krieg im Osten gegen die Perser. Bis 650 schrumpfte das Byzantinische Reich infolge seiner zusätzlichen Konflikte im Nordwesten mit Slawen und Bulgaren und mit den arabischen Eroberern im Süden erheblich. Die dadurch erzwungene Reduzierung ihres Territoriums nutzen die Byzantiner gleichwohl zur internen Neuorganisation. Genau diese half ihnen dann im Schicksalsjahr 717/718, dem von Süden geführten Angriff der Araber auf ihre Hauptstadt – wie schon ausgeführt – erfolgreich zu trotzen. Entscheidender für die zumindest vorläufig nachhaltige Befriedung ihrer Grenzen zur arabischen Einflußsphäre hin war jedoch noch die Schlacht bei Akroinon 740, die den Byzantinern dann auf längere Zeit Sicherheit vor der islamischen Expansion brachte.

Erst mehr als dreihundert Jahre und viele territoriale Erweiterungen später, im Jahre 1071, erfuhr Byzanz erstmals wieder eine empfindliche militärische Schwächung seiner Position. Bei der Schlacht von Manzikert im Osten des Byzantinischen Reiches siegten die Seldschuken, mithin dasjenige Volk, das weitere zweihundert Jahre später, 1299, als Osmanisches Reich auf die Bühne der Weltmächte treten sollte. Wesentlich an dieser Niederlage war nicht nur, daß sich die Seldschuken (alias Osmanen, alias Türken) an der byzantinischen Ostgrenze der Verbreitung des Islam verpflichtet sahen. Noch folgenreicher war, daß diese verlorene Schlacht praktisch unmittelbar in den Ersten Kreuzzug 1095 bis 1099 mündete.

Papst Urban II. ließ sich nämlich von Byzantinern überzeugen, daß das Römische Reich insgesamt durch die islamischen Seldschuken und ihren Sieg gegen Byzanz gefährdet sei, weswegen er die christlichen Pilger Europas aufrief, sich zu bewaffnen und mit diesem Ersten Kreuzzug Byzanz zu Hilfe zu kommen. Urban II. war bei dieser Gelegenheit zugleich erfreut, daß er und nicht sein Gegenpapst Clemens III. (1084 bis 1100) von den Byzantinern um Hilfe ersucht wurde. Dies stärkte seine eigene Stellung als der wahre Papst. Ziel dieses Kreuzzuges sollte sein, Palästina zu erobern, was mit der Eroberung Jerusalems auch gelang. Der „gerechte Krieg", den Augustinus 600 Jahre zuvor theologisch beschrieben hatte, wurde nun von den Kreuzrittern zur sogenannten Heidenabwehr instrumentalisiert.

Infolge des Ersten Kreuzzuges wurden rund um Jerusalem vier Kreuzfahrerstaaten gegründet. Das Königreich Jerusalem umfasste ungefähr das heutige Israel, das Fürstentum Antiochia den Nordlibanon, die Grafschaft Edessa das heutige Syrien und die Grafschaft Tripolis den Süd-Libanon. Um diese Staaten in ihrer Frontlage gegenüber den arabischen Mächten zu stützen, wurde 1147 bis 1149 der Zweite Kreuzzug durchgeführt, der allerdings ohne irgendeinen greifbaren Erfolg blieb. Im Gegenteil. 1187 eroberte der islamische Führer Saladin seinerseits dann sogar Jerusalem.

Ein Grund für die Schwäche des Zweiten Kreuzzuges im Osten mag gewesen sein, daß Papst Eugen III. schon 1146 vorsorglich allen potentiellen Kämpfern in Spanien gestattet hatte, nicht nach Palästina zu gehen, sondern im Westen die iberische Halbinsel gegen die dort ebenfalls expandierenden islamischen Mauren aus Nordafrika (Berber) zu halten.

Die Eroberung Jerusalems durch Saladin 1187 rief dann den Dritten Kreuzzug von 1189 bis 1192 hervor, der sozusagen mit einem Unentschieden endete. Auch dieses Patt allerdings sollte wieder nicht von Dauer sein. Papst Innozenz III. rief 1198 zum Vierten Kreuzzug auf, der im Oktober 1202 begann.

Der Plan dieser Kreuzritter, Jerusalem durch eine vorher strategische Einnahme Ägyptens zurückzugewinnen, scheiterte jedoch. Die Byzantiner verweigerten den Kreuzrittern bei Konstantinopel den benötigten Proviant. Namentlich die hoch verschuldeten Kämpfer aus Venedig, die Konstantinopel sowieso als Konkurrenten in der Ägäis und als Hemmschuh für den eigenen Handel im Schwarzmeerraum betrachtet hatten, fürchteten darum, die verheißenen Gewinne in Palästina nicht realisieren zu können. Sie wendeten sich daher gegen Konstantinopel selbst, um es auszurauben. Die Stadt wurde verwüstet. Auch die Spaltung der katholischen und der orthodoxen Kirche, die im Jahre 1054 mit dem Schisma – der gegenseitigen Verfluchung per Bannbullen – begonnen hatte und bis zum Jahr 1965 dauerte, war damit endgültig vollendet.

Ebenso, wie den damaligen Kreuzrittern durch den Handel mit dem Morgenland die unglaublichsten Reichtümer im Orient erreichbar schienen, strahlte (und strahlt) der europäische Nordwesten offenbar seinerseits mit Gewinnerwartungen unfaßbarster Arten in den Süden; man sieht sich in gewisser Weise an Samuel Butlers Utopia „Erewhon" erinnert, demzufolge es immer gerade dort besser ist, wo man gerade nicht ist, also möglichst hinter den vertrauten Bergen, auf die man sonst blickt…

Das Byzantinische Reich zerfiel nach diesem Angriff Venedigs zunächst in drei Nachfolgestaaten. Deren stärkster, das Kaiserreich Nikaia, eroberte 1261 Konstantinopel noch einmal zurück. Gleichwohl vertraute man in Konstantinopel jetzt nicht mehr den vormals Verbündeten im Westen. Gegen die weiteren Angriffe der Araber und Osmanen blieb Byzanz daher nun alleine. Im Jahre 1291 eroberten islamische Mamluken Akkon und zerstörten in der Folge alle Burgen und Städte der Kreuzfahrerstaaten, um deren Rückkehr in den Orient endgültig unmöglich zu machen. Die Südausdehnung des christlichen Abendlandes war damit gestoppt. Die Schlacht auf dem (heute kosovarischen) Amselfeld von 1389 brachte im Norden nur noch einmal vorübergehende Entlastung auch für Byzanz gegen die Osmanen. Am 29. Mai 1453 fiel Konstantinopel endgültig in die Hände des Osmanen Mehmed II.

Die sogenannte „Türkengefahr" von 1453 verband sich – nebenbei bemerkt – im Jahre 1455 im Basel und Straßburg bei den dortigen Eliten zu einem frühen ersten deutschen Nationalismus eigener Art; dort nämlich las man den wiederentdeckten Text „Germania“ des römischen Schriftstellers Tacitus aus dem Jahre 95, der in dieser Sichtweise des 15. Jahrhunderts den Deutschen eine Sonderstellung im Christentum zuordnete.

Umbenannt in Istanbul wurde die Stadt nunmehr das Zentrum des schnell wachsenden Osmanischen Reiches (1299 bis 1922). In der Literatur wird die Auffassung vertreten, der Islam habe sich bis zu den Kreuzzügen im Wesentlichen deswegen nicht für Nordeuropa interessiert, weil man sich selbst kulturell dem Norden überlegen fühlte. Der Kampf mit den Christen habe dann aber zu diversen Einigungen unter zuvor zerstrittenen muslimischen Fraktionen geführt.

Der Zusammenbruch des Osmanischen Reiches 1922 und die Gründung der Türkei 1923 sind übrigens nicht nur wesentliche Mitursachen für die auf jeder Landkarte sichtbaren ‚unnatürlich geometrischen‘ Grenzziehungen zwischen Syrien, Iran und Irak, die wir heute kennen. Man geht sicher auch nicht fehl in der Einschätzung, daß die Funktionen Konstantinopels als eines breiten Grenzstreifens zwischen arabisch-islamischem Süden und christlich-europäischem Norden jedenfalls nach 1923 von der modernen Türkei unter Kemal Atatürk mit seinem konsequent laizistischen Staatsverständnis und seiner Westbindung in die NATO übernommen wurden.

Der Osmane Süleyman I. (1522 – 1566) war es jedenfalls, der dieses islamische Reich zu den Höhepunkten seines herrschaftlichen Einflusses führte. 1521 eroberte er Belgrad, 1522 wieder Rhodos und 1529 belagerte er Wien. Den zweiten Eroberungsversuch dieser Art unternahmen die Osmanen 1683 mit Prägekraft bis heute im Jahre.

Kurz: 717/718 in Konstantinopel, 732 bei Tours, 1187 in Jerusalem, 1389 im Kosovo, 1453 wieder in Istanbul, 1529 und 1689 in Wien – von den Rückeroberungen, Kreuzzügen, einem späteren Napoleon in Ägypten oder internen westlichen Schlachten in Tobruk 1941 und El-Alamein 1942 ganz zu schweigen; immer wieder läuft seit 632 eine konsequente Konfliktlinie zwischen dem Christentum im Norden und dem Islam im Süden. Die Verlockung, andernorts das eigene Glück zu finden, und die Möglichkeiten der Kooperation mit lokalen Machthabern andernorts schuf und schafft offenbar weit über Rohöl, Gewürze, Geschmeide und Bagdad-Bahn hinaus wohl immer wieder die historisch einschneidendsten Verwerfungen rund um das Mittelmeer.

6.) Zwischenergebnis

Europa scheint sich nach allem trotzdem (noch immer) nicht positiv selbst definieren zu können. Jahrhundertelang hat nur eine negative Abgrenzung nach Süden hin – mehr schlecht als recht; mal mehr, mal weniger – stattgefunden.

An die Stelle von Byzanz dürfte jedenfalls während des späten 20. Jahrhunderts wesentlich das weltweit etablierte fiat-money-System mit seinem erdölgestützten realwirtschaftlichen Bezug getreten sein. Die Industriestaaten haben das Öl aus denjenigen islamischen Ländern gekauft, die es aus ihren Böden gerade fördern konnten. Bezahlt wurde in US-amerikanischem Papiergeld, dessen Wert seit dem 15. August 1971 indes kontinuierlich verfällt. Der wenig nachhaltige Scheinreichtum der erdölfördernden Länder und ihrer nationalen Eliten ließ die historischen Nordausflüge des islamischen Einflußgebietes vorübergehend in Vergessenheit geraten. Nun aber verfällt dieses Bollwerk des Westens gegen den Süden zusehends.

Europa wird durch seine wenig funktionsfähige Europäische Union wirtschaftlich und politisch geschwächt. Gleichzeitig kommt die Kultur, gegen die sich Europa abgegrenzt hatte, nun in Gestalt ungezählter Migranten schier gegenständlich zu uns. Was tun? Kann sich Europa ohne ein positives eigenes Selbstbewußtsein überhaupt als Europa gegen die Ankommenden und ihre bisweilen sehr selbstbewußt verankerte Kultur behaupten? Zweifel sind angebracht.

7.) Sind Wertexport und Akzeptanzwerbung Bollwerke für den Frieden in Europa?

Es erscheint fraglich, ob sich „der Westen" in Anbetracht der beschriebenen Situation im machtpolitischen Ernstfall erfolgreich als Bollwerk für unseren gewachsenen und gewohnten Lebensstil positionieren kann. Die geistigen Waffen der Überzeugung für ein besseres Leben im Wohlstand erscheinen erlahmt. Eine Akzeptanz oder gar kulturelle Adaptionen des Islam für eine gleichsam in spätkonsumistisch-beliebigem Multikulturalismus westeuropäischer Prägung verirrte Gesellschaft steht wohl nicht zu erwarten. Wenigstens drei Überlegungen stehen dagegen:

a.) Ein (geistig-kulturelles) Vakuum kann nicht expandieren; es reißt niemanden mit. Stattdessen implodiert Europa eher in der Erinnerung an seine vergehende Größe. Der Schlachthof, nach dem der Islam zu Deutschland gehöre oder ein Teil von Deutschland sei, ist nach allem offenkundig ahistorisch und faktenblind. Schon seine Formulierung, der zufolge es nur einen einzigen Islam gebe, kündet von einer wenig intellektuellen Durchdringung der beifallheischenden Floskel.

b.) Namentlich Deutschland als territoriale Zentrale Europas ist ebenso deutlich wie nachhaltig geschwächt. Der geographische und ökonomische Kern Europas ist somit nicht das stärkste, sondern im Gegenteil sogar das an Selbstbewußtsein schwächste Glied der europäischen Familie. Seine monetäre Stärke ist mit dem Wegfall der DM gebrochen; seine persistierende historische Schuld breitet sich inzwischen sogar auch schon auf seine Anrainer aus; das Verbot von Autokennzeichen in Österreich, die Assoziationen an ruhmlose deutsche Geschichte erwecken könnten, spricht für sich. Das negative Identitäts- und Motivationsnarrativ der Deutschen namens NS-Vergangenheit schwächt heute alle Europäer. Anders als noch viele US-Bürger, die an das pull-marketing von der größten Nation glauben, sind jedenfalls Deutsche und zunehmend Europäer von dem push-marketing eines „Hinweg von der Geschichte" rein negativ motiviert; ihr Narrativ ist nicht die Verlockung, sondern das Erschrecken. Ein solches Vakuum expandiert nicht nur nicht, es saugt in seinem Implodieren sogar Energien ab.

c.) Europa ist aktuell im Rückmarsch gegen den Islam wie wohl nie zuvor in der Geschichte. Die christlichen Kirchen sind in ihrer Politisierung und parteipolitischen Instrumentalisierung als relevante, gesellschaftlich einende Kraft faktisch zerfallen. Der Euro schwächt die Wirtschaft. Es fehlt die Begeisterungsfähigkeit nach innen und nach außen. Der mehr und mehr aufkeimende interne Streit unter den dysfunktional zwangsvereinten EU-Mitgliedern wirkt heute wohl beinahe so destruktiv und kontraproduktiv wie weiland der Angriff Venedigs auf Byzanz.

Bezeichnend ist der Satz: ‚Die internationale Gemeinschaft ist zwar international, doch selten Gemeinschaft', gesagt von Michael Wolffsohn im „Handelsblatt" am 31.01.2016.

III. Schlußbemerkungen

Aus allem folgen – grob – fünf zielstellende Überlegungen:

1.) Wir Europäer müssen Europa neu erfinden, als Bürger, als Menschen, als dezentral und selbständig denkende Individuen. Wir müssen definieren, wer wir sein mögen. Wir müssen den Mut haben, uns unseres eigenen europäischen Verstandes zu bedienen. Wir müssen die Kraft (wieder-) gewinnen, uns zu unseren eigenen Werten zu bekennen und sie zu leben, ohne uns dabei auf anmaßende staatliche und überstaatliche Institutionen zu verlassen.

2.) EU-Bürokratie kann nicht leisten, heterogenen Gesellschaften eine identitätsstiftende Kultur zu empfehlen oder gar zu verordnen. Beamte haben nie etwas erfunden, konstruktive Kreativität gehört – bei aller Raffinesse eines Staatsapparates bei der abgabentechnischen Abschöpfung fremder Arbeitsfrüchte – nicht zu den Chancen politischer Verwaltung.

3.) Es bedarf einer europäischen Öffentlichkeit, die nicht zentral und interessegeleitet gesteuert ist. Sie (aus Gründen der eigenen Machtabsicherung) nicht gefördert zu haben, ist eine elementare Sünde des politischen Establishments in Europa. Diese europäische Öffentlichkeit darf auf Dauer nicht der bequemen Versuchung erliegen, ihre Stärke daraus zu gewinnen, Deutschland unter persistierendem Hinweis auf den unehrenhaften Teil seiner Geschichte zu schwächen. Die europäische Öffentlichkeit darf sich auch nicht selbst moralisch dadurch zu erhöhen versuchen, fremde Schuld als eigene anzunehmen und diese nun realpolitisch abtragen zu wollen. Wer blind ist für die Geschichte, der kann die Zukunft nicht gewinnen; doch wer die Schockstarren der Vergangenheit nicht überwindet, der kann sich auch nicht zum Wohle aller neu orientieren. Vergeben kann man sich nicht selbst, sondern nur anderen. Europa insgesamt hat nach allem auch ein ganz eigenes Interesse, Deutschland und seiner Geschichte gegenüber Nachsicht walten und den Blick in die Zukunft wagen zu lassen.

4.) Wenige europaweit bekannte EU-Politiker und EU-Verwalter und/oder einige etablierte „Staatsschauspieler" ersetzen keine gemeinsame Bühne für eine Gesamtidentifikation. Vor uns liegt die Aufgabe, positive Beispiele für europäische Persönlichkeiten zu finden, die das zu formulierende europäische Narrativ lebendig erzählen können.

5.) Unsere gewachsene mediterrane Kultur – vielleicht sogar nach dem byzantinischen Dreiklangmuster aus christlichem Glauben, griechischer Kultur und römischer Verwaltung – kann sich auf Dauer nur behaupten, wenn sie sich selbst und selbstbewußt definiert. Zu den elementarsten Grundbausteinen eines solchen erfolgreichen Europa gehören die Herrschaft des verläßlichen Rechts, der Abschied vom unverläßlichen Primat der Politik und die Definition eines erkennbaren gegenständlich-territorialen Raumes, innerhalb dessen all das stattfindet. Denn das hilft – im beiderseitigen Befriedungsinteresse – zuletzt sogar allen Nachbarn, die dann wissen, worauf sie sich einstellen können.

FAS, MOS, IUS und LEX

Eine Einführung nicht nur in die Rechtstheorie

Oft hören wir im Alltag Sätze wie: „Er handelte rechtmäßig" oder „Er hat gegen das Gesetz verstoßen". Und die Aussage „Man hat sich an Recht und Gesetz zu halten" geht vielen schnell über die Lippen. Wie ich immer wieder erstaunt feststelle, machen sich selbst professionelle Juristen in der Regel nur selten Gedanken darüber, wie alle diese Sätze zusammenhängen. Dabei ist es doch kein Problem, die Verknüpfungen schnell zu erkennen.

Viele Ursprünge unserer europäischen Rechtstraditionen liegen in der römischen Geschichte: Bevor die Römer auch nur annäherungsweise so etwas kannten wie ein geschriebenes Gesetz, hielten sie sich an Traditionen. Denn das, was die Vorfahren schon immer in einer bestimmten Weise gemacht hatten, konnte nicht falsch sein. Immerhin hatten sie ja offenkundig überlebt. Wer sich also an die Bräuche und Sitten einer Gemeinschaft hielt, der handelte richtig. Man konnte ihm keine Vorwürfe machen. Das lateinische Wort für Brauch und Sitte ist „mos".

Allerdings hatten die Römer früh verstanden, dass sich Bräuche und Sitten nicht beliebig nach menschlichen Tageslaunen ändern ließen. Die bloße Tatsache, dass sich alle in einer bestimmten Weise verhielten, bedeutete nicht schon für sich gesehen, dass auch richtig war, so zu handeln. Auch Massen von Menschen können schließlich irren. Der „mos" musste sich also offenbar auch seinerseits in einen größeren Funktionszusammenhang fügen. Und den nannten die Römer die „fas": Die göttliche, heilige Regel.

In heutiger Terminologie könnte man in etwa sagen, jene heiligen Regeln namens „fas" entsprechen den Funktionsweisen der Naturgewalt. Wenn ein menschliches Verhalten den Göttern nicht gefällt, dann senden sie – oft zeitlich verzögert – ihre Sanktion. Und weil die Grenzen der heiligen Regeln meist nicht so gut und evident sichtbar sind wie die der Bräuche und Sitten, erhoben die Römer sie in die Sphären des Metaphysischen. Was sich der Verfügungskraft der Menschen entzieht, was nicht steuer- oder beherrschbar ist, das sind die Launen der Natur.

In diesem Kontext dürften auch die Tabus entstanden sein, gegen die niemand verstoßen soll, d.h. auch ohne zu wissen, warum eigentlich nicht: Man mag beispielsweise über Generationen keine Berichte gehört haben, dass auf einer bestimmten Wiese je Wasser stand. Dennoch baute man dort aus Furcht vor (priesterlich tradierten) Tabus keine Häuser. War dennoch einer so vorwitzig, sein Heim dort zu errichten, dann riss die nächste Jahrhundertflut seine Habseligkeiten hinfort. Die Götter hatten sich gerächt. Der Verstoß gegen das Tabu wurde bestraft. Die scheinbar unbegründbare Sitte, jene Senke nicht zu besiedeln, hatte plötzlich eine Erklärung. Sie blieb dann wieder so lange brauchbares allgemeines Wissen, bis alle, die das Drama gesehen oder gehört hatten, verstorben waren. Dass Menschen immer wieder vergessen, derartige heilige Regeln zu beachten, kann man nirgendwo besser als in Rom selbst sehen: Wer sein Haus wieder und wieder mitten in die Überflutungsgebiete des Tiber baute, schuf ungewollt die Grundlagen für spätere Ausgrabungen.

Hat man einmal verstanden, dass sich alle Sitten (mos) in den Grenzen der heiligen Regeln (fas) bewegen müssen, um das gemeinsame Überleben von Menschen auf der Welt sinnvoll organisieren zu können, stellt sich die nächste Frage: Welche der Bräuche sind von sehr großer Bedeutung und welche sind es nicht? Es mag heutzutage beispielsweise ein eingeschliffener Brauch sein, Karneval zu feiern oder sich an Halloween zu verkleiden und andere zu erschrecken. Wird aber einmal nicht Karneval gefeiert oder werden keine Süßigkeiten am Reformationstag verteilt, dann berührt dies nicht die vitalen Grundlagen der menschlichen Gemeinschaft. Ganz anders ist das, wenn man an die Regel denkt, andere nicht körperlich verletzen oder gar töten zu dürfen. Wurde gegen diese elementaren Sittenregeln für das Zusammenleben verstoßen, dann bedurfte es einer Sanktion, um die richtige Ordnung wieder herzustellen. Dies in die richtigen Wenn-Dann-Regeln zu fassen, wurde die Aufgabe der Juristen: Das „ius“ war also geboren, das Recht.

Man kann festhalten: Diejenigen Regeln des sittengemäßen Zusammenlebens, die für die Ordnung der Gesellschaft von besonderem Gewicht waren, galten fortan nicht mehr nur als „mos“, sondern als „ius“. Das Recht ist also gleichsam eine Teilmenge der hergebrachten Bräuche. Ein Recht gegen die traditionellen Sitten kann es daher nicht geben. Zugleich kann das Recht aber auch nicht gegen göttliche Regeln verstoßen. Rechtsregeln, die den Naturgewalten widersprächen, können keine Wirksamkeit entfalten. Gegen ein solches „ius“ kann man sich mit guten Gründen auf die „fas“ berufen.

Damit sind die Verhältnisse zwischen fas, mos und ius geklärt. Was aber ist mit der „lex“? Wie verhält es sich um das geschriebene Gesetz? Die vielleicht eingängigste Erklärung für den Unterschied zwischen ius und lex liegt im Vergleich zwischen einer Uhr und der Zeit. Zeit ist immer gegenwärtig und Zeit verstreicht mit kontinuierlicher Konsequenz. Um die Zeit aber besser sichtbar zu machen, nutzen wir Uhren. Ebenso verhält es sich um Recht und Gesetz: Nicht immer ist ohne weiteres klar, wie die Rechtslage ist. Im besten Falle hat sie jemand als Gesetz aufgeschrieben und die Rechtslage kann durch Lektüre des Gesetzestextes erkannt werden. Um für alle ein gleichermaßen verbindliches und klares Bild zu zeichnen, haben sich die Menschen in Gemeinschaften darauf verständigt, wer in welchem Verfahren ihre Gesetze aufschreibt und wie er sie verkündet. Auf diese Weise können alle in das Gesetz schauen wie sie auf eine Uhr blicken, um ihr Verhalten verlässlich aufeinander abzustimmen.

Macht derjenige, der ein Gesetz aufschreibt, bei seiner Arbeit Fehler, dann können rechtswidrige Gesetze in die Welt kommen. Die juristische Uhr zeigt dann eine falsche Zeit an. Sie muß neu gestellt werden und das Gesetz also geändert. Hat man diese Umstände einmal gedanklich durchdrungen, dann versteht man auch, warum es so unzutreffend ist, von einem „Gesetzgeber“ zu sprechen. Denn Gesetze kann man in Wahrheit nicht geben. Gesetze müssen – ebenso wie das Recht selbst – „erkannt“ werden. Gerichtliche Urteile in Deutschland beginnen daher ausnahmslos mit dem Satz, dass das Gericht einen bestimmten Urteilsspruch „für Recht erkannt“ hat. Was Recht ist und was Unrecht, muss man also erst einmal erforschen. Nur ein Gesetz zu lesen, reicht hierfür nicht, will man sorgfältig sein. Schließlich glaubt man einer Uhr auch nicht, wenn sie tagsüber Mitternacht anzeigt. Plausibilitätsüberlegungen wollen also hier wie dort stets angestellt sein.

Was nun geschieht, wenn ein niedergeschriebenes Gesetz durch Zeitablauf mit der tatsächlichen Überzeugung der Menschen nicht mehr übereinstimmt, soll uns an anderer Stelle beschäftigen. Nur so viel mag hier schon verraten sein: Ein Gesetz, das mit den Regeln der Natur und mit den Regeln der Sitte nicht übereinstimmt, verliert bald seine Geltungskraft. Wenn eine Gesellschaft begreift, dass sie mit falschen Gesetzen in die Irre geführt wird, verweigert sie diesen Gesetzen die Gefolgschaft. Das sieht dann auf den ersten Blick kurz gesetzeswidrig aus. Es ist aber vollkommen rechtmäßig.

***

3. Kapitel
Recht

Das Prinzip Verantwortungslosigkeit

Zur Notwendigkeit und Methode einer Stärkung des deutschen Kanzlereides

Festschriftbeitrag zum 75. Geburtstag des Fürsten Hans Adam II. von und zu Liechtenstein

I.

Die Idee der republikanischen Volksherrschaft als einer Selbstverwaltung freier und gleicher Menschen hat in den vergangenen zwei Jahrhunderten weit über die Grenzen Europas hinaus – und ungeachtet ihrer landesspezifisch je unterschiedlichen Konkretisierungen im Detail – zu organisatorisch verschieden ausdifferenzierten Systemen der parlamentarischen Praxis durch Repräsentation geführt. Das Wahlvolk wählt sich gewisse Stellvertreter, die sodann für einen bestimmten Zeitraum alle seine Interessen erkennen, beschreiben, wahren und durchsetzen sollen.

Mit einer solchen institutionellen Abspaltung des primären Souveräns von seinen ihn operativ vertretenden Organen geht indes zwischen den Wahlterminen notwendigerweise eine mindestens temporäre Abkopplung des jeweils aktuellen Willens der Bevölkerung von den vorläufig faktischen Handlungsmöglichkeiten seiner gewählten Vertreter einher. Inmitten einer Wahlperiode kann das Volk seine Herrschaftsrechte einer derartigen „repräsentativen Demokratie“ nur indirekt durch die fremden Hände der gewählten Repräsentanten ausgeübt sehen. Die Selbstverwaltung des Volkes mutiert dadurch wenigstens vorübergehend in ein passives Fremdverwaltetwerden durch seine Repräsentanten. Weil für konkrete Entscheidungen dort nicht mehr der übereinstimmende Gesamtkonsens des ganzen Volkes erforderlich ist, sondern – zumal unter der Geltung demokratischer Mehrheitsspielregeln – schon die bloße Mehrheit unter den Repräsentanten selbst zum Handeln hinreicht, sind Verwerfungen zwischen dem, was der Souverän insgesamt möchte und dem, was eine Mehrheit der Vertreter will, möglich.

Da alles menschliche Handeln aber unausweichlich in Raum und Zeit stattfindet, und weil schon – zumal in modernen Massengesellschaften – nicht jeder Mensch zu jeder Zeit an jedem Ort präsent sein kann, um allenthalben persönlich mitentscheiden zu können, müssen Staatsverfassungen zwangsläufig handlungsleitende Antwort auf die Frage geben, wie die Zuständigkeiten und Verantwortlichkeiten der Beteiligten in dieser Konstellation konkret verteilt und zugeordnet sein sollen. Das geltende Grundgesetz der Bundesrepublik Deutschland vom 23. Mai 1949 und die Rechtsordnung dieses Staates insgesamt sollen für die folgenden Überlegungen bezugspunktgebende argumentative Basis sein. Was aber hier exemplarisch für den deutschen Bundeskanzler (als einem der Abgeordneten des deutschen Bundestages) gilt, lässt sich in seinem Aussagegehalt praktisch auf jede demokratisch verfasste Republik übertragen: Gefragt ist nach der persönlichen rechtlichen Verantwortlichkeit derjenigen Person, die aufgrund demokratischer (Aus-)Wahl vertretungshalber Entscheidungen mit direkt oder indirekt rechtlich bedeutsamer Wirkung für und gegen andere trifft. Nachfolgend bedarf es daher zunächst einer Beschreibung des wesentlichen Inhaltes der bestehenden Ist-Situation. An diese schließen sich zunächst deren Kritik und sodann die Skizzierung eines Modells zu ihrer rechtlichen Optimierung an. Dem Ganzen liegt die Überzeugung zugrunde, dass sämtliche inneren Strukturen einer Gesellschaft stets nur so verlässlich sein können, wie auf ihre rahmengebende Organisation Verlass ist. Wankt und schlottert das Gefäß, kann sein Inhalt nicht stabil sein.

II.

Für die von dem Volk als Parlamentarier in den Deutschen Bundestag gewählten Abgeordneten beschreibt das deutsche

Grundgesetz seine Rollenerwartung an diese mit den Worten: „Sie sind Vertreter des ganzen Volkes, an Aufträge und Weisungen nicht gebunden und nur ihrem Gewissen unterworfen."

Neben der eingangs wenig konturenscharfen Mahnung, bei der eigenen Abgeordnetentätigkeit stets auf die Interessen „des ganzen Volkes" zu achten (statt etwa nur auf die persönlichen Zielstellungen oder die der eigenen Partei und/oder ihrer Wähler), wird diese Verfassungsbestimmung im Kern von zwei rechtlich bedeutsamen Elementen geprägt: Zum einen ist klargestellt, dass der Abgeordnete in seiner Arbeit frei von Aufträgen und Weisungen Dritter ist. Er bleibt dadurch insbesondere geschützt vor jedem (und unerreichbar für jeden) rechtlichen Vorwurf, bestimmte Pflichten vielleicht nicht oder unvollkommen erfüllt zu haben. Zum anderen bestimmt die Vorschrift, dass der Abgeordnete nur seinem eigenen Gewissen unterworfen ist. In dieser positiven Formulierung steckt allerdings – aus anderer interpretatorischer Richtung betrachtet – auch eine negierende Zusicherung der Verfassung: Der Abgeordnete ist niemandem als ausschließlich sich selbst unterworfen und kann daher auch von niemandem für das, was er tut, je rechtlich zur Verantwortung gezogen werden.

Das Grundgesetz hat sich mit dieser Ausgestaltung der Abgeordnetenposition für das „freie Mandat" der Gewählten entschieden und somit die Parlamentarier des Bundestages von jeder rechtlichen Verantwortlichkeit für ihr parlamentarisches (Abstimmungs-)Verhalten freigestellt. Der unabhängige und nur sich selbst auf bloßer Gewissensbasis rechenschaftspflichtige Volksvertreter ist folglich weder von seinen Wählern, noch gar von dem Wahlvolk insgesamt rechtlich für seine Arbeit haftbar zu machen. So erstaunlich es klingt: Juristisch formuliert das Grundgesetz mit dieser Regelung für jeden Abgeordneten ein Prinzip der rechtlichen Verantwortungslosigkeit für sein gesamtes Parlamentarierhandeln.

Ein solches hier von dem Grundgesetz verfassungsrechtlich positiviertes Fehlen der juristisch-verbindlichen Anbindung von Abgeordneten an den tatsächlichen Willen ihrer Wähler hatte in

Theorie und Praxis schon in der Vergangenheit (lange vor Inkrafttreten des Grundgesetzes) vielerorts Diskussionen darüber ausgelöst, wie der Volkssouverän gegen den Missbrauch einer solch weitgehenden Parlamentarierfreiheit geschützt werden könne. Dem „freien Mandat" wurde als Vorschlag zur Problemlösung die Forderung nach einem „imperativen Mandat" entgegengesetzt: Bevor ein Abgeordneter im Plenum abstimme, solle er sich in diesem Modell von seinen Wählern (oder wenigstens von seiner Partei) konkret vorgeben lassen, wie er anschließend dort pflichtgemäß abzustimmen habe. Dass eine solche verpflichtende Rückanbindung der Parlamentarierentscheidungen an zuvor eingeholte Weisungen in den schon erwähnten Realitäten der Welt aus Raum und Zeit wenig praktikabel erscheint, liegt auf der Hand. Weder im Frankreich des 19. Jahrhunderts, noch gar in der Sowjetunion des 20. Jahrhunderts gelang, einen irgend sinnvollen Imperativ der Massen an die Repräsentanten zu formulieren. Wenig erstaunlich war daher auch, dass ein in Deutschland zu Beginn der 1980er Jahre intensiv debattiertes Modell des sogenannten „Rotierens" von Abgeordneten stets nach der Hälfte einer vierjährigen Wahlperiode ohne Erfolg in der praktischen Umsetzung blieb: Das Nachrücken eines nicht eingearbeiteten Mandatsträgers mitten in einer Legislaturperiode und das Ausscheiden seines Vorgängers wirken sich aus Gründen, die näherer Erläuterung nicht bedürfen, weder qualitätssteigernd auf die inhaltliche Abgeordnetenarbeit aus, noch ist erkennbar, warum ein solches Rotieren von parteiidentischen Vertretern als solches besser die Interessen „des ganzen Volkes" absichern könnte.

Allenfalls das persönliche Interesse eines Abgeordneten, für den nächsten Turnus wiedergewählt zu werden, könnte in diesem organisatorischen Setting – jenseits des Justitiablen – zu seiner rein faktisch deutlicheren Anbindung an den tatsächlichen Willen des Souveräns führen. Denn ein Abgeordneter, der sich während einer Wahlperiode nicht so verhält, wie wenigstens seine eigenen Wähler es wünschen, würde – so dieses Kalkül – von ihnen nicht erneut in das Parlament entsandt. Damit wären eigentliche Fehlentscheidungen von Abgeordneten im Plenum zwar nicht unmittelbar abzuwehren, ihre Wahrscheinlichkeit würde sich aber reduzieren, da der drohende Sanktionsmechanismus einer ausbleibenden Wiederwahl den Abgeordneten zu disziplinieren geeignet wäre.

Indes hat sich nicht nur unter der Geltung des deutschen Grundgesetzes gezeigt, dass die organisatorischen Kräfte gerade der Parteien, die in allen Demokratien mehr und mehr zwischen den Volkssouverän als Ganzem und das Parlament getreten sind, die Willensbildung der Parlamentarier maßgeblich zu beeinflussen geeignet sind. Abgeordnete, die sich im Parlament nicht der „Fraktionsdisziplin“ (vulgo: dem „Fraktionszwang“) beugen, werden in aller Regel bald durch die Einflussnahme der Parteisphäre von einer Wiederwahl ausgeschlossen. Aus dem elementaren machtpolitischen Konformitätsdruck innerhalb der Parlamentsfraktionen entwickelt sich so auf jeden einzelnen Abgeordneten ein auf ihn persönlich wirkender parteipolitischer Selektionsdruck, dessen Kräfte die Loyalitätserwartungen des allgemeinen Publikums von außerhalb bei weitem übersteigen. Durch das Fehlen einer unmittelbaren rechtlichen Verantwortungsbeziehung des Abgeordneten zum vertretenen Volkssouverän selbst, wirkt die „Clubdisziplin“ innerhalb der parteipolitisch gebildeten Fraktionen also immer machtvoller als alle sonstigen Motivationsanreize, im Konfliktfalle den Gesamtinteressen „des“ Volkes den Vorrang vor denen der eigenen Partei- und Fraktionskollegen einzuräumen. Die strukturelle verfassungs- und verantwortungsrechtliche Abkopplung des Organs vom Souverän zeitigt damit nur zu folgerichtig ihre institutionellen Konsequenzen.

Unbeschadet dieser Weisungsfreiheit und reinen Gewissensanbindung des nur „einfachen“ Abgeordneten erweckt indes noch eine andere Vorschrift des Grundgesetzes zumindest prima facie den Eindruck, wenigstens die dort thematisierten, herausgehobenen Vertreter des Volkes könnten für ihr Tun in eine engere Bindung und Verantwortungsbeziehung zu dem Souverän gestellt sein: Der Bundespräsident, der Bundeskanzler und alle Bundesminister müssen nämlich bei ihrem Amtseintritt (der Präsident vor den versammelten Mitgliedern des Bundestages und des Bundesrates) wörtlich erklären: „Ich schwöre, dass ich meine Kraft dem Wohle des deutschen Volkes widmen, seinen Nutzen mehren, Schaden von ihm wenden, das Grundgesetz und die Gesetze des Bundes wahren und verteidigen, meine Pflichten gewissenhaft erfüllen und Gerechtigkeit gegen jedermann üben werde. So wahr mir Gott helfe."

Schon die Initialsequenz dieses Versprechens zur Nutzenmehrung und Schadenabwendung legt nach ihrem Wortlaut ein hinlänglich scharf konturiertes Verständnis von seinem Erklärungsgehalt nahe, da es sich auf einen aus anderen Lebenskontexten allgemein bekannten Erwartungshorizont bezieht: Hier wird dem Amtsträger von dem Grundgesetz nicht lediglich eine allgemeine Zusicherung oder gar ein nur diffuses Ankündigen abverlangt. Der Erwählte muss vielmehr einen Eid schwören! Beeidete Bekräftigungen dieser Art sind in der Rechtsordnung seit jeher an unzählbaren Stellen vorgesehen und in ihrer dort je bewusst hervorgehobenen Bedeutung anerkannt. Wer als Beamter oder Richter in den Staatsdienst aufgenommen werden möchte, der hat seine Loyalität zur Staatsverfassung zu schwören. Wer als Rechtsanwalt oder Notar arbeiten will, muss ebendieses tun. Bei Gericht wird am liebsten nur solchen Sachverständigen wirklich geglaubt, die öffentlich bestellt und vereidigt sind. Dolmetscher haben zu schwören, dass sie wahrheitsgemäß übersetzen und auch Zeugen vor Gericht sind verpflichtet, die ganze Wahrheit zu sagen – im Zweifel werden sie vereidigt auf die Richtigkeit ihrer Bekundungen.

Anders als eine „einfache" Falschaussage vor Gericht, die lediglich als (relativ) minderschweres strafrechtliches Vergehen bestraft wird, fällt der Meineid nach deutschem Recht in die Kategorie der Verbrechen: Wer falsch schwört, der wird mit einer Gefängnisstrafe „nicht unter einem Jahr bestraft". Die Öffentlichkeit hat nämlich nach ebenso gefestigter wie allgemein akademisch konsentierter höchstrichterlicher Rechtsprechung gerade deswegen ein auch strafrechtlich schützenswertes Interesse an einer zutreffenden Wahrheitsfindung durch Gerichte, weil die gesamte Legitimität und Autorität staatlicher Entscheidungen ausschließlich auf methodisch verlässlichen Wahrheitsfeststellungen beruhen kann.

In Abweichung von diesem sonst etablierten strengen rechtlichen Verständnis des Eides, des Schwures oder der sonst eidesgleichen Bekräftigungen wird diesem Schwören des Bundespräsidenten, des Bundeskanzlers und der Bundesminister nach Maßgabe des Grundgesetzes in der Verfassungslehre der Bundesrepublik Deutschland indes ein qualitativ dezidiert anderer Bedeutungsgehalt zugewiesen. Die Amtseidregelung des Grundgesetzes gehöre nach dem Befund des ehemaligen Bundespräsidenten und Verfassungsrichters Roman Herzog „zu den meist missverstandenen Teilen des ganzen Grundgesetzes". Es handele sich in Wahrheit nur um eine minderbedeutsame Vorschrift, „deren juristischer Ertragswert gering" sei. Der Amtseid habe keinesfalls die Qualität eines Schwures wie andernorts. Die Verbindlichkeit und Bindungswirkung dieser Erklärungen falle im Gegenteil sogar noch hinter die eines einfachen, unbeeideten Versprechens im allgemeinen Rechtsverkehr zurück. Diese Auffassung von der Verfassungsbestimmung wird praktisch einhellig geteilt. In der Kommentierung von Walter Georg Leisner zu Artikel 56 des Grundgesetzes heißt es beispielsweise erläuternd:

„Der Amtseid, der vom Bundespräsidenten – wie vom Bundeskanzler und den Bundesministern – und nur in dieser Form zu leisten ist, stellt keine Voraussetzung für den Amtsantritt dar, er ist nur ein Versprechen (promissorischer Eid); aus ihm ergibt sich weder eine bestimmte zusätzliche Zuständigkeit noch eine Verpflichtung… Derartiges lässt sich auch nicht aus der (besonders feierlichen) Form und auch nicht aus dem ‚ethischen Charakter' der Selbstverpflichtung ableiten. Derartige Pflichten obliegen allen Staatsorganen, wenn nicht gar allen Staatsbürgern… Ihre nähere Bestimmung wäre kaum definierbar und damit rechtsstaatlich bedenklich."

Eine besondere zusätzliche Verlässlichkeit oder rechtlich bedeutsame Ernsthaftigkeit hinsichtlich des Versprochenen bietet der rechtsunverbindliche und definitiv nur ethisch selbstverpflichtende Eid für die Beteiligten daher nicht:

„Der Eid … ist promissorischer (versprechender), nicht assertorischer (versichernder) Natur."

Roman Herzog hielt diese Rechtsunverbindlichkeit auch rechtstatsächlich für unproblematisch, da er – bei Abfassung seiner Kommentierung im Jahre 2009 – davon ausging, dass ohnehin nur eine ethisch verantwortliche Person die fraglichen Ämter je übernehmen werde:

„Kein Bundespräsident (und übrigens auch kein Bundeskanzler und kein Bundesminister) wird so zynisch und machtbesessen sein, dass es ihm im Augenblick des Amtsantritts ausschließlich um die Macht, das Ansehen oder die persönlichen Vorteile geht, die mit dem anzutretenden Amt verbunden sind. Immer wird es ihnen darum gehen, „etwas zu bewirken", d.h. Vorstellungen zu verwirklichen, die eng mit ihren politischen und ethischen Grundpositionen zusammenhängen, gleichgültig wie diese im Einzelnen aussehen mögen und aus welchen geistigen Quellen sie sich speisen mögen. Auf diese Grundpositionen, die für den Einzelnen u.U. wesentlich höher stehen und wesentlich verbindlicher sein mögen als irgendeine Rechtsvorschrift (und sei es die Verfassung), verpflichtet sich der neue Amtsträger vor der Öffentlichkeit zusätzlich…"

Zwischenresümierend ist damit festzuhalten, dass die Abgeordneten des deutschen Bundestages ihren Wählern in der bislang etabliert-überkommenen Lesart der Verfassung für ihr parlamentarisches Vertreterhandeln rechtlich nicht verantwortlich sind. Desgleichen trifft die von diesen Abgeordneten (mit-)gewählten weiteren Repräsentanten des Souveräns eine solche rechtliche Verantwortung ebenfalls nicht, obgleich ihnen die Verfassung bei ihrem Amtsantritt den Schwur eines Eides zur gewissenhaften Pflichterfüllung abverlangt.

III.

Soweit ersichtlich, ist diese einhellig vertretene und also herrschende Auffassung zur fehlenden persönlichen Verantwortlichkeit von politischen Repräsentanten nach Maßgabe des Grundgesetzes bislang auch noch von niemandem in der Verfassungslehre ernsthaft und mit Nachdruck infrage gestellt worden.

Getreu der Erkenntnis aber, dass manches Optimierungspotential gerade oft deswegen lange brach liegt, weil es an unvermuteter Stelle verborgen blieb, scheint es der Anstrengung wert, jenes unbegangene Terrain zu betreten und mit vorsichtigen Überlegungen zu erwägen, ob sich etablierte Lösungsansätze aus vergleichbaren Problemkonstellationen andernorts auch für den hier interessierenden Kontext fruchtbar machen ließen.

Dies gilt namentlich in Ansehung des Umstandes, dass das sanktionsandrohende Haftungsrecht die vielleicht älteste und wirkmächtigste Qualitätssicherungsmaßnahme für jedes menschliche Handeln überhaupt ist. Überall dort, wo Menschen mit anderen oder für andere tätig werden, bietet das Haftungsprinzip einen verlässlichen Ordnungsrahmen. Der Handelnde wird für die Konsequenzen seines Tuns persönlich verantwortlich gehalten. Dies bietet die wohl ursprünglichste Gewähr für eine jederzeit aufmerksame Abschätzung des eigenen Verhaltens aller Beteiligten. Denn das Wohl und Wehe der anderen wird so mit dem eigenen Wohl und Wehe rechtlich verknüpft. Jede Sorglosigkeit, die anderen schadet, schlägt durch die anschließende Haftbarmachung auf den Sorglosen selbst zurück. Insoweit ist alles Haftungsrecht aber zugleich auch Freiheitsrecht: Verhalten, das anderen nicht schadet, sondern ihnen definitiv gleichgültig sein kann oder ihnen sogar bestenfalls nutzt, muss nicht verboten werden. Haftungsrecht wirkt daher nicht nur schadenausgleichend, sondern bereits präventiv gegen den Eintritt von Schäden. Wer also den Eintritt von Schäden tunlichst verhüten will, der darf Haftungsregelungen nicht ablehnen. Dies gilt, wie nun zu zeigen sein wird, seit ehedem auch für das Zusammenwirken von Vertretern und Vertretenen.

Es liegt nahe, dass Vertreterhandeln nicht erst in den verfassungsrechtlichen Zusammenhängen moderner Republiken ein auch juristisches Thema wurde. Menschliche Gesellschaften organisierten sich vielmehr schon lange vorher arbeitsteilig. Für einen anderen, namentlich auch für einen Abwesenden, zu handeln, ist daher ein so alltäglicher Lebenssachverhalt, dass sich das Recht mit ihm schon früh zu befassen hatte. Namentlich das zivile Vertragsrecht hat sich mit Fragen der Vertretungsbefugnis, des Umfangs der Vertretungsmacht, der Rechtsverhältnisse zwischen Vertretenem, Vertreter und Drittem, wie auch mit Fragen der Überdehnung von Vertretungsbefugnissen samt den daraus erwachsenen Konsequenzen lange und eingehend beschäftigt. Im Ergebnis wurden Regeln ausgearbeitet, die von den Beteiligten eingehalten werden sollen, um von vornherein Konflikte vermeidend Klarheiten zu schaffen. Und es wurden Regeln formuliert, die in Problemfällen Lösungsansätze bereithalten.

Nachdem es inzwischen weit verbreitete – und anerkannte – Praxis geworden ist, althergebrachte Rechtsregeln auf ihre aktuelle Verfassungsmäßigkeit hin zu überprüfen, erscheint daher ein methodisches Experiment durch eine Umkehr des Maßstabes legitim: Halten die genannten Verfassungsbestimmungen einer Überprüfung auf ihre Vereinbarkeit mit den gewachsenen Regeln des Stellvertreter- und Stellvertretungsrechtes stand? Kann das hergebrachte Stellvertretungsrecht hier Problemlösungswege aufzeigen, mit denen sich die dort erkannten und bislang unbewältigten Schwierigkeiten allgemein akzeptiert beseitigen ließen? Würde sich die Übertragung des erprobten zivilen Stellvertreterrechtes in Rechtsanalogie auf die Rechtsverhältnisse zwischen dem Volkssouverän, seinen gewählten Repräsentanten und Dritten am Ende vielleicht sogar stabilisierend und stärkend auf die Strukturen und Institutionen des demokratischen und republikanischen Rechtsstaates auswirken?

Im Mittelpunkt der rechtsvergleichenden Betrachtung des zivilrechtlichen Stellvertretungsdreiecks zwischen Vertretenem, Vertreter und Drittem muss für den vorliegenden Kontext nicht das sogenannte „Außenverhältnis“ der Stellvertretung stehen, dessen Rechtsfragen sich wesentlich auf die Interaktion zwischen Vertreter und (außenstehendem) Dritten beziehen. Das Augenmerk der Betrachtung richtet sich stattdessen wesentlich auf das „Innenverhältnis“ zwischen dem Vertretenen (dem Volkssouverän) und den Vertretern (dem Parlament und der Regierung).

Die spezifische Rechtsmacht eines zivilrechtlichen Vertreters wird üblicherweise – in den Grenzen gesetzlich zwingenden Rechtes, wie etwa gewissen Schriftformerfordernissen o.ä. – von den Beteiligten selbst autonom durch die Bevollmächtigung des Vertretenen ausgestaltet: Der Vertretene konturiert durch ein sogenanntes „einseitiges Rechtsgeschäft“ den Umfang der Vollmacht und teilt seinem Vertreter diesen (z.B. schriftlich mit einer Vollmachturkunde) zu dessen Legitimierung gegenüber einem Dritten mit. Was genau der Vertreter aber tun soll und darf, um seine eigenen vertraglichen Verpflichtungen gegenüber dem Vertretenen sorgfaltsgerecht zu erfüllen (und um sie nicht zu verletzen), ist keine Frage nur der einseitigen Vollmachtserteilung, sondern eine Frage der zusätzlich zweiseitig vereinbarten, regelhaft vertraglichen Beziehung zwischen dem Vertretenen und seinem Vertreter.

Für einen nur unentgeltlich handelnden Vertreter gelten dabei naheliegender Weise andere Pflichten und Sorgfaltsmaßstäbe als für einen Vertreter, der geschäftlich zur vergütungspflichtigen Erbringung versprochener Dienste im Sinne seines Vertragspartners handelt. Bezeichnenderweise ist dem Gesetz in derartigen Konstellationen natürlich dezidiert bekannt und bewusst, dass beispielsweise ein Beauftragter in Ausführung seines Auftrages (bei Abwesenheit des Auftraggebers) in die Lage kommen kann, Entscheidungen für diesen anderen treffen zu müssen, ohne sich zuvor über dessen Willen Klarheit verschaffen zu können. Und genau weil das Gesetz diese Lebenswirklichkeit kennt, erklärt es den Beauftragen in diesem Falle für berechtigt, „von den Weisungen des Auftraggebers abzuweichen, wenn er den Umständen nach annehmen darf, dass der Auftraggeber bei Kenntnis der Sachlage die Abweichung billigen würde“.

Das Dilemma, den eigenen „Souverän“ nicht fragen zu können, dennoch aber handeln zu müssen, ist also ersichtlich kein exklusives Problem nur eines Parlamentariers oder eines zum Präsidenten oder Minister gekürten vormaligen Abgeordneten. Ein solches Entscheidungsproblem kann vielmehr auch im Zivilrecht jederzeit einen jeden Vertreter treffen. Und alle seine Überlegungen, die er in einem solchen Zweifelfall beim eigenen Mutmaßen über den anzunehmenden fremden Willen des Vertretenen anstellt, sind im Nachhinein gerichtlich voll auf ihre Richtigkeit und Plausibilität überprüfbar. Mehr noch: Wer für einen anderen in einer Weise tätig wird, von der dieser andere überhaupt keine Kenntnis hat (z.B. um zugunsten eines Bewusstlosen oder Abwesenden Rettungsmaßnahmen auszuführen), der kann nicht behaupten, in dessen Interesse gehandelt zu haben, wenn er hätte erkennen müssen, außerhalb des tatsächlichen Willens dieses zunächst Unerreichbaren zu handeln . Auch all dies ist anerkanntermaßen von Gesetzes wegen gerichtlich einschränkungslos justiziabel und also für den Handelnden mit dem vollen Risiko behaftet, mit seinen eigenen Spekulationen über das, was ein anderer mutmaßlich gewollt haben könnte, nicht durchdringen zu können. Weicht die Spekulation des Vertreters von dem wahren Willen des Vertretenen ab und erscheint diese Abweichung einem Richter im Nachhinein vorhersehbar, dann haftet der Vertreter mit seinem eigenen Vermögen dem Vertretenen auf Ersatz aller bei ihm eintretenden Schäden.

Warum aber sollte in Ansehung dieser gesetzlichen Lage angemessen und legitim sein, einen privat unentgeltlich Beauftragten gegenüber seinem Auftraggeber strengeren Haftungsregeln zur unterziehen als einen verfassungsrechtlich eingesetzten, professionellen und mit Diäten alimentierten Abgeordneten gegenüber dem Volkssouverän? Ist es legitim, erkorene und gewählte Regierungsvertreter haftungsrechtlich besser zu stellen als einen jeden Staatsbürger, der in einer Notlage einem anderen – den er nicht kennt und zu dem er Kontakt nicht aufnehmen kann – hilft und der diesem dann schlimmstenfalls für die Richtigkeit von Mutmaßungen persönlich haften muss? Liegt im Kontext dieses Vergleiches nicht ein Widerspruch, der einer Auflösung bedarf?

In Anbetracht der stets erheblichen Bedeutung und Ernsthaftigkeit aller Vertretertätigkeiten eines Parlamentariers und eines Regierungsmitgliedes besteht wohl jeder Anlass, die Pflichten derartiger Vertreter gegenüber den verfassungsrechtlich von ihnen vertretenen Staatsbürgern nicht nach noch laxeren Maßstäben als denen eines reinen Gefälligkeitsverhältnisses zu bemessen , sondern diejenigen strengeren Maßstäbe anzuwenden, die in Lebenssachverhalten von vergleichbarem Gewicht zur Anwendung kommen.

In einer solchen vergleichbaren, rechtsähnlichen und also analogiegeeigneten Situation wie Parlamentarier, die für den Souverän entscheiden müssen, obwohl der selbst nicht anwesend ist und also nicht von ihnen nach seinem Willen befragt werden kann, befinden sich augenscheinlich regelmäßig auch die Vorstände großer Aktiengesellschaften. Ihr „Souverän" ist zwar nicht die Gesamtheit eines Staatsvolkes, wohl aber doch die Gesamtheit aller Aktionäre, denen die Gesellschaft gehört und die als solche von allen Entscheidungen betroffen sind, die die Vorstande als ihre Vertreter für sie treffen. Zur Regelung des Interessenausgleiches in dieser Konstellation hat der Gesetzgeber in Deutschland eine Vorschrift formuliert, die für den hier interessierenden Zusammenhang wie folgt lautet:

„(1) Die Vorstandsmitglieder haben bei ihrer Geschäftsführung die Sorgfalt eines ordentlichen und gewissenhaften Geschäftsleiters anzuwenden. Eine Pflichtverletzung liegt nicht vor, wenn das Vorstandsmitglied bei einer unternehmerischen Entscheidung vernünftigerweise annehmen durfte, auf der Grundlage angemessener Information zum Wohle der Gesellschaft zu handeln. …

(2) Vorstandsmitglieder, die ihre Pflichten verletzen, sind der Gesellschaft zum Ersatz des daraus entstehenden Schadens als Gesamtschuldner verpflichtet. Ist streitig, ob sie die Sorgfalt eines ordentlichen und gewissenhaften Geschäftsleiters angewandt haben, so trifft sie die Beweislast. Schließt die Gesell-

schaft eine Versicherung zur Absicherung eines Vorstandsmitglieds gegen Risiken aus dessen beruflicher Tätigkeit für die Gesellschaft ab, ist ein Selbstbehalt von mindestens 10 Prozent des Schadens bis mindestens zur Höhe des Eineinhalbfachen der festen jährlichen Vergütung des Vorstandsmitglieds vorzusehen.

(3) Die Vorstandsmitglieder sind namentlich zum Ersatz verpflichtet, wenn entgegen diesem Gesetz

1. Einlagen an die Aktionäre zurückgewährt werden,
2. den Aktionären Zinsen oder Gewinnanteile gezahlt werden,
3. eigene Aktien der Gesellschaft oder einer anderen Gesellschaft gezeichnet, erworben, als Pfand genommen oder eingezogen werden,
4. …
5. Gesellschaftsvermögen verteilt wird,
6. …
7. Vergütungen an Aufsichtsratsmitglieder gewährt werden,
8. Kredit gewährt wird,
9. ….“

Hält man es aber für legitim und rechtlich möglich, die Vorstände großer, international mit erheblicher Arbeitsteilung tätiger Aktiengesellschaften nach Maßgabe dieser Vorschrift persönlich ihrem „Souverän“ gegenüber für Fehler und daraus resultierender Schäden haftbar zu machen, so fällt schwer, Argumente dafür zu finden, jene Verantwortlichkeitsstandards nicht entsprechend auch auf Abgeordnete und Regierungsmitglieder zu übertragen. Abgesehen von der Bedeutung und Schwere legislativer und exekutiver Entscheidungen im Allgemeinen sind die Mitglieder eines Staatsvolkes gegenüber Aktionären einer Kapitalgesellschaft erkennbar schon rein prinzipiell weit schutzwürdiger: Ein Aktionär kann seine Aktie jederzeit verkaufen und sich so (jenseits eines etwaigen wirtschaftlichen Verlustes) ohne alle weiteren persönlichen Konsequenzen aus den Bindungen und Handlungssphären ungeeigneter Aktienvorstände verabschieden. Ein Staatsbürger hingegen ist dem Gesetzgebungs- und Regierungshandeln der Gewählten mindestens bis auf weiteres im öffentlich-rechtlichen Über-Unterordnungs-Verhältnis strukturell machtlos ausgeliefert.

Dass Parlamentarier mindestens ebenso sorgfältig auf angemessener Informationsgrundlage entscheiden sollten wie die Vorstände einer Aktiengesellschaft, dass sie dies nötigenfalls beweisen können und schlimmstenfalls auch bereit sein müssen, wenigstens teilweise persönlich die wirtschaftlichen Konsequenzen von Fehlern zu tragen, erscheint nach allem auch nicht als eine übermäßige Qualitätsanforderung an öffentliches Vertreterhandeln in einem demokratischen Rechtsstaat. Denn wenn man der (vorstehend zitierten) höchstrichterlichen Rechtsprechung zustimmt, dass es für den Legitimitäts- und Autoritätsanspruch staatlicher Entscheidungen unabdingbar ist, auf wahrheitsgemäß ermittelten Tatsachengrundlagen zu fußen, dann muss erst recht die Faktenbasis allen gesetzgeberischen und vollziehenden Staatshandelns diesen grundlegenden Qualitätsanforderungen genügen.

Zudem geben die von dem Gesetzgeber konkretisierten Pflichten von Vorständen einer Aktiengesellschaft, in Geldangelegenheiten besondere Vorsicht walten zu lassen, angesichts allerorten notorisch überschuldeter Staatshaushalte dringenden Anlass, ebensolche Regeln auch für Abgeordnete und Regierungsvertreter zu etablieren. Denn das Anforderungsprofil, das Parlamentarier mit der Formulierung des zitierten Aktiengesetzes für Gesellschaftsvorstände in Geltung gesetzt haben, sollten sie schon alleine deswegen auch für sich persönlich als maßgebend akzeptieren, um sich nicht mit ihrem eigenen Gesetzgebungsverhalten in einen unauflösbaren Selbstwiderspruch zu setzen. Wo das Aktiengesetz durch jene Haftungsregel nicht nur die Aktionäre, sondern mittelbar auch die Gläubiger der Aktiengesellschaft schützen will, da kann eine Abgeordneten- und Regierungsvertreterhaftung nämlich ebenso auch die Gläubiger eines Staatshaushaltes schützen. Denn immerhin schadet der Zusammenbruch eines gesamten Staatshaushaltes regelmäßig noch mehr Menschen als die Insolvenz einer Aktiengesellschaft, und sei sie noch so groß. Vielleicht ist dies auch der Grund dafür, dass die Vorstände einer Aktiengesellschaft bei ihrem Dienstantritt nicht feierlich schwören müssen, bei ihrer Arbeit das Interesse des ganzen Volkes zu wahren.

IV.

Die Darstellung hat bis hierher gezeigt, dass eine persönliche Haftung von Politikern bei ihrer Arbeit als Abgeordnete des Deutschen Bundestages oder als Mitglieder der Regierung nach der aktuellen Lesart des Grundgesetzes und seiner zitierten Vorschriften faktisch ausgeschlossen ist und sie daher durch ein Prinzip der haftungsrechtlichen Verantwortungslosigkeit privilegiert sind. Sie handeln zwar als Vertreter anderer, es trifft sie aber nicht die andernorts regelhaft übliche Verantwortung eines Vertreters seinem Vertretenen gegenüber. Dies stellt einen Widerspruch zwischen der Verfassungswirklichkeit einerseits und den anerkannten, geltenden rechtlichen Standards bei Stellvertreterkonstellationen andererseits dar.

Trotzdem ist eine persönliche vermögensrechtliche Haftung bestimmter politisch gewählter Vertreter für die Güte ihrer Tätigkeit dem Recht der Bundesrepublik Deutschland durchaus im Ansatz bekannt. Der Anknüpfungspunkt dieses Haftungsrechtes ist allerdings nicht das vorstehend beschriebene Stellvertretungsrecht, sondern das – seiner Rechtsnatur nach als Deliktsrecht ausgestaltete – Amtspflichtverletzungsrecht. Der Kernsatz dieser Haftungsregel lautet:

„Verletzt ein Beamter vorsätzlich oder fahrlässig die ihm einem Dritten gegenüber obliegende Amtspflicht, so hat er dem Dritten den daraus entstehenden Schaden zu ersetzen."

Seinem Wortlaut nach scheint diese Regelung zunächst nur eine Vorschrift zu sein, die sich auf Beamte erstreckt. Es ist jedoch anerkannten Rechtes, dass „Beamter" in diesem Sinne jeder sein kann, der hoheitliche Befugnisse ausübt. Mit der Erweiterung des Beamtenbegriffes weg von den nur förmlich zu Beamten ernannten Staatsbediensteten und hin zu der materiell-rechtlichen, inhaltlichen Prüfung, ob eine Person in Ausübung öffentlich-rechtlicher Befugnisse (und dann: fehlerhaft zu

Lasten eines von der verletzten Norm geschützten Dritten) gehandelt hat, sind nicht nur sogenannte Verwaltungshelfer in den Anwendungsbereich der Norm gerückt, sondern insbesondere auch Personen, die auf kommunaler Ebene in die Gemeindevertretungen ihrer Gebietsvertretungskörperschaften gewählt worden sind: Alle Gemeinderäte in einem örtlichen Stadtrat – auch unentgeltlich tätige, ehrenamtlich aktive – sind somit Beamte im Sinne der zitierten Haftungsnorm. Befinden sie z.B. über eine Bau- oder Betriebsgenehmigung, die ein Bürger beantragt hat und versagen sie ihm diese Erlaubnis rechtlich fehlerhaft, so haben sie ihm allesamt als Gesamtschuldner für den ihm daraus entstehenden Schaden zu haften, wenn man ihnen Vorsatz oder Fahrlässigkeit nachweisen kann. Das Anforderungsprofil, das diesbezüglich an Ratsmitglieder gestellt wird, hat in jüngerer Vergangenheit durch die Rechtsprechung Kontur gewonnen. Das Oberlandesgericht Naumburg an der Saale führte dazu aus:

„Für die Verschuldensfrage kommt es auf die Kenntnisse und Einsichten an, die für die Führung des übernommenen Amtes im Durchschnitt erforderlich sind, d.h. auf eine stark objektivierte Sicht, nicht darauf, über welche Fähigkeiten die einzelnen Gemeinderäte der Beklagten im Jahre 1997 wirklich verfügten. Insoweit gilt, dass jeder Beamte i.S.v. § 839 BGB, auch ein ehrenamtlicher Gemeinderat, die zur Führung seines Amtes notwendigen Rechts- und Verwaltungskenntnisse besitzen bzw. sich vor seiner Entschließung verschaffen muss. Anderenfalls würde das Schadensrisiko bei Entscheidungen kommunaler Vertretungskörperschaften in unzumutbarer Weise auf den einzelnen Bürger verlagert werden. Die Mitglieder von Gemeinde- und Stadträten müssen sich daher auf ihre Entschließungen … sorgfältig vorbereiten und, soweit ihnen die eigene Sachkunde … fehlt, den Rat ihrer Verwaltung oder die Empfehlung von sonstigen Fachleuten einholen bzw. notfalls sogar außerhalb der Verwaltung stehende Sachverständige zu Rate ziehen. Letzteres gilt insbesondere dann, wenn sie - wie hier - von den Empfehlungen mehrerer Fachbehörden abweichen wollen. In einem solchen Falle muss aus dem Sachvortrag der Gebietskörperschaft im Amtshaftungsprozess hervorgehen, woraus sich die überlegene Sachkunde der Gemeinderatsmitglieder gegenüber der Sachkunde ihrer Fachverwaltungen ergibt. … Dem Sachvorbringen und insbesondere den vorgelegten Gemeinderatssitzungsprotokollen ist auch eine gründliche Prüfung der tatsächlichen Grundlagen der zu treffenden Entscheidung nicht zu entnehmen. Hierfür genügt entgegen der Auffassung der Beklagten nicht, dass die Gemeinderäte diesen Tagesordnungspunkt zeitlich länger und intensiver („eingehend“) diskutiert haben. Maßgeblich ist, auf welcher Grundlage was diskutiert worden ist. Hierzu konnte die Beklagte im Verlaufe des gesamten Rechtsstreits und auch in der Sitzung des Senats keine befriedigende Darstellung abgeben.“

Es bedarf keiner großen Phantasie, um zu erkennen, dass jene „stark objektivierte Sicht“ unbeschadet der konkret tatsächlichen Fähigkeiten eines Vertreters auch für Abgeordnete des Deutschen Bundestages bei parlamentarischen Fehlentscheidungen einen Verschuldensvorwurf ohne weiteres begründen könnte. Die erforderliche Sorgfalt ist nur gewahrt, wenn sichergestellt wurde, dass der nötige Sachverstand – und damit die „Grundlagen angemessener Information“ im Sinne der genannten aktienrechtlichen Haftungsnorm – hinreichend waren. Dies und nicht weniger ist das Mindestmaß an nötiger Tatsachenermittlung, die für eine dann den staatlichen Legitimitäts- und Autoritätsanspruch tragende Entscheidung erforderlich ist. In einem Urteil vom 10. Dezember 1987 hatte der Bundesgerichtshof zwar zur Frage der Haftung für Gesetze noch ausgeführt:

„Amtshaftungsansprüche wegen fehlerhaften Verhaltens des Gesetz- oder Verordnungsgebers (z. B. Erlass unzureichender Vorschriften, unterlassene »Nachbesserung« solcher Regelungen, unterbliebene Schaffung strengerer Emissionsbegrenzungsvorschriften oder wirksamerer Haftungsvorschriften) scheiden schon deshalb aus, weil die öffentliche Hand insoweit gegenüber dem Kläger keine drittbezogenen Amtspflichten verletzt hat. Gesetze und Verordnungen enthalten durchweg generelle und abstrakte Regeln; daher nimmt der Gesetz- und Verordnungsgeber - bei positivem Tun und bei Untätigbleiben - in der

Regel ausschließlich Aufgaben gegenüber der Allgemeinheit, nicht aber gegenüber bestimmten Personen oder Personengruppen als »Dritten« i. S. des § 839 Abs. 1 Satz 1 BGB wahr. Nur ausnahmsweise, etwa bei sogenannten Maßnahme- oder Einzelfallgesetzen, kann etwas anderes in Betracht kommen und können die Belange bestimmter Personen unmittelbar berührt werden, so daß sie als Dritte angesehen werden können."

Der Begründungstopos dieser höchstrichterlichen Entscheidung von den konkret haftungsrechtlich nicht fassbaren „generellen und abstrakten Regeln" ähnelt daher wieder der vorstehend zitierten Auffassung Walter Georg Leisners, dass manche Pflichten von Staatsorganen schlicht so groß und umfassend seien, dass sie sich einer juristisch noch irgend definierbaren Erfassbarkeit als zu bedeutsam entzögen. Eine derartige haftungsrechtliche Flucht ins Monströse kann allerdings unter konsequenter Geltung rechtsstaatlicher Prämissen nicht im Ansatz befriedigen. Das genaue Gegenteil dürfte richtig sein: Je bedeutsamer und weitreichender Entscheidungen ausfallen, desto strenger und effektiver müssen auch die Möglichkeiten sein, sie auf ihre Richtigkeit – mindestens im Zustandekommen – zu überprüfen. Der haftungsrechtlich abgesicherte Legitimierungsdruck auf denjenigen, der über das Schicksal anderer entscheidet, stellt seine oft systematisch unabweisbar notwendige Entscheidungsprärogative nicht infrage, sondern sichert im Wesentlichen die Tragfähigkeit des Ergebnisses ab. Das Mandat der Parlamentarier wird dadurch auch insbesondere nicht zu einem „imperativen", sondern in der Rechtfertigung und der Beweislast für ihr Tun verwirklichen die Abgeordneten gerade den Sinn und Zweck ihres „freien" Mandates.

Die richterliche Argumentation aus dem Dezember 1987 über die haftungsrechtliche Irrelevanz von Normen, die zu abstrakt seien, um judizierbar zu sein, scheint aber durch die jüngere Rechtsentwicklung unterdessen auch überholt. Denn die nunmehr geltende Haftungsnorm für Vorstände von Aktiengesellschaften stellt ersichtlich nicht mehr auf die Größe der Entscheidungsproblematik als solcher ab, sondern sie fragt gerade nach dieser Sorgfalt bei der Informationsbeschaffung für alle nötigen Entscheidungsgrundlagen. Analog dazu würde eine Exkulpierungsnorm für Parlamentarier daher lauten können:

„Eine Pflichtverletzung liegt nicht vor, wenn der Abgeordnete bei einer gesetzgeberischen Entscheidung vernünftigerweise annehmen durfte, auf der Grundlage angemessener Information zum Wohle der Gesellschaft zu handeln."

Ob die Verpflichtung von Abgeordneten, derartige gesetzliche Haftungsregelungen de lege ferenda einzuhalten, einen Auftrag oder eine Weisung darstellt und ob die Einhaltung von grundlegenden Haftungsnormen („nemidem laede!") zum Grundkanon der Gewissensbindung eines Abgeordneten gehört, soll an dieser Stelle ebenso wenig weiter diskutiert werden wie auch der Umstand, dass jedenfalls die zeitlich nach Inkrafttreten des Grundgesetzes postulierten Parlamentarierpflichten zur Umsetzung von supranationalem Recht in nationale Gesetze bislang nicht als Verletzung ihrer Abgeordnetenrechte aufgefasst worden sind.

Das qualitätssichernde Moment in der Möglichkeit zur potentiell auch persönlichen Haftbarmachung der freien Mandatsträger liegt in der Notwendigkeit für jeden einzelnen, im Vorgriff auf seine Entscheidung zu prüfen, ob er im Nachhinein in der Lage sein werde, seine vormalige Prognostik und Mutmaßung hinsichtlich des Entscheidungsgegenstandes gegen den Vorwurf der Sorglosigkeit in einem geordneten (gerichtlichen) Verfahren erfolgreich zu verteidigen. Diese Überlegung muss jeder zivilrechtliche Beauftragte und Dienstverpflichtete anstellen, diese Überlegung beschäftigt jeden Vorstand einer Aktiengesellschaft und diese Überlegung muss zur Grundpflicht eines Volksvertreters im Parlament werden.

Kann der Abgeordnete nicht beweisen, sich mit seinen Kollegen nach den objektivierbar gebotenen Kräften um hinlängliche Informationsbeschaffung bemüht zu haben, wird er nach Maßgabe festzulegender Selbstbehalte persönlich haften müssen. Das aber stellt nicht einmal seine Möglichkeit zur Wiederwahl in Frage. Erst wenn ein Abgeordneter nicht mehr in der

Lage ist, für sein Parlamentarierhandeln noch einen Versicherer zu finden, der bereit ist, ihn zu algorithmisch vertretbaren Beiträgen zu versichern, wird er Anlass haben, sein Mandat niederzulegen. Auf diese Weise sorgt das Haftungsrecht auch in personeller Hinsicht dafür, dass keine Berufsversager in die Parlamente flüchten, sondern nur Repräsentanten, die nicht so zynisch sind, dass es ihnen im Augenblick des Amtsantritts ausschließlich um die Macht, das Ansehen oder die persönlichen Vorteile geht, die mit dem anzutretenden Amt verbunden sind.

Die derzeit für Beamte geltende Haftungsüberleitungsnorm des Artikel 34 GG, nach der wirtschaftlich das steuerzahlende Staatsvolk für schädigende Fehler von Beamten einstehen muss, bedarf dabei nicht einmal einer Modifikation. Denn über die haftungsrechtliche Möglichkeit zum Rückgriff auf fahrlässig oder gar bedingt vorsätzlich handelnde Abgeordnete werden diese Kassen der Allgemeinheit wieder vor ihrer heute faktisch gegebenen Lage geschützt. Kommen die Abgeordneten nach Sachprüfung zu dem Ergebnis, bestimmte Entscheidungen verantwortlich schlicht nicht fällen zu können, werden sie in diesem Setting von waghalsigen Beschlüssen absehen. Dass dabei der Staat verschlankt wird, ist ein sinnreicher Nebeneffekt.

V.

Man sagt: „Wer die Wahl hat, hat die Qual." Das Quälendste an solchen Wahlentscheidungen ist erfahrungsgemäß die Erkenntnis, dass man weiß, nach der Wahl mit ihren Konsequenzen leben zu müssen. Je persönlicher einen diese Konsequenzen treffen, desto sorgsamer fällt die Wahlentscheidung regelmäßig aus. Handelt es sich um eine minder wichtige Entscheidung, weil ihre Konsequenzen absehbar verhältnismäßig bedeutungslos sind, quält sie nicht. Die fehlende Qual befreit dann von anstrengender Sorgsamkeit.

Übertragen auf die verfassungsrechtlichen Kontexte von Parlamentarierentscheidungen heißt dies: Müssen Abgeordnete Entscheidungen fällen, von denen sie im Zeitpunkt der Entscheidung bereits wissen, dass andere vielleicht schwere, sie selbst daraus in allen Fällen aber nur ganz unbedeutende Konsequenzen zu erwarten haben, dann haben sie nur wenig Anreiz, sorgsam abzuwägen. Steht hingegen die Möglichkeit im Raum, auch nach der Entscheidung noch massive eigene Konsequenzen ihretwegen gewärtigen zu müssen, intensiviert sich die Motivation, bei der Arbeit sorgfältig vorzugehen.

Haftungsfreistellungen beseitigen das Risiko nachteiliger Konsequenzen für die Entscheidenden. Die Gefahr aber, für die Richtigkeit von Entscheidungen im Nachhinein möglicherweise persönlich haften zu müssen, steigert die Wahrscheinlichkeit für sorgfältige und deswegen sachgerechte Beschlüsse überall, auch in einem Parlament. In diesem Motivationskontext erschließt sich, dass das Prinzip Verantwortungslosigkeit, wie es de lege lata in Deutschland für Parlamentarier und Regierungsmitglieder als Volksvertreter gilt, weder rechtsstaatlich, noch auch republikanisch und erst recht nicht volkswirtschaftlich sachgerecht ist.

Freiheit und Verantwortung gehören zusammen, auch für die Vertreter von Staaten. Ein Abgeordneter, der nur frei von Verantwortung ist, nicht aber frei, verantwortliche Entscheidungen zu treffen, der wird nie herausragende Arbeit leisten. Freigestellt von Haftung, steht er persönlich unbeteiligt neben den Resultaten seines Tuns. Würden die Abgeordneten des Deutschen Bundestages und die Regierungsrepräsentanten im Übrigen persönlich für ihre Arbeitsresultate haften müssen, wäre der Staatshaushalt des Landes nicht überschuldet. Nur die persönliche Haftbarmachung der Abgeordneten für ihr Tun und die rechtliche Verbindlichkeit eines dahin lautenden Kanzlereides sind geeignet, die nötige Stärkung der staatlichen Struktur gegen ihr Abgleiten in rechtsunverbindliche Beliebigkeit zu verhindern. Schwören ohne Konsequenzen ist inhaltsleeres, bedeutungsloses Tun. Ihm eignet keinerlei Vorbildcharakter. Das Prinzip Verantwortungslosigkeit schafft Staatsverdrossenheit allerorten. Wer sich und seine staatliche Vertretertätigkeit ernst nimmt, der legt seine Existenz täglich in die Waagschale und haftet für die Güte seiner Arbeit mit seinem Amt. Diese Lektion kann der deutsche

Kanzler von Fürst Hans Adam II. von Liechtenstein aus Artikel 113 der Landesverfassung in Vaduz lernen. Der nächste substantielle Fortschritt, den Europa nach den Erschütterungen seit 1789 braucht, sind persönlich haftende Politiker.

Gesetzgebungsmacht:

Die Versuchung, über das Unverfügbare zu verfügen

Vortrag für die XI. Gottfried von Haberler-Konferenz

29. Mai 2015, Universität Liechtenstein, Vaduz

I. Einleitung

Der Ausgangspunkt aller nachfolgenden Überlegungen ist wesentlich dieser: Eine jede (natürliche oder juristische) Person, die in der Lage ist, nicht nur für sich selbst, sondern auch für andere Menschen Regeln setzen zu können, steht unausweichlich in der Versuchung, ihre Regelungsmacht – gewollt oder ungewollt, bewußt oder unbewußt, in guter oder schlechter Absicht – zu überdehnen. Wird aber die Macht, einen bestimmten Gegenstand regeln zu können, über das Maß des Vernünftigen hinaus genutzt (um nicht zu sagen: mißbraucht), dann drohen allen Beteiligten daraus nachteilige Konsequenzen: Die Regelunterworfenen werden der schlechten Regel nicht freiwillig folgen; die zu regelnde Lage verschlechtert sich gegenüber dem Zustand, in dem sie sich befand, bevor sie geregelt wurde, noch weiter; der Regelgeber verliert sein Ansehen, verbindlich Regeln setzen zu dürfen; zuletzt stehen alle Beteiligten vor der Aufgabe, nicht nur die (ihnen allen vielleicht unterdessen vollständig entglittene) regelungsbedürftige Materie neu ordnen zu müssen, sondern auch vor der weitaus umfassenderen Notwendigkeit, die Person des künftigen Regelsetzers neu zu bestimmen.

Unter der Annahme, daß alles menschliche Leben in gesellschaftlichen Kontexten gewisser Regeln bedarf, um die gegenseitigen Erwartungen aneinander befriedend zu stabilisieren, erscheint die Untersuchung der Frage sinnvoll, über welche

Regelungsinhalte ein Regelgeber überhaupt tatsächlich sinnvoll (d.h. auf lange Sicht wirksam) verfügen kann.

Die Erörterung dieser Thematik samt aller ihrer Vorfragen setzt allerdings zunächst eine Verständigung über die verwendeten Begriffe voraus, um sicherzustellen, daß die erarbeiteten Kerngedanken auch allerorts in den zutreffenden Kontext gestellt sind. Dies gilt insbesondere in Anbetracht der Tatsache, daß ausgerechnet im Bereich öffentlich breiter diskutierter Rechtstheorie das wirklich begrifflich Gemeinte gerne verunklart wird, um die dadurch geschaffenen Unübersichtlichkeiten dann gegenüber einem verwirrten Publikum machtstrategisch zum eigenen Vorteil zu nutzen.

II. Hauptteil

1.) Die formale Struktur von Regeln

Jedwede Regel läßt sich – sonst wäre sie keine Regel – in formaler Hinsicht zunächst auf zwei übereinstimmende Strukturmerkmale zurückführen.

a.) Wenn und Dann

Zuerst liegt jeder Regel eine simple Wenn-Dann-Struktur zugrunde. Es macht keinen Unterschied, ob die betreffende Regel beispielsweise als förmliches Strafgesetz anordnet „Wenn Mord, dann Gefängnis“; ob sie als zivilrechtliche Regel bestimmt „Wenn Kaufvertrag, dann Kaufpreiszahlungspflicht“; ob eine Hausordnung lautet „Wenn später als 18 Uhr, dann kein Fußballspielen mehr im Hof“; oder ob die reine Anstandsregel besagt „Wenn 4 Uhr morgens, dann (noch) kein Telefonanruf, um zum Geburtstag zu gratulieren“. Immer liegt das Wesentliche der Regelgeltung insoweit genau darin, an gewisse Wenn-Voraussetzungen bestimmte Dann-Konsequenzen zu knüpfen.

Juristen bezeichnen die Voraussetzungsseite des „Wenn“ als Tatbestand und die Konsequenzenseite des „Dann“ als Rechtsfolge. Der Tatbestand stellt mithin die Bestandsaufnahme dessen dar, was – abstrakt beschrieben – den wesentlichen Inhalt des menschlichen Tuns darstellt, an das dann eine bestimmte, von der Regel definierte Folge geknüpft wird.

b.) Ist und Soll

Neben dieser strukturellen Wenn-Dann-Verknüpfung verbirgt sich hinter jeder Regel jedoch zugleich auch eine Beschreibung von Ist- und Soll-Zuständen. Wer beispielsweise (nach der Regel: „Wenn Sachbeschädigung, dann Entschädigungszahlung an den Geschädigten“) Schadensersatz zu leisten hat, der wird für seine Verpflichtung genau einer solchen Betrachtung unterzogen. Der von ihm zu verantwortende nachteilige Ist-Zustand ist so weit mit Schadensersatzzahlungen zu kompensieren, bis der ursprüngliche Soll-Zustand der Nichtbeschädigung wieder hergestellt ist.

Die Beschreibung eines Soll-Zustandes durch den Regelgeber bedeutet daher immer auch eine bestimmte Wertentscheidung. Soll einem unverheirateten Paar ein Hotelzimmer nicht vermietet werden dürfen, dann wird der Wert des individuellen Gemeinsamkeitsbedürfnisses der unmittelbar Beteiligten von dem Regelsetzer geringer eingestuft als der damit verglichene abstrakte Wert der gesellschaftlichen Familienordnung.

Die Verteidigung oder Durchsetzung bestimmter Werte auf diese normative Weise hat nicht nur einen gesellschaftlich steuernden Charakter. Denn wer weiß, daß er bei Beschädigung fremder Sachen Ersatz zu leisten hat, der wird sich solcher Handlungen enthalten und damit die geschützten Werte im Zweifel erhalten helfen. Die Beschreibung des zu verteidigenden oder zu erhaltenden Soll-Zustandes birgt für den Regelsetzer zudem immer auch die Herausforderung, abwägend bestimmen zu müssen, welche Werte nach seiner Auffassung allesamt schutzwürdig sind und in welchem Rangverhältnis mehrere Werte zueinander stehen.

Die Festlegung derartiger Werte und ihrer relativen Stellung zueinander kann – je nach historischem und gesellschaftlichem Kontext – bisweilen zu schier unlösbaren Problemen führen. So wirft etwa die Vermietung eines Doppelzimmers in einem Hotel an zwei gleichgeschlechtliche Personen (a.) in San Francisco im Jahre 1955 oder (b.) sechzig Jahre später in Riad völlig andere Fragen auf als eine entsprechende Situation mit Personen unterschiedlichen Geschlechts (c.) im Jahre 1940 in Berlin oder (d.) anno 1995 in Amsterdam. Oder anders gefragt: Wird ein Kölner Hotelier im Jahr 2025 noch ein Hotelzimmer an zwei Männer vermieten dürfen, wenn die beiden nicht verheiratet bzw. verpartnert sind?

In dem gleichen Maße, in dem sich gesellschaftliche Werte und Wertvorstellungen wandeln, ändern sich notgedrungen auch die von einem Regelgeber zu beschreibenden Ist- und Soll-Zustände, auf deren gedanklicher Basis er seine Wenn-Dann-Konstruktionen formuliert. Dies gilt jedenfalls dann, wenn dieser Regelgeber „mit der Zeit gehen" will und die sich wandelnden gesellschaftlichen Anschauungen in seinen Regelwerken normativ umsetzen möchte. Will er gewisse Wertewandlungen nicht selbst auch regelgebend nachvollziehen, dann muß er gegensteuern. Auch dies aber setzt unausweichlich voraus, daß er mit seinen normativen Wenn-Dann-Anordnungen an den faktisch vorgefundenen Ist-Zuständen der Welt anknüpft.

2.) Empirische Erscheinungsformen von Regeln

Die vorstehend gewählten Beispiele zeigen: Regeln als Wenn-Dann-Konstruktionen haben notwendigerweise an den faktischen Gegebenheiten der Realität anzuknüpfen. Denn der normative Befehl, ein gewisses „Dann" wirklich werden zu lassen, kann überhaupt nur in die Realität umgesetzt werden, wenn der Regeladressat durch eine definitive Beschreibung des „Wenn" auf der Voraussetzungsseite weiß, zu einer gewissen regelbefolgenden Handlung aufgefordert zu sein. Der Satz „Wenn Müller XXX erreicht, dann hat Meyer ihm 100 US-Dollar zu zahlen" ist mangels klaren bzw. vollständigen Tatbestandes schon rein formal keine wirksame Regel. Dieses eigenwillige Zusammenspiel zwischen gegebener Realität und angeordneter Regelfolge nötigt zu den weiteren Fragen: Welche Regeln gibt es überhaupt und wer setzt sie?

a.) Sitten, Recht und Gesetz

Bei genauer Betrachtung der verschiedenen Erscheinungsformen von Regeln wird bald deutlich, daß sie in einer qualitativ schier unvorstellbaren Zahl unterschiedlicher Gestalten existieren. Von der einfachen Tischsitte bis hin zur strafrechtlichen Norm spannt sich ein weiter Bogen von Regeln quer durch das gesamte gesellschaftliche Leben. Es wäre auch falsch anzunehmen, bloße Anstandsregeln blieben in ihrer Bedeutsamkeit für den einzelnen generell hinter gewichtigen Strafgesetzen zurück. Wird beispielsweise ein Student wegen (strafrechtlich relevanter) Beleidigung zu einer Geldstrafe in Höhe eines monatlichen Taschengeldes verurteilt, so wird ihn diese Sanktion im Zweifel weniger hart treffen als die Ächtung in seinem Freundes- oder Familienkreis, weil er irgendeinem Menschen zu dessen Geburtstag nicht (oder zur Unzeit) gratuliert hat.

Auch Berufsgruppen haben ihre spezifischen Verhaltensregeln, an die sich alle Berufsträger mit Ernst zu halten haben, wollen sie nicht den Unwillen ihrer Kollegen provozieren. Derartige Regeln wachsen üblicherweise über die Zeit auf Basis von konkreten Erfahrungen und verfestigen sich im Konsens aller Beteiligten. Veralten Regeln, weil sie durch Zeitablauf gegenstandslos werden oder geraten sie aus dem Blick, weil beispielsweise der technische Fortschritt sie obsolet macht, kommen sie irgendwann vollends in Vergessenheit. Die Rechtstheorie bezeichnet diesen Zustand dann als „totes Recht“. Brauchtümer, Traditionen, gewisse Übungen, eine bestimmte Gute Praxis oder schlichte Konventionen entstehen und wachsen somit im ausdrücklichen oder gelebten Einvernehmen unter allen, die an dem betreffenden Lebensbereich beteiligt sind. In gleicher Weise werden sie dann auch wieder modifiziert oder abgeschafft: Weil die Betroffenen selbst es so wollen.

In der europäischen Rechtstradition wird man richtigerweise davon ausgehen dürfen, daß sich über bloße Verhaltensrichtlinien hinaus auch das Recht selbst in eben dieser Weise entwickelt hat. Gemeinsame Anschauungen aller Rechtsgenossen haben über die Zeit durch praktische Übung Werte und Überzeugungen wachsen lassen, die dann – Stück für Stück, immer konkreter und immer genauer – zu Regeln formuliert wurden. Insbesondere zeitgenössisch gesellschaftlich anerkannte römische Juristen begannen, diese Regeln dann mehr und mehr aphoristisch niederzuschreiben, sie zu ordnen und zu sammeln. So konnten sie, im konkreten Streitfall gehört, Hilfe bei der Entscheidung rechtlicher Konflikte leisten.

Man wird daher sicher auch nicht fehlgehen mit der Auffassung, daß der Übergang von unverbindlichen gesellschaftlichen zu verbindlichen rechtlichen Regeln faktisch zunächst ein fließender gewesen ist. Bloße Anstandsregeln und freundliche Praxisüblichkeiten im zwischenmenschlichen Leben verdichteten und verfestigten sich immer weiter zu schließlich rechtlich relevanten und damit verbindlichen Erwartungshaltungen. Aus ungeschriebenen Rechtsregeln wurden systematisierte Regelwerke, auf die derjenige zurückgreifen konnte, der sich im Einklang mit allgemein akzeptierten und anerkannten Regeln verhalten wollte.

Für Deutschland markiert das Ende des 19. Jahrhunderts eine sicher wesentliche rechtspraktische Zäsur: Im Rahmen der deutschen Staatswerdung nach der Reichsgründung von 1871 wurden wesentliche, bis dahin verstreut geltende Rechtsregeln des Zivil- und Strafrechtes erstmals vereinheitlicht und kodifiziert. Mit dem Bürgerlichen Gesetzbuch (BGB), das am 1. Januar 1900 in Kraft trat, ließ sich nun für alle Rechtsanwender auf ein auch förmlich für das ganze Reich (im parlamentarischen Verfahren) verabschiedetes Gesetz zurückgreifen. Inhaltlich wiederholte dieses Gesetz indes im Wesentlichen „nur“ das, was zuvor bereits ohnehin an Regeln gegolten hatte: Das anerkannte und gewachsene, allgemein für richtig gehaltene und akzeptierte Zivilrecht.

Indem beinahe zeitgleich auch die Zivilprozeßordnung (mit der zugehörigen Regelung der Gerichtsverfassung) als förmlich einheitliches Gesetz geschaffen worden war, erwuchs allen Rechtsunterworfenen darüber hinaus die Möglichkeit, sich auf eine weitere akzeptierbare Rechtsquelle bei ihrer Suche nach der einschlägigen und zutreffenden Regel zu berufen: Die höchstrichterliche Rechtsprechung des Reichsgerichtes. Was bei der Auslegung des Rechtes und der zusätzlichen staatlichen Gesetze unklar blieb, sollte nun durch dieses Organ rechtstatsächlich Klärung erfahren können.

Im Zusammenwirken mit der Vertragsfreiheit für jedermann war damit ein System des Rechtes für eine schon damals äußerst fortschrittliche und dynamische Gesellschaft geschaffen, das alle Lebensverhältnisse äußerst kleinteilig und detailliert regelnd erfassen konnte. Was nicht bereits durch geschriebene oder ungeschriebene Rechtsregel bestimmt, durch Gesetz geordnet oder durch Rechtsprechung ausdiskutiert war, konnte nun durch verbindlichen Einzelvertrag detailliert geregelt werden. Die Beobachtung des rechtstatsächlichen Lebens durch den Gesetzgeber eröffnete diesem kontinuierlich die Möglichkeit, neu auftretende Rechtsprobleme von größerer Bedeutsamkeit zu erkennen und nötigenfalls einer gesetzlichen Regel zuzuführen. Marginalien konnten ungeregelt bleiben. Was im Einzelfalle zu Streit führte und bis dahin noch ungeregelt geblieben war konnte – und dies ist vielleicht das zentrale systematische Scharnier zwischen gesellschaftlicher Dynamik und bereits gesetzlich geregelter Materie – über die „Königsnormen" des Bürgerlichen Gesetzbuches rechtsprechend in die konkrete Konfliktlösung Eingang finden.

Der förmliche Gesetzgeber hatte nämlich beispielsweise das Sittengesetz (§§ 138, 826 BGB), die Verkehrssitte (§ 157 BGB), Treu und Glauben (§ 242 BGB) und – im Handelsrecht – geltende Gewohnheiten und Gebräuche (§ 346 HGB) ausdrücklich zur auch rechtlich verbindlichen Regel gemacht. Dies stellte in der Sache eine dynamische Verweisung auf außergesetzliche Normenwerke dar. Änderte sich die allgemeine Anschauung der Gesellschaft zu bestimmten Werten und Fragen, dann änderte sich damit notwendigerweise auch das Gesetz. Der zur Streitentscheidung berufene Richter konnte nun in jedem Einzelfall die förmlich geschriebene Gesetzesregel mit eigenen Beobachtungen und Erwägungen über die aktuell allgemeine gesellschaftliche Anschauung modifizieren.

b.) Die Frage nach dem Regelsetzer

Warum nun erscheint es gerechtfertigt, dieses besondere Zusammenspiel zwischen förmlichem Gesetzesrecht und gesellschaftlicher Anschauung als das zentrale systematische Regelungsscharnier zwischen gesellschaftlicher Dynamik einerseits und gesetzlich geregelter Materie andererseits zu bezeichnen? Weil es die Person des Regelsetzers maßgebend modifiziert!

Der maßgebende zivilrechtliche Regelsetzer in der deutschen Republik nach dem 1. Januar 1900 war nach dieser Konstruktion idealtypisch nicht nur – kommunikationstechnisch verengt – das zum Regelsetzungszeitpunkt gerade zuständige Plenum des handelnden, demokratisch repräsentativ gewählten Parlamentes. Maßgebender Regelsetzer blieb mit dieser Konstruktion vielmehr (auch) wieder, wie ehedem, die nicht bloß repräsentierte, sondern tatsächlich konkret präsente Vielzahl derjenigen Menschen, die auch tatsächlich unter genau denjenigen Rechtsregeln lebten, über deren Geltung sie sich untereinander zuvor einvernehmlich geeinigt hatten.

Die Gesamtheit aller Rechtsgenossen, die mit und unter den Regelungen des Rechtes tagtäglich zu handeln hatte, setzte sich diese Regeln in einem kontinuierlichen Diskussions-, Erprobungs- und Entdeckungsverfahren faktisch selbst. Bestehen konnte unter dieser Konstruktion auf Dauer nur diejenige Regel, die auch tatsächlich allgemein akzeptiert und anerkannt wurde. Nicht ohne Grund spricht die Rechtstheorie bis heute von dem maßgebenden „Rechtsempfinden" bei der juristischen Entscheidungsfindung: Recht zu akzeptieren bedeutet ganz wesentlich auch, es emotional als richtig hinzunehmen. Inakzeptables und Überholtes wurde ausgesondert, neue Herausforderungen wurden demgegenüber modifizierend einbezogen. Ein nicht (mehr) akzeptiertes förmliches Gesetz mußte (und durfte) von den Gerichten nicht als entscheidungsrelevant berücksichtigt werden.

Sitte und tägliche Übung konnten – am Parlament vorbei – die Rechtslage ändern.

Die Gesellschaft selbst war damit als anerkennender (oder eben auch nicht anerkennender) Regulierungsmarkt für Rechtsregeln förmlich etabliert. Im Dialog und in praktischer alltäglicher Übung unter allen denjenigen Individuen, die von dem jeweiligen Recht je selbst und unmittelbar betroffen waren, wuchsen und vergingen Regeln. Damit war rechtsorganisatorisch ein sich selbst steuernder Organismus für eine tatsächlich dezentral handelnde res publica geschaffen. Wie auf einem ungestörten gesunden Markt, der die aggregierten rechtlichen und außerrechtlichen Wertentscheidungen seiner Mitglieder als seinen tatsächlich vorgegebenen Rahmen respektiert und der zugleich die ungezählten individuellen Willensentscheidungen seiner Teilnehmer innerhalb dieses Rahmens akzeptiert und im Ergebnis kumuliert, vermochte sich auch das gesamte Recht als Regelungsmaterie unter solchen Bedingungen gleichermaßen dynamisch wie aktuell realitätsbezogen entwickeln.

Im Gegensatz zu dieser Art der dezentral-flexiblen Regelwerdung schafft der demokratisch verfasste Gesetzesstaat mit seinem weithin angemaßten Monopol der Gesetzgebung qua Parlament kein schon vorab allgemein akzeptiertes Recht. Denn hier geschieht die Regelwerdung nicht gleichsam induktiv „von unten nach oben“, d.h. aus der Mitte des Volkes zum regelformulierenden und regelpublizierenden Gesetzgeber, sondern völlig umgekehrt deduktiv „von oben nach unten“, vom Normgeber herab zum Volk. Die faktische Akzeptanz für neues Recht innerhalb der Bevölkerung muß in dieser Regelwerdungskonzeption in aller Regel erst noch geschaffen werden. Gesetze werden hier „durchgedrückt“ und legislative Anforderungen an die Basis „durchgestellt“.

An die Stelle einer Selbstregulierung der res publica tritt die Fremdregulierung durch ein – per punktueller Wahlentscheidungen allenfalls noch homöopathisch legitimiertes – zentral-monistisches Gesetzgebungsgremium. Die lebendigen Unbestimmtheiten des Sittengesetzes und die diversifizierenden

Unklarheiten der regional oder soziologisch unterschiedlichen Gewohnheit werden hier mehr und mehr durch generalisierende Übernormierungen ersetzt. Der Richter bleibt nicht mehr ermächtigt, im Falle einer Regelungslücke oder eines (auch von ihm selbst) als unbillig empfundenen Ergebnisses der formalen Subsumtion selber nach Sitten, und Gebräuchen, Gewohnheiten und akzeptierten Üblichkeiten empirisch zu forschen und – hierauf basierend – dann die von ihm selbst und eigenverantwortlich formulierte Rechtsregel im Einzelfall angemessen anzuwenden.

Im Gegenteil werden dem Richter statt dessen schon von dem staatlichen Gesetzgeber höchstpersönlich für jede Gattung, Art und Unterart von Konfliktsituation, für jedes Semidetail eines möglichen Sachverhaltes und für jede graduell unterschiedliche Lebensvariante durch feingliedrigste Normen, Gegennormen, Ausnahmeregeln und Gegenausnahmen detailliert die rechtserkennenden Hände gebunden, auf daß er zwischen allen positiv niedergeschriebenen Gesetzesregeln ein politisch genehmes Ergebnis verkünden müsse; daß dieses dann faktisch von den Rechtsadressaten ein im Ergebnis schon nicht mehr akzeptiertes Recht gestaltet, bleibt zunehmend unbeachtet. Übertragen auf die Vorstellungswelt eines Schweizer Juristen ließe sich formulieren: Ein Richter soll erst gar nicht in die Lage kommen, eine Gesetzeslücke im Sinne des Art. 1 Absatz 2 ZGB zu entdecken, die er dann normativ selbst so zu füllen hätte, wie er es als Gesetzgeber getan gehabt haben würde.

Als das letzte Spielfeld der unmittelbaren Anhörung einer Bevölkerung zu deren eigenem Empfinden in rechtlichen Angemessenheits- und Gerechtigkeitsfragen fungiert in diesem Konzept praktisch nur noch der für die Massen medial inszenierte, punktgenaue und unüberhörbare Skandal. Wer es vermag, die allgemeine Auffassung der Bevölkerung mit ihren Akzeptanzbereitschaften gezielt in die gewünschte Szene zu setzen, der kann „politischen Handlungsbedarf" für Gesetzgeberhandeln provozieren und so eine neue förmliche Regel durch den parlamentarischen Gesetzwerdungsprozess erwirken.

Da der zeitliche Rahmen für derartige Skandalisierungen äußerst kurz ist, der erzeugte Druck hingegen zu seiner Effektivität ein mediales Maximum braucht, dringen auf diesem Spielfeld faktisch nur noch die absurdesten „freak cases“ zum nötigen gesetzgeberischen Impetus durch. Die sanften und im Vergleich geradezu gewaltlosen Zwischentöne eines millionenfach dezentralen „trial and error“ bei der schwarmintelligenten Suche nach der besten Regel innerhalb einer Gesamtbevölkerung bleiben inzwischen gänzlich ungehört.

Im Ergebnis dieser Prozessabläufe zur Rechtswerdung entsteht ein system- und prinzipienloses Regelgewirr aus faktisch weithin unakzeptierten, überdetaillierten und thematisch geradezu übergrellen Normkonstrukten. Das gelebte (bzw. zu lebende) und das als richtig empfundene (aber nicht lebbare) Recht entfernen sich immer weiter voneinander.

Dennoch imponiert die zentrale Normgebung durch einen förmlichen Gesetzgeber heute geradezu unangefochten. Die bloße Existenz von Gewohnheitsrecht wird als eine Art Bedrohung empfunden, weil sie doch unklar und längst überholt sei; Bestimmtheitserfordernisse zwängen, heißt es, zur allgegenwärtig ausformulierten Norm. Die Polizeigesetze der deutschen Bundesländer haben die Verteidigung von „Sicherheit und Ordnung“ weithin ersetzt durch die bloße Sicherstellung von Sicherheit, weil das, was „Ordnung“ sei, nicht mehr klar und deutlich genug sei, um justitiabel zu sein.

Weil sie in den hektischen Zeiten der postindustriellen Massengesellschaft mit ihren ultrakurzen gemeinschaftlichen Aufmerksamkeitsspannen gegenüber der organischen, chaotischen, bisweilen widersprüchlichen, lebendigen unsystematischen und also vergleichsweise trägen Regelfindung die handhabungstechnisch attraktivere zu sein scheint, deswegen verdrängt die formale Gesetzesregel mehr und mehr das konsensual wachsende gesellschaftliche Recht.

Bitter daran ist, daß der diesem Recht unterworfene Massenbürger faktisch keinerlei ernsthafte eigene Möglichkeit mehr hat, einem qualitativ entgleisenden Gesetzesrecht zu entkommen. In Ermangelung eines gemeinsamen dialogischen Forums zur Normendiskussion bleibt der eigentliche Rechtsadressat in der Massendemokratie faktisch ungehört und einflusslos. Weil sich nicht mehr alle Bürger einer Rechtsgemeinschaft zum gemeinsamen Einanderzuhören unter einer einzigen Eiche versammeln können, entfernen sich Gesetzgeber und Gesetzesunterworfene in ihren Erlebenshorizonten somit mehr und mehr voneinander. Eine marktgesellschaftliche Qualitätskontrolle der erlassenen Gesetze findet nicht mehr statt. Damit nicht genug: Die unausweichliche Finanzierung dieses sich allenfalls noch selbst regulierenden Gesetzgebungsbetriebes erfolgt durch den Steuerzahler. Der aber hat – unter der staatlichen Androhung strafrechtlicher Konsequenzen für den Fall seiner Steuernichtzahlung – nicht einmal die Chance, schlechte Gesetze durch einen boykottierenden eigenen Bezahlungsstopp abzuschaffen. Der Regulierungsmarkt durch Preissignale ist in diesem Lebenssegment der Bürger zur Gänze ausgeschaltet.

3.) Die Durchsetzbarkeit von Regeln

Üblicherweise werden Gesetzes- und Rechtsregeln von bloßen Sittengesetzen und Moralkodizes definitorisch dadurch unterschieden, dass man der juristischen Regel das Merkmal der zwangsweisen Durchsetzbarkeit und Erzwingbarkeit beiordnet. Die Gefahr für das Verständnis der Geltung von Regeln liegt bei diesem Definitionsansatz aber darin, dass ethische Überzeugungen einer Gemeinschaft leicht als nur unverbindlich mißverstanden werden.

Wer außerrechtliche Normen in diesem Sinne für nur beliebig hält, der verkennt jedoch ihre Macht und Bedeutung für die Gestaltung gesellschaftlicher Abläufe. Einhundert Polizisten mögen einen einzelnen Gesetzesbrecher fangen und unter ihre Gewalt zwingen können; gegen den Unwillen von einer Million Bürger vermögen sie auch mit allen Mitteln des polizeilichen Zwangs auf Dauer nichts auszurichten. Genau hier ist der rechtstheoretische Ort für den bekannten Satz, dass die Feder mächtiger sei als das Schwert. Gegen die Gewalt einer massenhaften

Überzeugung in einer Bevölkerung läßt sich auf Dauer auch mit keinem förmlichen Gesetz wirksam anregieren. Wenn und soweit die Feder der Vordenker diese Überzeugungen aller berührt und gestaltet, dann und dort kann ein Gesetz nichts (mehr) bewirken. Diejenigen Staaten, die sich für modern erklären, haben diesen Mechanismus natürlich erkannt und betreiben ihr gezieltes Akzeptanzmanagement. Doch auch dieses findet seine Grenze in den Trägheiten der allgemeinen Überzeugungsbildung. Das faktische Akzeptanzverhalten und die millionenfach gebildeten Anschauungen des täglichen Lebens errichten dem förmlichen Gesetzgeber auch ohne formale Gegendurchsetzungsmacht und förmlich legitimierte Erzwingungskompetenz Hürden für sein Tun. Mehr noch: Übersteuert der Gesetzgeber sein legislatives Handeln mit psychologischem Druck gegen die allgemeinen Überzeugungen, übertreibt er es, seine Bürger „stubsen“ zu wollen, dann droht ihm Reaktanz.

Ein besonders deutliches Beispiel für diese Wechselwirkungen findet sich in der – für das ursprüngliche BGB des Jahres 1900 ganz selbstverständlichen – Frage nach der Vertragsabschlussfreiheit. Dem klassischen Zivilrecht ist es (von radikalen Ausnahmen wie der Not oder gewisser Monopollagen abgesehen) selbstverständlich, dass jeder Rechtsgenosse frei darüber entscheiden kann, ob er mit einem anderen in eine rechtliche Beziehung (z.B. in einen Vertrag) eintreten möchte oder nicht. Die außerrechtliche Vorentscheidung, einen anderen zu mögen oder nicht zu mögen, sich ihm verbunden zu fühlen oder nicht, ihm nahe sein zu wollen oder nicht, entscheidet über den gemeinsamen Eintritt in ein Rechtsverhältnis.

Kontrahierungsfreiheit in diesem Sinne gestaltet damit schon im außerrechtlichen Bereich gesellschaftliche Kontexte. Geschlechter und Religionen verbinden sich oder verbinden sich nicht. Gemeinsame Interessen vereinigen sich und unterschiedliche grenzen sich ab. Abschlussfreiheit generiert auf diese Weise vielgestaltige, bunte, friedliche Lebensverhältnisse. Sie ermöglicht Nähe, wo Nähe gewünscht wird, und sie schafft die Chance, einander aus dem Weg zu gehen, wo Gemeinsamkeit von den Beteiligten aus ihren tiefen Herzen – ganz dezentral – nicht gewollt ist.

Zwingt ein Gesetzgeber seine Gesetzesunterworfenen stattdessen mit sogenannten Antidiskriminierungsregeln zu verbindlichen rechtlichen Näheverhältnissen, die sie in diesem Sinne von tiefem Herzen – und sei es auch nur einseitig – ablehnen, dann provoziert er durch diese Art der Beschneidung von vertraglicher Abschlussfreiheit mittelbar gesellschaftlichen Unfrieden. Denn die gesetzlich zwangsweise eliminierte Alternative gewinnt – im Trotz der Reaktanz – eine emotionale Bedeutung für die Beteiligten, die sie zuvor nicht näherungsweise hatte. Der nur scheinbar unverbindliche, gemeinsame Widerstand der Bevölkerung läßt auf Dauer eine unsichtbare, aber legislativ schließlich unüberwindbare Wand entstehen.

4.) Die Verfügungsbefugnis des Regelsetzers

Indem damit die Zusammenhänge zwischen einerseits den faktisch-formalen Gesetzgebungsmöglichkeiten und andererseits dem Rechtsempfinden innerhalb einer Gemeinschaft an Konturen gewonnen haben, wird nun deutlich, dass die eigentliche Verfügungsbefugnis eines Regelsetzers selbst der näheren Betrachtung bedarf.

Eine fruchtbare Annäherungsmöglichkeit an dieses Thema bietet nochmals die genauere Betrachtung der Begrifflichkeiten im Wortfeld „Rechtsordnung“: Anders als die englische Sprache, die mit ihrem einheitlichen Wort vom „law“ nicht sogleich den Unterschied zwischen Recht und Gesetz deutlich macht, differenziert das Lateinische sehr klar zwischen „ius“ und „lex“. „Ius“ bezeichnet dabei nicht nur das deutsche „Recht“ im Sinne eines individuell-subjektiven Anspruches auf einen Gegenstand. „Ius“ beschreibt vielmehr die gesamte objektive Ordnung des Rechtes. „Lex“ meint demgegenüber (nur) das von Menschen bewußt niedergeschriebene, konstruierte, positive Gesetz. „Lex“ kann also von ausgewählten „lawmakern“ hergestellt werden, mit dem „ius“ gelingt dies nie. Denn „ius“ wächst organisch in einer Gesamtgesellschaft, mit allen seinen inhaltlichen Randbereichsunschärfen zwischen noch ‚nur' gesellschaftlicher Bedeutung und schon verdichtet rechtlicher Bedeutung.

Auch der Kerngedanke von „Gerechtigkeit" lässt sich über einen solchen sprachlichen Ansatz durchaus präzise erfassen. Die Spracheinheit „Ge-" (von Linguisten „Morphem" genannt) bezeichnet im Deutschen stets eine Vielzahl von etwas: Ein „Gemäuer" beispielsweise ist eine Vielzahl von Mauern, mehrere Berge werden zu einem „Gebirge" und das gleichzeitige Bestehen von Rechten, die in einem geordnet-systematischen Einklang miteinander stehen, schafft eben diesen Zustand der so genannten „Gerechtigkeit".

Wer – um auf dieser sprachlichen Ebene zu verbleiben – etwas mit „Fug und Recht" für sich reklamiert, der hält damit die gute und angemessene Balance zwischen einerseits der Berufung auf ein eigenes Recht und andererseits der zugleich rücksichtnehmenden Einsicht, sich mit seinen eigenen Vorstellungen anderen, namentlich deren Rechten, zu fügen. Wenn man „befugt" ist, gewisse Rechte auszuüben, dann hat man die Macht und Kompetenz, andere in Schranken zu weisen. Was mir „verfügbar" ist, darüber habe ich das Recht. Und wer schließlich die „Verfügungsbefugnis" besitzt, der ist offenbar doppelt legitimiert: Er hat die Berechtigung, über etwas zu bestimmen und er ist der legitim Bestimmende.

Die wohl grundlegendste Variante der Verfügungsbefugnis findet sich in der Gestalt des Eigentumsrechtes. Der Eigentümer ist über sein Eigentum verfügungsbefugt. Die Grenzen seiner Verfügungsbefugnis werden durch die Rechte anderer, also durch die Verfügungsbefugnisse der Mitmenschen, markiert. Der jeweilige Kern dessen, wozu das Eigentumsrecht als solches berechtigt, wird ursprünglich durch die konsensuale Akzeptanz aller Rechtsgenossen gestaltet.

Nichts anderes gilt für die Verfügungsbefugnis über den eigenen Körper. Auch diese gilt zunächst prinzipiell uneingeschränkt. Erst in Fällen wie dem des Freitodes oder – minder schwer – einer zweifelhaften Einwilligung in Körperverletzungen werden die Grenzen der Verfügungsbefugnis diskutiert.

Bezeichnenderweise schränkt die deutsche Strafvorschrift des § 228 StGB die Rechtswirksamkeit der Einwilligung in eine Körperverletzung genau dann ein, wenn diese “gegen die guten Sitten verstößt“. Auch hier also ist das Gesetzesrecht wieder ausdrücklich in einen außerrechtlichen Akzeptanzrahmen eingebunden.

Schließlich darf auch kein Mensch über seine eigene Würde verfügen. Denn diese ist – auch für ihn selbst – „unantastbar“ (Art. 1 des deutschen Grundgesetzes). Zum Kernbereich der Menschenwürde gehört, dass er nicht zum bloßen Objekt eines naturwissenschaftlich-technischen Kausalverlaufes gemacht werden darf. Sein Wille muß (auch) mitentscheidend bleiben. Dies schließt nach § 136a der deutschen Strafprozessordnung die Einwilligung in die eigene Folter explizit aus.

Mit dieser kursorischen Darstellung von verschiedensten Handlungsverboten auch für den eigentlichen Rechteinhaber selbst zeigt sich eines deutlich: Die Verfügungsbefugnis eines Berechtigten kann nie in den Bereich des Unverfügbaren hineinreichen. Anders gesagt: Auch der Inhaber eines formalen Vollrechtes muß gewisse Einschränkungen seiner Verfügungsbefugnisse hinnehmen. Was aber ist unverfügbar?

5.) Göttliches und menschliches Recht

In der Rechtsgeschichte sind die Frage nach dem Unverfügbaren und die Frage nach dem göttlichen Recht gleichsam untrennbar miteinander verbunden. Die juristische Prüfung, ob eine Handlung als „ius“ oder als „iniuria“ zu werten sei, ob sie also als rechtmäßig oder unrechtmäßig zu gelten habe, ist eine Frage innerhalb der Kategorien des menschlichen Rechtes. Ob ein Tun hingegen gottgefällig ist oder nicht, dies ist die Frage nach ihrer Einordnung als „fas“ oder „nefas“. Ähnlich differenziert später in der Rechtsgeschichte die christliche Tradition zwischen „ius humanum“ und „ius divinum“. Über das Göttliche, das Unerreichbare, das Unbeherrschbare, das Schicksalhafte läßt sich menschlich nicht mehr verlässlich und steuerbar, mithin nicht mehr angemessen – und also auch nicht rechtlich wirksam – verfügen. Wer es sich dennoch anmaßt, der versucht Gott. Er handelt außerhalb der gesunden Grenzen des Menschenmöglichen: „Was Gott verbindet, das soll der Mensch nicht scheiden.“ Vielleicht gilt dieser Satz ganz eigentlich auch für Atomphysiker?

Wer Kräfte der Natur entfesselt, die der selbst menschlich nicht mehr beherrscht, wer also den Besen des Zauberlehrlings ruft, ohne ihn auch wieder beruhigen zu können, der handelt nicht mehr im Rahmen des ihm legitim zur Verfügung Zugewiesenen. Für jeden formalen Gesetzgeber bedeutet dies: Wer Regeln in Kraft setzt, weil er dazu gerade die organisatorische Macht hat, ohne aber zu beachten, was die diesen Regeln unterworfene Rechtsgemeinschaft selbst für angemessen hält und auf Dauer zu akzeptieren bereit ist, der sprengt den Rahmen seiner gesetzgeberischen Verfügungsbefugnis. Er handelt nicht mehr rechtmäßig. Die Vorstellung, jene nötige emotionale und organisch-traditionell gewachsene Akzeptanz der Gesamtbevölkerung wirksam durch selbst formulierte gesetzliche Grundrechte mit irgend definierten Schutzbereichen und Eingriffslegitimationen bestimmen zu können, ist daher – auf lange Sicht – Anmaßung. Eine natürliche oder personell beschränkte juristische Person kann faktisch nie verbindlich vorbestimmen, was das Ergebnis eines gesellschaftlichen, marktfreien Regelfindungsprozesses sein wird. Nur eine freie res publica kann dies im suchenden Konsens langsam organisch selbst für sich wirksam ermitteln.

6.) Gesetzgebung als Geschäftsführung ohne Auftrag

Was bleibt, ist die Frage nach den Konsequenzen dieser Einsicht für einen akut und reell in Handlungsnotwendigkeiten gestellten Gesetzgeber. Das gewachsene, erprobte und bewährte Zivilrecht weist wohl einen guten und gangbaren Weg.

Juristen waren seit jeher immer wieder vor die Aufgabe gestellt, angemessene Regeln des Interessenausgleiches für solche Fälle zu finden, in denen eine Rechtsperson plötzlich für eine andere Rechtsperson handeln musste, ohne von dieser zuvor im

Konsens entsprechend instruiert worden zu sein. So macht es – um konkret zu werden – ersichtlich einen Unterschied, ob sich ein Arzt und ein Patient vor einer medizinischen Behandlung über deren Inhalt verständigen können (und die Bezahlung des Arztes klären), oder ob ein kollabierender, handlungs- und geschäftsunfähiger Patient ungefragt ärztliche Hilfe erfahren muß.

Das Zivilrecht hat hier den nötigen Interessenausgleich zwischen den Aufwendungsersatzansprüchen des Helfenden und den Interessen des Hilfeempfangenden an seiner Integrität zu finden gehabt. Über die Zeit ist so das Rechtsinstitut der „Geschäftsführung ohne Auftrag“ entstanden. Der Geschäftsführer (der Arzt) muß dabei das Interesse und den wirklichen oder mutmaßlichen Willen seines Geschäftsherren (des Patienten) beachten. Maßt sich der Arzt zu viel Hilfe für seinen handlungsunfähigen Patienten an und greift er deswegen zu sehr in dessen ureigenste Sphären ein, dann handelt er als unberechtigter Geschäftsführer und muß diesem gegenüber später das Unrecht seiner zwischenzeitlichen Handlungen verantworten. Was der Geschäftsführer umgekehrt billigerweise auf die Schnelle an der Stelle seines Geschäftsherrn bewirkt hat, muss ihm angemessen entgolten werden.

Im Zentrum der Geschäftsführung ohne Auftrag steht daher stets die Mutmaßung des Geschäftsführers darüber, was der Geschäftsherr gewollt haben würde, hätte man ihn zuvor zu seinem Interesse und Willen fragen können.

Nicht anders ist wohl das Interessengeflecht zwischen einem Gesetzgeber und den Gesetzesunterworfenen in einer Massengesellschaft zu deuten: Der mutmaßliche Wille aller an einer akzeptierbaren Rechtsordnung und ihr Interesse an der Herstellung eines akzeptablen Rechtes für alle markiert die Grenzen legitimer gesetzgeberischer Verfügungsbefugnis. Ein Gesetzgeber, der der Versuchung nicht widersteht, seine faktischen Handlungsmöglichkeiten nicht über diese unsichtbare Grenze der realistisch annehmbaren künftigen Akzeptanz aller Rechtsgenossen hinaus auszudehnen, der mag gesetzesgemäß agieren, doch er handelt im Ergebnis anmaßend und also unrechtmäßig.

III.) Schluss

Das Mehrdürfenwollen ist eine immerwährende Versuchung für jeden, der über einen Gegenstand – welcher immer dies im Einzelfalle sei – verfügen kann. Juristisches Verfügendürfen verleitet zum Verfügenwollen auch dort, wo das Verfügenkönnen eigentlich schon erschöpft ist, auch wenn die anmaßende Grenzüberschreitung in den Bereich des Nichtmehrkönnens (noch) nicht offenbar wird. Überschreitet der Verfügendürfende jedoch sein eigenes Verfügenkönnen, dann spült ihn (spätestens ‚in the long run') die Faktizität der eintretenden (Un)Möglichkeiten fort. Selbsternannte Vertreter haben demgemäß – ebenso wie ursprünglich noch ermächtigte Vertreter jenseits der konkreten Aufträge der Vertretenen – nur dann eine Chance, dauerhaft, gedeihlich und legitim zu wirken, wenn sie sich von vornherein freiwillig in den mutmaßlichen Grenzen des Möglichen halten und also dann, wenn sie durchgängig so demütig agieren wie ein sorgfältiger Geschäftsführer ohne Auftrag. Gesetzgeber haben folglich nur genau dasjenige Recht zu formulieren, das eine Rechtsgemeinschaft sich auch ohne ihr Zutun selbständig gäbe, wäre sie dazu faktisch in der Lage. Setzt der Gesetzgeber hingegen ein Recht, mit dem er seinen und nicht den Willen und das wahre Interesse der Rechtsgenossen gestaltend verwirklichen möchte, so handelt er im Ergebnis unrechtmäßig.

Ist das „Öffentliche Interesse“ tatsächlich das öffentliche Interesse?

Referat zur „Liechtenstein Academy“ auf Schloß Freudenfels in Eschenz (Schweiz) am 10. Juni 2016

I.) Einleitung

Ich möchte mich zu Beginn erst einmal bei Ihnen entschuldigen. Bevor ich nämlich zum eigentlichen Inhalt meines Referates komme, sind hier kurz noch ein paar organisatorische Fragen zu klären. Die Tagungsleitung hat vorgesehen, daß ich für Sie von diesem Pult aus im Stehen spreche. Für mich persönlich wäre allerdings weitaus angenehmer, wenn ich sitzen könnte. Und da es auf das ankommt, was ich sage, statt auf das, was Sie sehen, hatte ich annehmen wollen, daß Sie ebenfalls damit einverstanden sind, wenn ich mich setze.

Dennoch hat mir der Veranstalter vorab erklärt, alle Referenten würden stehen und ich möge mich – im Interesse des gesamten Publikums – doch bitte entsprechend einrichten. Man erwarte im Allgemeinen auf Ihren Akademien, daß der Referent steht. Mehr noch: Es gebe hier in der Schweiz geradezu eine generell etablierte Übung, der zufolge Vortragende in der Öffentlichkeit stehen.

Bei allem selbstverständlichen Respekt für die Anwesenden darf ich aber wohl genau jetzt akut mit guten Gründen annehmen, daß es in der ganzen Schweizer Öffentlichkeit rund acht Millionen Menschen gibt, denen es völlig egal ist, ob ich hier sitze oder stehe. Das gleiche gilt für 500 Millionen Europäer und sicher auch für acht Milliarden andere Menschen überall auf der Welt.

Kurz, hier stehe ich (und kann offenbar nicht anders). Und so, im Stehen, beginne ich endlich mit dem Hauptteil meines Referat, in dem ich (1.) fragen werde: Was ist eigentlich die „Öffentlichkeit" und wofür interessiert sie sich? Nach meinen Antwortversuchen hierauf werde ich Ihnen (2.) eine kleine Empirie des öffentlichen Interesses vorstellen, um dann (3.) die Grauzonen zwischen Erkenntnis- und Machtfrage in Gemeinwohlbelangen zu beleuchten. An all dies werden sich dann noch einige kurze abschließende Bemerkungen anschließen.

II.) Hauptteil

1.) Begriffsklärung: „Öffentliches Interesse"

Der Begriff des „Öffentlichen Interesses" setzt sich ganz augenscheinlich aus zwei Bestandteilen zusammen. Es erscheint daher rhetorisch legitim und akademisch geboten, sich jedem dieser beiden Teile gesondert zuzuwenden.

a.) Nähert man sich dem Begriff der „Öffentlichkeit" wird schnell klar: Niemand kann definitorisch genau – oder gar verbindlich – sagen, was das eigentlich sei. In historischer Betrachtung dominiert hier für die europäische Tradition die Abgrenzung zwischen einerseits dem abgegrenzten privaten, familiären Haushalt (d.h. dem „Oikos") und andererseits der für jedermann in einer Stadt (einer „Polis") frei zugänglichen Plätze, namentlich also dem römischen Forum (oder der griechischen Agora).

Weil auf dem Marktplatz für alle dort Anwesenden eher allgemeine gesellschaftliche Fragen erörtert wurden als nur je individuelle persönliche Sorgen einzelner, lag eine gewisse Politisierung dieses Raumes durchaus nahe . Das änderte sich nicht, als aus dem Forum ein republikanisches Plenum und aus diesem dann ein herrschaftliches Konsilium wurde. Öffentlichkeit und Macht gehörten irgendwann gedanklich zusammen.

Im Gefolge der Aufklärung hat sich die Vorstellung von Öffentlichkeit dann wieder deutlich gewandelt. Wesentlich angestoßen durch die viel beachteten Arbeiten von Jürgen Habermas debattieren die Sozialwissenschaften in den letzten Jahrzehnten ebenso einen entpolitisierten Öffentlichkeitsbegriff wie einen entprivatisierten Persönlichkeitsbereich („Auch das Private ist politisch!“). Indem die Machtfragen aus den monarchischen Enklaven der königlichen Höfe in den offenen demokratischen Diskurs der Parlamente und Selbstverwaltungsorganisationen entlassen sind, kann eine irgend politisch relevante Öffentlichkeit praktisch jederzeit und überall eine Rolle spielen.

Der Begriff der Öffentlichkeit hat sich damit deutlich erweitert. Der Bürger steht nicht nur dann und dort in der Öffentlichkeit, wo die ganze Schweiz, ganz Europa oder die Welt zuschaut, sondern auch dort, wo eine wie auch immer geartete, nicht familiär verbundene Vielzahl von Menschen zusammenkommt. Die Sphäre der Privatheit ist also deutlich zusammengeschrumpft. Und allenfalls noch dort, wo ein Mann unrasiert mit ungebügelter, ballonseidener Jogginghose und Feinripphemd angetroffen werden kann, ist meist keinerlei Öffentlichkeit. Kurz: Referent und Publikum sind auch heute jeweils für einander offensichtlich Öffentlichkeit.

b.) Diese Feststellung führt nun konsequent zu der zweiten Frage nach dem „Interesse“, das die Öffentlichkeit hat. Etymologisch ist das Interesse zunächst ein dazwischen Sein, also ein Dabeisein(wollen), ein mittendrin Sein, ein Teil-von-etwas-Sein. Wenn etwas für jemanden von Interesse ist, dann ist es – synonym gesprochen – für ihn von Belang. Was an ihn heranlangt, das berührt ihn, das betrifft ihn, er ist also beteiligt und, in gewisser Weise, gefangen.

Indem z.B. das Standesrecht für Rechtsanwälte ihnen verbietet, widerstreitende Interessen zu vertreten, wird klargestellt, daß ein Anwalt als Parteivertreter nie in zwei Lagern gleichzeitig stehen kann. Streitparteien bei Gericht wiederum haben ein gemeinsames Interesse (und deswegen auch einen verbrieften einen Anspruch darauf), daß ihr Richter nicht „befangen“ ist. Anwälte dienen dem Interesse und Wollen ihres Mandanten, Richter dienen niemandes Interesse, sondern tunlichst nur dem Recht.

Was aber ist das Interesse der Öffentlichkeit? Was will sie? Woran hat die Öffentlichkeit Teil, wo genau will sie mittendrin sein – namentlich unter Berücksichtigung des beschriebenen Umstandes, daß sie heute praktisch überall ist? Würde es Sie als mein Publikum berühren, wenn ich hier nicht stünde, sondern säße, so lange Sie mich doch nur jedenfalls hören könnten? Und gesetzt den Fall, es läge tatsächlich in Ihrem allgemeinen Interesse, mich stehen zu sehen: Was bewirkt eine legitime Erwartung dahin, daß ich dann in Ihrem Interesse gefangen bin, statt in meinem eigenen Interesse – frei – zu sitzen?

Damit aber noch lange nicht genug. Allgemeininteresse und Allgemeinwohl werden, wie zu zeigen sein wird, immer wieder gerne synonym verwendet. Das bringt weitere Probleme. Sind Sie (nur) interessiert, mich stehen zu sehen? Oder dient es gar gezielt Ihrem Wohl als Publikum? Steht schon jetzt apriorisch fest, was Ihnen und mir gemeinsam am besten nutzt oder werden wir uns am Ende meines Vortrages a posteriori aushandelnd darüber verständigen können (müssen), was das Beste für alle war oder richtigerweise gewesen wäre?

c.) Schon diese kurzen Überlegungen zeigen, wie sehr sich sowohl die Vorstellung von Öffentlichkeit als auch die von Interesse einem jeden zügigen, konkreten gedanklichen Zugriff entzieht. Je genauer man hinschaut, desto unklarer werden die Konturen von alledem, statt sich erhellend abzugrenzen. Bedenkt man, daß Juristen stets bemüht sind, mit präzisen Begriffen zu arbeiten („Die Kündigung bedarf der Schriftform und Übersendung mit eingeschriebenem Brief, der dem Empfänger am 15. Tag des Monats zugegangen sein muß“), dann erscheint der Begriff vom „öffentlichen Interesse“ als tatbestandlicher Anknüpfungspunkt für konkrete rechtliche Konsequenzen denkbar wenig geeignet.

Trotz (oder infolge solcher semantischer Irreführungspotentiale vielleicht sogar gerade wegen?) dieser Unbestimmtheit erfreut er sich erheblicher legislativer Beliebtheit. Und – wie zu zeigen sein wird – sogar die Abwägung kollidierender öffentlicher und privater Belange stellt für Juristen kein Tabu in der Tagesarbeit dar! Verbände Sie und mich ein Arbeitsvertrag, würde ein Gericht im Streitfalle nicht eine Sekunde zögern, Ihre und meine Interessen gegeneinander abzuwägen, wäre zu entscheiden, ob ich sitzen darf oder stehen muß.

2.) Kleine Empirie des öffentlichen Interesses

In unseren Gesetzen, namentlich in den staats- und verwaltungsrechtlichen, wimmelt es geradezu von Tatbeständen, die nach den Interessen der Beteiligten fragen. Und weil die Gesetze – mindestens in der Öffentlichkeit – von der Regelannahme ausgehen, überwiegend nicht für Masochisten gelten zu sollen, verquicken sie die Frage nach dem Interesse eines Beteiligten meist mit der Frage nach seinem (wahren oder mutmaßlich vernünftigen) Willen und dann bald auch mit der Frage nach seinem Wohl. Was mich interessiert, das will ich auch. Und was ich will, das ist mir auch von Nutzen. Konkret: Wer sich für Sportwagen interessiert, der möchte auch einen haben; hat er dann einen, dann betrachtet er diesen als sein Gut und dieses nutzt er auch. Ob damit freilich gesagt ist, daß der Sportwagen von anderen für den Interessierten bezahlt werden muß?

Dieser spezifische Zusammenklang aus Interesse, Wille und Wohl bringt nicht nur erhebliche Probleme im Zusammenleben, er ist jedenfalls auch die Grundlage für ein beeindruckendes juristisches Arsenal an Gesetzesbegriffen, die über die Jahrhunderte – mindestens – dieses Wortfeld füllen: Öffentliches Interesse, Allgemeininteresse, Belange der Allgemeinheit, allgemeiner Wille, Gemeinwille, Gemeinwohl, Gemeinwohlinteressen, Gemeinnutz etc. pp.

Für Montesquieu (1689 – 1755) war klar: Eine jede Gesellschaft von Menschen kann nur dann friedlich und gedeihlich miteinander leben, wenn ihr Gesetzgeber ihren je konkret historisch gewachsenen, vieldimensional in die unterschiedlichsten Kontexte eingewobenen „esprit générale“ demütig respektiert und ihn nicht ungebührlich verändert. Gesetze, Sitten, Gebräuche und Traditionen seien so miteinander verbunden, daß unüberlegte legislative Zwänge diesen allgemeinen Geist stören und dadurch Unheil bewirken können.

Dieses (offenkundig ebenso sehr facetten-, wie wenig konturenreiche) geistige Generalinteresse aller nütze allen und müsse also zum Wohl der Gesellschaft insgesamt stets berücksichtigt werden. Man wird kaum fehlgehen, in dieser Begrifflichkeit bei Montesquieu bereits den Gedanken vom öffentlichen Interesse und vom allgemeinen Wohl zu erkennen.

Als Montesquieu seine Überlegungen zum „esprit générale“ anstellte, war der Begriff vom „volonté générale“ zwar schon erfunden, aber er kennzeichnete noch eine nur unpolitische Variante des aus der Philosophiegeschichte bekannten Universaldeterminismus. Antoine Arnault (1612 – 1694) – und ihm folgend Blaise Pascal (1623 – 1662) – fassten unter diese Bezeichnung nämlich die mutmaßlich begrenzte Möglichkeit Gottes, demjenigen Gnade zu erweisen, der sie objektiv nicht verdient habe; den Gegensatz zu diesem die Welt generell determinierenden „volonté générale“ bildete für sie der „volonté absolue“, demzufolge Gott „abgelöst“ frei darin sei, einem Sünder X Gnade zukommen zu lassen und einem Sünder Y eben nicht .

Wahrscheinlich ist kein Zufall, daß diese Differenzierung bei Arnault und Pascal (zwischen einem Gott also, dem auch nach Abschluß seines Schöpferhandelns noch Handlungsmöglichkeiten verbleiben, und einem Gott, der sich selbst in die universell determinierten, unabänderlichen Weltenläufe zu fügen hat) zeitgleich einhergeht mit einer Hochphase auch des Streites zwischen Deisten und Theisten, ob Gott selbst überhaupt Naturgesetze brechen könne oder an diese gebunden sei.

Wenn demnach überhaupt noch jemand in das mit der Schöpfung bereits perfekt hergestellte „Weltuhrwerk“ (Gottfried Wilhelm Leibniz, 1646 – 1716) mit seinen also schon rein physikalisch zwangsläufigen Abläufen eingreifen könnte, dann mußte dies offenkundig ein allmächtiger Gott sein. Denn ungebührliche Eingriffe der nicht hinlänglich verfügungsmächtigen Menschen drohten ja, nach Montesquieu, unausweichlich in Unheil zu enden. Manche Abläufe schienen auch einfach als solche viel zu komplex, um sich auch nur anmaßen zu dürfen, sie als Mensch beeinflussen zu können. Nicolas Malebranche (1638 –

1715) brachte dies auf die Formel: „Quod nescis, quomodo fiat, id non facis“.

Das Vollbild der uns heute geläufigen Begriffsverwendung vom „allgemeinen Willen“ kam dann jedoch erst – bezeichnenderweise in etwa zeitgleich mit dem Aufkommen der Rede von einer „öffentlichen Meinung“ – mit Jean-Jacques Rousseau (1712 – 1778) in die Debatte. Er sah im „volonté générale“ nun genau jenen Allgemeinwillen, der sich von einem „volonté de tous“ (also einer bloßen Akkumulation einer Vielzahl von privaten „volonté particulière“) unterscheide. Und anders als eine bloße Anhäufung menschlich fehlsamer Individualpräferenzen, sei der volonté générale stets richtig, gut und sogar unfehlbar:

Si, quand le peuple suffisamment informé délibère, les citoyens n‘avaient aucune communication entre eux, du grand nombre de petites différences ne résulterait toujours la volonté générale, et la délibération serait toujours bonne.

In der damit postulierten Unfehlbarkeit des Allgemeinwillens (und des ihm geradezu systematisch innewohnenden Impetus hin zum wahrhaft Guten) erweist sich bereits eine durchaus religionsähnliche Wurzel des Rousseau’schen Begriffskonstruktes. Wie zuvor nur ein unfehlsamer, vollkommener Schöpfergott die Welt erschaffen und – wenn überhaupt – allenfalls dann noch er selbst, abgelöst von der Physik, naturgesetzwidrige Wunder bewirken konnte, so grenzt nun ein absolut gesetzter, aber der individuellen Verfügbarkeit nicht mehr zugänglicher Volkswille das der Allgemeinheit Gute von den Individualinteressen der Beteiligten ab.

Diese Überzeugung Rousseaus hatte bekanntlich ihre handfesten politischen Auswirkungen. In der Pariser Erklärung der Menschen- und Bürgerrechte vom 26. August 1789 heißt es unter Artikel 6, Satz 1: « La loi est l’expression de la volonté générale ». Knapp vier Jahre später, am 5. April 1793, entstand dann, als Ausgründung des Pariser Nationalkonvents, das «Comité de salut public», also der « Ausschuß für das Wohl der Öffentlichkeit » (der heute zumeist als «Wohlfahrtsausschuß» bezeichnet wird).

Damit war von den Pariser Revolutionären im Ergebnis nicht nur eine Legislative geschaffen, die nach ihrer Vorstellung den unbestechlichen und unfehlbaren Volkswillen zum Ausdruck brachte, sondern auch ein Exekutivorgan, mit dem das Wohl der gesamten Öffentlichkeit in den Blick kam. Zusammen mit der Überzeugung, daß jeder volonté particulière (selbst in der Summe eines volonté de tous) minderwertiger war als der volonté générale, lagen nun alle Voraussetzungen für Auguste Comte (1798 – 1857) bereit, auf Basis eines « esprit d'ensemble » einen allgegenwärtigen Altruismus zu fordern, mit dem der gesellschaftsschädliche Egoismus zu bekämpfen sei.

Hiermit schließt sich an dieser Stelle zudem ein weiterer Kreis : Während für Platon das Gute, für Aristoteles das Glück und für Cicero der gemeinsame Nutzen im Zentrum ihrer politischen Überlegungen standen, schob das Christentum ein irdisches Wohlverhalten des Menschen eher auf die Bedeutung des Mittels zum Zweck eines anschließend ewigen Heils zurück. Im 13. Jahrhundert erwuchs dann der Gedanke, daß ein Fürst bei seinem Regierungshandeln nicht primär auf Gerechtigkeit, sondern auf Gemeinwohlorientierung zu achten habe. War die Gesetzgebungsbefugnis nun von dem Herrscher auf das republikanische Volk übergegangen, war nur konsequent, gleiches auch von ihm zu fordern.

Doch zurück in das 18. Jahrhundert: Die hier skizzierte gesellschaftspolitische Entwicklung in Frankreich findet bemerkenswerte Parallelen in der deutschen Diskussion. Philipp Dammer hat diese Linie jüngst wie folgt schlaglichtartig zusammengefaßt:

« Nach [Immanuel] Kants [1724 – 1804] Meinung sind viele ethische Theorien vorgebracht worden, aber 'das Prinzip der eigenen Glückseligkeit ist am meisten verwerflich, nicht bloß deswegen, weil es falsch ist, sondern weil es der Sittlichkeit Triebfedern unterlegt, die sie eher untergraben und ihre ganze Erhabenheit zernichten'. Der Gutwillige achte die Gesetze der Moral, 'ohne irgendeinen anderen dadurch zu erreichenden Zweck oder Vorteil'. Selbstliebe sei diese 'Bosheit des menschlichen Herzens, die mit seelenverderbenden Grundsätzen die Gesinnung insgeheim untergräbt'. ... [Georg Wilhelm Friedrich] Hegel [1770 – 1831; sagt dazu]: 'Das edelmütige Bewußtsein verhält sich negativ gegen seine eigenen Zwecke und läßt sie verschwinden. Die wahre Aufopferung des Fürsichseins ist daher alleine die, worin es sich so vollkommen als im Tode hingibt.' Oder Johann Gottlieb Fichte [1762 – 1814] : 'Wer auch nur überhaupt an sich als Person denkt, und irgendein Leben und Sein, und irgendeinen Selbstgenuß begehrt, ist dennoch nur rein gemeiner, kleiner, schlechter und dabei unseliger Mensch.' »

In dieser Denkungsart verdünnen sich die Vorstellungen aus der Erklärung der Menschen- und Bürgerrechte vom 26. August 1789, wonach jeder Bürger alles tun dürfe, was ihm nicht ausdrücklich gesetzlich verboten sei (Art. 5 ebendort), das Recht auf Freiheit, Eigentum und Widerstand gegen Unterdrückung (Art. 2) bereits zu einer Art moralischem Gebot, christliche Nächstenliebe oder die Maxime Jesu, einem Schläger auch die andere Wange hinzuhalten, tunlichst zu einem gesetzlich positivierten Zurücktreten eigener Interessen umzuformen.

Die moralische Überhöhung des Gemeinwillens geht hier bereits deutlich mit einer gänzlichen Zurückweisung individueller Interessen einher. Wer gutwillig sein will, der hat eben – in den Worten Immanuel Kants – statt sein eigenes Glück zu suchen, seine Vorteile zurückzustellen. Je weniger einer eigene Zwecke verfolgt, desto edelmütiger erscheint er in den Augen Hegels, besser noch sei, er solle gegen seine eigenen Interesse verstoßen. Im Extremfalle muß er sogar den Tod wählen, um nicht das Verdikt Fichtes zu erleiden, gemein (sic!) und unselig zu sein.

So liebenswert derartige Altruismen auf den ersten Blick wirken und so sehr sie sich in anerkennenswerter Demut einem höheren Zweck aufzuopfern scheinen, so gefährlich sind sie mit ihren moralischen Postulaten bei alledem zugleich. Denn der Schritt in den totalen Mißbrauch derart guten Willens, der Weg in die Pervertierbarkeit des Gutgemeinten, ist nur ein kleiner.

Die Diktatoren des 20. Jahrhunderts haben dies nur allzu perfekt gewußt und für sich genutzt.

Als zentrale These des vorletzten ihrer 25 Programmpunkte stellte die NSDAP am 24. Februar 1920 fest: „Gemeinnutz geht vor Eigennutz". Die nationalen Sozialisten prägten diesen Satz später auf ihre Münzen, wobei in deren Zentrum das Konterfei des Führers prangte. „Zur Idee der Volksgemeinschaft gehörte vor allem, dass die ‚Tätigkeit des einzelnen nicht gegen die Interessen der Allgemeinheit verstoßen, sondern (...) im Rahmen des Gesamten und zum Nutzen aller erfolgen' soll". In anderer Formulierung lautet die völlige Pervertierung des Rücksichtnahmeprinzips dann sogar: „Du bist nichts, Dein Volk ist alles."

In der Verblendung dieses nihilistischen Glaubenssatzes ist seinen Schöpfern offenbar nicht einmal seine logische Inkonsistenz aufgefallen; denn wie soll aus einem millionenfachen Nichts überhaupt irgendein Etwas werden? Vom „gesunden Volksempfinden" der nationalen Sozialisten schwenkte man dann im Osten Deutschlands ab 1949 zur „sozialistischen Moral". Für die anschließende dortige Diktatur formulierte Otmar Schneider im Jahre 1988:

„Das Verhalten der Staatsbediensteten innerhalb und außerhalb ihrer dienstlichen Tätigkeit [muß] der Verfassung der DDR und den Grundsätzen der sozialistischen Moral entsprechen. … Im Ergebnis bedeutet das, daß moralisch ist, was dem Sozialismus nützt, und unmoralisch ist, was ihm schadet. In der Verpflichtung der Mitarbeiter in den Staatsorganen auf die sozialistische Moral liegt im Grunde die Bindung an die jeweiligen – insbesondere politischen – Anschauungen der Führung."

Was soll man im Angesicht derartiger Exzesse halten von heutigen politischen Kampfparolen wie „Das Wir entscheidet" oder „Wir für mehr"?

Blickt man in die heute aktuellen Gesetzesnormen der Bundesrepublik Deutschland, stellt man fest, daß die hier in Rede stehende Terminologie vom Allgemeinwohl mit ihren Regelungsgehalten breiteste Verwendung findet. Das Phänomen lohnt einer Einzelbetrachtung.

In Deutschland darf heute beispielsweise nach § 31 Abs. 2 Baugesetzbuch [BauGB] bei der Errichtung eines Bauwerkes von den ansonsten unverbrüchlichen und rechtsverbindlichen Festsetzungen eines Bebauungsplanes abgewichen werden, wenn „Gründe des Wohls der Allgemeinheit, einschließlich des Bedarfs zur Unterbringung von Flüchtlingen oder Asylbegehrenden die Befreiung erfordern". Die Norm zeigt nicht nur, daß ein solches Allgemeinwohl offenbar in der Abwägung auch einmal höher stehen kann als beispielsweise der Schutz gegen Hochwasser (§ 9 Abs. 1 Nr. 16 BauGB), der Natur- und Landschaftsschutz (§ 9 Abs. 1 Nr. 20) oder – besonders schön – das Recht der Allgemeinheit (sic!), bestimmte Flächen begehen und überfahren zu können (§ 9 Abs. 1 Nr. 21 BauGB). Die Vorschrift belegt auch die Modebedingtheit bei der Definition des Allgemeininteresses: Migranten unterzubringen, ist gerade modern und die „Asylbegehrenden" sind zudem auch zeitgeistkonform gendergerecht geschlechtsneutral; man könnte die Gemeinwohlgründe wohl kaum enger mit der gerade aktuellen – insbesondere politischen – Anschauung der Führung verbunden sehen.

Die jeweilige historische und gesellschaftliche Kontextabhängigkeit zwischen Täter, Opfer und Zeitpunkt der Tat spielt auch für die Regelung in § 117 Ordnungswidrigkeitengesetz (OWiG) eine nicht unmaßgebliche Rolle: „Ordnungswidrig handelt, wer ohne berechtigten Anlaß oder in einem unzulässigen oder nach den Umständen vermeidbaren Ausmaß Lärm erregt, der geeignet ist, die Allgemeinheit … erheblich zu belästigen …". Wird diese Allgemeinheit dann durch eine „grob ungehörige Handlung" belästigt oder gefährdet und gleichzeitig die öffentliche Ordnung beeinträchtigt, kann ebenfalls eine Buße verhängt werden (§ 118 OWiG). Wie aber, fragen sich nicht nur gerichtsunkundige juristische Laien, erhebt ein Richter eigentlich Beweis über die Frage, ob „die Allgemeinheit" sich beispielsweise durch öffentliches Urinieren, Singen auf Friedhöfen oder das Erzählen von Terroristenwitzen während einer Personenkontrolle belästigt fühlt? War die Vorschrift, als sie noch „grober Unfug" hieß, nicht griffiger?

Selbstredend hört auch für den Gesetzgeber aller Spaß auf, sobald es um Geld geht. Nach § 80 Abs. 4 der Verwaltungsgerichtsordnung (VwGO) darf auch die vorläufige Beitreibung einer behördlichen Zahlungsforderung allenfalls dann ausgesetzt werden, wenn das Eintreiben für den Bürger eine unbillige Härte darstellt und (!) dennoch keine öffentlichen Interessen sie gebieten. Hier will der Fiskus ebenso gerne „dazwischen sein", wie bei der Zwangsbeitreibung von Steuern nach der Abgabenordnung (AO), die im „öffentlichen Interesse" praktisch auch stets geboten ist (§ 361 Abs. 2, 4 AO). Es genügt also das bloße Interesse der Öffentlichkeit; es bedarf keiner Gründe des öffentlichen Wohles dazu!

Fernab dieser hier nur punktuell und impressionistisch dargestellten, einfachgesetzlichen Niederungen des deutschen Bau-, Ordnungswidrigkeiten- oder Abgaberechtes spielt das „Wohl der Allgemeinheit" jedoch auch – und gerade – in verfassungsrechtlichen Zusammenhängen eine äußerst betrachtenswürdige Rolle. Nach Art. 14 des deutschen Grundgesetzes (GG) muß der Gebrauch allen Eigentums „dem Wohle der Allgemeinheit dienen". Eine Enteignung ist nur „zum Wohle der Allgemeinheit zulässig". Und eine gegebenenfalls zu gewährende Entschädigung muß die Interessen der Beteiligten mit den „Interessen der Allgemeinheit" abwägen.

Von den offenbar immensen Schwierigkeiten, derartige Tatbestände mit rechtsprechendem Leben zu füllen, erzählt eine meiner Lieblingsentscheidungen des deutschen Bundesverfassungsgerichtes. Die Wurzeln des dort entschiedenen Streites gehen zurück auf den 4. Februar meines Geburtsjahres 1964 – das zugehörige Recht wurde für die offenkundig problematische causa dann in Karlsruhe erst 17 Jahre später, am 10. März 1981, gefunden. Der vorzustellende Fall heißt 1 BvR 92/71 oder, weniger sperrig, „Braucht Bad Dürkheim eine Gondelbahn?".

Der Kernsachverhalt ist schnell erzählt. Die Stadtoberen von Bad Dürkheim und ein privater Investor träumten davon, Erholungssuchende per Luftseilbahn in Gondeln vom städtischen Wurstmarktgelände auf einen 317 Meter über Normalnull gelegenen Berg namens Teufelsstein zu transportieren. Nicht alle Grundstückseigentümer zwischen Wurstmarkt und Teufelssteinkuppe waren aber bereit, ihre Grundstücke zum Bau von Steilbahnstützen und für den Gondelüberflug zu verkaufen oder zu belasten. Die eigens gegründete public-private-partnership GmbH beantragte daher die förmliche Enteignung der Gondelbaugegner. Es begann ein beeindruckendes Verfahren mit noch beeindruckenderen argumentativen Topoi.

Nachdem die zunächst wiederholt mit einem „Grünordnungsplan" angegangene Bezirksregierung eingangs gemeint hatte, das Wohl der Allgemeinheit nötige an dieser Stelle nicht zwingend zur Errichtung einer Gondelbahn, fand die planende Stadt dann mit ihrem Argument bei dem Regierungspräsidenten Gehör, daß die Notwendigkeitsprüfung für ein derartiges Vorhaben alleine in die Hoheit der Stadt falle. Ob die städtischen Rechtsräte von Bad Dürkheim seinerzeit die Hardliner-Argumente aus dem revolutionären Wohlfahrtsausschuß von 1793 kannten, daß nur ein gottgleich unfehlbarer Exekutivausschuß das wahre öffentliche Beste erkennen und definieren könnte? Wir werden es wahrscheinlich nie erfahren.

Nach Weisung des Regierungspräsidenten wurden jedenfalls für die Enteignungen bereits Entschädigungsbeträge festgesetzt, doch elf wackere Eigentümer riefen das zuständige Landgericht um Hilfe an. Nachdem die Landrichter ein Wohl der Allgemeinheit im Gondelbahnbau nicht erblicken mochten, erkannte das daraufhin mit der Sache befasste Oberlandesgericht im Rechtsmittelverfahren jedoch exakt gegenläufig. Das Obergericht argumentierte, zwar sei richtig, daß der Wald schon erschlossen und der Wipfel auch schon anderweitig mit öffentlichem Linienverkehr erreichbar sei. Da man aber zu Fuß 30 Minuten und mit der geplanten Gondelbahn nur 7 Minuten zum Berggipfel unterwegs sein werde, bestehe ein öffentliches Interesse für den Bau. Insbesondere für kranke und ältere Menschen sei dies von Vorteil. Das Bundesverfassungsgericht referiert aus der Entscheidung des Oberlandesgerichtes:

„Zu den Anliegen des Staates und der Gemeinde gehöre, dem Bürger die Möglichkeit zu schaffen, seine Freizeit sinnvoll zu verbringen. Die Bedeutung dieser Aufgabe ergebe sich aus dem Umstand, daß die Freizeit immer länger und für die Gesundheit bedeutsamer werde. … Gewichtige öffentliche Interessen … seien in folgendem zu sehen: Das Waldgebiet sei für Spaziergänger und Wanderer besonders geeignet. Es weise wenige Steigungen auf und habe eine große Zahl von schattigen Spazier- und Wanderwegen. Der Teufelsstein ziehe viele Urlauber und Erholungssuchende an. Der Wald biete sich als Erholungsgebiet für die Großstadtbevölkerung der Ballungsgebiete an. In Orten mit Kurgästen und Urlaubern sei das öffentliche Interesse an einem schnellen und bequemen Zugang zu Spazier- und Wanderwegen erheblich. Die Seilbahn sei ein Anziehungspunkt. … Gegenüber den öffentlichen Interessen an einer besseren Erschließung des Waldgebietes seien die Interessen der betroffenen Grundstückseigentümer an ungestörtem Aufenthalt auf ihren Grundstücken von geringerem Wert.“

Der von den unterlegenen Eigentümern mittels Revision zu Hilfe gerufene Bundesgerichtshof hatte keine Neigung, sich selbst mit dieser Sache zu befassen und wies das Rechtsmittel der Grundeigentümer durch Beschluß – ohne eigene inhaltliche Begründung und unter legitimierendem Hinweis auf ein Gesetz zur Entlastung des Bundesgerichtshofes – zurück.

Nunmehr erhoben die Betroffenen Verfassungsbeschwerde gegen ihre Enteignung. Das Bundesverfassungsgericht nahm sich der Sache tatsächlich an und forderte zunächst eine Vielzahl von Behörden zu Stellungnahmen auf. Der Bundesminister für Raumordnung und Städtebau erklärte sinngemäß, es stehe im Ermessen der Gemeinde, welches Bauplanungsrecht sie setze und wie sie die Enteigneten entschädige. Auch das Land Rheinland-Pfalz sah ein öffentliches Interesse an der Gondelbahn. Die ebenfalls gehörte GmbH des Investors gab zu Protokoll, das Allgemeinwohl sei ein so unscharfer Begriff, daß er eigentlich gar nicht justitiabel sei; man habe ihn daher „als allein durch Staatsorgane ausfüllungsfähig angesehen“ und halte ihn deswegen auch für „der Justitiabilität entzogen“. Immerhin sei es sowieso die zentrale Aufgabe und Sache der Behörden, sich für das gemeine Beste zu betätigen. (Jean-Jaques Rousseau wäre sicher entzückt gewesen, solches zu lesen!)

Weiter ließ die GmbH ihre Prozeßvertretung bei dem Bundesverfassungsgericht meinen: Da der Staat die Menschen in der Freizeit nicht sich selbst überlassen dürfe, habe er ihnen auch mehr als nur das Lebensnotwendige zu bieten. Gerade die ozonreiche Luft in der Höhenlage des Teufelssteins sei auch nach den medizinischen Erkenntnissen der sogenannten Ganzheitstherapie bei ausgedehnten Spaziergängen sehr wertvoll und eine Bergbahn zudem das ideale Verkehrsmittel, um die Attraktion des eindrucksvollen Rundblicks zu genießen.

Es bestätigt sich bei der Lektüre dessen augenscheinlich wieder der Erfahrungssatz, daß jedes Argument zur Wegnahme von Eigentum gegen den Willen des Eigentümers stets nur schlecht sein kann. Warum sollte es hier anders sein?

In der Tat entschied dann auch die Mehrheit der Richter des Bundesverfassungsgerichtes in Ansehung der beschriebenen Interessen- und Argumentationslage am 10. März 1981, daß die Gondelbahn nicht über die Grundstücke der betroffenen Eigentümer geführt werden dürfe. Die Enteignungen wurden für rechtswidrig erklärt.

Allerdings – und dies macht mir den Fall in juristischer und rechtstheoretischer Hinsicht so liebenswert – nicht deswegen, weil der Charakter des grobes Unfuges der angestrebten Enteignung dem gesamten Gondelbauprojekt hier schon von Beginn an grell strahlend auf die Stirn geschrieben stand; sondern weil, kurz gesagt, das durchgeführte Enteignungsverfahren formfehlerhaft die nötigen Voraussetzungen eines geboten vorgängigen Planfeststellungsverfahrens nach Maßgabe des einschlägigen rheinland-pfälzischen Landeseisenbahngesetzes nicht berücksichtigt hatte und im Gefolge zwar das politische Landeskabinett, nicht aber die Landesregierung als solche beteiligt worden war. Wegen dieses Formfehlers bedurfte nach Ansicht der Richtermehrheit im Ersten Senat des Bundesverfassungsgerichtes die Frage keiner Entscheidung mehr, ob es dem Wohl der Allgemeinheit diene, eine solche Seilbahn durch die ozonreiche Luft zu führen, um in seiner üppigen Freizeit dem Ballungsbürger 23 Minuten ganzheitstherapeutischen Fußweg zu ersparen.

Ein einziger Richter des Senates mochte diesem argumentativen Exit aus dem Problem nicht zustimmen. Denn er erkannte, daß den betroffenen Eigentümern nach 17 Jahren des Bangens um ihr Eigentum mit einem bloßen Formfehler-Verdikt des Senates Steine statt Brot gegeben waren: „Nach den gegebenen Umständen muß damit gerechnet werden, daß auf der maßgeblichen landesrechtlichen Rechtsgrundlage erneut die Einleitung eines Enteignungsverfahrens beantragt wird. Damit sind neue Streitigkeiten vorprogrammiert. Das ist aber nicht der Sinn des Verfassungsbeschwerdeverfahrens. Es soll ... den Rechtsfrieden wieder herstellen und für die Zukunft Klarheit schaffen“, führte er im Rahmen des ihm möglichen Sondervotums aus. Dann erklärte er, warum im gegebenen Falle „das Enteignungsrecht mißbraucht“ worden war:

„Das Grundgesetz hat das im Bereich der Eigentumsordnung stets aktuelle Spannungsverhältnis zwischen den grundrechtlich geschützten Interessen des Einzelnen und den Belangen der Allgemeinheit dahin entschieden, daß im Konfliktfall das Wohl der Allgemeinheit – unter den noch zu erörternden Voraussetzungen – den Vorrang haben soll und daß im äußersten Fall der Eigentümer die Entziehung des Eigentums hinnehmen muß.“ Das Grundgesetz unterscheide in Art. 14 GG zwischen dem „Wohl der Allgemeinheit“ und den „Interessen der Allgemeinheit“. Eine Verfassung erfordere auch, beim Wort genommen zu werden „denn das Wort ist das Medium, durch das der Inhalt des Rechts verlautbart wird.“ Da der Richter an das Gesetz gebunden sei, dürfe er nicht leichthin Begriffe austauschen oder gleichsetzen: „Daß in der Rechtswissenschaft Gemeinwohl und öffentliche Interessen nicht sorgfältig geschieden werden, rechtfertigt nicht, sich über den Wortlaut und die darin zum Ausdruck kommende Intention hinwegzusetzen.“ Interesse und Wohl seien zweierlei: „Nicht alles, was öffentliches Interesse erweckt, dient auch dem allgemeinen Wohl und ist erst recht nicht ‚zum‘ allgemeinen Wohl erforderlich. … Wäre in einer pluralistischen Gesellschaft jedes öffentliche Interesse mit dem Gemeinwohl identisch, gäbe es in Wahrheit kein Gemeinwohl.“ Klar sei aber: „Es darf nur ‚zum Wohle‘ der Allgemeinheit enteignet werden.“ In der Hervorhebung dieses „zum“ durch das Sondervotum liegt gleichsam die noch einmal ausdrückliche hermeneutische Mahnung, die Teleologie dieser Formulierungsvariante des Verfassungsgesetzgebers nicht zu übersehen: Enteignet werden darf nur, um dadurch gezielt den Zweck zu erreichen, der Allgemeinheit ein ihr sonst versagt bleibendes Wohl herbeizuschaffen.

Wollte man jede staatlich oder gemeindlich irgendwie nützliche Einrichtung schon als gemeinwohldienlich in diesem Sinne betrachten, liefe der grundrechtliche Schutz für das Eigentum praktisch leer. Die von dem Oberlandesgericht aufgeführten Tatsachenbeschreibungen zu Wald, Berg, Wanderer und Gesundheit seien in Wahrheit nicht mehr als nur „sozialpolitische Vorstellungen, die nicht einmal rechtliche Konturen erlangt“ haben.

Mündige Bürger im Welt- und Menschenbild des deutschen Grundgesetzes haben ihre Freizeit selbst zu gestalten, und erst recht nicht auf Kosten einer Beeinträchtigung der Grundrechte anderer. 23 Minuten freizeitliche Fußwegersparnis können die Inmarschsetzung des staatlichen Gewaltmonopols nicht legitim rechtfertigen. Die interdisziplinäre wissenschaftliche Erörterung der Frage nach dem Gemeinwohl sei zwar einerseits erfreulich, andererseits drohe sie den ohnehin schon unscharfen Begriff für den juristischen Gebrauch in seinen Konturen weiter aufzulösen. Nicht alles, was der Öffentlichkeit zur Verfügung stehe (wie beispielsweise auch ein Kaufhaus oder eine Gaststätte), diene deswegen schon enteignungsrechtlich dem Wohl der Allgemeinheit. Mehr noch: Die Ratio des Eigentumsgrundrechtes erschließe sich besonders deutlich aus ihrem totalitären Gegensatz. Das Sondervotum zitiert dazu einen nationalen sozialistischen Juristen des Jahres 1940 mit dem Satz: „Ein Staat, der zugleich Wirtschaftsstaat, Kulturstaat, Fürsorgestaat, Wohlfahrtsstaat, Versorgungsstaat ist, muß folglich total, d.h. auf allen Gebieten und für alle ohne Rücksicht auf die Unterscheidung von öffentlich und privat das Enteignungsrecht ausüben können."

Jede Ähnlichkeit dieser Beschreibung mit lebenden Begriffen oder Argumentationsmustern des deutschen oder EU-Rechtes wäre rein zufällig, nicht beabsichtigt und natürlich in keiner Weise hilfreich. Verfolgen wir diese Linie also hier nicht weiter. Werfen wir stattdessen lieber einen kurzen rechtsvergleichenden Blick auf die Verfassung unserer heutigen Gastgeber.

Auch die Verfassung des Fürstentums Liechtenstein erfordert in ihrem Art. 35 Abs. 1 die Befriedigung des „öffentlichen Wohls" für eine mögliche Rechteinschränkung im Vermögen ihrer Bürger. Desgleichen muß auch dort eine etwaige Enteignung mit einer angemessenen Schadloshaltung kompensiert werden. In der Formulierung von einer „Unverletzlichkeit des Privateigentums" (Art. 34 Abs. 1 ebendort) findet sich ein weiteres Indiz für die Höhe der Enteignungshürde. Das deutsche Grundgesetz „gewährleistet" nur Eigentum, Liechtenstein erklärt es für „unverletzlich".

Wenn nun aber nicht nur solche rechtsvergleichende Blicke auf unterschiedliche Staatsverfassungen, sondern auch die zitierte Formulierung des Verfassungsrichters vom „stets aktuellen Spannungsverhältnis zwischen den Interessen des Einzelnen und den Belangen der Allgemeinheit" jenen menschlichen Grundkonflikt in Fläche und Zeit beschreiben, dann erscheint legitim, noch einmal einen Blick zurück in die eingangs betrachteten historischen Zusammenhänge zu wagen. Waren es in der Moderne tatsächlich zuerst der Baron von Montesquieu und ihm folgend maßgeblich Rousseau, die sich mit den Interessen des Einzelnen und der Allgemeinheit eingehender befaßten?

Als Nicht-Historiker habe ich mit meinen zwangsläufig nur begrenzten Quellenstudien bislang immer den Eindruck gehabt, daß der eigentliche politische und juristische Interessenkonflikt zwischen Individuum und Gemeinschaft erst in der sogenannten Sattelzeit (also insbesondere ab dem Jahr 1750, mit dem sichtbarer werdenden Übergang von Moderne zu Aufklärung) wirkgeschichtlich richtig an Relevanz und Brisanz gewonnen hat. Belegen läßt sich diese Überlegung nicht nur anhand der Lebensdaten der eingangs zitierten Gewährsleute. Adam Smith hatte in seinem „Wohlstand der Nationen" im Jahr 1776 bekanntlich den Eigennutz oder „das gleichmäßige, fortwährende und ununterbrochene Streben der Menschen nach besseren Lebensbedingungen" als „Ursache und Quelle des öffentlichen Wohlstands" erkannt und beschrieben. Doch Adam Smith steht mit dieser Beobachtung bei weitem nicht alleine.

Der Historiker Winfried Schulze, auf den gleich noch detaillierter zurückzukommen sein wird, zitiert den aus den Niederlanden stammenden Gelehrten Bernard Mandeville (1670 – 1733), mit dessen Schrift „Die Bienenfabel oder Private Laster, Öffentliche Wohltaten" aus dem Jahr 1705. Mandeville sah den wesentlichen „Ansatzpunkt einer Gesellschaftstheorie" in der individuellen Natur des Menschen mit seinen Trieben und Leidenschaften. In einer Erläuterung von Walter Euchner aus dem Jahre 1980 wird Mandevilles Ansatz wie folgt zusammengefasst: „Die eigentliche Kohäsion der Gesellschaft wird nicht durch die Manipulation der Herrscher bewirkt, sondern durch das allmähliche Entstehen eines Systems der Bedürfnisse, das die divergierenden Partikularinteressen zu einem Netz allgemeiner Abhängigkeit verflicht." Daß in diesen Gedanken schon wesentliche Teile der Überlegungen von Friedrich August von Hayek über das Entstehen spontaner Ordnungen vorweggenommen sind, liegt auf der Hand.

Mandeville hatte die aus Dezentralität folgende Kohäsion nachhaltig erfolgreichen Wirtschaftens einer Gemeinschaft demnach schon 1705 augenscheinlich besser erkannt als noch der spätere Johann Heinrich Gottlob Justi im Jahre 1761. Der nämlich erhob eine vordringliche Verpflichtung des Untertanen gegenüber dem Staat zum wesentlichen Motivationsmoment für das „Gemeine Beste":

„Bürgerliche Tugenden sind Handlungen der Bürger, welche mit den Gesetzen übereinstimmen. Weil wir aber hier nicht von fehlerhaften Gesetzen, sondern von solchen reden, die wirklich das bestmögliche Verhältnis und die Bestimmung zum gemeinschaftlichen Besten haben, so verstehen wir hier unter diesen Tugenden solche Handlungen der Bürger, die in der Tat das gemeinschaftlich Beste befördern. Alle Tugenden, die wirklich von dieser Art sind, lassen sich in drei Klassen einteilen: 1.) In Tugenden oder Pflichten, welche der Bürger dem gesamten Staat oder der obersten Gewalt schuldig ist, 2.) in Pflichten, die er gegen seine Mitbürger ausüben muss und 3.) in Pflichten, die er sich selbst schuldig ist, insofern diese Pflichten mit dem gemeinschaftlichen Besten einen unmittelbaren Zusammenhang haben. Alle drei Arten dieser Pflichten aber gründen sich auf das gemeinschaftliche Beste als den allgemeinen Endzweck aller bürgerlichen Verfassungen und dieses ist mithin das wesentliche Kennzeichen, der Probierstein, wodurch man die wahren bürgerlichen Tugenden von denjenigen unterscheiden kann, die es nicht sind, oder die man durch fehlerhaftige Gesetze dazu gemacht hat. … Da der wesentliche Grund der Republiken darauf ankommt, dass viele Menschen neben ihren Willen auch ihre Kräfte miteinander vereinigen, so kann die gesamte Kraft und das Vermögen des Staates lediglich aus den einzelnen Kräften der Untertanen entstehen. Und folglich ist es allerdings eine Pflicht der Untertanen gegen den Staat, dass sie durch Fleiß und Geschicklichkeit ihr Vermögen zu vergrößern suchen. Diese Pflicht des Bürgers ist in allen Staaten notwendig, die Handel und Umgang miteinander haben."

Die bessere Erkenntnis, den Eigennutz nicht verdammen zu sollen, sondern ihn statt dessen als Grundlage aller gesunden gesellschaftlichen Kooperation zu würdigen, findet sich jedoch schon zu einem Zeitpunkt, der weit vor den Sattelzeitgeistern Bernard Mandeville oder Adam Smith liegt. Exakt 400 Jahre vor dem Abschluß des GmbH-Vertrages zum Bau einer vermeintlich allgemeinwohlen Gondelbahn in Bad Dürkheim 1964 notierte ein Mann namens Leonhard Fronsberger in Frankfurt am Main 1564 Erstaunliches. Der schon erwähnte Historiker Winfried Schulze formulierte in einem Vortrag für das Historische Kolleg 1987 unter der Überschrift „Vom Gemeinnutz zum

Eigennutz – Über den Normenwandel in der ständischen Gesellschaft der Frühen Neuzeit“:

„Als ich mir im Rahmen meiner Forschungen über die ständische Gesellschaft ein Kapitel vornahm, das den Weg vom Gemeinnutzaxiom zum modernen Eigennutzaxiom verfolgen sollte, stieß ich eher beiläufig auf eine Schrift, die sich bei näherer Prüfung als nicht weniger als eine Vorwegnahme all dessen erwies, was Mandeville zu Beginn des 18. Jahrhunderts schrieb. Man wird kaum umhin können, in Zukunft die Geistesgeschichte des Eigennutzbegriffes vom London des Jahres 1706 in das Frankfurt am Main des Jahres 1564 zu verlegen. In diesem Jahr erschien hier nämlich die Schrift eines Ulmer Bürgers mit dem Namen Leonhard Fronsberger mit dem Titel ‚Vom Lob des Eigennutzen‘. … Fronsberger nimmt sich am Anfang vor, zu fragen, ‚aus welchen Ursachen die Menschen in den Ehezustand kommen und was sie darin suchen. Es geschieht aus natürlicher Begehrlichkeit, die von der Natur eingepflanzt ist, folgt nach seiner Lust und seinem Willen, denselben ein Genügen zu tun‘. Wegen des Gemeinnutzes – so seine Schlussfolgerung – heirate doch gewiss niemand. Der Mensch begehrt ‚die Ehe darum, dass er ohne den Ehestand nicht füglich haushalten kann und also sucht er doch darin nichts anderes als seinen eigenen Nutzen‘. Auch alles wirtschaftliche Tun, so sagt der [bei Fronsberger personifiziert redende] Eigennutz weiter, werde durch ihn verursacht. Kein Bauer würde sein Feld bestellen, ‚wenn ihn nicht eigener Nutzen dazu gedrängt oder verursacht hätte‘. Das Gleiche gelte auch für den Kaufmann, der aus Eigennutz Leib und Leben auf hoher See und in allen möglichen Gefahren wage, und für den Handwerker, der entweder aus Mangel der Nahrung oder aus Geiz arbeitet. Verblüffend an diesen Passagen, in denen der Eigennutz als Antrieb aller wirtschaftlichen Tätigkeit nachgewiesen wird, ist ihre Parallelität mit der Argumentation von Adam Smith …. Der entscheidende Gesichtspunkt dieser Schrift liegt in der Wendung der Argumentation, nachdem die Allgemeingültigkeit des Eigennutzes bewiesen worden ist. Fronsberger fragt, wie es denn aber nun zur Existenz von Familien und

Staaten komme, wenn es doch nur Eigennutz gebe. Den Grund sieht er in der Schöpfung der Welt, in der kein Mensch ohne des anderen Hilfe leben könne, jedes Land brauche das andere. Diese Tatsache bewirke die gesellschaftlich notwendige Kooperation aller Teilglieder. Dies folge aber nicht aus der Gleichheit zwischen allen Menschen. Alle Geschöpfe seien vielmehr nach dem Willen Gottes ‚in Ungleichheit', aber ‚durch die Ungleichheit und streitende Gegensätze erscheint die allergrößte Gleichheit und allerlieblichste Harmonie und Einigkeit gleichsam als in einer Orgel, [wo] viele und mancherlei Pfeifen sind, kurz und lang, groß und klein, deren keiner auch in ihrem Getöne einander gleich [sind], aber aus solchen ungleichen Stimmen entspringt [gleichwohl] die allersüßeste Harmonie der Musik'."

Aus dem Abstand von viereinhalb Jahrhunderten kann der heutige Leser wohl kaum anders, als staunen, wenn er diese frühe Erkenntnis über die gesellschaftsdienliche Sinn- und Zweckhaftigkeit eines tolerierten Eigennutzes liest. Gute 200 Jahre später notierte Friedrich Buchholz [1768-1843] die doch so naheliegende Frage: „Denken wir uns eine Stadt, die von lauter Bäckern bewohnt wäre; was würde die für eine Stadt sein?" Es drängt sich daher die Frage auf, welche Kräfte offenkundig immer wieder walten, um anstelle des guten Eigennutzes den wieder und wieder zerstörerischen Kräften eines vermeintlichen Gemeinnutzes zum Sieg zu verhelfen.

3.) Gemeinwohl als Erkenntnis- und Machtfrage

Die dargestellte tour d'horizon durch die Begriffsgeschichte von öffentlichem Interesse, Allgemeinwohl und Gemeinnutz zeigt deutlich: Im Allgemeinen wird offenbar bevorzugt, daß mit einer Entscheidung oder Einrichtung jedweder Art statt den Interessen und dem Wohl eines einzelnen vordringlich den Interessen und dem Wohl aller gedient sei.

Die Wurzel dieser allgemeinen Sympathie gegenüber dem Gemeinnutz scheint mir eine deutlich eigennützige zu sein: Wenn von einer Maßnahme alle profitieren, dann profitiere jedenfalls auch ich, während dann, wenn nur einzelne Gewinn daraus haben, ich vielleicht nicht zu den Gewinnern gehöre. Im Versprechen des Allgemeinwohls liegt also die Verheißung, demnächst auch selbst einen Spatz in der eigenen Hand zu halten, statt nur eine Taube auf dem Dach zu wissen.

Sobald diese Gedanken allerdings einmal praktisch und konkret werden, verflüchtigen sie sich bald wieder. Eine Lotterie, die dezidiert der Allgemeinheit nützlich sein wollte, müßte ihre Einnahmen durch sämtliche Losverkäufe zuletzt wieder gleichmäßig unter allen Lotterieeilnehmern verteilen; offenkundig steht nicht zu erwarten, daß eine solche Vergnügung für die Masse der Menschen auf Dauer nachhaltige Spielfreunde spenden würde.

Nur die Aussicht auf einen eigenen Nutzen motiviert Individuen, sich überhaupt zu betätigen. Und weil die Vorstellungen über den wünschenswerten, erzielbaren Nutzen höchst individuell von den eigenen privaten Wertpräferenzen aller unterschiedlichen Menschen abhängen, deswegen gelingt auf Dauer nur so, eine zusammenhängende funktionsfähige Gesellschaft dezentral zu organisieren und in ihr beglückende, identitätsstiftende Kooperationen zu stiften.

Weil aber das, was allen nützlich ist, in dieser Komplexität faktisch gar nicht auf einen übersichtlichen wörtlichen oder organisatorischen Begriff gebracht werden kann, findet über die Jahrhunderte eine eigentümliche Verquickung von Macht- und Definitionsanspruch statt: Derjenige, der die politische Gewalt beherrscht, maßt sich regelhaft an, auch das gemeine Beste erkennen, beschreiben und durchsetzen zu dürfen. Wird die Befugnis zur Gesetzgebung dann in einer Weise ausgeübt, die das wirklich allen Günstige verfehlt, dann decken sich die Kreise von gesetzlichem Geltungsanspruch und allgemeinem Vorteil nicht.

Eingedenk der heute wenigstens 450 Jahre alten Erkenntnis Leonhard Fronsbergers, daß nur eine dezentral aus freien, eigennützigen Stücken privatautonom konstituierte Gesellschaft unterschiedlicher Menschen die begründete Hoffnung auf einen nachhaltigen und gedeihlichen gesellschaftlichen

Zusammenhang in Wohlstand und Frieden begründet, kann einem jeden Machthaber mit legislativen Befugnissen nur geraten werden, sich jedweder eigenen Definition des gemeinen Besten, des allgemeinen Nutzens oder auch nur der Beschreibung eines verbindlichen öffentlichen Interesses zu enthalten.

Ähnlich der paradoxen Erkenntnis, daß namentlich individueller Eigennutz primär die Triebfeder für die Popularität des Allgemeinwohles ist, entzieht sich auch die Verfügbarkeit des allgemeinen Wohles und Nutzens gerade dort dem Zugriff des notwendigerweise unvollkommenen, individuellen Herrschers, wo er den vielfältigen Eigennutz der Bürger sich frei entwickeln läßt. Das dann materialisiert entstehende, hochgradig komplexe Geflecht eines konkreten gesellschaftlichen Zeitgeistes mit seinen gleichzeitig akkumulierten wie gegenläufigen Individualinteressen konstituiert gerade erst diejenige funktionierende Gesamtheit, in die eine Legislative dann schon deswegen nicht mehr ohne Schaden für alle eingreifen kann, weil sie die kleinteiligen Funktionsweisen der ungezählten Subsysteme gar nicht mehr erfassen und folglich nicht respektieren oder gar effektiv schützen kann.

Was die „Öffentlichkeit" ist, läßt sich – wie eingangs gezeigt – allgemeingültig und allgemeinverbindlich überhaupt nicht definieren. Der böse Satz, daß wer sich in die Öffentlichkeit begebe, in ihr umkomme, gibt Zeugnis von dieser hochkomplizierten, letztlich nicht menschlich steuer- oder gar beherrschbaren Größe. Was dieses diffuse etwas namens „Öffentlichkeit" interessiert, läßt sich denknotwendig noch weniger wissen; denn wenn schon undeutlich bleibt, um wessen Interesse es geht, dann kann dessen Interesse erst recht nicht gedanklich präzise erfaßt werden.

Eingriffe in die Respektsphären von Menschen, namentlich also Beschränkungen von Rechts- oder gar Grundrechtspositionen kommen demgemäß intellektuell redlich niemals auf der Grundlage eines derartig diffusen öffentlichen Interesses in Betracht. Eingriffe können allenfalls dann legitim sein, wenn sie

– wie dargelegt – gezielt teleologisch (mit dem „telos“!) eines Allgemeinwohls durchgeführt werden

Weil aber regelhaft schon unklar ist, was denn überhaupt gut und was schlecht ist, hilft auch dies nur sehr unvollkommen zur Problemlösung. Näher dürfte daher umgekehrt liegen, zu formulieren, daß der Gesetzgeber und/oder die Exekutive allenfalls dann in die Rechtssphären eines Bürgers gegen dessen Willen eingreifen dürfen, wenn ohne den Eingriff ein konkretes Unwohl bei der gesamten Allgemeinheit spürbar würde. Will sagen: Der statistische Durchschnittsbürger von Bad Dürkheim hätte vielleicht in meßbaren Größenordnungen zu der Auffassung gelangen können, daß eine Gondelbahn auf den Teufelsstein ein nützliches Gut wäre; mit Ausnahme des Investors jedoch dürfte niemand zwischen Wurstmarkt und Teufelskuppe je ein konkretes Unwohlsein deswegen empfunden haben, weil er nicht den ozonhaltigen Rundblick zu sehen bekam. Die Enteignung wäre daher nie legal – oder gar legitim – gelungen.

Sieht man den Gesetzgeber als denjenigen an, der kraft seiner Machtbefugnisse den jeweils größten gemeinsamen Teiler bzw. das kleinste gemeinsame Vielfache aus den konkreten Überzeugungen einer Gesellschaft herauszudestillieren und es – als ethisches Minimum – in ein zwangsweise durchsetzbares Gesetz zu formulieren hat, dann erweisen sich die sonstigen Überzeugungen, Weltanschauungen und Traditionen einer Gesellschaft geradezu als die unbestimmte Umgebungssphäre des (schon) positivierten Regelungskanons. In dieser Metasphäre um das geschriebene Gesetz sind Richter berufen, zusätzlich Sittengesetze zu erkennen, die sie aus dem – von dem Reichsgericht treffend so bezeichneten – „Anstandsgefühl aller billig und gerecht Denkenden“ zu deduzieren haben. Diejenigen Gesellschaftsmitglieder, die jenen Regelungskanon greifbar machen, zeichnen sich also dadurch aus, daß sie (a.) denken; daß sie (b.) das Recht und (c.) die Angemessenheit wahren, daß sie (d.) nicht gegen ihre Überzeugung handeln und daß (e.) diese Überzeugungen ihrerseits ‚anständig‘, d.h. normativ-wertegeleitet sind.

Artikel 151 der Bayerischen Landesverfassung liegt erstaunlich nahe bei dieser Lösung: Sein erster Absatz zielt auf die Herstellung von „Gemeinwohl“ durch Wirtschaft; sein zweiter Absatz verfügt Vertragsfreiheit und erklärt sie zum Mittel dieser Zweckerreichung; er endet mit der Abgrenzung, daß „gemeinschädliche und unsittliche“ Rechtsgeschäfte rechtswidrig und nichtig seien.

Gehen wir für den gegenwärtigen europäischen Kulturkreis davon aus, daß die unbedingte Geltung der Menschenwürde ein derart gelebter ethischer Standard ist, dann gilt: Der einzelne darf nicht zum Mittel fremder Zweckkerreichung werden. Die schließt utilitaristische Zweckmäßigkeitsverwaltung zu Gunsten der statistisch größten Zahl ebenso aus, wie das Überfliegen von Grundstückseigentümern bei Aufenthalt auf ihrem Eigentum gegen deren Willen zum Vergnügen Dritter. Der Respektanspruch des Individuums ist demnach sittlich tunlichst unverletzlich, es sei denn, er muß in einem konkreten Fall vorübergehend so geringfügig wie möglich zurückstehen, weil sonst allen anderen ein konkretes Unheil droht.

III.) Schluß

Unverändert stehen Herrscher in der Versuchung, anstelle der Beherrschten deren vermeintlich bestes Wohl und deren besten Nutzen definieren zu wollen und beides – nötigenfalls staatlich gewaltmonopolistisch – im Namen von öffentlichem Interesse, Allgemeinwohl oder Gemeinnutz auch gegen den bürgerlichen Willen durchzusetzen. Wohin aber zentrale Steuerung und ignorierter dezentraler Bürgerwille stets wirtschaftlich und politisch führen, hat die Geschichte vielfach gezeigt, vom Pariser Wohlfahrtsausschuß bis in die sowjetischen Gulags.

Das einzige wirkliche Interesse aller denkbaren Arten von Öffentlichkeit geht in einer Gesellschaft dahin, sich unter der Geltung von wenigen, übersichtlichen, klaren, respektierten und durchgesetzten gesetzlichen Regeln zum Schutz für Leben, Körper, Eigentum und wirtschaftliche Dispositionsfreiheit ungehindert bewegen und verabreden zu können. Das beste allgemeine Wohl besteht darin, daß jedermann sein individuelles persönliches Glück privat verbindlich und ungestört, abseits von fremden, anmaßenden Vorgaben anderer, selbst definieren und verwirklichen kann. Eine bewußt geplante und gelenkte Gesellschaft steht in exaktem Widerspruch zu diesem öffentlichen Interesse und öffentlichen Wohl. Friedrich August von Hayek stellte insoweit zutreffend fest:

„Die allgemeine Forderung nach ‚bewußter' … Lenkung des sozialen Geschehens ist … der Ausdruck eines eigentümlichen Geistes ... Daß etwas nicht bewußt als Ganzes gelenkt wird, wird schon an und für sich als Mangel und als ein Beweis … [für die] Notwendigkeit betrachtet, an seine Stelle einen bewußt entworfenen Mechanismus zu setzen. Doch scheinen von den Leuten, die den Ausdruck ‚bewußt' so freigiebig gebrauchen, nicht viele zu erfassen, was er wirklich bedeutet; die meisten scheinen zu vergessen, daß ‚bewußt' oder ‚mit Willen' Ausdrücke sind, die nur einen Sinn haben, wenn … [sie] auf Individuen angewendet … [werden], und daß das Verlangen nach bewußter Lenkung daher gleichbedeutend ist mit der Forderung nach Lenkung durch einen Einzelnen."

Bei der Vorbereitung dieses Referates hier war mir übrigens bewußt, daß ich unter anderem auch auf § 35 VwGO zu sprechen würde kommen müssen; auf den Vertreter des öffentlichen Interesses („Bundesinteresses") bei dem Bundesverwaltungsgericht (auch so etwas gibt es, natürlich). Was ich ursprünglich nicht wußte, war, daß es zu dieser Gesetzesregel der VwGO auch eine Allgemeine Dienstanweisung des Bundesinnenministers gibt. Ich lernte, daß dieser Vertreter nach Maßgabe der Dienstanweisung neben dem (einen!) öffentlichen Interesse auch zur „Verwirklichung des Rechts" beizutragen hat (§ 1 Abs. 1 a.a.O); daß er entscheidet, ob er arbeitet, wenn er es für „erforderlich" erachtet (§ 2 a.a.O) daß er nicht tätig werden muß, wenn er durch eigenes Untätigsein seine Aufgabe nicht für beeinträchtigt hält (§ 4 Abs. 1 a.a.O); und daß er bei seiner Arbeit inhaltlich „an die Weisungen der Bundesregierung gebunden" ist (§ 6 Abs. 1 a.a.O).

Als ich das gelesen hatte, mußte ich mich – wie Sie sicher verstehen werden – setzen.

Plurimae leges, summa iniuria

Die Gesetzesflut erzeugt größtes Unrecht
XIII. Internationale
Gottfried-von-Haberler-Konferenz

Wenn Bürokraten Unternehmer spielen:
Die Politik des Interventionismus
Universität Liechtenstein,
Vaduz am 19. Mai 2017

I. Einleitung

Die These meines heutigen Referates lautet „Plurimae leges, summa iniuria“: Zu viele Gesetze schaffen größtes Unrecht. Die These ähnelt zwar dem bekannten Wort „summum ius, summa iniuria“, demzufolge gerade exzessive rechtliche Erörterungen die ungerechtesten Antworten provozieren. Doch obwohl beide Sätze im Kern übereinstimmend einen Angriff auf das Recht beschreiben, so werden die jeweiligen Angriffe doch aus unterschiedlichen Richtungen geführt.

Im Jahr 44 v. Chr. erörterte Marcus Tullius Cicero in seinem Werk „De officiis“ die Frage nach gerechtem und ungerechten Handeln. Dort, im 33. Abschnitt des ersten Buches, bezeichnet schon er „summum ius, summa iniuria“ als ein uraltes Sprichwort[1]. Es mahne vor denjenigen Sinnperversionen, die sich aus einer überbetont wörtlichen Textinterpretation ergeben. Cicero nennt ein konkretes Beispiel: Der Feind hält es bei einem „auf dreißig Tage“ geschlossenen Waffenstillstand für rechtens, in der Nacht anzugreifen! Die listige Suche nach Unbestimmtheiten in den verwendeten Rechtsbegriffen erklärt zugleich den Topos des Winkeladvokaten. Der sucht für seinen Mandanten die Lücken im Gesetz, um dessen eigentlich angezielten Zweck in

1 Cicero nennt es ein *„tritum sermonem proverbium“, d.h. ein oft gesprochenes Wort*

sein Gegenteil zu verkehren. Es besteht wohl kein Grund, daran zu zweifeln, daß diese Art der teuflischen Hermeneutik tatsächlich uralt ist.

Menschheitsgeschichtlich wesentlich jünger ist dagegen das hier interessierende Phänomen der „plurimae leges“: Ein hyperaktiver, ‚moderner‘ Gesetzgeber meint, einen Mißstand in der Welt entdeckt zu haben. Er macht sich also daran, ihn mit einem ihm probat erscheinenden Gesetz zu bekämpfen. Nachdem er dann erkennt, mit seiner vermeintlichen Lösung nur unvermutet weitere Mißstände hervorgerufen zu haben, beginnt er, nachzubessern. Mit seinen Reparaturversuchen intensiviert er das geschaffene Chaos aber nur und schafft zuletzt mit noch weiteren Nachjustierungen eine Lage, in der sich alle Beteiligten wieder den Ursprungszustand als den – vergleichsweisen – Idealzustand zurückwünschen.

Ich werde diesen Zusammenhang nun aus der Sicht eines deutschen Juristen anhand eines (leider sehr wirklichen) unionseuropäischen Beispiels in näheren Details erläutern. Wir werden den Widerstreit zwischen einerseits gewachsenem Recht und andererseits politisierten Gesetzen sehen, die Konsequenzen dieses Konfliktes für den Rechtsfrieden betrachten, die aufgewendeten Ressourcen überdenken und einige Akteuren des Geschehens hören. Und zuletzt werde ich drei kurze Überlegungen vorstellen, wie eine derart verirrte und verwirrte Gesetzeslandschaft wieder zu gutem Recht zurückfinden könnte.

II. Hauptteil

1.) Recht und Gesetz

Um das volle intellektuelle Desaster zu erfassen, das sich aus „plurimae leges“ für eine Rechtsordnung ergibt, sind zuerst einige begriffliche Vorklärungen vonnöten.

Recht und Gesetz, ius et lex, sind zweierlei. Gesetze sind gezielte, willentliche Setzungen, eine Vielgestalt von Satzungen also, die sich tunlichst nahtlos aneinander und ineinander fügen. Eine klar definierte Gesetzgebungskörperschaft erläßt in einem klar definierten Gesetzgebungsprozeß eine ausformulierte, handlungsleitende Norm, an die sich die Gesetzesunterworfenen dann zu halten haben, nicht zuletzt deshalb, weil die angeordnete Regel Gehorsam fordert und widrigenfalls mit staatlicher Gewalt durchsetzbar ist.

Anders verhält es sich – ganz traditionell – mit dem Recht. In unserer kontinentaleuropäischen Tradition sind die Regeln des Rechts für ein irgend richtiges menschliches Zusammenleben nicht primär durch gesetzgeberische Setzung und Formulierung entstanden. Vielmehr ist das Recht aus tatsächlicher Übung, aus Erprobung, aus gelebtem Brauch und funktionierender Praxis entstanden.

Der zur Legitimation eines bestimmten Handelns gern bemühte Satz „Das haben wir schon immer so gemacht" speist sich aus exakt dieser Quelle: Was schon immer genau so gemacht wurde (und nicht anders), das kann nicht falsch sein. Würde diese Handlungsweise nämlich in der Vergangenheit zu untragbaren Ergebnissen geführt haben, dann hätte sie sich nicht verfestigt. Die gedeihlichen Ergebnisse dieser Übung in der Vergangenheit legitimieren somit zugleich ihre Wiederholung. Denn der Nachweis des Funktionierens in der Vergangenheit gestattet die prognostische Annahme, daß dieses Handeln auch jetzt und künftig wieder nicht zu Schäden führen wird.

Es liegt auf der Hand, daß eine derart dezentrale und induktive gesellschaftliche Normfindung einen sehr kleinteiligen, kommunikationsintensiven und also auch zeitaufwendigen Prozess darstellt. Das Aufspüren von Bräuchen, das Verstehen von Traditionen, das Formulieren der gelebten Praxis in Regelwerke und – im Streitfall – das Auffinden der angemessenen Normkonstellationen zur Konfliktlösung, all dies erforderte Mühe und Verständnis. Dies zu erledigen, machten sich in römischen Zeiten die Rechtsgelehrten zur Aufgabe. Sie merkten dabei auch bald, daß alles Recht darauf angewiesen ist, von den Rechtsgenossen akzeptiert zu werden. Denn nur solches Recht kann in der Realität lebendig bestehen, dem die Menschen in überragender Zahl freiwillig folgen. Um dies zu erreichen, müssen Rechtsregeln für jedermann verständlich sein, dürfen sie dem herrschenden Moralkodex nicht widersprechen, bedürfen rechtliche Entscheidungen einer nachvollziehbaren Begründung und dürfen die Anordnungen des Rechts auch nicht dem praktischen Leben hinderlich im Wege stehen.

Wie die Idee des Rechtes auf diese ungeplante, aber dennoch von Menschen gemachte, im Ergebnis funktionsfähige und handlungsstabilisierende Weise auf die Erde gekommen sein dürfte, versinnbildlicht eine schöne Geschichte[2] vom Campus der Columbia Universität. Der Legende nach hatte Dwight D. Eisenhauer dort – nach seiner militärischen und vor seiner politischen Karriere – als Universitätspräsident die Frage zu entscheiden, wo die Fußwege zwischen neu errichteten Gebäuden verlegt werden sollten. Vertreter unterschiedlicher Planungskonzepte standen einander unversöhnlich gegenüber. Eisenhauer ordnete an, zunächst keinerlei Fußwege zu errichten und erst die Entstehung von Trampelpfaden abzuwarten. Orientiert an diesen wurden dann zuletzt die Wege gebaut.

Es erscheint also – um im Bild zu bleiben – legitim, zu sagen: Das Erspüren normativer Trampelpfade ist das Geschäft der Jurisprudenz. Richtiges Recht läßt sich nicht abstrakt errechnen weil schon die lebendige Vielgestaltigkeit aller möglichen Tatbestände nicht formalisiert erfaßt werden kann. Angemessene Regelfolgen sind somit auch nicht mathematisch ableitbar. Rechtsnormen wollen also erkannt und behutsam formuliert sein. Spontane Ordnungen zuzulassen, sie zu erkennen, zu verstehen und dann abstrakt zu formulieren, das ist die Aufgabe der Juristen im Recht.

In diesem Sinne ist ein rechtskonformes Gesetz dann eine Norm, die zwar von einem Gesetzgeber an zentraler Stelle formuliert und bekannt gemacht wurde, deren Inhalt aber bereits dezentral entstanden war und flächendeckend akzeptiert gelebt wird.

---

2 Falls sie nicht wirklich so geschehen sein sollte, dann wäre sie gut erfunden…

2.) pacta sunt servanda

Ein rechtlicher Imperativ, der seit jeher existiert, gelebt wird, und auch – glücklicherweise – von einer ganz überragenden Mehrheit der Menschen akzeptiert wird, lautet beispielsweise: „Du sollst nicht töten!“ Die Richtigkeit dieser Norm ist offenbar so tief in unseren Gesellschaften verwurzelt, daß es jedenfalls in Deutschland nicht einmal ein Gesetz gibt, das diese Regel ausspricht. Gesetzlich geregelt sind nur die Folgen einer Tötung, nämlich daß ein Mörder bestraft wird und Schadensersatz leisten muß. Das eigentliche Verbot ist ungeschriebenes Recht. Es liegt aber auch auf der Hand, daß ein parlamentarisch beschlossenes und verkündetes Gesetz, das das Morden plötzlich erlauben würde, keine Chance auf gesellschaftliche Akzeptanz als legitime Regel des Rechtes hätte. Denn ein solches Gesetz läge nicht auf den normativen Trampelpfaden unserer Gesellschaftsordnung. Deswegen bliebe das Töten Unrecht.

Die Vorstellung, irgendjemand könnte auf die Idee kommen, das allgemein erkannte Unrecht „Mord“ durch ein förmliches Gesetz legitimieren zu wollen, erscheint uns grotesk. Dennoch hat sich im Ansatz vergleichbar Absurdes vor den Augen der europäischen Juristen tatsächlich ereignet. An einer Stelle der unionseuropäischen Rechtordnung, die nun hier - sinnbildhaft für eine in Wahrheit leider unabsehbare Flut vergleichbarer Fälle – exemplarisch darzustellen ist, sind in den vergangenen 30 Jahren jahrhundertelang anerkannte Rechtsregeln durch Gesetze schlicht in ihr Gegenteil verkehrt worden. Zwar geht es dort, gottseidank, nicht gleich um Leben und Tod. Aber es geht, immerhin, um den vertraglichen Rechtsfrieden. Und das ist für eine Rechtsordnung als Friedensordnung insgesamt auf lange Sicht kaum weniger besorgniserregend.

Konkret: Ein sehr, sehr breiter, beliebter, oft genutzter und weithin bekannter normativer Trampelpfad des europäischen Zivilrechts wurde von den Rechtsgelehrten Roms mit dem Satz bezeichnet: „pacta sunt servanda“. Verträge sind einzuhalten und also zu erfüllen. Das, was zwei Vertragsparteien einander bindend zugesagt haben, das gilt zwischen ihnen. Voraussetzung für den Vertragsabschluß ist der entsprechende Wille der Beteiligten. Sie binden sich vertraglich aneinander, weil sie es selbst so wollen. Ihre Verpflichtungen beruhen also jeweils auf eigenem, freien Willensentschluß[3]. Der Volksmund sagt dazu: „Vertrag ist Vertrag". Auf Nachfrage sagt man sich „Mein Wort darauf!". Man schlägt die Hände ineinander, um den übereinstimmenden Willen äußerlich zu unterstreichen. Man besiegelt das Geschäft mit der eigenen Unterschrift. Das Schriftformerfordernis für manche Verträge erfüllt – ebenso wie die notarielle Beurkundung bei besonders bedeutsamen Geschäften – seit ehedem eine Warnfunktion für die Beteiligten. Vor der Selbstverpflichtung sollen die Akteure die Gelegenheit haben, noch einmal in sich zu gehen. „Will ich diesen Vertrag wirklich?". Mit der dokumentierten Einwilligung in den Vertrag das Wort dann bindend gegeben. Nun gilt er.

Diese Regeln sind allesamt jedem bekannt, alt eingeübt, sie sind simpel, für jedermann verständlich, sie sind in ihrem Bedeutungsgehalt unzweifelhaft nachvollziehbar und somit nicht zuletzt gerecht. Die Regel schafft für die Beteiligten Sicherheit. Ohne Einwilligung beider Parteien keine Bindung. Das befriedet die Kooperation, es stabilisiert die Erwartungen, es klärt die Verhältnisse[4]. Und nicht zuletzt stimmen auch hier – wie bei Mord und Totschlag – die rechtliche und die moralische Bewertung überein: Wer sein Wort bricht, der bricht das Recht. Das tut man nicht. Wortbruch ist Rechtsbruch[5].

3 Es war der oströmische Kaiser Leo I., der im Jahr 472 n.Chr. entschied, daß eine mündliche Einigung der Vertrag zwischen zwei Parteien gültig macht; und ein Rechtsgelehrter namens Hugguccio aus Bologna notierte im 12. Jahrhundert: „Beachte, daß Gott … keinen Unterschied gemacht wissen will zwischen einem einfachen Versprechen und einem Eid…". Vgl. Jan Dirk Harke: Römisches Recht, 2008, S. 51f.

4 Allzu leicht verwendet man die Worte Kontrakt, Konsens und Pakt heute als einheitliche Synonyme für den Vertrag. Ein genauerer etymologischer Blick auf das An-Einem-Strang-Ziehen, den gemeinsamen Sinn und den Frieden (pax) erhellt das weite Spektrum der juristischen Vertragswirklichkeit (dazu: Heinrich Honsell, Römisches Recht, 6. Aufl. 2006, Berlin, S. 108)

5 Es waren Kirchenrechtler, die die Vertragsfreiheit zwischen Parteien als erste anerkannten, Vertragsbruch aber auch ausdrücklich als eine Sünde einordneten.

Erscheint angesichts dieser Rechtslage ein Gesetzgeber denkbar, der die weisen und erprobten und anerkannten Regelungen dieses Vertragsrechtes antasten würde?

Leider ja.

3.) Haustürgeschäfte als Geschäfte außerhalb von Geschäftsräumen

Am 20. Dezember 1985 erließ der Rat der Europäischen Gemeinschaft eine „Richtlinie betreffend den Verbraucherschutz im Falle von außerhalb von Geschäftsräumen geschlossenen Verträgen“[6]. In deren Präambel der Richtlinie wird ihre Zielrichtung erläutert:

„Verträge, die außerhalb der Geschäftsräume eines Gewerbetreibenden abgeschlossen werden, sind dadurch gekennzeichnet, daß die Initiative zu den Vertragsverhandlungen in der Regel vom Gewerbetreibenden ausgeht und der Verbraucher auf die Vertragsverhandlungen nicht vorbereitet ist. Letzterer hat häufig keine Möglichkeit, Qualität und Preis des Angebots mit anderen Angeboten zu vergleichen. Dieses Überraschungsmoment gibt es nicht nur bei Haustürgeschäften, sondern auch bei anderen Verträgen, die auf Initiative des Gewerbetreibenden außerhalb seiner Geschäftsräume abgeschlossen werden. Um dem Verbraucher die Möglichkeit zu geben, die Verpflichtungen aus dem Vertrag noch einmal zu überdenken, sollte ihm das Recht eingeräumt werden, innerhalb von mindestens sieben Tagen vom Vertrag zurückzutreten. Außerdem ist es geboten, geeignete Maßnahmen zu treffen, um sicherzustellen, daß der Verbraucher schriftlich von seiner Überlegungsfrist unterrichtet ist.“

Die Experten für den Verbraucherschutz in Brüssel gaben ihren nachgeordneten Mitgliedstaaten vor, die erforderlichen Maßnahmen zu treffen, um die Richtlinie innerhalb von 24 Monaten nationalstaatlich umzusetzen. Am 1. Mai 1986 trat daraufhin in Deutschland tatsächlich das „Gesetz über den Widerruf von Haustürgeschäften und ähnlichen Geschäften“ (Haustürwi-

Jan Dirk Harke: Römisches Recht, 2008, S. 52

6 Richtlinie des Rates 85/577/EWG vom 20.12.1985

derrufgesetz) in Kraft. Im Kern regelte es, daß alle Vertragsabschlußerklärungen von Verbrauchern, die sie an ihrem Arbeitsplatz, in ihrer Wohnung, in der Freizeit, in Verkehrsmitteln oder im Straßenraum abgaben, ab sofort erst dann überhaupt wirksam wurden, wenn sie sie nicht binnen sieben Tagen widerriefen.

Mit einem kleinen Nebengesetz zum Bürgerlichen Gesetzbuch also, das gerade einmal 9 Paragraphen umfaßte, wurde der alte Rechtsgrundsatz „pacta sunt servanda“ schlankweg für partiell ungültig erklärt. „Um dem Verbraucher die Möglichkeit zu geben, die Verpflichtungen aus dem Vertrag noch einmal zu überdenken“, kam also ein Gesetz in die Welt, das ebenso gut den Namen „Gesetz zur Schwächung der Verbindlichkeit von Vertragszusagen in ausgewählten Alltagssituationen“ hätte tragen können. Eine gleichzeitige sozialpädagogische Lernaufforderung des Gesetzgebers an alle Bürger war damit aber ebenfalls unausweichlich: Ab sofort mußte man nicht mehr vor einem Vertragsabschluß überlegen, ob man einen Gegenstand auch wirklich erwerben wollte. Es genügte, diese Überlegung binnen sieben Tagen nach dem Vertragsabschluß – und also nach der eigenen „vertraglich Zusage“ – anzustellen.

Offenkundig siegte hier ein eher ideologiegetriebenes Gesetzgebenwollen über das vorsichtige Erkennen der eingetretenen Vertragsrechtspfade. Alle bekannten Argumentationsfiguren aus dem klassenkämpferischen Arbeitsrecht, das stets auf die Beseitigung von Machtungleichgewichten und Informationsasymmetrien zwischen Arbeitnehmern und Arbeitgebern gerichtet sein will, wurden seither auf das Rechtsverhältnis zwischen Unternehmern und Verbrauchern übertragen. Der Gesetzgeber hätte – bei demütiger Inrechnungstellung des Umstandes, daß das kontinentaleuropäische Vertragsrecht zu diesem Zeitpunkt schon seit Jahrhunderten die Vertragsbindung von Parteien erwogen und fein justiert hatte – ohne weiteres den Verdacht haben können, hier das Tor zu vielerlei vertragsrechtlichen Höllen zu eröffnen. Diese Gefahr wurde aber verkannt. Das Schicksal der „plurimae leges“ war auf den Weg gebracht. Denn mit der scheinbar nur geringfügigen Verbesserung des

Vertragsrechtes an einer einzigen Stelle wurden in Wahrheit ganze Lawinen von Folgeproblemen und Anschlußfragen ausgelöst.

Heute erscheint ohne weiteres möglich, ein ganzes Juristenleben ausschließlich mit der Erforschung und kommentierenden Darlegung derjenigen Rechtsfragen zu verbringen, die aus jenem Abweichen von dem kategorischen Grundsatz „pacta sunt servanda“ verbunden sind. Die Bequemlichkeit für den Verbraucher, nicht vor einem Vertragsabschluß über diesen nachdenken zu müssen, sondern dies – ganz bequem und ohne Überraschungsmomente – im Nachhinein besorgen zu dürfen, brachte äußerst unbequeme Konsequenzen.

Aus dem ursprünglichen Haustürwiderrufgesetz und seinen seit 1986 vielfachen Erweiterungen, Verschlankungen, Harmonisierungen und Präzisierungen greife ich für die hiesige Darstellung exemplarisch nur einige wenige Folgefragen heraus, die den gesetzgeberischen Angriff auf das Vertragsrecht illustrieren. Sieben kurze Skizzen dürften dazu genügen:

Skizze (1.) Wenn ich an meiner Haustür eine Torte bestelle, meine Bestellungserklärung jedoch noch nicht sofort wirksam ist, sondern erst, wenn eine Woche ohne Widerruf vergeht: Ist der Vertrag mit dem wandernden Konditor dann in der Zwischenzeit schwebend wirksam oder schwebend unwirksam?

Ursprünglich war der Vertrag nach dem Haustürwiderrufgesetz tatsächlich schwebend unwirksam[7], bis der Gesetzgeber merkte, daß dies für die fristgerechte Herstellung unserer exemplarischen Torte durchaus hinderlich sein könnte. Er stellte das ursprüngliche System also um. Seither hat der Vertrag erst einmal Wirksamkeit. Sie kann aber wieder wegfallen[8].

Schon bei Betrachtung dieser ersten Situation hätte jeder nachdenkliche Jurist im Gesetzgebungsprozeß wohl an den hübschen Ratschlag von Steven Wright denken müssen: „Wenn es beim ersten Versuch nicht klappt, zerstöre alle Hinweise darauf, dass Du es versucht hast.“ Doch er ging weiter.

---

7 § 1 Haustürwiderrufgesetz

8 § 355 Abs. 1 S. 1 BGB

Skizze (2.) Wenn ich von einem Verkäufer im öffentlichen Straßenraum angesprochen werde und mich für das weitere Gespräch in sein Ladelokal begebe: Schließe ich dann mit ihm ein widerrufliches „Haustürgeschäft" oder ein reguläres, nicht widerrufliches Geschäft?

Als überraschend und also widerruflich gelten Verträge, die, „außerhalb von Geschäftsräumen" geschlossen werden[9]. Dabei definiert das Gesetz: „Geschäftsräume sind unbewegliche Gewerberäume, in denen der Unternehmer seine Tätigkeit dauerhaft ausübt, und bewegliche Gewerberäume, in denen der Unternehmer seine Tätigkeit für gewöhnlich ausübt"[10]. Wenn Verträge also „bei gleichzeitiger körperlicher Anwesenheit des Verbrauchers und des Unternehmers an einem Ort geschlossen werden, der kein Geschäftsraum des Unternehmers ist"[11], dann kann der Verbraucher seine Vertragserklärung widerrufen. Mehr noch: Wird der Vertrag zwar in den Geschäftsräumen des Unternehmers geschlossen, ist der Verbraucher jedoch „unmittelbar zuvor außerhalb der Geschäftsräume des Unternehmers bei gleichzeitiger körperlicher Anwesenheit des Verbrauchers und des Unternehmers persönlich und individuell angesprochen" (und in den Laden zu gehen veranlaßt) worden[12], dann besteht ebenfalls ein Widerrufrecht! [Die Beweislast für die individuelle statt allgemeine Ansprache liegt beim Kunden; er sollte also in derartigen Fällen die nötigen Beweismittel sichern und sie im Falle einer gerichtlichen Auseinandersetzung nach Maßgabe der gültigen Prozeßordnung beibringen können].

Skizze (3.) Muß ich als Kunde immer selber wissen, daß und wann ein Widerrufrecht besteht?

Nein! Der Unternehmer muß mich über das Widerrufrecht so informieren, wie es § 312g Abs. 1 BGB in Verbindung mit Art. 246a § 1 Abs. 2 Nrn. 1 bis 3 EGBGB vorschreibt. Dies gilt übrigens auch für den Fall, daß der Unternehmer ein kleingewer-

9 § 312b Abs. 1 BGB
10 § 312b Abs. 2 S. 1 BGB
11 § 312b Abs. 1 S. 1 Nr. 1 BGB
12 § 312b Abs. 1 S. 1 Nr. 3, 1. Var. BGB

betreibender Analphabet ist und der Verbraucher ein Hochschullehrer für internationales Wirtschaftsrecht. Zusätzlich hat der Kunde das Recht, von dem Unternehmer informiert zu werden, wenn das Widerrufrecht wegen gesetzlicher Sonderbestimmungen ausnahmsweise nicht besteht[13]. Verletzt der Unternehmer diese Pflicht, hat der Kunde ein dann schadensersatzrechtlich begründetes außerordentliches Widerrufrecht.

Skizze (4.) Muß ich als Kunde beweisen, daß der Unternehmer mich über meine Rechte im Unklaren gelassen hat?

Nein! Der Unternehmer muß immer beweisen, daß und wie er aufgeklärt hat[14]. Die bloße Behauptung des Kunden, er habe von nichts gewußt, eröffnet damit oftmals die Möglichkeit, den Vertrag nach Wochen und Monaten noch zu widerrufen.

Skizze (5.) Reicht es, daß der Unternehmer den Kunden irgendwie aufklärt?

Nein! Die Pflichtinformationen müssen dem Kunden vor Abgabe seiner Vertragserklärungen „in klarer und verständlicher Weise zur Verfügung“ gestellt werden und entweder auf Papier oder – mit Zustimmung des Kunden (für deren Vorliegen der Unternehmer, natürlich, die Beweislast trägt – „auf einem anderen dauerhaften Datenträger“ festgehalten werden[15]. Wann ein Datenträger in diesem Sinne dauerhaft ist, definiert das Gesetz nicht, eine gemeißelte Marmorplatte sollte hinreichen.[16]

13 § 312g Abs. 2 Satz 1 Nrn. 1,2,5 und 7 bis 13 BGB i.V.m. Art. 246a § 1 Abs. 3 EGBGB

14 § 312k Abs. 2 BGB

15 Art. 246a § 4 Abs. 1 und 2 EGBGB

16 Der Gesetzgeber unterscheidet inzwischen in seinem Einführungsgesetz zum BGB zwischen einerseits Muster-Widerrufbelehrungen für Verträge, die außerhalb von Geschäftsräumen geschlossen wurden und Fernabsatzverträgen, die keine Finanzdienstleistungen betreffen und andererseits solchen Verträgen über Finanzdienstleistungen. Bei Lektüre dieser Differenzierung kam mir im Übrigen eine Begebenheit in den Sinn, die mehr als dreißig Jahre zurückliegt. Als Student hatte ich 1986 an der Universität Bayreuth Gelegenheit, den seinerzeitigen Chef des Britischen Kartellamtes zu treffen, der auf meine Frage, warum denn Versicherungsverträge an der Haustür vom Widerruf ausgeschlossen wurden, freundlich lächelnd antwortete, Vertreter der Versicherungswirtschaft hätten den Gesetzgeber wohl überzeugt, daß es immer gut sei, eine Versicherung zu haben.

Skizze (6.) Die ursprüngliche Sieben-Tages-Frist für einen Widerruf ist inzwischen auf 14 Tage ausgedehnt. Sie wirft aber auch so weiter typische Fragen auf: Wann beginnt die Frist? Wie muß der Widerruf formuliert sein? Muß die Widerruferklärung dem Unternehmer innerhalb der Frist zugehen oder genügt die rechtzeitige Absendung? Darf der Unternehmer zur Belehrung über den Widerruf Formulare benutzen? Muß er dem Kunden den rechtzeitigen Erhalt des Widerrufes bestätigen? Wann muß er das tun, unverzüglich? Formlos, oder auf einem dauerhaften Datenträger? Alle diese Fragen hat der Gesetzgeber gesehen und beantwortet.

Juristen verzweifeln angesichts der konkreten Gesetzesformulierung mit ihrer Verweisungstechnik zwischen den §§ 310, 312, 312a,b,c,d,e,f,g,h,i,j,k ... BGB bei der Suche nach der jeweils geltenden Detailregelung. Und juristische Laien ahnen nicht im Entferntesten, was alles inzwischen gesetzlich angeordnet ist, plurimae leges!

Skizze (7.) Ist der Widerruf erklärt, müssen die schon erbrachten Vertragsleistungen zurückgewährt werden. Die an der Haustür bestellte Torte wird durch den Widerruf faktisch nur abbestellt. Die schon gelieferten Schuhe werden – auf wessen Kosten, auf wessen Risiko, innerhalb welcher Fristen? – zurückgeschickt. Der Gesetzgeber hat auch dies inzwischen kleinteiligst geregelt, plurimae leges.

Mehr noch: Sonderregeln gelten für Teilzeit-Wohnrechteverträge, für langfristige Urlaubsverträge, für Vermittlungs- und Tauschsystemverträge, für Verbraucherdarlehensverträge, für Ratenlieferungsverträge, für Verträge über unentgeltliche Finanzierungshilfen, für Verträge, die im sogenannten Fernabsatz (also bei nicht körperlich gleichzeitiger Anwesenheit der Beteiligten) geschlossen werden, für Finanzdienstleistungsverträge, für verbundene Verträge (dort mit spannenden Rückabwicklungssonderregeln[17]) und für zusammenhängende Verträge[18].

---

17 § 358 Abs. 4 BGB
18 § 360 Abs. 2 BGB

Nicht zu vergessen ist die besondere Wertersatzverpflichtung des Verbrauchers für erhaltene Teilleistungen aus einem Dauerschuldverhältnis in der Schwebezeit zwischen Vertragsschluß, Leistungsgewährung, und Widerruf (ebenso wie für das hübsche Sonderproblem, daß eine legitime Beschaffenheitsprüfung durch den Erwerber den zurückgegebenen Gegenstand zerstört hat)[19], plurimae leges.

Man kann es nicht deutlich genug sagen:

Alle diese Regelungen wären ohne jeden Verlust an Gerechtigkeit insgesamt überflüssig, hätte man die altbewährte vertragsrechtliche Regel „pacta sunt servanda" schlicht in Kraft gelassen. Die hier umrissenen, exzessiven intellektuellen Fehlallokationen wären allesamt – und absehbar nicht nur ohne Verlust, sondern mit erheblichen Gewinn für die flächendeckend erzielten Gerechtigkeitsergebnisse – entbehrlich geblieben, hätte der Gesetzgeber stattdessen veranlaßt, den Bürgern in den Schulen und über Funk und Fernsehen nur häufiger mitzuteilen: „Überlege, bevor Du einen Vertrag abschließt!" Oder, noch vertrauter: „Zu den Risiken und Nebenwirkungen einer Vertragszusage frage zuvor einen Menschen, der sich auskennt!"

Ludwig von Mises notierte im Jahre 1929 zu diesem eigenwilligen rechtspoltischen Mechanismus, bei dem gleichsam eine Kugel dem Versuch unterzogen wird, sie noch runder zu schleifen:

„Interventionistische Maßnahmen werden von den Verfassern wirtschaftspolitischer Bücher und Abhandlungen, von den Journalisten und von den politischen Parteien gefordert, ehe sie getroffen wurden; sind sie aber einmal verfügt worden, dann ist niemand mit ihnen einverstanden, dann bezeichnet sie jedermann – in der Regel selbst die Machthaber, die für sie verantwortlich sind – als ungenügend und unzulänglich. Und allgemein wird dann die Forderung erhoben, dass anstelle der unbefriedigenden Eingriffe andere, zweckmäßigere gesetzt werden sollen. Sind dann die neuen

19 § 357 Abs. 7 und Abs. 8 BGB

Forderungen erfüllt worden, dann beginnt wieder dasselbe Spiel.“[20]

4.) Motivationsüberlegungen aus dem Gesetzgebungsverfahren

Wer nicht nur diesen Gesetzeskontext betrachtet, der das überkommene und bewährte Vertragsrecht geradezu auflöst, sondern zusätzlich einen Blick in die Entstehungsgeschichte der Regelungsmaterie wagt, der sieht sich bei allem auch einer volkswirtschaftlichen Ressourcenverschwendung von ungeheuerlichsten Ausmaßen gegenüber.

Bevor der Deutsche Bundestag entscheiden konnte, befaßte sich sein Rechtsausschuß intensiv mit der Materie. Dieser berichtete dann am 12.06.2013 von der legislativen Absicht, mit der neuen „Verbraucherrechterichtlinie“ nun die alte „Haustürgeschäfterichtlinie“ und die „Fernabsatzrichtlinie“ zusammen zu führen. Am Ende des Berichtes heißt es knapp: „C. Alternativen: Keine. D. Weitere Kosten: Wurden im Ausschuß nicht erörtert.“ Die Beschlußempfehlung ist von ihrem Berichterstatter unterzeichnet. Herrn Wanderwitz.

Welches intellektuelle Gefälle zwischen all denen herrschte, die mit der Gesetzesentstehung befaßt waren, zeigt sich in dem Kontrast zwischen einerseits einer vorangegangenen Stellungnahme des Deutschen Notarvereins vom 29.10.2012 und andererseits Wortmeldungen der Parlamentarier am 14.06.2013 im Deutschen Bundestag. Einfachere Gemüter, die schwache

20 Ludwig von Mises, Kritik des Interventionismus, München, 2013, Seite 77. Interessanter Weise hatte der amerikanische Schriftsteller Ambrose Bierce in der ihm üblichen Art schon rund fünfzig Jahre zuvor notiert: *„Als Erzengel eingesetzt, machte der Satan sich vielfältig unbeliebt und wurde schließlich des Himmels verwiesen. Bei seinem Abstieg hielt er auf halbem Weg inne, neigte denkend einen Moment lang das Haupt und ging schließlich zurück (zu Gott, dem Herrn). ‚Eine Gunst möchte ich erbitten‘, sagte er. ‚Nenne sie.‘ ‚Wie ich höre, ist der Mensch in der Planung. Wenn er fertig ist, wird er Gesetze brauchen.‘ ‚Was, du Wicht! Du, sein Widersacher, seit dem Morgengrauen der Ewigkeit von Hass erfüllt – Du bittest um das Recht, seine Gesetze zu machen?‘ ‚Pardon: Worum ich bitte möchte, ist, dass ihm gestattet werde, sie selbst zu machen.‘ So ward es beschlossen.“* (Ambrose Bierce, Des Teufels Wörterbuch, Zürich, 1976, Seite 96)

Verbraucher vor übermächtigen Unternehmen schützen wollen, interagierten dort mit hoch spezialisierten juristischen Experten, die sich – wer könnte es ausschließen – angesichts der aus allen Fugen geratenen legislativen Bemühungen kopfschüttelnd in Semidetails vergruben.

Interessanterweise soll der Verbraucher durch das Brüsseler Überrumpelungsschutzrecht nämlich bisweilen selbst dann per Widerrufmöglichkeit vor Überraschungen geschützt werden, wenn er gewisse Verträge zuvor persönlich von einem Notar hat beurkunden lassen. Nicht einmal die Belehrung des Notars vor den Gefahren des Geschäftes beseitigt dann das verbraucherschützende Widerrufrecht, plurimae leges! Der Notarverein gab zu Protokoll:

„Die vom Gesetzgeber vorgesehene Ausnahme für Finanzdienstleistungen ... ist zwar verständlich. Der Nichtausschluß des Widerrufrechtes ist ... allerdings nicht immer zweckmäßig. Denn auch der Beitritt zu einer Personengesellschaft kann eine Finanzdienstleistung sein ... Die Einräumung eines Widerrufrechtes ... schafft für den Verbraucher mehr Probleme, als hierdurch gelöst werden. Bis zum Ausscheiden aus der Gesellschaft bzw. dessen Verlautbarung im Handelsregister gilt der Verbraucher als fehlerhafter Gesellschafter – mit allen Haftungsfolgen... Wäre es für den Verbraucher nicht besser, dass zumindest ein Notar gezwungen wäre, einmal darüber nachzudenken, was z.B. die ‚wesentlichen Merkmale der Finanzdienstleistung' im Sinne des Art. 5 Abs. 1 i.V.m. Art. 3 Abs. 1 Nr. 2a der Richtlinie 2002/65/EG sind? Wenn das schon nicht der Notar verstünde, dann wäre der Warnfunktion der Beurkundungsform Genüge getan, wenn der Notar dem Beteiligten das klar machte. ..“

Deutlich weniger feingliedrig fiel die Kritik der grünen Abgeordneten Ingrid Hönlinger an den seinerzeitigen Gesetzgebungsaktivitäten aus. Der Stenografische Bericht vermerkt in dem Plenarprotokoll der Sitzung vom 14.06.2013 ihre Darstellung:

„Ein Verbraucher kauft eine Kaffeemaschine. Für dieses Produkt hat er zwei Jahre lang Gewährleistungsrechte. Tritt nun innerhalb dieser zwei Jahre ein Mangel an der Kaffeemaschine auf, kann der Verbraucher von seinem Verkäufer Reparatur oder den Austausch des mangelhaften Produkts verlangen. Das Problem an der Sache ist: Die sogenannte Beweislastumkehr zugunsten des Verbrauchers gilt nur sechs Monate lang. Während dieser Zeit muß der Verkäufer beweisen, daß er dem Verbraucher eine mangelfreie Kaffeemaschine geliefert hat. Nach Ablauf der sechs Monate muß hingegen der Verbraucher beweisen, daß die Kaffeemaschine schon kaputt war, als er sie erworben hat. Wie soll der Verbraucher das beweisen?"

Das mag in der Tat im gerichtlichen Streitfall für den Kaffeemaschinen-Gutachter ein beeindruckendes ingenieurtechnisches Problem sein, insbesondere wenn zuvor geklärt wurde, ob die Maschine innerhalb der Geschäftsräume des Unternehmers oder außerhalb und mit einem gleichzeitig finanzierenden Ratenkredit erworben wurde, der seinerseits nicht widerrufen wurde obwohl auf dieses Recht hingewiesen war. Wie simpel aber wirken diese Probleme noch im Vergleich zu beispielsweise dieser Rechtsfrage:

„Bei Immobiliar-Verbraucherdarlehensverträgen, die zwischen dem 01.09.2002 und dem 10.06.2010 geschlossen wurden, verwendeten Darlehensgeber zumeist fehlerhafte Muster-Widerrufbelehrungen. Das hatte zur Folge, dass die Widerruffrist für den Darlehensnehmer nicht in Lauf gesetzt wurde. Durch Widerruf konnten sich Darlehensnehmer also auch nach Jahren noch von hochverzinsten Krediten lösen (sog. „Widerruf-Joker"). Es bestand scheinbar ein ‚ewiges' Widerrufrecht. Mit Umsetzung der Wohnimmobilienkreditrichtlinie hat der Gesetzgeber den Widerruf ausgeschlossen. Fortbestehende Widerrufrechte sind mit Ablauf des 21.06.2016 erloschen (Art. 229 § 38 Abs. 3 EGBGB)."

„Ius vigiliantibus" wußten die Römer: Das Recht ist für die Wachsamen. Was aber erfordert wohl die geringere Wachsamkeit: Vor einem Vertragsabschluß noch einmal zu überlegen, tief durchzuatmen und eine Nacht über die Sache zu schlafen? Oder herauszufinden, daß der Gesetzgeber im dritten Absatz des

38. Paragrafen zum 229sten Artikel seines Einführungsgesetzes zum Bürgerlichen Gesetzbuch die Ausschlußfrist einer Wohnimmobilienkreditrichtlinie fix terminiert hat? Der eine sieht es, der andere nicht. Der eine ist pfiffig und weiß den anderen zu übervorteilen, der andere nicht. Zu jeder Norm existiert eine sie aushebelnde Gegenregel. Es regiert der Zufall und trotzdem kann sich jeder auf ein Gesetz berufen. Plurimae leges, summa iniuria! Als das ursprüngliche Hautürwiderrufgesetz in Kraft trat, hätten alle Beteiligten nicht nur die Kritik des Interventionismus bei Ludwig von Mises gelesen haben können, wäre auch möglich gewesen, bei Friedrich August von Hayek Hilfe für ihr Tun zu finden. Der nämlich hatte schon 1973 festgestellt:

„In Wirklichkeit ist natürlich der Hauptumstand, der gewisse Maßnahmen als unvermeidlich erscheinen lässt, für gewöhnlich die Resultante aus unseren vergangenen Handlungen und den nunmehr vertretenen Ansichten. Die meisten ‚Notwendigkeiten' der Politik haben wir uns selbst geschaffen. Inzwischen bin ich selbst alt genug, um von noch Älteren mehr als einmal gehört zu haben, gewisse von mir vorhergesehene Folgen ihrer Politik würden nie eintreten, nur um dann später, als sie doch eintraten, von Jüngeren zu hören, diese seien unumgänglich und ganz unabhängig von dem, was man tatsächlich unternahm, gewesen."[21]

5.) Das Verkennen der Dogmatik und die daraus verfehlten Chancen

Seit rund zwei Jahrtausenden arbeiten die Juristen Europas an der Frage, unter welchen Bedingungen eine Vertragspartei an einem Vertrag, den sie geschlossen hat, billigerweise festgehalten werden kann. In jedem Einzelfall kollidieren die Interessen der einen Partei, die auf den Bestand des Versprechens vertraut, mit den Interessen der anderen Partei, die aus ihren Verpflichtun-

21 Friedrich August von Hayek: Recht, Gesetz und Freiheit, Tübingen, (Nachdruck) 2003, S. 62. Immerhin scheint Groucho Marx wohl Hayek gelesen zu haben: "*Politics is the art of looking for trouble, finding it everywhere, diagnosing it incorrectly and applying the wrong remedies.*"

gen entlassen werden will. Jedes Mal liegt der Fall anders. Jedes Mal müssen die Gesamtumstände ermittelt, verstanden, gewürdigt und einer Lösung zugeführt werden. Die dazu entwickelte Dogmatik des Zivilrechtes ist von beeindruckender Tiefe und gedanklicher Schärfe. Jedem Richter steht ein großes Arsenal an juristischen Instrumenten zur Verfügung, mit dem er den betroffenen Parteien zu einer angemessenen Lösung verhelfen kann.

Ein Gesetzgeber, der die lange entwickelten Instrumentarien des zivilen Vertragsrechtes mißachtet (wie z.B. den gezeigten Grundsatz des „pacta sunt servanda") und der den Rechtsanwendern nicht zutraut, aus den allgemeinen Schatzkisten der Rechtsdogmatik das richtige Recht zu erkennen, der verwirrt die Rechtslage, stiftet Unfrieden, generiert Zufallsergebnisse und verschwendet nicht bezifferbare Ressourcen. Jedes zusätzliche staatliche Gesetz zum Vertragsrecht ist im Kern eine Mißtrauensbekundung gegen die eigenen staatlichen Richter und eine Zweifelsbekundung gegen deren professionelles Geschick.

Welches Ergebnis kann ein Gesetzgeber erwarten, der sehenden Auges von einschlägigen dogmatischen Erkenntnissen abweicht, die ungezählte Juristengenerationen über Jahrhunderte und Jahrtausende erkannt und formuliert haben? Welche Anmaßung liegt darin, zu glauben, man könne in einer Generation bewußt und gezielt klügeres und „besseres" Recht setzen, als es in der Geschichte des Rechts zu Normen geronnen ist? Wie wahrscheinlich ist ein angemessenes Ergebnis, wenn ein europäischer Richtlinienhersteller Menschen ohne Ansehung der konkreten Person willkürlich in Gruppen aufteilt (in „Verbraucher" und „Unternehmer") und nachgeordneten Normsetzern verbietet, Regeln zu formulieren, die der einen dieser beiden Gruppen zu Nachteil gereicht?[22] Wie kann es der Gerechtigkeit dienen, an die Stelle einer klaren und verständlichen einzelnen Regel einen ganzen Ozean von Sondervorschrif-

22 Schon die ursprüngliche Richtlinie verbot den nationalen Gesetzgebern, Verbrauchern und Unternehmern die Möglichkeit einzuräumen, von Schutzvorschriften für Verbraucher einvernehmlich abzuweichen. Die heutigen Gesetze haben dies kleinteilig umgesetzt, vgl. nur § 361 Abs. 2 BGB

ten zu setzen, die offenkundig kein menschlicher Geist mehr in ihren ausufernden, kleinteiligen Konsequenzen durchblickt?

III. Schluß

Man muß sich bei allem hier Gesagten immer eines vor Augen halten: Das gewählte Beispiel des sogenannten Haustürwiderrufgeschäftes ist nur ein einziges, vergleichsweise kleines Problem aus dem schier unendlichen Kampf zwischen Gesetzgebern und dem Recht in unserer Gegenwart. Der Anknüpfungstatbestand für die hiesige Darstellung ist geradezu der kleinstmögliche Nukleus, um die Angriffe gegen das Recht zu beschreiben. Ein Mensch kauft von einem anderen vor dessen Geschäftslokal eine Kaffeemaschine und zahlt sie ihm in Raten ab. Aus dieser winzigen zivilrechtlichen Alltagssituation generiert das interventionistische Verbraucherschutzrecht leicht den Stoff für hunderte juristischer Habilitationsschriften.

Noch gar nicht berührt sind dabei die „plurimae leges“ im Kontext beispielsweise des öffentlichen Hoheitsrechtes, wo Zwangsverhältnisse alle Vereinbarungen überlagern und wo neben der Vertragsabschlußfreiheit auch die Vertragsgestaltungsfreiheit vollends beseitigt ist. Der Kampf um die relevante Normsetzungsbefugnis übersteigt inzwischen die bittersten Phantasien: Die deutschen Medizinrechtler verfolgen beispielsweise seit einiger Zeit einen Machtkampf um das Krankenhausfinanzierungsrecht, bei dem ein von mächtigen Interessen getriebener Sozialgesetzgeber sich einem (zu allem Überfluß auch noch intern zerstrittenen) Bundessozialgericht gegenübersieht, das Gesetze nicht anwendet und statt dessen inzwischen aus eigenem Antrieb selbst ganz neue Normen formuliert. Diesen Machtkampf soll nun das Bundesverfassungsgericht entscheiden. Wie aber sähe dieser Streit wohl aus, gäbe es nicht Millionen von Bürgern, die, ohne selbst je gefragt zu werden, diesem System zwangsweise angehören müssen?[23]

23 Zu der Anmaßung, die in dieser Bevormundung liegt, schrieb Antony de

Dies leitet mich zu meinen Schlußbemerkungen. Genau das nämlich, das Freiheitsrecht, sich selbst und individuell etwas abseits und fern halten zu dürfen, hat nicht nur eine ethische und menschenrechtliche Dimension für den einzelnen. Das Recht auf Nichtteilnahme an einem Regelungskonzept hat auch einen immens heilsamen systematischen Charakter auf die sich verirrenden Interventionen unserer Gesetzgeber.

Drei Punkte scheinen mir für einen Weg zurück zum Recht besonders wesentlich:

1.) Das unveräußerliche Menschenrecht zur gezielten Individualsezession

Einer jeden Person ist das unveräußerliche Recht zuzubilligen, in freier eigener Willensentscheidung für ihren eigenen Rechtskreis auf die Geltung von solchen Normen zu verzichten, die zu ihrem Schutz erlassen worden sind. Die Konsequenzen dieser Weichenstellung sind enorm: Ein solches Menschenrecht[24] befähigt Vertragsparteien nicht nur, kraft konsensualer Individualabrede auf die Geltung des beschriebenen Haustürwiderrufrechtes wirksam zu verzichten. Es ertüchtigt jeden Menschen auch, im jeweiligen Umfang seiner eigenen Entscheidungsgewalt auf interventionsstaatliche Bevormundung zu verzichten. Die Gefahr, ihre sogenannten Pflichtmitglieder zu verlieren, bedeutet insbesondere auch auf wohlfahrtsstaatlichem Gebiet eine absehbare Steigerung der Qualität aller Sozialverwaltung. Konkurrenz belebt bekanntlich das Geschäft weil Alternativen existieren, zum Nutzen aller. Die daraus absehbare Qualitätssteigerung der Systeme wird auch mit einer Effizienzsteigerung

Jasay: *„Es ist eine verbreitete Übung, jemanden zu zwingen, etwas zu seinem Nutzen zu tun. Väter und Mütter handeln gegenüber ihren Kindern in dieser Weise. Wenn wir gegenüber Erwachsenen so handeln, sprechen wir von Paternalismus. Das Wort verleiht unserem Tun den Klang von wohlmeinender Weisheit. Den Paternalismus von Kindern auf Lohnempfänger zu übertragen, ist schlicht grotesk. In Beziehungen zwischen zwei Individuen gibt es keinerlei ethische Entschuldigung für Paternalismus." (Antony de Jasay, Liberale Vernunft, soziale Verwirrung, Colombo 2008, S. 18)*

24 Der verfassungsrechtliche Ort für dieses Recht liegt in der Menschenwürdegarantie.

einhergehen. Denn Deregulierung setzt nicht nur heute administrierende Kräfte für dann produktive Tätigkeiten frei. Derzeit unnötige Verwaltungsarbeiten werden inzwischen faktisch von Menschen besorgt, die überwiegend wahrscheinlich mit deren hyperkomplexer Struktur überfordert sind, was die Fehlerquoten überall nur vergrößert. Schließlich kehrt mit der Wiedereinsetzung der unbedingten Vertragsabschlußfreiheit in das Zivilrecht auch eine sittliche Komponente zurück in den rechtlichen Regelungskreis, die unter der Geltung von Kontrahierungszwängen in den Hintergrund getreten ist: Wo die Entscheidung, ob ein Vertrag abgeschlossen wird oder nicht, wieder beiden Parteien frei überantwortet ist, da steigert sich das beiderseitige Interesse, auch außerhalb der konkreten Vertragsbeziehung respektvoll[25] miteinander umzugehen.

2.) Die Pflicht zur „quasi-notariellen" Beurkundung einer jeden gesetzlichen Norm

Jede Norm, die in einer Gesetzgebungskörperschaft mit dem Ziel allgemein verbindlicher Geltung für jedermann beschlossen wird, muß dort bei gleichzeitiger Anwesenheit aller Abgeordneten in ihrem vollen Wortlaut – wie ein notariell beurkundeter Vertrag – vorgelesen werden, ohne daß dabei auf andere Quellen verwiesen werden darf. Nichts reduziert den Umfang der Gesetzesflut mehr als die Knappheit der Zeit, die für derartige parlamentarische Präzision zur Verfügung steht. Nicht verlesene

25 Der bekannte *„Maueröffner" vom 9. November 1989, Günter Schabowski, der dem Politbüro der DDR ab 1984 angehört hatte, erklärte zu Protokoll des Landgerichtes Berlin am 22. Februar 1996: „Die innere Logik einer Gesellschaftsidee, die die Rolle des Individuums niedriger veranschlagt als das Gemeinwohl eines abstrakten Menschheitsbegriffs, treibt zu Inhumanität. Wir erkannten nicht, daß Menschheit entmenschlicht wird, wenn der Einzelne, um ein Bild von Arthur Koestler auszuleihen, nur der Quotient von fünf Milliarden geteilt durch fünf Milliarden ist." Und am 18. August 1997 ergänzte er: „Wir haben versucht, die Utopie vom Himmel auf die Erde zu zwingen. Aber wenn man sie in ein bürokratisches Korsett von Einheitsideologie und Planwirtschaft schnürt, dann verwandelt sich die rote Muse in eine Medusa." (zitiert nach: Günter Schabowski, Wir haben fast alles falsch gemacht, Berlin 2009, S. 257f., 273)*

Gesetze sind ungültig. So verpflichtet man Parlamente zu Klarheit und Knappheit der geltenden Normen. Zudem kann sich kein Parlamentarier darauf berufen, ein Gesetz nicht gekannt zu haben.

3.) Die persönliche Verantwortlichkeit der parlamentarischen Volksvertreter für ihr Tun

Das letzte führt zu meinem nun dritten Punkt: Zur Einführung einer persönlichen Politikerhaftung. Wenn wir jedem einzelnen Bürger das Recht geben, sich einem von ihm nicht gewünschten, überflüssigen Schutz zu entziehen, dann ist ein erster großer Schritt zurück zu richtigem Recht getan. Wenn wir die Gesetzgebungskörperschaften verpflichten, ihre eigenen Normen selbst zur Kenntnis zu nehmen (und zu verstehen), dann ist ein zweiter großer Schritt getan. So lange aber ein jeder Parlamentarier von aller Haftung für die Qualität der Gesetze freigestellt ist, die er mit beschlossen hat, so lange ist nicht mit der wünschenswerten Sorgfalt bei der Normformulierung zu rechnen. Jeder Parlamentarier muß für die Güte und Richtigkeit seiner Gesetze ebenso haften wie ein Notar, der einen falschen Vertrag beurkundet und wie ein Zahnarzt, der einen falschen Zahn zieht. Man kann nicht erwarten, daß eine Gesellschaft von verantwortungsbewußten Menschen entsteht, wenn ihre Gesetzgeber selbst für ihr Kerngeschäft von aller persönlichen Haftung freigestellt sind. Das Bewußtsein von der künftigen Verantwortung für eine in Geltung gesetzte Gesetzesnorm wird die Abgeordneten veranlassen, nur noch Regeln zu erlassen, die übersichtlich sind und somit Menschenmaß haben. Maßnahmegesetze finden ein Ende. Anordnungen mit unabsehbaren Konsequenzen unterbleiben. Die Gesetzgebungstechnik gewinnt an Qualität. Erst diese Verantwortung der Gesetzgeber wird die Hoffnung nähren, daß es mit den „plurimae leges“ noch einmal ein Ende haben kann. Für am Ende „summa iuria“.

Subsidiarität als Organisationsversprechen

Beispiele des Scheiterns aus Deutschland

Festschrift für Kurt Leube zum 75. Geburtstag

Prolog unter dem Himmel

Die Stewardess steht im Gang, hält diverse Schläuche in ihren Händen und sagt: „Bei einem Druckverlust fallen Sauerstoffmasken aus den Fächern über Ihren Sitzen. Ziehen Sie eine dieser Masken zu sich, halten Sie sie über Mund und Nase und atmen Sie normal weiter. Erst dann helfen Sie anderen Passagieren."

Wie oft habe ich mich schon gefragt: Ist das nicht ein offener und ethisch unerträglicher Aufruf der Fluggesellschaften an jeden einzelnen Passagier, sich im Notfall egoistisch zu verhalten? Würde es sich nicht ganz im Gegenteil – in einer ideal altruistischen und wahrhaft solidarischen Gesellschaft – gehören, wenn jeder einzelne Fluggast zuerst sicherstellt, daß im gegebenen Falle erst einmal alle anderen Passagiere mit Masken versorgt sind, bevor er an sich selber denkt?

I.

Das Subsidiaritätsprinzip ist eine hehre Organisationsmaxime des europäischen Verfassungsrechtes. Das deutsche Grundgesetz begrenzt jedwede Mitwirkungshandlung der Bundesrepublik Deutschland an der staatlichen Einigung Europas zwar nicht nur, aber jedenfalls auch auf eben diesen Grundsatz der Subsidiarität (Art. 23 Abs. 1, Satz 1):

„Zur Verwirklichung eines vereinten Europas wirkt die Bundesrepublik Deutschland bei der Entwicklung der Europäischen Union mit, die demokratischen, rechtsstaatlichen, sozialen und föderativen Grundsätzen und dem Grundsatz der Subsidiarität verpflichtet ist und einen diesem Grundgesetz im wesentlichen vergleichbaren Grundrechtsschutz gewährleistet.

Korrespondierend hiermit regelt auch der Vertrag über die Gründung der Europäischen Gemeinschaft Gleiches (Art. 5 Abs. 2):

„In den Bereichen, die nicht in ihre ausschließliche Zuständigkeit fallen, wird die Gemeinschaft nach dem Subsidiaritätsprinzip nur tätig, sofern und soweit die Ziele der in Betracht gezogenen Maßnahmen auf Ebene der Mitgliedsstaaten nicht ausreichend erreicht werden können und daher wegen ihres Umfanges oder ihrer Wirkungen besser auf Gemeinschaftsebene erreicht werden können."

Konkreter als das deutsche Grundgesetz enthält der Vertrag über die Europäische Union also bereits eine erste Definition dessen, was unter diesem Subsidiaritätsprinzip richtigerweise zu verstehen sei.

In Artikel 5 des Protokolls über die Anwendung der Grundsätze der Subsidiarität und der Verhältnismäßigkeit heißt es europarechtlich dann weiter:

„Die Entwürfe von Gesetzgebungsakten werden im Hinblick auf die Grundsätze der Subsidiarität und der Verhältnismäßigkeit begründet. Jeder Entwurf eines Gesetzgebungsaktes sollte einen Vermerk mit detaillierten Angaben enthalten, die es ermöglichen, zu beurteilen, ob die Grundsätze der Subsidiarität

und der Verhältnismäßigkeit eingehalten wurden. ... Die Feststellung, daß ein Ziel der Union besser auf Unionsebene erreicht werden kann, beruht auf qualitativen und, soweit möglich, quantitativen Kriterien. Die Entwürfe von Gesetzgebungsakten berücksichtigen dabei, daß die finanzielle Belastung und der Verwaltungsaufwand ... so gering wie möglich gehalten werden und in einem angemessenen Verhältnis zu dem angestrebten Ziel stehen müssen."

In einer amtlichen Erläuterung der deutschen Bundesregierung heißt es zu diesem organisatorischen Zusammenspiel:

„Subsidiarität bedeutet, dass öffentliche Aufgaben möglichst bürgernah geregelt werden sollen. Probleme sollen auf der niedrigsten politischen Ebene gelöst werden. In Deutschland sind das die Kommunen, dann die Bundesländer. Erst wenn ein bestimmtes Problem dort nicht gelöst werden kann, wird die Regelungskompetenz nach „oben" abgegeben. Für das Verhältnis der Nationalstaaten zur Europäischen Union heißt das: Die EU soll sich nur um Dinge kümmern, die sie besser regeln kann als die Mitgliedsländer. ... Das Subsidiaritätsprinzip dient nicht nur der Erhaltung der Eigenständigkeit der EU-Staaten. Es hilft auch, eine wachsende Bürokratie zu verhindern."

Dem Anschein nach leben diese Überlegungen also allesamt von der Vorstellung, das Subsidiaritätsprinzip diene einer effektiven und effizienten Erreichung politischer Ziele, der Bürgernähe, der Qualität von Regulierungen, dem Erhalt nationalstaatlicher Eigenständigkeiten und der Verhinderung von Überbürokratisierung.

Kann Subsidiarität als Organisationsmaxime all dies leisten? Erscheint es gerechtfertigt, sich diese Vielfalt der Funktionen von ihr zu erhoffen? Falls ja: Wie macht sie das? Stellt sie vielleicht sogar eine Art natürliches Vernunftprinzip für gesellschaftliche Organisationen dar? Und schließlich, als Gegenprobe: Führt ihre Nichtbeachtung daher zwangsläufig immer wieder in ein zwischenmenschliches Chaos?

Seinem Wortlaut nach geht das Subsidiaritätsprinzip auf das lateinische Substantiv „subsidium" zurück. Mit dieser nur einen Vokabel bezeichnen die Römer eine beeindruckend bunte Vielzahl von Begriffen und Gegenständen: Hilfen, Reserven, Beistand, Schutz, Stützen, Rückhalt, Zufluchtsorte, Landungsplätze und Hilfsmannschaften, alles das konnte ein „subsidium" sein. Zu dem Substantiv gehört das Verb „sidere" (sidere, sedi, sessum), was nicht nur „setzen", sondern auch „sich niederlassen" bedeutet. In Zusammenschau mit der Präposition „sub" besagt „subsido" also in einem gleichsam Ruhe und Entspannung verheißenden Kern: Ich setze (oder lasse) mich nieder.

Subsidiarität ist damit das Bodennahe, das Geerdete, Realitätsverbundene. Den Schutzcharakter des Subsidiums kennzeichnet es, eine Rückfallposition darzustellen. Wer draußen in der riskanten Welt mit seinem Bemühen scheitert, der findet dort einen Zufluchtsort. Das Subsidium ist also immer auch das Netz, das unter den Wagnissen und Herausforderungen des Alltages gespannt ist.

Diese Wortbedeutung der Subsidiarität geht – ganz folgerichtig – auch einher mit der rechtstheoretischen Verwendung des Begriffes. Normen, die subsidiär gelten, treten gegenüber vorrangigen zurück. In der Regel „lex specialis derogat legi generali" zeigt sich die immer nur nachrangige, auffangende Geltung des allgemeinen hinter jedem spezielleren, besondereren Gesetz.

Daß das so verstandene Subsidiaritätsprinzip auch in der Frage des deutschen Bundesvorranges („Bundesrecht bricht Landesrecht") seinen Niederschlag gefunden hat, ist nach allem ebenfalls kein willkürlicher Zufall des 20. Jahrhunderts. Denn die Idee des Subsidiaritätsprinzips als Organisationsmaxime für einen ganzen Staat geht bis in das 16. Jahrhundert zurück. Der deutsche Rechtsgelehrte Johannes Althusius (1563 bis 1638) vertrat die Auffassung, ein Staat und eine Gesellschaft müßten „von unten nach oben" in Ständen organisiert werden. Als kleinste Einheit galten ihm die Familien. Diesen übergeordnet waren zunächst der Stand und über ihm dann der Staat als die oberste Gesamtheit.

Daß Johannes Althusius mit seinem staatstheoretischen Modell zeitgenössisches Gehör fand, hatte im Wesentlichen zwei Gründe. Zum einen war es in einer Zeit ohne Autobahnen, Telefon und Internet schlicht lebenspraktisch sinnvoll, gesellschaftliche Probleme am besten dort – dezentral – zu lösen, wo sie entstanden. Dies hatte „Menschenmaß". Zum anderen aber fügte sich seine spezifische staatstheoretische Organisationslehre besonders in die seinerzeitige Auffassung von „dualer Souveränität" im damaligen Heiligen Römischen Reich deutscher Nationen.

Seinerzeit stritten nämlich das Konzept der Herrschaftssouveränität und das Konzept der Volkssouveränität um die Vorherrschaft. Daß alleine dem Kaiser Majestät und mithin Souveränität zustünde, mißfiel – aus durchsichtigen Gründen – den selbst je vor Ort dezentral handelnden Ständen. Ihre Gegenposition gegen autonome Majestät lautete daher, daß die wahre Souveränität nur dem Volk insgesamt zustehe. Das Volk übertrage diese Souveränität lediglich auf den Kaiser.

Im Rahmen dieser Auseinandersetzungen gelang es schließlich einem Mann namens Johannes Limnaeus (1592 bis 1665), den deutschen Reichsständen als Vertretern des Volkes insgesamt eine gegenüber dem Kaiser stärkere Position zu verschaffen. Das Machtgleichgewicht zwischen majestätischer Zentrale, Ständevertretern und einfachen „Untergebenen" sollte dadurch – den damaligen Machtverhältnissen entsprechend – besser austariert werden.

Diese kurz skizzierte Rechtsgeschichte ist auch für die Entwicklung des weiteren, bis heute geltenden innerdeutschen Rechtes an mehreren Stellen nicht ohne Konsequenzen geblieben. Im deutschen Kommunalrecht gilt beispielsweise der Grundsatz der sogenannten „gemeindlichen Allzuständigkeit": Gegenüber landes- und bundesstaatlichen Regelungen ist stets zuerst zu prüfen, ob nicht die Gemeinde selbst ein bestimmtes Problem allein mit begründeter Aussicht auf Erfolg verantwortlich lösen kann. Auch dies ist ersichtlich eine Ausprägung des Subsidiaritätsprinzips. Die jeweils „höhere" Ebene ist stets nur dann zu einer Regelung von Materien berufen, wenn und soweit die „niedrigere" Ebene die Aufgabe nicht bereits erledigt hat oder besser erledigen kann. Im Verhältnis zwischen Gemeinden und staatlichen Ebenen wiederholt sich also dasselbe Abgrenzungsprinzip wie zwischen den Mitgliedstaaten der Europäischen Union und dieser.

Daß diese bis heute verwendete Terminologie aus höheren und niedrigeren Ebenen im Übrigen erkennbar noch immer verhaftet ist in der klassischen Über- und Unterordnungsvorstellung von Seinshierarchien (die ihrerseits die geozentristische

Weltvorstellung aufrechterhalten), darf nicht zu gering bewertet werden. Die daraus unausgesprochen und geradezu vorbewußt folgende, suggestive Kraft, eine „höhere“ Zentrale näher am Guten, Schönen und Wahren zu vermuten als die nur untergebenen Ausgangsebenen, verfehlt ihren Effekt auf allfällig ungebrochene Zentralisierungstendenzen offenbar bis heute nicht.

II.

Das Subsidiaritätsprinzip in diesem Sinne steht nämlich nicht alleine als Maxime staatlicher und gesellschaftlicher Organisation. Das einschlägige Gegenprinzip lautet: „Solidaritätsprinzip“. Auch dieses Prinzip geht terminologisch erkennbar zurück auf ein lateinische Substantiv: „soliditas“ bezeichnet Dichte und Festigkeit. Das ihm zugehörige Adjektiv „solidus“ bezeichnet gleichfalls etwas, das dicht, massiv, fest, hart, stark, sicher, dauerhaft und unerschütterlich ist. Anders als ein weiches „subsidium“, das – wie dargestellt –dem Unterlegenen und an der Realität Gescheiterten nur hilfsweise eine nachrangige Fluchtchance bietet, verheißt die „soliditas“ schon gleich die felsengleiche Unbesiegbarkeit.

Stark, sicher und unerschütterlich in diesem Sinne ist in Deutschland insbesondere die Solidarität in der Sozialversicherung – und dort namentlich in der sogenannten „gesetzlichen Krankenversicherung“ – ausgeprägt. In der zentralen Einführungsvorschrift des Gesetzes (§ 1 Fünftes Sozialgesetzbuch) heißt es wörtlich:

„Die Krankenversicherung als Solidargemeinschaft hat die Aufgabe, die Gesundheit der Versicherten zu erhalten, wiederherzustellen oder ihren Gesundheitszustand zu bessern. Das umfasst auch die Förderung der gesundheitlichen Eigenkompetenz und Eigenverantwortung der Versicherten. Die Versicherten sind für ihre Gesundheit mitverantwortlich; sie sollen durch eine gesundheitsbewußte Lebensführung, durch frühzeitige Beteiligung an gesundheitlichen Vorsorgemaßnahmen sowie durch aktive Mitwirkung an Krankenbehandlung und Rehabilitation dazu beitragen, den Eintritt von Krankheit und Behinderung zu vermeiden oder ihre Folgen zu überwinden. Die Krankenkassen haben den Versicherten dabei durch Aufklärung, Beratung und Leistungen zu helfen und auf gesunde Lebensverhältnisse hinzuwirken."

Die Regelung zeigt gegenüber dem Subsidiaritätsprinzip also eine vollständige Verkehrung der Zuständigkeitssphären: Primär ist hier nun die Versicherung als Solidargemeinschaft zur Erhaltung, Wiederherstellung und Verbesserung der Gesundheit aller Versicherten zuständig. Die Versicherten selbst trifft nur eine demgegenüber nachrangige Mitverpflichtung zum Erhalt der eigenen Gesundheit. Zu entsprechender Pflichterfüllung im eigenen Interesse sollen die Versicherten in diesem Konzept durch behördliche Anleitung erst sachdienlich ertüchtigt werden. Kurz: Der Sozialgesetzgeber in Deutschland beantwortet den feministischen Befreiungsruf „Mein Bauch gehört mir!" ein halbes Jahrhundert nach seinem Erklingen mit einem klaren: „Nein, ganz im Gegenteil!" Jedenfalls die primäre Verfügungsbefugnis über den (ganzen) eigenen Leib ist vordringlich den Krankenkassen überantwortet, die in Deutschland – als Körperschaften des öffentlichen Rechtes – staatliche Behörden sind.

Ebenso robust überträgt sich die Stärke des Solidaritätsprinzips auch auf ihren eigenen Anwendungsbereich gegenüber dem nachgiebigen Subsidiaritätsprinzip. Über „Solidarität" wird deutlich häufiger recherchiert und nachgedacht als über „Subsidiarität", wie eine stichprobenartige Internet-Recherche ergibt. Google verweist, entsprechend befragt, im deutschen Frühsommer 2017 auf 482.000 Fundstellen der „Subsidiarität", wohingegen es über „Solidarität" gleich an 6.060.000 Stellen Näheres zu erfahren gebe.

Jedes konkrete Austarieren von Subsidiaritäts- und Solidaritätsprinzip steht damit schon im Ansatz erkennbar vor erheblichen Schwierigkeiten. Denn die offenbar äußerst populäre Solidarität verdrängt gerne die im zwischenmenschlichen Kontext meist schon augenscheinlich klügere, angemessenere und funktionsfähigere Organisationsmaxime des Subsidiaritätsprinzips.

Intermezzo

Der gesetzlich krankenversicherte Herr U. ist ein Pechvogel.

Bei allen deutschen Lufttransportunternehmen hat er lebenslanges Flugverbot. Anläßlich eines Druckverlustes in der Kabine einer Linienmaschine auf dem Flug von Hamburg nach München hatte er zuerst versucht, einem älteren Ehepaar in der Sitzreihe vor sich beim Anlegen der Sauerstoffmasken behilflich zu sein. Nachdem er dabei mehrere Sauerstoffleitungen aus ihren Verankerungen gerissen hatte, wandte er sich sofort einer jungen Mutter und deren Säugling in der Nebenbank zu, die infolge dessen ihrerseits erst nach knapp einer Minute von einem Herrn aus dem Heck der Maschine mit Sauerstoff versorgt werden konnten. Da er selbst schließlich unbeatmet kollabierte, mußte die Maschine seinetwegen in Köln notlanden.

Während seines anschließenden Krankenhausaufenthaltes zog er sich bis zum Ende seiner Bettlägerigkeit wiederholt den Unmut gehtüchtiger Mitpatienten auf der Station zu, in deren Abwesenheit er ihnen ohne Rücksprache mehrfach das – wie er sagte: „bestimmt jeweils objektiv beste" – Mittagsmenu auswählte. Trotz ausdrücklicher Abmahnung durch die Krankenhausverwaltung, es zu unterlassen, versuchte er anschließend mehrfach, Komapatienten deren Zähne zu putzen, verlangte aber umgekehrt auch, seine eigene Mundhygiene fachgerecht von Pflegepersonal besorgen zu lassen. Herr U. hat in diesem Spital inzwischen ebenfalls lebenslanges Hausverbot.

Seit dem 16. Juni 2017 sind auch alle Mitarbeiter der Telefon-Hotline seiner Krankenkasse befugt, Anrufe von Herrn U. nicht mehr entgegenzunehmen. Weil er aus Unachtsamkeit seine Hand auf eine heiße Herdplatte gelegt hatte, war er unter Hinweis auf deren nun primäre sachliche Zuständigkeit vor Schmerz fluchend zunächst mit Sozialversicherungsfachangestellten seiner Kasse mobiltelefonisch in Kontakt getreten, um das weitere Prozedere zu erfragen. Die Weigerung, seine währenddessen verbrennende Hand in Eigenregie ohne vorherige Rücksprache mit dem zu diesem Zeitpunkt urlaubsabwesenden behördlichen

Sachbearbeiter von dem Herd zu heben, hatte erhebliche mediale Aufmerksamkeit erzeugt.

III.

Mit der Abgrenzung von Solidaritäts- zu Subsidiaritätsprinzip beschäftigt sich die katholische Soziallehre seit langem. Insbesondere das Bewußtsein, etwas Eigenes zu besitzen, das nicht vorrangig von anderen beansprucht werden könne, befördere die Wertschätzung genau dieses Besitzes und des guten Umganges mit ihm. In seiner Sozialenzyklika „Rerum novarum" aus dem Jahre 1891 formulierte Papst Leo XIII.:

„Der Staat muß … nach Kräften dahin wirken, daß möglich viele aus den Staatsangehörigen eine eigene Habe zu erwerben trachten. … Denn bei dem Bewusstsein, auf Eigentum zu arbeiten, arbeitet man ohne Zweifel mit größerer Betriebsamkeit und Hingabe; man schätzt den Boden in demselben Maße, als man ihm Mühe opfert; man gewinnt ihn lieb, wenn man in ihm die versprechende Quelle eines kleinen Wohlstandes für sich und die Familie erblickt. Es liegt also auf der Hand, wie viel der Ertrag, wie viel der Gesamtwohlstand des Volkes gewinnen würde. … Obige Vorteile werden jedoch offenbar dann nicht gewonnen, wenn der Staat seinen Angehörigen so hohe Steuern auferlegt, daß dadurch das Privateigentum aufgezehrt wird. Denn da das Recht auf Privatbesitz nicht durch ein menschliches Gesetz, sondern durch die Natur gegeben ist, kann es der Staat nicht aufheben, sondern nur seine Handhabung regeln und mit dem allgemeinen Wohl in Einklang bringen. Es ist also gegen Recht und Billigkeit, wenn der Staat vom Vermögen der Untertanen einen übergroßen Anteil als Steuer entzieht."

In Fortführung dieser Enzyklika aus dem Jahre 1891 schrieb Papst Pius XI. in seiner Sozialenzyklika „Quadragesimo Anno" im Jahre 1931:

„Wie dasjenige, was der Einzelmensch aus eigener Initiative und mit seinen eigenen Kräften leisten kann, ihm nicht entzogen und der Gesellschaftstätigkeit zugewiesen werden darf, so verstößt es gegen die Gerechtigkeit, das, was die kleineren und untergeordneten Gemeinwesen leisten und zum guten Ende führen können, für die weitere und übergeordnete Gemeinschaft in Anspruch zu nehmen. … Jedwede Gesellschaftstätigkeit ist ja ihrem Wesen und Begriff nach subsidiär; sie soll die Glieder des Sozialkörpers unterstützen, darf sie aber niemals zerschlagen oder aufsaugen."

Einfluß auf die Abfassung dieser Sozialenzyklika im Jahre 1931 nahm allerdings auch Oswald von Nell-Breuning, der selbst eher dem Solidar- als dem Subsidiaritätsprinzip zuneigte. Sein Denken wirkte sich nach 1949 auch wesentlich auf die Diskussion um die soziale Marktwirtschaft der Bundesrepublik Deutschland aus. Oswald von Nell-Breuning warnte, die Gemeinschaftshilfe durch das Wort von der Subsidiarität zum bloßen Ersatz und Notbehelf zu machen. Er vertrat vielmehr die Auffassung, eine Gemeinschaft habe die Pflicht, ihren Gliedern hilfreich zu sein. Kirchenrechtlich werden seine Gedanken bisweilen dahin zusammengefasst, daß die beste Hilfe die fördernde Hilfe zur Selbsthilfe sei. Der Staat sei umgekehrt allerdings auch verpflichtet, Individuen und Subsystemen das nicht zu nehmen, was sie selbst zu leisten in der Lage seien. Subsidiarität heißt in diesem Verständnis, einzelne Menschen nicht mit ihren Sicherungsinteressen allein zu lassen, sondern sie zu Eigenverantwortung zu befähigen.

Der spätere Bundespräsident Roman Herzog (1934 bis 2017) hat sich 1963 unter dem Thema „Subsidiaritätsprinzip und Staatsverfassung" gezielt mit der Frage befasst, ob das Subsidiaritätsprinzip im Sinne der katholischen Soziallehre im deutschen Grundgesetz verankert sei. Er verneinte dies unter Hinweis darauf, daß seine Aufnahme in das Grundgesetz im Verfassungskonvent von Herrenchiemsee zwar diskutiert worden war, sich jedoch nicht durchsetzen konnte.

In der schon genannten Enzyklika „Quadragesimo Anno" hatte Papst Pius XI. im Jahre 1931 mit dieser Schwerpunktsetzung folgerichtig weiter ausgeführt:

„Ein wahres Zusammenwirken aller zu dem einen Ziel des Gemeinwohls ist … nur dann möglich, wenn die verschiedenen gesellschaftlichen Gruppen sich ganz durchdringen lassen von dem Bewusstsein ihrer Zusammengehörigkeit als Glieder einer großen Familie, als Kinder eines und desselben himmlischen Vaters."

In derselben Tradition der katholischen Soziallehre hat sich – 100 Jahre nach der Enzyklika von Papst Leo XIII. – im Jahre 1991 dann auch Papst Johannes Paul II. mit einer eigenen Enzyklika („Centesimus Annus") der Thematik angenommen. Unter dem Eindruck des Zusammenbruchs der kommunistischen Staaten des Ostblocks und der seither gewonnenen empirischen Erkenntnisse formulierte er nun:

„Sowohl auf der nationalen Ebene der einzelnen Nationen, wie auch auf jeder der internationalen Beziehungen scheint der freie Markt das wirksamste Instrument für den Einsatz der Ressourcen und für die beste Befriedigung der Bedürfnisse zu sein. ... Die Wirtschaft, insbesondere die Marktwirtschaft, kann sich nicht in einem institutionellen, rechtlichen und politischen Leerraum abspielen, im Gegenteil, sie setzt die Sicherheit der individuellen Freiheit und des Eigentums sowie eine stabile Währung und leistungsfähige öffentliche Dienste voraus. Hauptaufgabe des Staates ist es darum, diese Sicherheit zu garantieren, so daß der, der arbeitet und produziert, die Früchte der Arbeit genießen kann und sich angespornt fühlt, seine Arbeit effizient und redlich zu vollbringen. ... Der Versorgungsstaat, der direkt eingreift und die Gesellschaft ihrer Verantwortung beraubt, löst den Verlust an menschlicher Energie und das Aufblähen der Staatsapparate voraus, die mehr von bürokratischer Logik als von dem Bemühen beherrscht sind, den Empfängern zu dienen; Hand in Hand damit geht eine ungeheure Ausgabensteigerung. ... Die historische Erfahrung der sozialistischen Länder hat auf traurige Weise gezeigt, daß der Kollektivismus die Entfremdung nicht beseitigt, sondern noch steigert, weil der Mangel am notwendigsten und das wirtschaftliche Versagen hinzukommen. ... Funktionsstörungen und Mängel im Wohlfahrtsstaat rühren von einem unzutreffenden Verständnis der Aufgaben des Staates her. Auch auf diesem Gebiet muß das Subsidiaritätsprinzip gelten: Eine übergeordnete Gesellschaft darf nicht in das innere Leben einer untergeordneten Gesellschaft dadurch eingreifen, daß sie diese ihrer Kompetenzen beraubt. Sie soll sie im Notfall unterstützen und ihr dazu helfen, ihr eigenes Handeln mit dem der anderen gesellschaftlichen Kräfte im Hinblick auf das Gemeinwohl abzustimmen."

IV.

In Deutschland wird seit einigen Jahren gefordert, neben den bislang bereits zu rund 90% zwangsversicherten Einwohnern nun auch noch den gesamten verbliebene Rest der Bevölkerung in das Solidarbündnis einer allumfassenden gesetzlichen Krankenversicherungspflicht zu zwingen. Das diene, so heißt es, der Effektivität des Systems, seiner Qualität und der Gerechtigkeit. Die damit fortgesetzte Ausweitung des Kreises der Pflichtversicherten, die durchgängige Erhöhung der Beiträge, die Vergrößerung des behördlichen Organisationsapparates und die sich damit vom Individuum immer weiter administrativ entfernenden Institutionen und deren Befugnisse belegen beeindruckend, daß das Solidarprinzip gegenüber dem Subsidiaritätsprinzip bis heute konsequent weiter an Boden gewinnt.

Die Beschneidung der Befugnisse dezentraler Einheiten zu Gunsten zentral fernsteuernder Verwaltungseinheiten stellt bei alledem keine ausnahmsweise Besonderheit des deutschen Sozialversicherungswesens dar. Die Tatsache, daß die ursprünglich subsidiär gewollte Europäische Union in der Zwischenzeit ebenfalls mehr und mehr danach strebt, zentrale Instanzen konstituieren zu können, belegt vielmehr nur, wie richtig die Warnungen und Mahnungen Papst Johannes Pauls II. waren: Zentralisierung verkennt die Segnungen des Subsidiaritätsgrundsatzes. Sie führt zu Überbürokratisierung, zu Ressourcenverschwendung und zu breiter Einschränkung von Lebens-Chancen. Innerstaatliches und überstaatliches Recht verweben sich zu einer gleichsam „supra-sidiären", unfaßbaren und also auch unangreifbaren Machtzentrale sui generis.

Eine historische Parallele drängt sich auf: In der Gedankenwelt des 16. und 17. Jahrhunderts hätte man von einer Zurückdrängung der Volkssouveränität zu Gunsten der monarchischen Souveränität gesprochen. Die Zuständigkeitsbereiche der bodenständigen „unteren" Ebenen verkleinern sich, wohingegen Kompetenzen, Befugnisse und Machtbereiche einer gleichsam wieder majestätischen Zentrale sich erweitern.

Wer immer Solidarität zu Lasten von Subsidiarität überbetont, der muß sich vergegenwärtigen: Staatsorganisationsrechtlich und volkswirtschaftlich beschreitet er – nach aller historisch-empirischen Erfahrung – den direkten Weg in das gesellschaftliche Chaos; ethisch und kirchenrechtlich steht sein Reden und Handeln in diametralem Gegensatz zu den nicht zufällig elaborierten Erkenntnissen der katholischen Soziallehre.

Epilog

Bei einem Aufsatzwettbewerb der örtlichen Krankenkasse für Grundschüler ist der achtjährige Sohn des Herrn U. kürzlich auffällig geworden. In seinem Beitrag hieß es unter anderem: „Vom Opa wünsche ich mir zum Geburtstag und zu Weihnachten am liebsten Geld. Denn wenn er mir etwas kauft, dann gefällt es mir meistens nicht. Entweder das Geschenk bleibt dann liegen oder wir müssen es erst umtauschen. Das dauert immer sehr lange und nervt alle total. Wie soll er auch wissen, was ich brauche? Er ist ja so gut wie nie in meinem Zimmer. Wenn er mir Geld schenkt, dann kann ich mir genau das kaufen, was mir gefällt. So finde ich es am besten." Es heißt, Herr U. sei sehr verzweifelt und habe Antrag auf behördliche Erziehungsberatung gestellt, über den aber noch nicht entschieden sei.

Wer haftet für politische Fehlentscheidungen?

Man muß kein Jurist sein, um zu wissen: Wer einem anderen schuldhaft einen Schaden zufügt, der muß ihm Ersatz leisten. Haftungsrecht schützt somit Opfer. Haftungsrecht reicht aber noch weiter. Weil alle eine eigene Haftung vermeiden wollen, handeln sie schon von vornherein vorsichtiger. Haftpflichtrecht reduziert dadurch bereits die Gefahr, dass jemand überhaupt geschädigt wird.

Die gesellschaftlichen Debatten unserer Tage haben jüngst die Frage provoziert: Ist Haftungsrecht deswegen vielleicht auch geeignet, unsere Politik besser zu machen? Die Suche nach einer Antwort führt zunächst kurz zurück in die Geschichte. Am 18. August 1896 verabschiedete der Reichstag in Berlin ein bis heute geltendes Gesetz. Die Abgeordneten beschlossen, dass am 1. Januar 1900 das Bürgerliche Gesetzbuch (BGB) in Kraft trete. Viele seiner Paragrafen haben sich inzwischen geändert. Geblieben ist Paragraf 839 über die Amtshaftung: Verletzt ein Beamter schuldhaft eine Amtspflicht, dann hat er demjenigen Ersatz zu leisten, den er geschädigt hat, statt ihn zu schützen.

Gerichte haben rechtsfortbildend ausgesprochen, dass diese Regel nicht nur für Beamte im förmlichen Sinne gilt. Auch pflichtvergessene Amtsträger ohne Beamtenernennungsurkunde müssen gleichermaßen haften. Durch Inkrafttreten des Grundgesetzes (GG) am 24. Mai 1949 erhielt diese Rechtslage eine verfassungstextliche Basis. Nach Artikel 34 GG ist staatshaftungsrechtlich entscheidend, ob der Pflichtverstoß des Schädigers „in Ausübung eines ihm anvertrauten öffentlichen Amtes“ geschehen ist.

Schon im Jahr 1954 bestätigte der jetzt zuständige Bundesgerichtshof indes wieder die vormals haftungseingrenzende

Rechtsprechung des Reichsgerichtes. Sei die Amtspflicht dem handelnden Amtsträger nicht konkret zum Schutz einer bestimmten Person auferlegt, sondern beschränke sie sich – wie für fast jede Gesetzgebung typisch – darauf, lediglich allgemein die öffentliche Ordnung aufrecht zu erhalten, dann komme eine Haftung der Gesetzgeber nicht in Betracht (BGH III ZR 369/52).

Damit gelten zwar heute vom Bundespräsidenten bis zum einfachen Mitarbeiter beispielsweise eines Gemeindeamtes alle Hoheitsträger haftungsrechtlich als Amtsträger. Ob sie aber tatsächlich haften, wenn sie Fehler machen, entscheidet sich an einer ganz anderen Stelle, nämlich an der Frage nach der sogenannten „Drittgerichtetheit der Amtspflicht".

Das bedeutet: In dem Dreiecksverhältnis aus Staat, Bürger und Staatsdiener genießt der Bürger nur dann den Schutz des Haftungsrechtes gegen den Amtsträger, wenn die sorglos verletzte Pflicht ausdrücklich auch das Ziel hatte, diesen konkreten Bürger vor Schäden zu schützen. Damit kann sich zwar jeder einfache Amtsträger, der den konkreten Fall eines einzelnen Bürgers falsch bearbeitet, schnell haftpflichtig machen. Die als Gesetzgeber Tätigen jedoch sind von Haftung freigestellt. In unserem allgegenwärtigen Eingriffs-, Vorsorge- und Interventionsstaat, in dem kein Lebensbereich mehr frei ist von staatlicher Regulierung, können aber gerade allgemeine gesetzliche Maßnahmen in der Fläche weit schädlicher sein als eine simple Einzelfallentscheidung vor Ort.

Die juristische Gegenwartsliteratur neigt noch dazu, diese fehlende Amtspflicht zum Schutz vor legislativen Fernwirkungen für einen Vorteil zu halten. In einem anerkannten Standardwerk formuliert beispielsweise der Kommentator Heinz Wöstmann: „Unter diesem Blickwinkel braucht es nicht unbedingt und ausschließlich ein Nachteil zu sein, wenn sich die Drittgerichtetheit der Amtspflicht nicht bis in die letzten Verästelungen systematisieren lässt; die Beschränkung auf allgemeiner gehaltene Leitlinien verleiht dem Tatbestandsmerkmal des ‚Dritten' vielmehr eine Elastizität, die flexible, den Besonderheiten des jeweiligen Lebenssachverhalts angepasste Lösungen ohne dogmatische Erstarrung ermöglicht.“

Der Bundesgerichtshof schützt den Geschädigten bisher nur dann, wenn sich aus „der Natur des Amtsgeschäftes“ ergebe, dass er persönlich individualisierbar rechtlich geschützt oder gefördert werden sollte: „Hingegen ist anderen Personen gegenüber, selbst wenn die Amtspflichtverletzung sich für sie mehr oder weniger nachteilig ausgewirkt hat, eine Ersatzpflicht nicht begründet“ (BGH III ZR 49/88).

Man muss kein Jurist sein, um zu erahnen, dass derlei Formulierungen umso mehr interpretatorische Spielräume lassen, je abstrakter das Staatshandeln ist. Böse gesprochen: Hier lässt sich derzeit jeder Standpunkt vertreten. Auch sein exaktes Gegenteil.

Wenn aber die Frage so unbestimmt beantwortet wird, ob über den konkreten Einzelfall hinaus überhaupt eine Pflicht zur Schadensverhütung besteht: Wie soll dann das Haftungsrecht den Gesetzgebern gegenüber seinen bürgerschützenden Zweck erfüllen, die Verletzung von Pflichten justitiabel zu machen? Aus einem entpflichteten Amtsträger wird aus verständlichen Gründen bald ein pflichtvergessener, dann ein sorgloser, zuletzt ein schadenstiftender. Ist aber eine solche Haftungsfreistellung desjenigen, dem ein öffentliches Amt zur Gesetzgebung anvertraut wurde, einem demokratischen Rechtsstaat angemessen? Ist es juristisch hinnehmbar, dass geschädigte Bürger politische Fehler, die sich „mehr oder weniger nachteilig“ für sie auswirken, rechtlich ungeschützt hinnehmen müssen?

Zweifel sind angebracht. Zumal ausgerechnet genau diejenigen Stellen, von denen die weitreichendsten Gefahren ausgehen, über die besten Apparate verfügen, Fehler zu vermeiden. Bankenrettung? Atomausstieg? Grenzöffnung? Die Konsequenzen solchen Handelns reichen zweifelsohne weit über die Nachteile hinaus, die beispielsweise einem Geflügelzüchter vor Ort von seiner Gemeinde zugefügt wurden. Das Oberlandesgericht Sachsen-Anhalt (1 U 43/08) schützte ihn:

“Insoweit gilt, dass jeder Beamte … , auch ein ehrenamtlicher Gemeinderat, die zur Führung seines Amtes notwendigen Rechts- und Verwaltungskenntnisse besitzen bzw. sich vor seiner Entschließung verschaffen muss. Anderenfalls würde das Schadensrisiko bei Entscheidungen kommunaler Vertretungskörperschaften in unzumutbarer Weise auf den einzelnen Bürger verlagert werden. Die Mitglieder von Gemeinde- und Stadträten müssen sich daher auf ihre Entschließungen … sorgfältig vorbereiten und, soweit ihnen die eigene Sachkunde … fehlt, den Rat ihrer Verwaltung oder die Empfehlung von sonstigen Fachleuten einholen bzw. notfalls sogar außerhalb der Verwaltung stehende Sachverständige zu Rate ziehen. Letzteres gilt insbesondere dann, wenn sie – wie hier – von den Empfehlungen mehrerer Fachbehörden abweichen wollen.“

Können für professionelle Gesetzgeber haftungsrechtlich geringere Kenntnisanforderungen, Pflichtenkreise und Sorgfaltsmaßstäbe gelten als für einen ehrenamtlichen Gemeinderat? Wohl kaum. Je mehr Macht einem Akteur demokratisch anvertraut ist und je gefährlicher er somit in die Rechtskreise der Bürger eingreifen kann, desto größer muss auch seine rechtliche Verantwortung ihnen gegenüber sein. Die Rechtsprechung könnte diese Ausgewogenheit über Paragraf 839 BGB schon jetzt herbeiführen. Bleibt sie untätig, bedarf es eines politischen Anstoßes zu einer Gesetzesänderung. Denn demokratische Politik ist kein rechtsfreier Raum.

Kann man im Flug gegen das Klima sündigen?

Ethisch-methodologische Entscheidungshilfen

Referat für die Friedrich Naumann-Stiftung in der Theodor-Heuss-Akademie, Gummersbach

Einleitung

Nachstehend will und kann ich nicht als Klima- oder Naturwissenschaftler argumentieren, sondern ich möchte mich mit – seit jeher erprobten und anerkannten – juristischen, prozesstechnischen, insbesondere aber logischen, wissenschaftstheoretischen und nicht zuletzt handlungsethischen Methoden einer Antwort auf die Frage annähern, ob ein gesetzlich angeordnetes Flugverbot zum Zwecke der Stabilisierung des Weltklimas rational und legitim in Betracht käme.

Dazu vorab einige nötige Vorbemerkungen.

Erste Vorbemerkung: Ich gebe zunächst eine konkretere Eingrenzung meines Themas. Gibt es einen politischen oder ethischen oder juristischen oder naturwissenschaftlichen Legitimationsgrund für den deutschen Gesetzgeber, ein generelles Verbot von Inlandsflügen (oder aber wenigstens eine Beschränkung) anzuordnen? Falls nein: Gibt es – hilfsweise – ein außergesetzliches ethisches Gebot, daß Menschen sich der Reisen per Flugzeug innerhalb Deutschlands tunlichst enthalten sollten?

Anlaß zu der Fragestellung ist die Überlegung, daß derartige Verbote oder Beschränkungen dazu führen sollten, die durch Flugverkehr in Deutschland entstehenden Kohlendioxidemissionen zu reduzieren.

Eine solche Reduktion des Kohlendioxidausstoßes durch Verzicht auf Flugreisen (und Nutzung anderer Verkehrsmittel an deren Stelle) nur in Deutschland würde zwar für den derzeit steigenden Gesamtsaldo aller globalen Kohlendioxidemissionen keine unmittelbar naturwissenschaftlich relevante Verminderung des globalen Ausstoßes insgesamt bewirken können, da andere Länder bzw. Volkswirtschaften ihren Ausstoß derzeit kontinuierlich erhöhen.

Die im Ergebnis erhoffte faktische Reduktion wenigstens der Emissionen in Deutschland könnte jedoch auf politischer Ebene dazu führen, daß andere Länder der Erde sich diese Vorgehensweise in Deutschland als beispielhaft und erstrebenswert zum Vorbild nähmen, den dort erzielten Ergebnissen dann anschließend nacheiferten, sodann ebenfalls Flugverbote oder Flugrestriktionen anordneten, den eigenen Binnentransport also auf andere Verkehrsmittel verlagerten, hierdurch ihrerseits eine Emissionsreduktion erzielen, dadurch einen planetenweiten Handlungsdruck auf alle Regierungen des Globus auslösten und eine effektive Gesamtreduktion aller derjenigen Kohlendioxidemissionsanteile erreichten, die durch Flugverkehr weltweit verursacht werden.

Durch die Reduktion des Flugverkehranteiles an weltweiten Kohlendioxidemissionen sollte dann die Emission insgesamt so unter eine kritische Gesamtemissionsmenge gedrückt werden, daß Kohlendioxid nicht mehr in einer für den Treibhausgaseffekt relevanten Menge in die Erdatmosphäre aufsteigt und alle weltweiten Lokaltemperaturen dadurch so stabilisiert werden, daß der aus sämtlichen Werten rechnerisch gebildete Mittelwert in 80 Jahren nicht mehr als 1,5° C über dem heute gemessenen liegen wird (angestrebtes Endziel).

Zweite Vorbemerkung: Die folgenden Darlegungen zum Thema stammen nicht von einem Klimaforscher. Sie stammen nicht einmal von einem Naturwissenschaftler. Sie stammen stattdessen nur von einem Juristen, der sich für den hiesigen Erörterungszweck der Sache mit denjenigen hergebrachten juristischen, prozessualen, logischen und ethischen Handwerkszeugen – anders gesagt: mit derjenigen Methodik – nähert, die auch in jedem juristischen, namentlich gerichtlichen Streitverfahren seit jeher angewendet werden, um einen teils bekannten, teils unbekannten Sachverhalt in einer Weise zu behandeln und zu entscheiden, die es nach Möglichkeit ausschließt, vermeidbare Fehler zu begehen.

Allen diesen Methoden ist gemeinsam, daß sie keinesfalls den Anspruch erheben, einen nicht vollständig aufklärbaren – namentlich in der Zukunft liegenden – Sachverhalt trotz abschließender Unkenntnis aller seiner Dimensionen jedenfalls richtig zu beurteilen. Ziel ist vielmehr, (1) jedenfalls das sicher Richtige zu tun, (2) das sicher Unrichtige nicht zu tun, und (3) innerhalb des Bereiches der verbleibenden Unsicherheiten nach aller menschenmöglichen Annäherung an die Realität das Falsche zu vermeiden, um dort überwiegend sicher das Richtige zu tun.

Dritte Vorbemerkung: Die Kunst, auf unsicheren Tatsachengrundlagen richtig zu handeln, besteht also wesentlich darin, auf bekannter Basis Richtiges zu tun, auf unbekannter Basis Unrichtiges zu vermeiden und im Bereich völligen Unwissens möglichst nichts zu tun, was uns schaden oder unsere Handlungsmöglichkeiten nach Aufklärung von Ungeklärtem einschränken könnte.

Der Bamberger Psychologe Dietrich Dörner hat beschrieben, warum man in unübersichtlichen Situationen nicht der Versuchung erliegen solle, intuitiv zu handeln, da derartige Intuitionen nur dazu angetan seien, überschaubare Lagen schnell zu bewältigen, nicht aber hyperkomplexe innerhalb endloser Kausalketten. Dörner formuliert (a.a.O. S. 191 ff.):

„*Wir Menschen scheinen eine starke Tendenz zu haben, uns die Zukunft als Fortschreibung der Gegenwart vorzustellen. ... Die Vorschau zukünftiger Szenarios scheint gewöhnlich entweder durch eine Strukturfortschreibung oder durch eine Strukturinversion zu geschehen. ... Unsere Annahme ist, daß die ständige Bildung von ‚kleinen' Erwartungen über die Zukunft, die uns vernünftiges Handeln überhaupt erst ermöglicht, im Wesentlichen automatisch erfolgt und nach dem Mechanismus der Strukturextrapolation funktioniert. ... Nach unserer Meinung spielt die Bewahrung eines positiven Bildes von der eigenen Kompetenz und Handlungsfähigkeit eine sehr große Rolle als Determinante der Richtung und des Ablaufs von Denkprozessen. Menschen ... brauchen die Erwartung, daß ihr Handeln letztlich erfolgreich sein könnte. ... Wenn ich durch exzessives Planen und Informationssammeln jeden direkten Kontakt mit der Realität vermeide, so hat die Realität auch keine Gelegenheit, mir mitzuteilen, daß das, was ich mir ausgedacht habe, nicht funktioniert oder grundfalsch ist.*“

Bei allem bleibt das Handeln unter Ungewissheiten eine der großen Herausforderungen für den Menschen überhaupt. Die Unzufriedenheit mit der Unsicherheit hat geschichtlich u.a. Berufe wie den des Wahrsagers, des Vogelflugdeuters, des Opferritualveranstalters, des Astrologen, des Chartanalytikers oder des Ballbesitzstatistikers geführt. Das offenbar tiefe anthropologische Bedürfnis nach Sicherheiten auch in der Zukunft wird daher auch seit jeher gerne durch entsprechende Angebote gedeckt. Risikoforscher wie Gerd Gigerenzer attestieren uns Menschen nicht zuletzt deswegen schon eine Art kollektive Amnesie: Obwohl wir z.B. ständig vorgeführt bekommen, daß Aktienmarktvorhersagen immer wieder unzutreffend sind, nehmen wir sie doch immer wieder neu – gläubig – zur Kenntnis (Gigerenzer S. 31).

Bisweilen sind Irrtümer aber sogar überlebenssichernd, wenn sich die verschiedenen Irrtümer innerhalb einer Gemeinschaft gegenseitig aufheben und – schwarmintelligent – zu „richtigen“ Gesamtergebnissen führen: Irren sich 50% der Bäcker einer Stadt in die eine und 50% der Bäcker in die andere Richtung bei der Abschätzung des künftigen Brotbedarfs der Stadt, wird der tatsächliche Bedarf der Einwohner (wie ich von Erich Weede einmal überzeugend lernte) vollständig gedeckt.

Hauptteil

1. Die öffentliche Klimadiskussion ist wesentlich kein Wissenschaftsstreit, sondern ein Glaubensstreit. Denn die überwie-

gende Anzahl der Faktoren, die sich klimabildend und klimaändernd auswirken, sind derzeit noch nicht bekannt (z.B. die Rolle des aktuell modellkonträr auftretenden Methangases). Typisch für Debatten um Glaubensfragen ist, dass sie besonders erbittert geführt werden.

2. Wenn man keine (d.h. keine letzte) Sicherheit über die Fakten hat, innerhalb derer man handelt, steht die Frage nach einem richtigen Handeln vor besonderen Herausforderungen. Denn das richtige Handeln leitet sich hier davon ab, ob die richtigen Wahrscheinlichkeitsannahmen getroffen und ob die zutreffende Wahrscheinlichkeitsschlüsse gezogen worden sind.

3. Wesentlich für den Umgang mit „Wahrscheinlichkeiten" ist die Erkenntnis, dass eine Wahrscheinlichkeit im Ausgangspunkt dasselbe ist wie eine Falschscheinlichkeit. Wenn ein Handelnder nämlich bereits positiv weiß, daß er einen bestimmten Sachverhalt nicht sicher kennt, sondern ihn nur durch Möglichkeiten annäherungsweise beschreiben kann, dann muß er sich zwangsläufig eingestehen, nicht auf der Basis „wahrer" Tatsachen zu handeln. Der Handelnde muss also an dieser Stelle zunächst differenzieren, was er sicher weiß und was dagegen für ihn zum Handlungszeitpunkt unsicher ist. Sicheres Tatsachenwissen und sicheres Wissen über prozedurale Kausalverläufe kann helfen, die Möglichkeitsspektren innerhalb des Ungewissen, d.h. innerhalb nicht primär sicher Gewussten enger einzugrenzen. In geschlossenen Systemen (Glücksspiel…) lässt sich eine verlässliche Risikoadjustierung implementieren; in offenen Systemen hingegen nicht. Letzteres ist der Grund, warum Risikomanagementsysteme, die für geschlossene Systeme erdacht wurden, in offenen Systemen keine belastbaren Ergebnisse liefern (können).

4. Der Handelnde hat des Weiteren wertend zu ermitteln, welche Faktoren die von ihm vorgefundene Lage wesentlich prägen (relevante Faktoren) und welche Faktoren für die in Rede stehende Betrachtung umgekehrt konkret definitiv nicht kausalitätsrelevant sind (irrelevante Faktoren). Dazu bietet sich an, zu ermitteln, wie sich die faktische Handlungsgrundlage in

der Vergangenheit entwickelt hat, wohin diese Entwicklung tendenziell gegangen ist (Trendcharakteristika), wohin sie – daher (?) – mutmaßlich in der Zukunft gehen dürfte und, gestützt auf diese Erkenntnisse, ob (zielgerichtet steuernde oder nicht steuerbare, weil unbeherrschbare) eigene kausale Einflussnahmen auf die Entwicklung durch den Handelnden jetzt und künftig mit Auswirkungen in der Zukunft überhaupt möglich sein können.

5. Basierend auf diesen allgemeinen Überlegungen ergeben sich für die Frage nach einer Steuerung des künftigen Weltklimas an dieser Stelle folgende Konkretisierungen:

Eingangs ist (komplexitätsreduzierend abschichtend) zu fragen, was „Klima" überhaupt ist. Es bedarf folglich einer Definition dieses Begriffes.

(a) Das Umweltbundesamt definiert: Wetter ist der physikalische Zustand der Atmosphäre an einem bestimmten Ort oder in einem Gebiet zu einem bestimmten Zeitpunkt oder in einem kurzen Zeitraum von Stunden bis hin zu wenigen Tagen. Dieser Zustand wird durch meteorologische Größen beschrieben, die an den meteorologischen Beobachtungsstationen regelmäßig gemessen und aufgezeichnet werden. Dazu zählen unter anderem Lufttemperatur, Luftdruck, Windgeschwindigkeit und Windrichtung, Luftfeuchte, Bewölkung und Niederschlag. Als Witterung bezeichnen die Meteorologen den durchschnittlichen Charakter des Wetterablaufs an einem Ort oder in einem Gebiet über mehrere Tage bis zu mehreren Wochen. Dieser Zeitraum ist wesentlich kürzer als jener, der der Definition des Klimas zugrunde liegt. Klima ist der mittlere Zustand der Atmosphäre an einem bestimmten Ort oder in einem bestimmten Gebiet über einen längeren Zeitraum. Als Zeitspanne empfiehlt die Weltorganisation für Meteorologie (WMO – World Meteorological Organization) mindestens 30 Jahre, aber auch Betrachtungen über längere Zeiträume wie Jahrhunderte und Jahrtausende sind bei der Erforschung des Klimas gebräuchlich. Das Klima wird durch statistische Eigenschaften der Atmosphäre charakterisiert, wie Mittelwerte, Häufigkeiten, Andauerverhalten und Extremwerte meteorologischer Größen.

(b) Anknüpfend an diese Begriffsdefinition ist sodann zu fragen, was ein „Weltklima“ in diesem Sinne sein kann. Dazu gehört die Erörterung der Frage, ob der Klimabegriff als solcher lokal oder ubiquitär fortgeschrieben werden kann, d.h. ob ein einmal erkanntes und benanntes Klima in diesem Sinne auch für die Zukunft mit diesen Definitionsmerkmalen erfasst werden kann.

(c) Auf Basis der operationalen Annahme, dass es möglich ist, ein konkretes Weltklima als Spezialfall des „Klimas an sich“ zu beschreiben, ist nun zu untersuchen, wie ein solches Weltklima in seinem Zustand und seiner Entwicklung valide festgestellt werden kann. Dies kann denknotwendig nur in drei Teilschritten gelingen: (aa) Für die Vergangenheit sind konkrete Messungen in Echtzeit unmöglich. Es bedarf daher der Rückschlüsse aus noch vorgefundenen Indiztatsachen. (bb) Für den jeweiligen Gegenwarts-Zeitpunkt können aktuelle Messungen vorgenommen werden. Insoweit bedarf es der Festlegung von Messpunkten und Methoden der Messung, die mit den gezogenen Rückschlüssen für die Vergangenheit in einer begründbaren Korrelation stehen. (cc) Für zukünftige Zeiträume sind derzeit weder indizgestützte Rückschlüsse, noch aktuelle Tatsachen-Messungen möglich. Die Zukunft kann ausschließlich über mutmaßliche, die vorherige Entwicklung fortschreibende Prognosen erfasst werden. Prognosen sind dabei nicht lediglich zeitlich derjenige Bereich von Modellen, die sich auf die Zukunft beziehen. Ihre Beschreibung des Zukunftszeitraumes ist vielmehr inhaltlich abhängig davon, welche einzelnen Faktoren in der Vergangenheitsbeschreibung und in der Gegenwartserfassung des jeweiligen Modells als relevant systemprägend angenommen worden sind.

6. Zum Bereich des sicheren Wissens (und also nicht nur in den Bereich bloßer Wahrscheinlichkeiten) gehört die Erkenntnis, dass es Klimawandel auf der Erde seit jeher real gegeben hat. Hierfür spricht eine vielgestaltige und lange bekannte, gesicherte historische Empirie. Historisch unbestreitbar ist also die Existenz von Klimawandel (auch von „Weltklimawandel“) in der Vergangenheit. Auf Basis dieser Feststellung erscheint -

mindestens bis zum Beweis des Gegenteils - legitim, mit der Annahme zu arbeiten, dass es auch in der Zukunft unter den zur Debatte stehenden Annahmen jedenfalls einen globalen Klimawandel geben wird. Es spricht eine *„tatsächliche Vermutung"* dafür, daß das, was sich in der Vergangenheit mindestens einmal ereignet hat, auch in der Zukunft wieder eintreten kann und wird.

7. Rein messtechnisch ist jenseits einzelner, isolierter lokaler Einzelbereiche rein faktisch nicht zu überprüfen, ob und inwieweit der Mensch Einfluss auf das weltweite Klima nimmt. Denn ein experimenteller Versuchsaufbau, in dem eine Welt mit und eine Welt ohne menschliche Einflussnahmen hergestellt werden könnten, scheidet ersichtlich als unmöglich aus. Folgerichtig bewegen sich Beschreibungen und Annahmen über einen menschlichen Einfluss auf das Weltklima nicht auf der Basis von dezidiert feststellbarem Wahrheitswissen, sondern ausschließlich auf der Basis von spekulativen Wahrscheinlichkeiten.

8. Der Betrachtungsbereich derartiger Wahrscheinlichkeiten kann aber gleichwohl noch weiter eingegrenzt werden. Die Frage kann nämlich dahin lauten, ob der als wahrscheinlich anzunehmende Einfluss des Menschen auf das Weltklima so wesentlich ist,

(a) dass sich daraus messtechnisch erfassbare Differenzen ergeben

und

(b) ob sich ein konkretes Schädigungspotenzial für irgendjemanden oder irgendetwas aus dieser Differenz als Konsequenz ergibt.

9. Diese Fragen wiederum können nur dann beantwortet werden, wenn zunächst die jeweilige Einflussgröße auf den relevanten Kausalverlauf weiter konkretisiert wird. Zu differenzieren ist in unserem hiesigen Zusammenhang, wie hoch der anthropogene Anteil an Kohlendioxidemissionen weltweit insgesamt ist und wie groß der Anteil der Emissionen aus Deutschland ist.

Ein häufiges Argument in diesem Zusammenhang ist, dass der Anteil deutscher Emissionen so relativ gering ist, dass ein kausaler Schädigungsanteil überwiegend unwahrscheinlich wäre. Immer wieder liest man beispielsweise: „*Luft hat rund 21% Sauerstoff, 78% Stickstoff und 0,038% an CO2; davon produziert die Natur 96%, den Rest, also 4%, der Mensch. 4% von 0,038% sind also 0,00152%. Der Anteil Deutschlands hieran ist 3,1%. Damit beeinflusst Deutschland 0,0004712% des CO2 in der Luft.*“

Diesem Argument der fehlenden Relevanz wird entgegengehalten, dass die bloße Menge einer Substanz nichts über ihr Schädigungspotenzial besage. Beispielhaft wird angeführt, dass auch eine sehr geringe Menge von Arsen hinreicht, um für einen Gesamtorganismus Schädigungspotential zu entfalten.

Gegen dieses Argument wird wiederum eingewendet, der Vergleich mit Arsen verfange nicht denn Kohlendioxid sei nicht per se toxisch.

Für den hiesigen Zusammenhang soll daher gelten: Wir wissen es nicht!

10. Welche Konsequenzen ergeben sich aus den bisherigen Überlegungen? Wenn der Handelnde nicht weiß, wie sich die Tatsachen konkret darstellen, innerhalb derer er agiert, so sollte dem Vorsorgeprinzip entsprechend der vorsichtige Grundsatz lauten: „*in dubio pro reductione*“.

11. Dies führt zu folgendem Zwischenergebnis: Solange ein möglicher Treibhauseffekt nicht sicher ausgeschlossen werden kann und so lange nicht sicher fest steht, dass dieser für die natürlichen Lebensgrundlagen mindestens auch des Menschen irrelevant wäre, sollten Schritte zur Einsparung anthropogener Kohlendioxidemissionen unternommen werden.

12. Ist auf Grundlage dieser Annäherungsüberlegungen damit Einigkeit darüber hergestellt, dass Schritte unternommen werden sollten, um – aus Gründen der Vorsorge – anthropogene Kohlendioxidemissionen zu reduzieren, dann ist nun zu konkretisieren, welche Schritte genau dies sein sollten. Zu fragen ist also: Wer genau soll wann genau was genau machen?

13. In der Handlungsethik ist bekanntlich jedenfalls unter Verantwortungsethikern der Grundsatz anerkannt: Unter der An-

nahme des Fehlens anderer Handlungsvarianten ist es ethisch dezidiert nicht legitim, einen sicher feststehenden konkreten Nachteil zu verursachen, um eine demgegenüber nur unsichere, abstrakt mögliche Gefahr abzuwenden.

14. Dieser Grundsatz bedarf der Erläuterung. Ein Krankenwagen darf beispielsweise an einer Ampel bei Rotlicht „gefährlich“ bzw. „gefährdend“ weiterfahren, da die dadurch nur abstrakt als möglich begründete Gefährdung eines anderen Verkehrsteilnehmers hinter der konkret greifbaren Lebensrettung für den Patienten in diesem Krankenwagen zurückzustehen hat. Desgleichen darf ein Polizeifahrzeug die angeordnete Höchstgeschwindigkeit auf einer Straße überschreiten, da das nur abstrakt mögliche Gefährdungsrisiko aus einer Überschreitung der erlaubten Geschwindigkeit hinter dem konkreten Vorteil zurückzustehen hat, einen verfolgten Straftäter verhaften zu können.

15. Darüber hinausgehend ist sogar erlaubt, konkrete Gefährdungspotentiale zweier vergleichbarer Gefahrenlagen miteinander abzugleichen und die weniger schädliche von diesen zwei Konstellationen bewusst anzusteuern. Beispiel: Ein Arzt darf einen Körperteil amputieren, um dadurch den Gesamtkörper eines Patienten zu erhalten. Ein Polizist darf einen Angreifer rechtmäßig gezielt erschießen, wenn er dadurch ein konkret bevorstehendes Attentat verhindern kann.

16. Aus diesen ethischen Überlegungen und ihren weithin konsentierten Ergebnissen folgt: Ein grundsätzlich konkret unerlaubtes Handeln ist in bestimmten Konstellationen erlaubt, wenn durch eine bestimmte Handlung ein konkretes Gut geschützt oder bewirkt wird.

17. In weiterer Ableitung hieraus ergibt sich wiederum: Wenn es ethisch gestattet ist, sehenden Auges einen konkreten Schaden zu verursachen, um – nach Abwägung – einen höherwertigen anderen Schaden abzuwenden, dann muss es erst recht ethisch erlaubt sein, eine nur abstrakte Schädigungsmöglichkeit in Kauf zu nehmen, wenn dadurch jedenfalls ein konkretes höherwertiges Gut hergestellt oder erhalten wird. Es bedarf folg-

lich an dieser Stelle einer Abwägung zweier Lagen miteinander und ihrer Wertung.

Vorsorglich ist an dieser Stelle nochmals daran zu erinnern, in welcher thematischen Fragestellung wir uns hier gerade bewegen. Thema ist: Wer genau soll was genau tun?

18. Um eine dahingehende ordnungsgemäße Abwägung und – auf ihr basierend – eine Wertungsentscheidung für alles Weitere treffen zu können, muss über das Handlungsziel jeder jeweiligen Aktivität des Handelnden Klarheit herrschen: Alles menschliche Handeln ist für sich gesehen subjektiv zielorientiert. Mit jeder einzelnen Handlung oder jeder kumulierten gemeinschaftlichen Handlung mehrerer Menschen wird ein bestimmter Zweck verfolgt. Erforderlich ist also die differenzierende Beantwortung der Frage: Wer verfolgt mit welchem Tun welches Handlungsziel?

Zu postulieren ist hierbei wiederum, dass jeder Handelnde seiner konkreten Handlung zum Zwecke seiner individuellen Zielerreichung bereits eine eigene Analyse und Abwägung ihrer Rahmenbedingungen vorgeschaltet hat. Dieses Postulat lässt sich mit einem einfachen Beispiel plausibilisieren: Jeder der heute hier in diesem Raum anwesend ist, hat in einer vorherigen Abwägung aller ihm präsenten Gesamtumstände seines Lebens entschieden, dass es für ihn genau hier und genau heute aktuell vorteilhafter ist, jetzt hier zu sein als an irgendeinem anderen Ort.

Eine solche Analyse und Abwägung nimmt jeder handelnde Mensch beständig vor. Dies gilt insbesondere auch für solche Menschen, die an einer Gesetzgebung beteiligt sind.

19. Daraus folgt: Auch jedes einzelne Mitglied einer gesetzgebenden oder sonst regelgebenden Körperschaft ist bei seinen Entscheidungshandlungen innerhalb dieser jeweils subjektiv überzeugt, auf Basis seiner Gesamtanalytik und seiner Gesamtabwägung jeweils konkret die angemessenste und richtigste aller möglichen Entscheidung zu treffen.

Grenzt man in dieser Konstellation solche hypothetischen Fälle aus, in denen gesetzgebende Individuellen entweder ihre eigenen selbstsüchtigen oder aber böswillig illegitime andere Zwecke verfolgen, bleibt zu untersuchen, inwieweit sie besten Wissens und Gewissens adäquat und „richtig", d.h. sachangemessen, handeln können.

Jede menschliche Handlung innerhalb einer gesetzgebenden Körperschaft aus intelligenten, gebildeten, vertrauenswürdigen, sachkundigen und gutwilligen Mitgliedern stellt sich *per definitionem* als eine gewollte Einflussnahme auf künftige anderweitige Kausalverläufe menschlichen Handelns in der Welt dar, die sorgsam an ermittelten und anerkannten Situationen anknüpft, die eigenen Einflusschancen wissenschaftlich valide abschätzt und ihre Erfolgsmöglichkeiten auf dem Weg zur individuell verfolgten Zielerreichung verlässlich zielgenau prognostiziert.

20. Dieser allgemeine Satz kann wiederum durch eine beispielhafte Konkretisierung plausibilisiert werden. Wenn ich mittels eigener Handlungen von Köln nach Gummersbach reisen möchte, dann muss ich zunächst feststellen, mich in Köln zu befinden. Ich kann auch nur nach Gummersbach mit Erfolg reisen, wenn mir dies theoretisch möglich erscheint. Die geplante Reise wird mir faktisch gelingen, wenn meine Handlungen dazu den gewünschten und angestrebten Erfolg herbeiführen können. Schließlich werde ich nur dann von Köln nach Gummersbach reisen wollen, wenn mir das Ergebnis dieser Handlungsabsicht für mich selbst subjektiv gesamthaft von Vorteil erscheint.

21. Für jedwede Regelgeber, d.h. Menschen, die durch ihre Handlung Normen festlegen, an die andere sich später zu halten haben, gilt in diesem Kontext eine Besonderheit. Regelgeber formulieren Wenn-Dann-Sätze: Die künftigen Regelunterworfenen sollen sich in bestimmten Situationen (Wenn) in einer bestimmten Weise verhalten (Dann). Regelgeber müssen folglich auf einer Tatsachenbasis entscheiden, die den künftigen Wenn–Dann–Situationen der Regelunterworfenen auf einer Metaebene vorgelagert ist: Gesetzgeber handeln in ihrer Eigenschaft als Regelgeber niemals in der Situation, die sie durch ihre Regel normieren, sondern sie antizipieren derartige Situationen in der Theorie, beschreiben Sie abstrakt und nehmen im Vorhinein eine

dann rechtsverbindlich geltende Abwägung für später konkret in solchen Situationen handelnde Individuen vor.

22. Für die Frage nach den Möglichkeiten eines legitimen gesetzlichen Flugverbotes, mittel dessen menschliche Kohlendioxidemissionen in Deutschland reduziert werden und dadurch positive Effekte auf das Weltklima ausgelöst werden sollen, bedeutet dies: Die Überzeugung der handelnden Regelgeber muss also dahin lauten, dass immer dann, wenn ein Mensch künftig seinen Ort unter Zuhilfenahme eines Flugzeuges ändern möchte, die von ihm mit dieser Handlung verfolgte Zweckerreichung für sich und/oder andere unter allen denkbaren Umständen in der Abwägung mit jeder anderen Lage für jedermann weniger vorteilhaft wäre. Unter dieser Annahme wäre legitim, ein generelles Flugverbot anzuordnen.

23. Diese Legitimitätsanforderung wirft notwendig die Frage auf: Verfügt ein Gesetzgeber über das hinlängliche Faktenwissen, um sämtliche künftigen Ausgangssituationen, die er mit der beabsichtigten Norm regeln möchte, zutreffend und verlässlich erkennen zu können? Verfügt er mit anderen Worten über das Wissen, alle angestrebten künftigen Individualziele der potentiellen künftigen Normadressaten eines Flugverbotes in dieser Weise verlässlich und legitim zu beurteilen?

24. Ein Regelgeber kann ein bestimmtes künftiges Verhalten anderer Menschen in ihm noch unbekannten (weil in ihren Details für ihn noch nicht vollständig konkretisierbaren) Situationen der Zukunft demnach allenfalls dann legitim vollständig verbieten, wenn er zum Zeitpunkt seiner Verbotsanordnung bereits sicher wissen kann und weiß, dass die Konsequenzen aus der dann unterbleibenden Handlung jedenfalls für alle Regelbeteiligten gesamthaft günstiger ausfallen als sich die Konsequenzen darstellten, die einträten, würde das von ihm nun verbotene Verhalten später realisiert. Ein solches Wissen kann der Gesetzgeber bei einem Kohlendioxid einsparenden Flugverbot aber greifbar nicht haben. Als ein Beispiel zur Plausibilisierung mag gelten: Der Flug eines Löschflugzeuges auf eine brennende Insel.

25. Legitim könnte daher allenfalls noch ein eingeschränktes gesetzliches Flugverbot sein, das schon jetzt abstrakt alle solchen Sachverhalte beschriebe, in denen von vornherein sicher ausgeschlossen ist, dass die Durchführung des Fluges irgendwelche vergleichsweise positive konkrete Effekte im Abgleich mit den möglicherweise nachteiligen abstrakten Konsequenzen aus seinen Kohlendioxidemissionen ergäbe. Auch das ist aber faktisch angesichts der Vielgestaltigkeit und Unabschätzbarkeit möglicher künftiger Situationen nicht möglich.

26. Klarzustellen ist also, dass nicht nur ein völliges Flugverbot insgesamt, sondern auch die bloße gesetzliche Einschränkung von Fluggelegenheiten in künftigen, unbekannten Situationen legitim mangels überlegenen Gesetzgeberwissens nicht in Betracht kommt.

27. Als weiteres Zwischenergebnis ist somit festzuhalten: Das unterbinden von Flugreisen mit dem dadurch angestrebten Ziel, das Weltklima möglicherweise positiv beeinflussen zu können, ist für einen Gesetzgeber ethisch vertretbar nicht möglich.

28. Mit dieser Feststellung, die lediglich gesetzgeberisch tätige Menschen betrifft, ist indes nichts darüber gesagt, wie sich handelnde individuelle Menschen im Übrigen verhalten können oder sollen, deren konkrete je eigene Handlung nicht darauf gerichtet ist, für andere mit staatlichem Autoritätsanspruch handlungsanweisende Normen und Gesetze zu formulieren. Für diese Fallkonstellation ist zu fragen: Ist das Unterlassen von Flügen für Individuen – ohne gesetzliche Regelanordnung dazu – möglicherweise freiwillig geboten oder wenigstens sinnvoll?

Diese Frage lässt sich nur beantworten, wenn ein valides Vergleichspaar zur Betrachtung und Beurteilung aus

(a) Situationen mit Flug und

(c) Situationen ohne Flug

gebildet und untersucht wird.

Dass ein Mensch überhaupt in Gestalt eines Fluges handelt, findet seine Ursache wiederum in einer individuellen Zielerreichungsdisposition auf Basis einer individuellen Lageerkenntnis und Nutzenabwägung: Niemand fliegt von A nach B, wenn er sich dadurch per Saldo schlechter stellen würde. Die bloße Tatsache, dass der Flug ernstlich in Erwägung gezogen wird, indiziert bereits die Vermutung des Handelnden, ohne den Flug nachteiliger zu stehen als mit ihm.

Das ethische Postulat, den eigenen Kohlendioxidausstoß zu reduzieren, bedeutet daher, die flugbedingte Kohlendioxidproduktion in die eigene Abwägung mit einzubeziehen. Zu fragen ist also, ob der abstrakte Vorteil einer positiven Klimabeeinflussungschance den konkret greifbaren Vorteil der in Rede stehenden Flugreise übersteigt.

29. Um den möglichen Einfluss auf das Weltklima als positiv erkennen zu können, falls eine bestimmte Kohlendioxidproduktion unterbleibt, muss das erreichbare Ziel dieser Handlungsvariante umrissen werden. Zu fragen ist: Erreiche ich durch meinen insgesamt unterstellten Einfluss auf das Weltklima dann einen Vorteil für dieses insgesamt, wenn ich auf eine mir selbst im Übrigen vorteilhafte Flugreise verzichte? Diese Frage kann nur dann mit „Ja“ beantwortet werden, wenn ein der Welt definitiv günstiges Klimaziel dezidiert bestimmt und gezielt angestrebt werden kann.

Da indes bereits sicher fest steht, dass sich das Weltklima historisch immer wieder verändert hat, spricht mindestens eine erste Vermutung dagegen, dass ein unverändertes Klima, d.h. eine sogenannte Klimastabilität, als ein menschenunabhängig vorgegebener Naturzustand angesehen werden könnte. Mithin spricht wiederum mindestens eine Vermutung dafür, dass eine Klimastabilität zum Erhalt der natürlichen Gegebenheiten nicht ohne weiteres anstrebenswert ist. Anders gesagt: Finde ich einen Zustand der Natur vor, in dem Änderungen den Regelfall darstellen, so kann ich diesen Ursprungszustand nicht dadurch erhalten, dass ich nun Handlungen entfalte, die – abweichend vom Urzustand – künftig anstelle seines Wandels seine Stabilität bewirken.

Das Handeln in äquivalenten, erst recht aber in adäquaten Kausalitäten ist folgerichtig nicht möglich (!). Zurechnungsfragen lassen sich hier nicht mehr intellektuell redlich beantworten.

30. Dies führt für den hiesigen Kontext zu folgender Schlusserkenntnis:

Wir wissen nicht, in welchem Maße anthropogene Kohlendioxidproduktion sich bislang auf die abstrakt und aktuell feststellbare Gestalt des Weltklimas kausal ausgewirkt hat.

Wir wissen folglich nicht, in welchem Maße ein Unterlassen dieser Emissionen künftig Einfluss nehmen kann.

Wir wissen nicht, welches Klimaziel für alle Menschen das richtige ist und mit welchen Mitteln wir ein solches konkretes Klimaziel sicher oder überwiegend wahrscheinlich erreichen könnten.

Wir wissen nicht, ob dieses Klimaziel insgesamt seinerseits Auswirkungen hervorruft, die sich im Vergleich zu der Situation, die entstehen wird, wenn alle Anstrengungen statt in eine Reduktion von Kohlendioxidemissionen in davon unabhängige Zweckverfolgungen investiert werden, als gesamthaft positiver darstellen würde.

Das Streben nach einem Ziel, dessen potentielle Sinnhaftigkeit auf Modellszenarien beruht, die ihrerseits auf unsicheren Annahmen basieren und somit die Tendenz haben, unrichtige Prognosen zu liefern, bei gleichzeitigem Verzicht auf konkret erreichbarer Vorteile, ist ethisch nicht zu legitimieren. Dies gilt weder für den Einzelnen, noch – erst recht – für einen Regelgeber. Die Anordnung von Flugverboten oder von Flugbeschränkungen zur Steuerung des Weltklimas ist daher ethisch nicht zu rechtfertigen.

Schluß

Donald Rumsfeld sagte am 12. Februar 2002 auf einer Pressekonferenz:

„*There are known knowns; there are things we know we know. We also know there are known unknowns; that is to say we know there are some things we do not know. But there are also unknown unknowns – there are things we do not know we don't know.*“

Meine eigene Übertragung in das Deutsche:

Es gibt bewußtes Wissen, d.h. Dinge, von denen wir wissen, daß wir sie wissen. Und es gibt bewußtes Unwissen; mit anderen Worten: Das Bewußtsein, daß wir bestimmte Dinge nicht wissen. Aber es gibt auch das unbewußte Unwissen – Dinge also, von denen wir nicht wissen, daß wir sie nicht wissen.

Die vorstehenden Verweise auf Dörner und Gigerenzer beziehen sich auf die Werke

Dietrich Dörner: Die Logik des Mißlingens – Strategisches Denken in komplexen Situationen, Hamburg 1992, erweiterte Neuausgabe 2003

Gerd Gigerenzer: Risiko – Wie man die richtigen Entscheidungen trifft, München, 6. Auflage, 2014.

***

4. Kapitel
Medizin

Ein Menschenrecht auf non-digitale Verwaltung?

Überlegungen zu einem Einwilligungsvorbehalt für die Datenverarbeitung im Gesundheitswesen im Lichte der Verfassungsrechtsprechung

A. Vorbemerkung

Der Gedanke, dass es zwischen einem Patienten und einem Arzt Geheimnisse geben könnte, die das Behandlungszimmer nicht ohne die ausdrückliche und freiwillige Einwilligung des Patienten verlassen dürfen, erscheint in der hochtechnisierten Welt digital zentralverwalteter Gesundheitssystem aus der Zeit gefallen.

Die Leistungsabrechnung durch Dritte erfordert in der Systemlogik einer Pflichtversicherung Transparenz und Offenlegungen. Institutionelle Ressourceneffizienz und Forschungsinteressen dürsten nach dem bestmöglichen Informationssubstrat aus breiten und tiefen Quellen und selbstlernende Algorithmen brauchen ein reiches Futter. Und dennoch: Die Vertrautheit des Arztgespräches mit ihrem Kennzeichen, dem schwächelnden Patienten einen starken Helfer bereitzustellen, erfordert zu dessen umfänglicher Information als Basis bestmöglicher Arbeit Aufrichtigkeit des Patienten auch im Intimsten. Seine Sorge um sich selbst soll tunlichst alleine auf medizinische Themen beschränkt sein.

Normativ war dieser geschützte Raum traditionell durch die Schweigepflichten des Arztes abgesichert. Zu fragen ist, ob die Fortschritte der Informationstechnik diese menschliche – um nicht zu sagen: ethische – Dimension heute suspendiert haben. Zu erörtern ist, ob nicht die Verfügungsbefugnis des Patienten über sein Innerstes und Intimstes in seinen eigenen Händen zu bleiben hat.

B. Einleitung

Die Welt wird allerorten digital. Es dominiert dabei insbesondere der politische Wille, das Papier als Informationsträger auch der staatlichen Verwaltung aus unserem Leben zu verbannen. Die Vernetzung aller Daten beschleunigt und optimiert, wie es heißt, das gesellschaftliche Kooperieren. Die vormals wirkmächtigen Rufe nach dem Datenschutz scheinen dabei inzwischen zu verstummen. Denn einerseits wächst zwar ein immer undurchsichtigeres Geflecht aus gesetzlichen Datenschutzregeln. Doch andererseits erweist sich die faktische Relevanz seines normativen Geltungsanspruches als eher marginal. Wer sich mit seinen Daten und Geheimnissen dem Netz anvertraut, dem schaut notwendigerweise mindestens immer auch ein Netzbetreiber über die Schulter. Ob der fähig und willens ist, die vertraulichen Inhalte des Nutzers tatsächlich und effektiv hinter Passwörtern und Sicherheitsschranken zu schützen, bleibt offen. Werden sie Sicherungsmechanismen überlistet und die Strukturen „infiltriert", haben Fremde offenen Zugriff auf Informationen, die nie für ihre Augen bestimmt waren.

Solange diese digitale Lücke des weltweiten Netzes nicht geschlossen ist, steht die Frage im Raum: Darf man einen Menschen auch ohne dessen Einwilligung dazu verpflichten, Geschichten seines Lebens und Daten seiner Person in eine mithin nicht absolut sichere Datenverarbeitung einzuspeisen? Darf insbesondere ein Staat seine Bürger unter Androhung von rechtlichen und wirtschaftlichen Nachteilen dazu zwingen, sich einer digitalen Verwaltung seiner selbst zu unterwerfen? Oder gibt es ein in der Menschenwürde des Einzelnen wurzelndes Menschrecht, sich zumindest mit den Intimitäten des eigenen Lebens, des eigenen Körpers und der eigenen Seele nicht in diese digitale Erfassung begeben zu müssen?

Gesundheitsdaten, insbesondere Angaben über den medizinischen Zustand einer Person, erscheinen für eine Annäherung an Antworten auf diese Fragen besonders geeignet. Denn sie betreffen wie kaum ein anderer Lebensbereich schnell den Kern des individuellen Persönlichkeitsrechtes. Der wirtschaftliche

Reiz, über sie verfügen zu können, liegt auf der Hand. Die überwiegende Mehrheit der Bürger in Deutschland ist von Gesetzes wegen verpflichtet, Mitglied einer behördlich organisierten Krankenkasse und somit Nutzer einer „elektronischen Gesundheitskarte“ zu sein. Ärzte und Krankenhäuser, die dem öffentlichen Gesundheitswesen angeschlossen sind, fungieren inzwischen über die sogenannte „Telematik Infrastruktur“ als Datensammelstellen für ein weitreichendes Informationsnetz. Seine Zielrichtung, sagt man, sei die Optimierung der medizinischen Versorgung für jedermann. Doch gerade hier können Lücken im Vertraulichkeitsschutz für den Einzelnen fatale Folgen haben.

Ursprünglich war es eine Selbstverständlichkeit unserer bundesrepublikanischen Rechtskultur, dass Patienten sich ihren Ärzten anvertrauen konnten. Denn Ärzte waren zum Schweigen über das verpflichtet, was ihre Patienten ihnen erzählten. Jener Geheimnisschutz war berufsrechtlich, zivilrechtlich und sogar strafrechtlich abgesichert. Legte der Arzt gegenüber Außenstehenden Informationen offen, die ihm ein Patient vertraulich gegeben hatte, handelte er rechtswidrig. Inzwischen aber müssen Ärzte ihre Arbeit kleinteilig dokumentieren, digitalisieren und der virtuellen Infrastruktur der Gesundheitsverwaltung in dieser Gestalt übermitteln. Kooperieren sie nicht, um die Geheimnisse ihrer Patienten beispielsweise in Papierform oder in Gestalt der Insellösung eines nicht vernetzten Computers zu wahren, sehen sie sich spürbaren Sanktionen ausgesetzt. Eine progressiv prozentuale Kürzung ihrer Vergütung hinzunehmen, ist eine der ersten Konsequenzen, die der Gesetzgeber ihnen bei unterbleibender Teilnahme an diesem System auferlegt hat. Das Bundessozialgericht hat diesen gesetzlichen Druck zur Teilnahme an der „Telematik Infrastruktur“ in einem Urteil vom 20. Januar 2021 (B 1 KR 7/20 R) für rechtens erklärt. Obwohl es ‚absolute Datensicherheit nicht geben kann‘, wie der Senat einräumt (a.a.O. Randnummer 78), liege in der Anbindung an die digitale Verwaltung keine Grundrechtsverletzung (a.a.O. Rn 90). Das Recht auf informationelle Selbstbestimmung sei nämlich nicht uneingeschränkt und schrankenlos gewährleistet (a.a.O. Rn 93).

„Überwiegende Allgemeininteressen" rechtfertigten vielmehr den Zwang zur Nutzung der elektronischen Gesundheitskarte und damit auch der Telematik Infrastruktur (a.a.O. Rn 98). Weiter heißt es dann in dem Urteil:

„Die Verfassung gibt nicht detailgenau vor, welche Sicherheitsmaßgaben im Einzelnen geboten sind (vgl BVerfG vom 2.3.2010 - 1 BvR 256/08 ua - BVerfGE 125, 260, 326), sondern belässt dem Gesetzgeber insofern einen Einschätzungs-, Wertungs- und Gestaltungsspielraum, der auch Raum lässt, etwa konkurrierende öffentliche und private Interessen zu berücksichtigen (vgl BVerfG vom 29.10.1987 - 2 BvR 624/83 ua - BVerfGE 77, 170, 215 f; BVerfG vom 2.7.2018 - 1 BvR 612/12 - juris RdNr 41 mwN). Insofern liegt auch der Rechtsprechung des BVerfG zugrunde, dass es keine absolute Datensicherheit gibt und dass allein dieser Umstand die automatisierte Verarbeitung personenbezogener Daten nicht verbietet. Im Ergebnis muss jedoch ein Standard gewährleistet werden, der insbesondere der Sensibilität der betroffenen Daten und dem jeweiligen Gefährdungsrisiko hinreichend Rechnung trägt."

Das ist für das Recht auch der tätigen Ärzte richtungweisend. Kürzungen der Vergütung eines Arztes nach § 291b Abs. 5 des Fünften Sozialgesetzbuches (SGB V) würden nämlich dann zu Unrecht erfolgen, wenn die Verpflichtung der Ärzte zu einer Teilnahme an dem sogenannten Verfahren zur Nutzung der elektronischen Gesundheitskarte als Versicherungsnachweis gemäß § 291b Abs. 2 SGB V gegen Verfassungsrecht verstieße.

Ärzten könnte dann nicht legitim gegen oder ohne ihren Willen abverlangt werden, an einem solchen Verfahren zur Digitalisierung von Informationen betreffend ihr Behandlungsverhalten teilzunehmen, wenn sie auf diese Weise – unwillentlich – zu notwendigen Teilnehmern einer Grundrechtsverletzung zu Lasten ihrer Patienten würden. Denn selbst im Falle eines eigenen ärztlichen Konsenses zur persönlichen Teilnahme an diesem System bliebe zweifelhaft, ob der Anschluss im Hinblick auf die betroffenen Patienten grundgesetzkonform wäre. Die Grundrechtsverletzung bestünde nämlich insoweit in einem Verstoß gegen das allgemeine Persönlichkeitsrecht aller derjenigen Patienten, die mit ihren Gesundheitsdaten selbst nicht aus freien, eigenen Stücken ebenfalls an diesem System teilnehmen möchten.

Nach Maßgabe der datenschutzrechtlichen Systemsicherheit könnten zudem auch solche Patienten in ihren verfassungsrechtlichen Rechtspositionen verletzt werden, die ihre Zustimmung zur Teilnahme daran nur unter der Bedingung (bzw. im Vertrauen darauf) erteilt haben, dass das System verlässlich funktioniere. Das Grundrecht aller dieser Patienten auf Schutz ihrer gesundheitlichen Intimdaten aus Artikel 2 Abs. 1 des Grundgesetzes (GG) in Verbindung mit Artiktel 1 Absatz 1 GG würde dann – wie nachstehend erörtert – gleich in einer Mehrzahl von Dimensionen verletzt.

Nachstehend soll hier der Versuch unternommen werden, einen systematischen Bruch in dieser höchstrichterlichen Argumentation aufzuzeigen: Wo es in tatsächlicher Hinsicht absolut unmöglich ist, einen von Verfassungs wegen absolut geschützten menschenrechtlichen Kernbereich gegen Eingriffe abzusichern, da muss dem Gesetzgeber auch absolut – insbesondere ohne die Möglichkeit der Abwägung mit anderen Gütern – versagt sein, innerhalb dieses Bereiches regelnd tätig zu werden. Dies dürfte jedenfalls dann gelten, wenn die jahrzehntelang etablierte Rechtsprechung des Bundesverfassungsgerichtes zur Konturierung dieses Grundrechtes widerspruchsfrei Geltung beanspruchen soll.

C. Das informationelle Selbstbestimmungsrecht

Das allgemeine Persönlichkeitsrecht eines jeden Patienten aus Art. 1 I GG i.V.m. Art. 2 I GG hat eine in ständiger Rechtsprechung und herrschender Lehre als relevant anerkannte Vielzahl von differenzierbaren Dimensionen, die jeweils auch unterschiedliche grundrechtliche Schutzbereiche eröffnen.

C.I.

Anerkannt ist in der verfassungsgerichtlichen Judikatur zunächst ein Recht zur Bestimmung der Selbstdarstellung des einzelnen in der Öffentlichkeit, die notwendigerweise auch für jedwede digitalisierte Selbstdarstellung des Patienten bzw. seiner einzelnen Körperzustände im Gesundheitswesen nicht unberücksichtigt bleiben kann. Das Bundesverfassungsgericht hatte dazu bereits am 31.01.1973 – 2 BvR 454/71 (Rn 34) grundlegend festgestellt:

„Das Bundesverfassungsgericht hat in ständiger Rechtsprechung anerkannt, dass das Grundgesetz dem einzelnen Bürger einen unantastbaren Bereich privater Lebensgestaltung gewährt, der der Einwirkung der öffentlichen Gewalt entzogen ist (BVerfGE 6, 32 (41), 389 (433); 27, 1 (6), 344 (350 f.); 32, 373 (378 f.); Beschluß vom 19. Juli 1972 - 2 BvL 7/71, S. 12 f. - im Folgenden zitiert als 2 BvL 7/71 -). Das verfassungskräftige Gebot, diesen Kernbereich, die Intimsphäre des Einzelnen, zu achten, hat seine Grundlage in dem durch Art. 2 Abs. 1 GG verbürgten Recht auf freie Entfaltung der Persönlichkeit. Bei der Bestimmung von Inhalt und Reichweite des Grundrechts aus Art. 2 Abs. 1 GG muß berücksichtigt werden, dass nach der Grundnorm des Art. 1 Abs. 1 GG die Würde des Menschen unantastbar ist und gegenüber aller staatlichen Gewalt Achtung und Schutz beansprucht. Überdies darf nach Art. 19 Abs. 2 GG auch das Grundrecht aus Art. 2 Abs. 1 GG nicht in seinem Wesensgehalt angetastet werden (BVerfGE 27, 344 (350 f.); 32, 373 (379)). Selbst überwiegende Interessen der Allgemeinheit können einen Eingriff in den absolut geschützten Kernbereich privater Lebensgestaltung nicht rechtfertigen; eine Abwägung nach Maßgabe des Verhältnismäßigkeitsgrundsatzes findet nicht statt.“

Das bedeutet: Dieser Kernbereich intimer persönlicher Verhältnisse, die der Öffentlichkeit nicht preisgegeben werden müssen, ist jeder Abwägung mit anderen Verfassungsgütern entzogen. Der durch dieses Grundrecht auf einen unantastbaren Bereich der persönlichen Privatheit geschützte Raum soll sich (als „unbenanntes Freiheitsrecht“) zudem ausdrücklich auch auf solche Gefahren erstrecken, die aus zunächst vom Normgeber nicht bedachten, neuen, künftigen Problemlagen erwachsen (BVerfG 26.02.1997 – 1 BvR 2172/96 (Rn 96):

„Art. 2 Abs. 1 GG enthält in Verbindung mit Art. 1 Abs. 1 GG ein allgemeines Persönlichkeitsrecht, das als unbenanntes Freiheitsrecht die speziellen Freiheitsrechte ergänzt, die bestimmte Aspekte der Persönlichkeit schützen. Seine Aufgabe ist es, im Sinn des obersten Konstitutionsprinzips der Menschenwürde die Grundbedingungen für die Persönlichkeitsentfaltung zu sichern, die von den speziellen Freiheitsgarantien nicht erfaßt sind (vgl. BVerfGE 54, 148 [153]; 79, 256 [268]). Sein Schutzbereich ist daher nicht abschließend bestimmbar, sondern gerade für bisher unbekannte Persönlichkeitsgefahren offen."

Der Staat ist folglich verfassungsrechtlich durch dieses „oberste Konstitutionsprinzips der Menschenwürde" verpflichtet, den einzelnen schon im Vorfeld bloßer Gefährdungen in diesen Bereichen – nicht nur vor sich selbst, sondern insbesondere auch vor Dritten – zu schützen (BVerfG Beschluss vom 25.10.2005 – 1 BvR 1696/98, Rn 25f.):

„Das in Art. 2 Abs. 1 in Verbindung mit Art. 1 Abs. 1 GG verankerte allgemeine Persönlichkeitsrecht ergänzt die im Grundgesetz normierten Freiheitsrechte und gewährleistet die engere persönliche Lebenssphäre und die Erhaltung ihrer Grundbedingungen (vgl. BVerfGE 54, 148 <153>). Der Inhalt dieses Rechts ist nicht allgemein und abschließend umschrieben. Zu den anerkannten Inhalten gehören das Verfügungsrecht über die Darstellung der eigenen Person, die soziale Anerkennung sowie die persönliche Ehre (vgl. BVerfGE 54, 148 <153 f.>; 99, 185 <193>). Eine wesentliche Gewährleistung ist der Schutz vor Äußerungen, die geeignet sind, sich abträglich auf das Ansehen der Person, insbesondere ihr Bild in der Öffentlichkeit, auszuwirken. Das allgemeine Persönlichkeitsrecht schützt die Person insbesondere vor verfälschenden oder entstellenden Darstellungen, die von nicht ganz unerheblicher Bedeutung für die Persönlichkeitsentfaltung sind (vgl. BVerfGE 97, 125 <148 f.>; 99, 185 <193 f.>). Der grundrechtliche Schutz des Persönlichkeitsrechts in Art. 2 Abs. 1 in Verbindung mit Art. 1 Abs. 1 GG bewirkt, dass der Staat gehalten ist, den Einzelnen vor Gefährdungen dieses Rechts durch Dritte zu schützen."

Es wird keiner näheren Erläuterung bedürfen, dass dort, wo bereits ein bloßes (äußeres) „Bild“ der Person diesen menschenwürdebezogenen Schutzstatus hat, erst recht (innere) Abbildungen von intimen Gesundheitszuständen einer Person gleichrangigen Schutz beanspruchen können müssen; von Zuständen also, die üblicherweise im gesellschaftlichen Kontext dem Blick und Zugriff anderer entzogen sind. Denn es läßt sich nicht plausibel machen, warum nach gleichsam unbestrittener allgemeiner Rechtsauffassung bereits die Vorführung einer Fotografie gegen den Willen des Abgebildeten einen Eingriff gegen sein allgemeines und/oder informationelles Persönlichkeitsrecht darstellen kann, die Präsentation von Details über seinen intimen Gesundheits- oder Behandlungsstatus aber nicht. Dies gilt insbesondere in Ansehung der in diesem Falle auch ganz unabsehbaren Folgewirkungen, die durch Offenlegung von Krankheitszuständen für den Betroffenen unsteuerbar eintreten können. In 1 BvR 1602/07 hat das Bundesverfassungsgericht am 26. Februar 2008 ausgeführt:

„Entscheidungen über die Befugnis zur Veröffentlichung von Fotografien, die den Abgebildeten in privaten oder alltäglichen Zusammenhängen zeigen, können unterschiedliche Aspekte des Persönlichkeitsschutzes, insbesondere die Gewährleistung des Rechts am eigenen Bild und die Garantie der Privatsphäre, berühren (vgl. BVerfGE 101, 361 <380 ff.>).

Ein allgemeines oder gar umfassendes Verfügungsrecht über die Darstellung der eigenen Person enthält Art. 2 Abs. 1 in Verbindung mit Art. 1 Abs. 1 GG allerdings nicht (vgl. BVerfGE 101, 361 <380>). Das Recht am eigenen Bild gewährleistet dem Einzelnen aber Einfluss- und Entscheidungsmöglichkeiten, soweit es um die Anfertigung und Verwendung von Bildaufzeichnungen seiner Person durch andere geht. Das Schutzbedürfnis ergibt sich vor allem aus der Möglichkeit, das auf eine bestimmte Situation bezogene Erscheinungsbild eines Menschen von ihr zu lösen und das Abbild jederzeit unter für den Betroffenen nicht überschaubaren Voraussetzungen vor Dritten zu reproduzieren (vgl. BVerfGE 101, 361 <381>). Je leichter dies ist, umso größer kann das Schutzbedürfnis sein. So sind mit dem Fortschritt der Aufnahmetechniken wachsende Möglichkeiten der Gefährdung von Persönlichkeitsrechten verbunden (vgl. BVerfGE 101, 361 <381>). Die zunehmende Verfügbarkeit kleiner und handlicher Aufnahmegeräte, wie etwa in ein Mobiltelefon integrierter Digitalkameras, setzt insbesondere prominente Personen gesteigerten Risiken aus, in praktisch jeder Situation unvorhergesehen und unbemerkt mit der Folge fotografiert zu werden, dass das Bildnis in Medien veröffentlicht wird. Ein besonderer Schutzbedarf kann sich ferner aus einem heimlichen oder überrumpelnden Vorgehen ergeben (vgl. BVerfGE 101, 361 <394 f.>). Für den Schutzbedarf ist ebenfalls von Bedeutung, in welcher Situation der Betroffene abgebildet wird, etwa in seinem gewöhnlichen Alltagsleben oder in einer Situation der Entspannung von Beruf und Alltag, in der er erwarten darf, keinen Bildnachstellungen ausgesetzt zu sein.

Vom Grundrecht auf Schutz der Persönlichkeit ist neben dem Recht am Bild auch der Schutz der Privatsphäre umfasst (vgl. dazu BVerfGE 101, 361 <382>). Dieser Schutz hat verschiedene Dimensionen. In thematischer Hinsicht betrifft er insbesondere solche Angelegenheiten, die von dem Grundrechtsträger einer öffentlichen Erörterung oder Zurschaustellung entzogen zu werden pflegen. In räumlicher Hinsicht gehört zur Privatsphäre ein Rückzugsbereich des Einzelnen, der ihm insbesondere im häuslichen, aber auch im außerhäuslichen Bereich die Möglichkeit des Zu-Sich-Selbst-Kommens und der Entspannung sichert (vgl. BVerfGE 101, 361 <382 ff.>) und der das Bedürfnis verwirklichen hilft, „in Ruhe gelassen zu werden“

(vgl. BVerfGE 27, 1 <6 f.>; vgl. ferner <zu Art. 13 GG> BVerfGE 32, 54 <75>; 51, 97 <107>). Die Grenzen der geschützten Privatsphäre lassen sich nicht generell und abstrakt festlegen (vgl. BVerfGE 101, 361 <384>).“

Den Inhalt dieser schutzwürdigen Privatsphäre als Ort, wo man „in Ruhe gelassen“ wird konkretisierte das Gericht dann am 14.09.1989 – 2 BvR 1062/87 (Rn 31 ff.) weiter:

„Das in Art. 2 Abs. 1 in Verbindung mit Art. 1 Abs. 1 GG verbürgte allgemeine Persönlichkeitsrecht gewährleistet die aus dem Gedanken der Selbstbestimmung folgende Befugnis des Einzelnen, grundsätzlich selbst zu entscheiden, wann und innerhalb welcher Grenzen persönliche Lebenssachverhalte offenbart werden (vgl. BVerfGE 65, 1 [41 f.] m.w.N.). Dies gilt allerdings nicht schrankenlos. Einschränkungen können im überwiegenden Allgemeininteresse insbesondere dann erforderlich sein, wenn der Einzelne als in der Gemeinschaft lebender Bürger in Kommunikation mit anderen tritt, durch sein Verhalten auf andere einwirkt und dadurch die persönliche Sphäre seiner Mitmenschen oder die Belange der Gemeinschaft berührt (vgl. BVerfGE 35, 35 [39]; 202 [220]).

Das Bundesverfassungsgericht erkennt jedoch einen letzten unantastbaren Bereich privater Lebensgestaltung an, der der öffentlichen Gewalt schlechthin entzogen ist (vgl. BVerfGE 6, 32 [41]; 389 [435]; 54, 143 [146]; st. Rspr.). Selbst schwerwiegende Interessen der Allgemeinheit können Eingriffe in diesen Bereich nicht rechtfertigen; eine Abwägung nach Maßgabe des Verhältnismäßigkeitsgrundsatzes findet nicht statt (BVerfGE 34, 238 [245]). Dies folgt einerseits aus der Garantie des Wesensgehalts der Grundrechte (Art. 19 Abs. 2 GG), zum anderen leitet es sich daraus ab, dass der Kern der Persönlichkeit durch die unantastbare Würde des Menschen geschützt wird.

Schon die Berührung mit der Persönlichkeitssphäre eines anderen Menschen verleiht einer Handlung oder Information eine soziale Bedeutung, die sie rechtlicher Regelung zugänglich macht.“

Gesundheitsdaten über den körperlichen Zustand eines Patienten berühren aber nicht die Persönlichkeitssphäre anderer Pflichtversicherter, die dem Betroffenen überhaupt nicht bekannt sind und allenfalls deswegen mit ihm mittelbar in einer tatsächlichen und/oder rechtlichen Verbindung stehen können, weil der Gesetzgeber dies zunächst selbst durch die vorgängige Anordnung einer Pflichtversicherung so prädestiniert hat.

Dass der einzelne ein Recht hat, nicht gegen seinen Willen zum Gegenstand einer Erzählung durch Dritte zu werden und dass er sich hierbei insbesondere auf die Vertraulichkeit bestimmter unantastbarer Schutzräume, die seine Persönlichkeit in ihrem Kern konstituieren, verlassen können muß – namentlich in Bezug auf eigene Krankheiten – hat das BVerfG am 15. Dezember 1999 in 1 BvR 653/96 sehr überzeugend ausgeführt, Rn 67 ff.:

„Der Schutz des allgemeinen Persönlichkeitsrechts erstreckt sich auch auf Abbildungen einer Person durch Dritte. Dem Grundrecht kommt die Aufgabe zu, Elemente der Persönlichkeit zu gewährleisten, die nicht Gegenstand der besonderen Freiheitsgarantien des Grundgesetzes sind, diesen aber in ihrer konstituierenden Bedeutung für die Persönlichkeit nicht nachstehen (vgl. BVerfGE 54, 148 <153>; 99, 185 <193>). Die Notwendigkeit einer solchen lückenschließenden Gewährleistung besteht insbesondere im Blick auf neuartige Gefährdungen der Persönlichkeitsentfaltung, die meist in Begleitung des wissenschaftlich-technischen Fortschritts auftreten (vgl. BVerfGE 54, 148 <153>; 65, 1 <41>). … Das Recht am eigenen Bild (vgl. BVerfGE 34, 238 <246>; 35, 202 <220>; 87, 334 <340>; 97, 228 <268 f.>) gewährleistet dem Einzelnen Einfluß- und Entscheidungsmöglichkeiten, soweit es um die Anfertigung und Verwendung von Fotografien oder Aufzeichnungen seiner Person durch andere geht. Ob diese den Einzelnen in privaten oder öffentlichen Zusammenhängen zeigen, spielt dabei grundsätzlich keine Rolle. Das Schutzbedürfnis ergibt sich vielmehr - ähnlich wie beim Recht am eigenen Wort, in dessen Gefolge das Recht am eigenen Bild Eingang in die Verfassungsrechtsprechung gefunden hat (vgl. BVerfGE 34, 238 <246>) - vor allem aus der Möglichkeit, das Erscheinungsbild eines Menschen in einer bestimmten Situation von diesem abzulösen, datenmäßig zu fixieren und jederzeit vor einem unüberschaubaren Personenkreis zu reproduzieren. Diese Möglichkeit ist durch den Fortschritt der Aufnahmetechnik, der Abbildungen auch aus weiter Entfernung, jüngst sogar aus Satellitendistanz, und unter schlechten

Lichtverhältnissen erlaubt, noch weiter gewachsen. … Im Unterschied zum Recht am eigenen Bild bezieht sich der Schutz der Privatsphäre, der ebenfalls im allgemeinen Persönlichkeitsrecht wurzelt, nicht speziell auf Abbildungen, sondern ist thematisch und räumlich bestimmt. Er umfaßt zum einen Angelegenheiten, die wegen ihres Informationsinhalts typischerweise als „privat" eingestuft werden, weil ihre öffentliche Erörterung oder Zurschaustellung als unschicklich gilt, das Bekanntwerden als peinlich empfunden wird oder nachteilige Reaktionen der Umwelt auslöst, wie es etwa bei Auseinandersetzungen mit sich selbst in Tagebüchern (BVerfGE 80, 367), bei vertraulicher Kommunikation unter Eheleuten (BVerfGE 27, 344), im Bereich der Sexualität (BVerfGE 47, 46; 49, 286), bei sozial abweichendem Verhalten (BVerfGE 44, 353) oder bei Krankheiten (BVerfGE 32, 373) der Fall ist. Fehlte es hier an einem Schutz vor der Kenntniserlangung anderer, wären die Auseinandersetzung mit sich selbst, die unbefangene Kommunikation unter Nahestehenden, die sexuelle Entfaltung oder die Inanspruchnahme ärztlicher Hilfe beeinträchtigt oder unmöglich, obwohl es sich um grundrechtlich geschützte Verhaltensweisen handelt. Zum anderen erstreckt sich der Schutz auf einen räumlichen Bereich, in dem der Einzelne zu sich kommen, sich entspannen oder auch gehen lassen kann (vgl. BVerfGE 27, 1 <6>). Zwar bietet auch dieser Bereich Gelegenheit, sich in einer Weise zu verhalten, die nicht für die Öffentlichkeit bestimmt ist und deren Beobachtung oder Darstellung durch Außenstehende für den Betroffenen peinlich oder nachteilig wäre. Im Kern geht es aber um einen Raum, in dem er die Möglichkeit hat, frei von öffentlicher Beobachtung und damit der von ihr erzwungenen Selbstkontrolle zu sein, auch ohne dass er sich dort notwendig anders verhielte als in der Öffentlichkeit. Bestünden solche Rückzugsbereiche nicht mehr, könnte der Einzelne psychisch überfordert sein, weil er unausgesetzt darauf achten müßte, wie er auf andere wirkt und ob er sich richtig verhält. Ihm fehlten die Phasen des Alleinseins und Ausgleichs, die für die Persönlichkeitsentfaltung notwendig sind und ohne die sie nachhaltig beeinträchtigt würde."

Ganz besonders in der körperlichen und namentlich in seiner Intimsphäre muss sich der einzelne geschützt fühlen können, führte das BVerfG am 24. Februar 2015 zu 1 BvR 472/14 überzeugend aus (Rn 29):

„Das aus Art. 2 Abs. 1 in Verbindung mit Art. 1 Abs. 1 GG folgende allgemeine Persönlichkeitsrecht schützt mit der Privat- und Intimsphäre der Einzelnen auch Aspekte des Geschlechtslebens und das Interesse, diese nicht offenbaren zu müssen. Der Schutz der Privat- und Intimsphäre umfasst Angelegenheiten, die wegen ihres Informationsinhalts typischerweise als „privat" eingestuft werden, insbesondere weil ihre öffentliche Erörterung oder Zurschaustellung als unschicklich gilt, das Bekanntwerden als peinlich empfunden wird oder nachteilige Reaktionen der Umwelt auslöst, wie es gerade auch im Bereich der Sexualität der Fall ist. Fehlte es hier an einem Schutz vor der Kenntniserlangung anderer, wäre die sexuelle Entfaltung erheblich beeinträchtigt, obwohl es sich um grundrechtlich geschützte Verhaltensweisen handelt (vgl. BVerfGE 101, 361 <382> m.w.N.). Mit dem Recht auf Achtung der Privat- und Intimsphäre spezifisch geschützt ist das Recht, geschlechtliche Beziehungen zu einem Partner nicht offenbaren zu müssen, sondern selbst darüber befinden zu können, ob, in welcher Form und wem Einblick in die Intimsphäre und das eigene Geschlechtsleben gewährt wird (vgl. BVerfGE 117, 202 <233> m.w.N.)."

Genetische Informationen einer Person oder die Veranlassung zur „Preisgabe entsprechender Körperpartikel" sind daher verfassungsrechtlich geschützt, sagt das BVerfG auch in seiner Entscheidung 1 BvR 421/05 am 13.02. 2007, Rn 70f.:

„Das von Art. 2 Abs. 1 in Verbindung mit Art. 1 Abs. 1 GG umfasste Recht auf informationelle Selbstbestimmung schützt die Befugnis des Einzelnen, grundsätzlich selbst über die Preisgabe und Verwendung seiner persönlichen Daten zu bestimmen (vgl. BVerfGE 65, 1 <43>). Zu diesen grundrechtlich geschützten Daten gehören auch solche, die Informationen über genetische Merkmale einer Person enthalten, aus denen sich in Abgleich mit den Daten einer anderen Person Rückschlüsse auf die Abstammung ziehen lassen (vgl. BVerfGE 103, 21 <32>).

Auch das Recht auf informationelle Selbstbestimmung ist jedoch nicht schrankenlos gewährleistet. Insbesondere muss der Einzelne Einschränkungen dieses Rechts hinnehmen, die im überwiegenden Interesse anderer oder der Allgemeinheit liegen. Solche Beschränkungen bedürfen einer gesetzlichen Grundlage, aus der sich die Voraussetzungen und der Umfang der Beschränkungen ergeben und die dem Grundsatz der Verhältnismäßigkeit entspricht (vgl. BVerfGE 65, 1 <44>). So kann verfahrensrechtlich, wie beispielsweise durch § 372 a ZPO, geregelt werden, unter welchen Voraussetzungen auch sensible Daten, die Auskunft über die eigene Abstammung geben können, mittels Preisgabe entsprechender Körperpartikel als Untersuchungsproben offengelegt werden müssen, wenn dies unter Berücksichtigung auch der Grundrechte anderer, wie hier des Vaters auf Kenntnis der Abstammung, gerechtfertigt und verhältnismäßig ist. Das informationelle Selbstbestimmungsrecht verpflichtet jedoch die staatlichen Organe, dem Einzelnen Schutz davor zu bieten, dass private Dritte ohne sein Wissen und ohne seine Einwilligung Zugriff auf die seine Individualität kennzeichnenden Daten nehmen. Dies gilt grundsätzlich selbst dann, wenn der Zweck, die Klärung der Abstammung, von einem grundrechtlich geschützten Kenntnisinteresse getragen wird. Die in solchen Fällen vorliegende Grundrechtskollision kann nicht von einem der Grundrechtsträger nach seinem Gutdünken bewältigt, sondern nur durch den Gesetzgeber gelöst werden. Ein mit Hilfe von genetischem Datenmaterial heimlich eingeholter Vaterschaftstest basiert auf einer nicht zu rechtfertigenden Verletzung des Rechts des betroffenen Kindes auf informationelle Selbstbestimmung, vor der die staatlichen Organe Schutz zu bieten haben."

Wenn nun also dieses informationelle Selbstbestimmungsrecht die staatlichen Organe erstens verpflichtet, dem Einzelnen Schutz davor zu bieten, dass private Dritte ohne sein Wissen und ohne seine Einwilligung Zugriff auf die seine Individualität kennzeichnenden Daten nehmen und wenn es zweitens zugleich einen Kernbereich intimer persönlicher Verhältnisse gibt, die der Öffentlichkeit nicht preisgegeben werden müssen und dieser Kernbereich jeder Abwägung mit anderen Verfassungsgütern entzogen ist, dann ist es verfassungsrechtlich zwangsläufig unmöglich, Patienten ohne oder gegen ihren Willen zu zwingen, sich einem Informationssystem anzuschließen, das diese intime, private, persönliche Individualität dem Blick anderer unabweisbar öffnet. Und wenn Patienten hierzu nicht ungefragt verpflichtet werden können, dann scheidet auch aus, Ärzte in ein gesetzliches System einzubinden, innerhalb dessen sie diese Informationen ihrer Patienten preiszugeben haben.

C.II.

Die verfassungsrechtliche Unmöglichkeit, intime körperliche Informationen über einen „unbescholtenen“ Patienten ohne oder gegen dessen Willen Dritten offenlegen zu müssen, erhellt sich insbesondere auch aus einer rechtlichen Vergleichsbetrachtung zur Judikatur des Bundesverfassungsgerichtes im Rahmen des Strafrechtes: Die molekulargenetische Erfassung von Körperinformationen zur Identifikation von Personen ist danach allenfalls dann verfassungsgemäß, wenn ein wiederholt auffällig gewordener Straftäter prognostisch weiter straffällig werde; auch dies erfordere aber eine dezidierte Einzelfallbetrachtung (BVerfG 2 BvR 2049/06 vom 7.12.2006 Rn 3:

„Das Bundesverfassungsgericht hat bereits festgestellt, dass die in § 81 g StPO geregelte molekulargenetische Untersuchung von Körperzellen und die Speicherung des dadurch gewonnenen DNA-Identifizierungsmusters zum Zweck der Vorsorge für die Verfolgung von Straftaten keinen verfassungsrechtlichen Bedenken begegne (BVerfGE 103, 21 ff.). Da die Maßnahme eine auf bestimmte Tatsachen gestützte Prognose voraussetze, dass gegen den Betroffenen künftig weitere Strafverfahren wegen Straftaten von erheblicher Bedeutung zu führen sein werden, sei sie auf besondere Fälle beschränkt und verhältnismäßig. Eine tragfähig begründete Entscheidung setze allerdings voraus, dass ihr eine zureichende Sachaufklärung, insbesondere durch Beiziehung der verfügbaren Straf- und Vollstreckungsakten, des Bewährungshefts und zeitnaher Auskünfte aus dem Bundeszentralregister, vorausgehe. Notwendig und ausreichend für die Anordnung sei, dass wegen der Art oder Ausführung der bereits abgeurteilten Straftat, der Persönlichkeit des Verurteilten oder sonstiger Erkenntnisse Grund zu der Annahme bestehe, dass gegen ihn künftig erneut Strafverfahren wegen Straftaten von erheblicher Bedeutung zu führen seien. Dabei sei eine auf den Einzelfall bezogene Entscheidung, die auf schlüssigen, verwertbaren und in der Entscheidung nachvollziehbar dokumentierten Tatsachen beruhe und die richterliche Annahme der Wahrscheinlichkeit künftiger Straftaten von erheblicher Bedeutung belege, erforderlich (vgl. BVerfGE 103, 21 <34 ff.>; Beschluss der 3. Kammer des Zweiten Senats des Bundesverfassungsgerichts vom 15. März 2001 - 2 BvR 1841/00, 2 BvR 1876/00, 2 BvR 2132/00, 2 BvR 2307/00 -, NJW 2001, S. 2320; Beschluss der 3. Kammer des Zweiten Senats des Bundesverfassungsgerichts vom 20. Dezember 2001 - 2 BvR 429/01, 2 BvR 483/01 -, StV 2003, S. 1; Beschluss der 1. Kammer des Zweiten Senats des Bundesverfassungsgerichts vom 16. Februar 2006 - 2 BvR 561/03 -, juris)."

In seinem Urteil 1 BvR 370/07 vom 27. Februar 2008 argumentiert das BVerfG ergänzend (Rn 169 ff.):

„Das allgemeine Persönlichkeitsrecht gewährleistet Elemente der Persönlichkeit, die nicht Gegenstand der besonderen Freiheitsgarantien des Grundgesetzes sind, diesen aber in ihrer konstituierenden Bedeutung für die Persönlichkeit nicht nachstehen (vgl. BVerfGE 99, 185 <193>; 114, 339 <346>). Einer solchen lückenschließenden Gewährleistung bedarf es insbesondere, um neuartigen Gefährdungen zu begegnen, zu denen es im Zuge des wissenschaftlich-technischen Fortschritts und gewandelter Lebensverhältnisse kommen kann (vgl. BVerfGE 54, 148 <153>; 65, 1 <41>; BVerfG, Beschluss vom 13. Juni 2007 - 1 BvR 1550/03 u.a. -, NJW 2007, S. 2464 <2465>). Die Zuordnung eines konkreten Rechtsschutzbegehrens zu den verschiedenen Aspekten des Persönlichkeitsrechts richtet sich vor allem nach der Art der Persönlichkeitsgefährdung (vgl. BVerfGE 101, 361 <380>; 106, 28 <39>).

Die Nutzung der Informationstechnik hat für die Persönlichkeit und die Entfaltung des Einzelnen eine früher nicht absehbare Bedeutung erlangt. Die moderne Informationstechnik eröffnet dem Einzelnen neue Möglichkeiten, begründet aber auch neuartige Gefährdungen der Persönlichkeit. …

Der Leistungsumfang informationstechnischer Systeme und ihre Bedeutung für die Persönlichkeitsentfaltung nehmen noch zu, wenn solche Systeme miteinander vernetzt werden. Dies wird insbesondere aufgrund der gestiegenen Nutzung des Internet durch große Kreise der Bevölkerung mehr und mehr zum Normalfall.

Eine Vernetzung informationstechnischer Systeme ermöglicht allgemein, Aufgaben auf diese Systeme zu verteilen und insgesamt die Rechenleistung zu erhöhen. So können etwa die von einzelnen der vernetzten Systeme gelieferten Daten ausgewertet und die Systeme zu bestimmten Reaktionen veranlasst werden. Auf diese Weise kann zugleich der Funktionsumfang des einzelnen Systems erweitert werden.

Insbesondere das Internet als komplexer Verbund von Rechnernetzen öffnet dem Nutzer eines angeschlossenen Rechners nicht nur den Zugriff auf eine praktisch unübersehbare Fülle von Informationen, die von anderen Netzrechnern zum Abruf bereitgehalten werden. Es stellt ihm daneben zahlreiche neuartige Kommunikationsdienste zur Verfügung, mit deren Hilfe er aktiv soziale Verbindungen aufbauen und pflegen kann. Zudem führen technische Konvergenzeffekte dazu, dass auch herkömmliche Formen der Fernkommunikation in weitem Umfang auf das Internet verlagert werden können (vgl. etwa zur Sprachtelefonie Katko, CR 2005, S. 189).

Die zunehmende Verbreitung vernetzter informationstechnischer Systeme begründet für den Einzelnen neben neuen Möglichkeiten der Persönlichkeitsentfaltung auch neue Persönlichkeitsgefährdungen.

Solche Gefährdungen ergeben sich bereits daraus, dass komplexe informationstechnische Systeme wie etwa Personalcomputer ein breites Spektrum von Nutzungsmöglichkeiten eröffnen, die sämtlich mit der Erzeugung, Verarbeitung und Speicherung von Daten verbunden sind. Dabei handelt es sich nicht nur um Daten, die der Nutzer des Rechners bewusst anlegt oder speichert. Im Rahmen des Datenverarbeitungsprozesses erzeugen informationstechnische Systeme zudem selbsttätig zahlreiche weitere Daten, die ebenso wie die vom Nutzer gespeicherten Daten im Hinblick auf sein Verhalten und seine Eigenschaften ausgewertet werden können. In der Folge können sich im Arbeitsspeicher und auf den Speichermedien solcher Systeme eine Vielzahl von Daten mit Bezug zu den persönlichen Verhältnissen, den sozialen Kontakten und den ausgeübten Tätigkeiten des Nutzers finden. Werden diese Daten von Dritten erhoben und ausgewertet, so kann dies weitreichende Rückschlüsse auf die Persönlichkeit des Nutzers bis hin zu einer Profilbildung ermöglichen (vgl. zu den aus solchen Folgerungen entstehenden Persönlichkeitsgefährdungen BVerfGE 65, 1 <42>).

Bei einem vernetzten, insbesondere einem an das Internet angeschlossenen System werden diese Gefährdungen in verschiedener Hinsicht vertieft. Zum einen führt die mit der Vernetzung verbundene Erweiterung der Nutzungsmöglichkeiten dazu, dass gegenüber einem alleinstehenden System eine noch größere Vielzahl und Vielfalt von Daten erzeugt, verarbeitet und gespeichert werden. Dabei handelt es sich um Kommunikationsinhalte sowie um Daten mit Bezug zu der Netzkommunikation. Durch die Speicherung und Auswertung solcher Daten über das Verhalten der Nutzer im Netz können weitgehende Kenntnisse über die Persönlichkeit des Nutzers gewonnen werden.

Vor allem aber öffnet die Vernetzung des Systems Dritten eine technische Zugriffsmöglichkeit, die genutzt werden kann, um die auf dem System vorhandenen Daten auszuspähen oder zu manipulieren. Der Einzelne kann solche Zugriffe zum Teil gar nicht wahrnehmen, jedenfalls aber nur begrenzt abwehren. Informationstechnische Systeme haben mittlerweile einen derart hohen Komplexitätsgrad erreicht, dass ein wirkungsvoller sozialer oder technischer Selbstschutz erhebliche Schwierigkeiten aufwerfen und zumindest den durchschnittlichen Nutzer überfordern kann. Ein technischer Selbstschutz kann zudem mit einem hohen Aufwand oder mit Funktionseinbußen des geschützten Systems verbunden sein. Viele Selbstschutzmöglichkeiten - etwa die Verschlüsselung oder die Verschleierung sensibler Daten - werden überdies weitgehend wirkungslos, wenn Dritten die Infiltration des Systems, auf dem die Daten abgelegt worden sind, einmal gelungen ist. Schließlich kann angesichts der Geschwindigkeit der informationstechnischen Entwicklung nicht zuverlässig prognostiziert werden, welche Möglichkeiten dem Nutzer in Zukunft verbleiben, sich technisch selbst zu schützen.

Aus der Bedeutung der Nutzung informationstechnischer Systeme für die Persönlichkeitsentfaltung und aus den Persönlichkeitsgefährdungen, die mit dieser Nutzung verbunden sind, folgt ein grundrechtlich erhebliches Schutzbedürfnis. Der Einzelne ist darauf angewiesen, dass der Staat die mit Blick auf die ungehinderte Persönlichkeitsentfaltung berechtigten Erwartungen an die Integrität und Vertraulichkeit derartiger Systeme achtet. …

Auch die bisher in der Rechtsprechung des Bundesverfassungsgerichts anerkannten Ausprägungen des allgemeinen Persönlichkeitsrechts, insbesondere die Gewährleistungen des Schutzes der Privatsphäre und des Rechts auf informationelle Selbstbestimmung, genügen dem besonderen Schutzbedürfnis des Nutzers eines informationstechnischen Systems nicht in ausreichendem Maße.

In seiner Ausprägung als Schutz der Privatsphäre gewährleistet das allgemeine Persönlichkeitsrecht dem Einzelnen einen räumlich und thematisch bestimmten Bereich, der grundsätzlich frei von unerwünschter Einsichtnahme bleiben soll (vgl. BVerfGE 27, 344 <350 ff.>; 44, 353 <372 f.>; 90, 255 <260>; 101, 361 <382 f.>). Das Schutzbedürfnis des Nutzers eines informationstechnischen Systems beschränkt sich jedoch nicht allein auf Daten, die seiner Privatsphäre zuzuordnen sind. Eine solche

Zuordnung hängt zudem häufig von dem Kontext ab, in dem die Daten entstanden sind und in den sie durch Verknüpfung mit anderen Daten gebracht werden. Dem Datum selbst ist vielfach nicht anzusehen, welche Bedeutung es für den Betroffenen hat und welche es durch Einbeziehung in andere Zusammenhänge gewinnen kann. Das hat zur Folge, dass mit der Infiltration des Systems nicht nur zwangsläufig private Daten erfasst werden, sondern der Zugriff auf alle Daten ermöglicht wird, so dass sich ein umfassendes Bild vom Nutzer des Systems ergeben kann.

Das Recht auf informationelle Selbstbestimmung geht über den Schutz der Privatsphäre hinaus. Es gibt dem Einzelnen die Befugnis, grundsätzlich selbst über die Preisgabe und Verwendung seiner persönlichen Daten zu bestimmen (vgl. BVerfGE 65, 1 <43>; 84, 192 <194>). Es flankiert und erweitert den grundrechtlichen Schutz von Verhaltensfreiheit und Privatheit, indem es ihn schon auf der Stufe der Persönlichkeitsgefährdung beginnen lässt. Eine derartige Gefährdungslage kann bereits im Vorfeld konkreter Bedrohungen benennbarer Rechtsgüter entstehen, insbesondere wenn personenbezogene Informationen in einer Art und Weise genutzt und verknüpft werden können, die der Betroffene weder überschauen noch verhindern kann. Der Schutzumfang des Rechts auf informationelle Selbstbestimmung beschränkt sich dabei nicht auf Informationen, die bereits ihrer Art nach sensibel sind und schon deshalb grundrechtlich geschützt werden. Auch der Umgang mit personenbezogenen Daten, die für sich genommen nur geringen Informationsgehalt haben, kann, je nach dem Ziel des Zugriffs und den bestehenden Verarbeitungs- und Verknüpfungsmöglichkeiten, grundrechtserhebliche Auswirkungen auf die Privatheit und Verhaltensfreiheit des Betroffenen haben (vgl. BVerfG, Beschluss vom 13. Juni 2007 - 1 BvR 1550/03 u.a. -, NJW 2007, S. 2464 <2466>).

Die mit dem Recht auf informationelle Selbstbestimmung abzuwehrenden Persönlichkeitsgefährdungen ergeben sich aus den vielfältigen Möglichkeiten des Staates und gegebenenfalls auch privater Akteure (vgl. BVerfG, Beschluss der 1. Kammer des Ersten Senats vom 23. Oktober 2006 - 1 BvR 2027/02 -,

JZ 2007, S. 576) zur Erhebung, Verarbeitung und Nutzung personenbezogener Daten. Vor allem mittels elektronischer Datenverarbeitung können aus solchen Informationen weitere Informationen erzeugt und so Schlüsse gezogen werden, die sowohl die grundrechtlich geschützten Geheimhaltungsinteressen des Betroffenen beeinträchtigen als auch Eingriffe in seine Verhaltensfreiheit mit sich bringen können (vgl. BVerfGE 65, 1 <42>; 113, 29 <45 f.>; 115, 320 <342>; BVerfG, Beschluss vom 13. Juni 2007 - 1 BvR 1550/03 u.a. -, NJW 2007, S. 2464 <2466>).

Jedoch trägt das Recht auf informationelle Selbstbestimmung den Persönlichkeitsgefährdungen nicht vollständig Rechnung, die sich daraus ergeben, dass der Einzelne zu seiner Persönlichkeitsentfaltung auf die Nutzung informationstechnischer Systeme angewiesen ist und dabei dem System persönliche Daten anvertraut oder schon allein durch dessen Nutzung zwangsläufig liefert. Ein Dritter, der auf ein solches System zugreift, kann sich einen potentiell äußerst großen und aussagekräftigen Datenbestand verschaffen, ohne noch auf weitere Datenerhebungs- und Datenverarbeitungsmaßnahmen angewiesen zu sein. Ein solcher Zugriff geht in seinem Gewicht für die Persönlichkeit des Betroffenen über einzelne Datenerhebungen, vor denen das Recht auf informationelle Selbstbestimmung schützt, weit hinaus.

Soweit kein hinreichender Schutz vor Persönlichkeitsgefährdungen besteht, die sich daraus ergeben, dass der Einzelne zu seiner Persönlichkeitsentfaltung auf die Nutzung informationstechnischer Systeme angewiesen ist, trägt das allgemeine Persönlichkeitsrecht dem Schutzbedarf in seiner lückenfüllenden Funktion über seine bisher anerkannten Ausprägungen hinaus dadurch Rechnung, dass es die Integrität und Vertraulichkeit informationstechnischer Systeme gewährleistet. Dieses Recht fußt gleich dem Recht auf informationelle Selbstbestimmung auf Art. 2 Abs. 1 in Verbindung mit Art. 1 Abs. 1 GG; es bewahrt den persönlichen und privaten Lebensbereich der Grundrechtsträger vor staatlichem Zugriff im Bereich der Informationstechnik auch insoweit, als auf das informationstechnische

System insgesamt zugegriffen wird und nicht nur auf einzelne Kommunikationsvorgänge oder gespeicherte Daten.

Allerdings bedarf nicht jedes informationstechnische System, das personenbezogene Daten erzeugen, verarbeiten oder speichern kann, des besonderen Schutzes durch eine eigenständige persönlichkeitsrechtliche Gewährleistung. Soweit ein derartiges System nach seiner technischen Konstruktion lediglich Daten mit punktuellem Bezug zu einem bestimmten Lebensbereich des Betroffenen enthält - zum Beispiel nicht vernetzte elektronische Steuerungsanlagen der Haustechnik -, unterscheidet sich ein staatlicher Zugriff auf den vorhandenen Datenbestand qualitativ nicht von anderen Datenerhebungen. In einem solchen Fall reicht der Schutz durch das Recht auf informationelle Selbstbestimmung aus, um die berechtigten Geheimhaltungsinteressen des Betroffenen zu wahren.

Das Grundrecht auf Gewährleistung der Integrität und Vertraulichkeit informationstechnischer Systeme ist hingegen anzuwenden, wenn die Eingriffsermächtigung Systeme erfasst, die allein oder in ihren technischen Vernetzungen personenbezogene Daten des Betroffenen in einem Umfang und in einer Vielfalt enthalten können, dass ein Zugriff auf das System es ermöglicht, einen Einblick in wesentliche Teile der Lebensgestaltung einer Person zu gewinnen oder gar ein aussagekräftiges Bild der Persönlichkeit zu erhalten. Eine solche Möglichkeit besteht etwa beim Zugriff auf Personalcomputer, einerlei ob sie fest installiert oder mobil betrieben werden. Nicht nur bei einer Nutzung für private Zwecke, sondern auch bei einer geschäftlichen Nutzung lässt sich aus dem Nutzungsverhalten regelmäßig auf persönliche Eigenschaften oder Vorlieben schließen. Der spezifische Grundrechtsschutz erstreckt sich ferner beispielsweise auf solche Mobiltelefone oder elektronische Terminkalender, die über einen großen Funktionsumfang verfügen und personenbezogene Daten vielfältiger Art erfassen und speichern können.

Geschützt vom Grundrecht auf Gewährleistung der Vertraulichkeit und Integrität informationstechnischer Systeme ist zunächst das Interesse des Nutzers, dass die von einem vom Schutzbereich erfassten informationstechnischen System erzeugten, verarbeiteten und gespeicherten Daten vertraulich bleiben. Ein Eingriff in dieses Grundrecht ist zudem dann anzunehmen, wenn die Integrität des geschützten informationstechnischen Systems angetastet wird, indem auf das System so zugegriffen wird, dass dessen Leistungen, Funktionen und Speicherinhalte durch Dritte genutzt werden können; dann ist die entscheidende technische Hürde für eine Ausspähung, Überwachung oder Manipulation des Systems genommen."

Wenn also schon einem strafrechtlich erwiesenermaßen „sozialschädlichen" Täter mit guten Gründen verfassungsrechtlicher Schutz zuteilwird, seine Persönlichkeit gegen Gefährdungen (sic!) dieser Art abzusichern, so muß erst recht einem „unbescholtenen" Bürger das Recht zustehen, seine eigenen gesundheitlichen Intiminformationen nicht ohne oder gegen seinen Willen preisgegeben zu sehen. Kaum irgendwo sonst sind die Vertraulichkeitsinteressen eines Menschen größeren Schutzes bedürftig als just innerhalb eines informationstechnischen Systems, das mindestens hypothetisch ubiquitär Einsichtnahmen ermöglicht – seien diese gestattet oder nicht.

C.III.

Von besonderer Bedeutung bei der Konturierung des verfassungsrechtlichen Abwehrrechtes gegen staatliche Eingriffe in persönliche Lebensverhältnisse ist augenscheinlich auch die Auseinandersetzung des BVerfG in seinem Urteil vom 20. April 2016 (1 BvR 966/09), Rn 140-151, die insoweit Maßstäbe für das Gesundheitsrecht setzt, sofern sich die Verfassungsordnung nicht in wertungsrechtliche Selbstwidersprüche verstricken soll:

„Der Zugriff auf informationstechnische Systeme und die Wohnraumüberwachung dürfen sich unmittelbar nur gegen diejenigen als Zielperson richten, die für die drohende oder dringende Gefahr verantwortlich sind (vgl. BVerfGE 109, 279 <351, 352>; 120, 274 <329, 334>). Diese Maßnahmen dringen so tief in die Privatsphäre ein, dass sie auf weitere Personen nicht ausgedehnt werden dürfen. Verfassungsrechtlich nicht zu beanstanden ist allerdings, wenn die gegen die Verantwortlichen angeordneten Maßnahmen, soweit unvermeidbar, auch Dritte miterfassen (vgl. BVerfGE 109, 279 <352 ff.>). Deshalb kann die Überwachung der Wohnung eines Dritten erlaubt werden, wenn aufgrund bestimmter Tatsachen vermutet werden kann, dass die Zielperson sich dort zur Zeit der Maßnahme aufhält, sie dort für die Ermittlungen relevante Gespräche führen wird und eine Überwachung ihrer Wohnung allein zur Erforschung des Sachverhalts nicht ausreicht (vgl. BVerfGE 109, 279 <353, 355 f.>). Ebenso kann eine Online-Durchsuchung auf informationstechnische Systeme Dritter erstreckt werden, wenn tatsächliche Anhaltspunkte dafür bestehen, dass die Zielperson dort ermittlungsrelevante Informationen speichert und ein auf ihre eigenen informationstechnischen Systeme beschränkter Zugriff zur Erreichung des Ermittlungsziels nicht ausreicht.

Eine Anordnung von anderen heimlichen Überwachungsmaßnahmen ist auch unmittelbar gegenüber Dritten nicht schlechthin ausgeschlossen. In Betracht kommt insoweit eine Befugnis zur Überwachung von Personen aus dem Umfeld einer Zielperson, etwa von - näher einzugrenzenden - Kontaktpersonen oder Nachrichtenmittlern. Solche Befugnisse rechtfertigen sich aus der objektiven Natur der Gefahrenabwehr und der Wahrheitsermittlung im strafrechtlichen Ermittlungsverfahren. Ihre Erstreckung auf Dritte steht unter strengen Verhältnismäßigkeitsanforderungen und setzt eine spezifische individuelle Nähe der Betroffenen zu der aufzuklärenden Gefahr oder Straftat voraus. Hierfür reicht es nicht schon, dass sie mit einer Zielperson überhaupt in irgendeinem Austausch stehen. Vielmehr bedarf es zusätzlicher Anhaltspunkte, dass der Kontakt einen Bezug zum Ermittlungsziel aufweist und so eine nicht unerhebliche Wahrscheinlichkeit besteht, dass die Überwachungsmaßnahme der Aufklärung der Gefahr dienlich sein wird (vgl. BVerfGE 107, 299 <322 f.>; 113, 348 <380 f.>). Eine Überwachung von Personen, die - allein gestützt auf die Tatsache eines Kontaktes zu einer Zielperson - erst versucht herauszufinden, ob sich hierüber weitere Ermittlungsansätze erschließen, ist verfassungsrechtlich unzulässig. Dies hindert hinsichtlich solcher Kontaktpersonen allerdings von Verfassungs wegen nicht Ermittlungsmaßnahmen geringerer Eingriffstiefe mit dem Ziel, gegebenenfalls die Eingriffsschwelle für intensivere Überwachungsmaßnahmen zu erreichen.

Übergreifende Anforderungen ergeben sich aus dem Verhältnismäßigkeitsgrundsatz auch in verfahrensrechtlicher Hinsicht. Die hier ganz überwiegend in Rede stehenden eingriffsintensiven Überwachungs- und Ermittlungsmaßnahmen, bei denen damit zu rechnen ist, dass sie auch höchstprivate Informationen erfassen, und gegenüber den Betroffenen heimlich durchgeführt werden, bedürfen grundsätzlich einer vorherigen Kontrolle durch eine unabhängige Stelle, etwa in Form einer richterlichen Anordnung (vgl. dazu auch EGMR, Klass u.a. v. Deutschland, Urteil vom 6. September 1978, Nr. 5029/71, § 56; EGMR [GK], Zakharov v. Russland, Urteil vom 4. Dezember 2015, Nr. 47143/06, §§ 258, 275; EGMR, Szabó und Vissy v. Ungarn, Urteil vom 12. Januar 2016, Nr. 37138/14, § 77). Dies gilt für Maßnahmen der Wohnraumüberwachung bereits gemäß Art. 13 Abs. 3 und 4 GG (vgl. hierzu BVerfGE 109, 279 <357 ff.>) und folgt im Übrigen unmittelbar aus dem Verhältnismäßigkeitsgrundsatz (vgl. BVerfGE 120, 274 <331 ff.>; 125, 260 <337 ff.>).

Der Gesetzgeber hat das Gebot vorbeugender unabhängiger Kontrolle in spezifischer und normenklarer Form mit strengen Anforderungen an den Inhalt und die Begründung der gerichtlichen Anordnung zu verbinden. Hieraus folgt zugleich das Erfordernis einer hinreichend substantiierten Begründung und Begrenzung des Antrags auf Anordnung, die es dem Gericht oder der unabhängigen Stelle erst erlaubt, eine effektive Kontrolle auszuüben. Insbesondere bedarf es der vollständigen Information seitens der antragstellenden Behörde über den zu beurteilenden Sachstand (vgl. BVerfGE 103, 142 <152 f.>). In Anknüpfung hieran ist es Aufgabe und Pflicht des Gerichts oder der sonst entscheidenden Personen, sich eigenverantwortlich ein Urteil darüber zu bilden, ob die beantragte heimliche

Überwachungsmaßnahme den gesetzlichen Voraussetzungen entspricht. Hierfür die notwendigen sachlichen und personellen Voraussetzungen zu schaffen, obliegt der Landesjustizverwaltung und dem Präsidium des zuständigen Gerichts (vgl. BVerfGE 125, 260 <338>).

Neben den verfassungsrechtlichen Anforderungen an die allgemeinen Eingriffsvoraussetzungen ergeben sich aus den jeweiligen Grundrechten in Verbindung mit Art. 1 Abs. 1 GG für die Durchführung von besonders eingriffsintensiven Überwachungsmaßnahmen besondere Anforderungen an den Schutz des Kernbereichs privater Lebensgestaltung.

Der verfassungsrechtliche Schutz des Kernbereichs privater Lebensgestaltung gewährleistet dem Individuum einen Bereich höchstpersönlicher Privatheit gegenüber Überwachung. Er wurzelt in den von den jeweiligen Überwachungsmaßnahmen betroffenen Grundrechten in Verbindung mit Art. 1 Abs. 1 GG und sichert einen dem Staat nicht verfügbaren Menschenwürdekern grundrechtlichen Schutzes gegenüber solchen Maßnahmen. Selbst überragende Interessen der Allgemeinheit können einen Eingriff in diesen absolut geschützten Bereich privater Lebensgestaltung nicht rechtfertigen (vgl. BVerfGE 109, 279 <313>; st.Rspr).

Zur Entfaltung der Persönlichkeit im Kernbereich privater Lebensgestaltung gehört die Möglichkeit, innere Vorgänge wie Empfindungen und Gefühle sowie Überlegungen, Ansichten und Erlebnisse höchstpersönlicher Art zum Ausdruck zu bringen (vgl. BVerfGE 109, 279 <313>; 120, 274 <335>; stRspr). Geschützt ist insbesondere die nichtöffentliche Kommunikation mit Personen des höchstpersönlichen Vertrauens, die in der berechtigten Annahme geführt wird, nicht überwacht zu werden, wie es insbesondere bei Gesprächen im Bereich der Wohnung der Fall ist. Zu diesen Personen gehören insbesondere Ehe- oder Lebenspartner, Geschwister und Verwandte in gerader Linie, vor allem, wenn sie im selben Haushalt leben, und können Strafverteidiger, Ärzte, Geistliche und enge persönliche Freunde zählen (vgl. BVerfGE 109, 279 <321 ff.>). Dieser Kreis deckt sich nur teilweise mit dem der Zeugnisverweigerungsberechtigten. Solche Gespräche verlieren dabei nicht schon dadurch ihren Charakter als insgesamt höchstpersönlich, dass sich in ihnen Höchstpersönliches und Alltägliches vermischen (vgl. BVerfGE 109, 279 <330>; 113, 348 <391 f.>).

Demgegenüber ist die Kommunikation unmittelbar über Straftaten nicht geschützt, selbst wenn sie auch Höchstpersönliches zum Gegenstand hat. Die Besprechung und Planung von Straftaten gehört ihrem Inhalt nach nicht zum Kernbereich privater Lebensgestaltung, sondern hat Sozialbezug (vgl. BVerfGE 80, 367 <375>; 109, 279 <319 f., 328>; 113, 348 <391>). Dies bedeutet freilich nicht, dass der Kernbereich unter einem allgemeinen Abwägungsvorbehalt in Bezug auf öffentliche Sicherheitsinteressen steht. Ein höchstpersönliches Gespräch fällt nicht schon dadurch aus dem Kernbereich privater Lebensgestaltung heraus, dass es für die Aufklärung von Straftaten oder Gefahren hilfreiche Aufschlüsse geben kann. Aufzeichnungen oder Äußerungen im Zwiegespräch, die zum Beispiel ausschließlich innere Eindrücke und Gefühle wiedergeben und keine Hinweise auf konkrete Straftaten enthalten, gewinnen nicht schon dadurch einen Gemeinschaftsbezug, dass sie Ursachen oder Beweggründe eines strafbaren Verhaltens freizulegen vermögen (vgl. BVerfGE 109, 279 <319>). Auch können trotz Straftatenbezugs Situationen, in denen Einzelnen gerade ermöglicht werden soll, ein Fehlverhalten einzugestehen oder sich auf dessen Folgen einzurichten, wie Beichtgespräche oder vertrauliche Gespräche mit einem Psychotherapeuten oder einem Strafverteidiger, der höchstpersönlichen Privatsphäre unterfallen, die dem Staat absolut entzogen ist (vgl. BVerfGE 109, 279 <322>). Ein hinreichender Sozialbezug besteht demgegenüber dann, wenn Gespräche - auch mit Vertrauenspersonen - sonst unmittelbar Straftaten zu ihrem Gegenstand haben (vgl. BVerfGE 109, 279 <319>).

Der Kernbereich privater Lebensgestaltung beansprucht gegenüber allen Überwachungsmaßnahmen Beachtung. Können sie typischerweise zur Erhebung kernbereichsrelevanter Daten führen, muss der Gesetzgeber Regelungen schaffen, die einen wirksamen Schutz normenklar gewährleisten (vgl. BVerfGE 109, 279 <318 f.>; 113, 348 <390 f.>; 120, 274 <335 ff.>). Außerhalb solch verletzungsgeneigter Befugnisse bedarf es eigener Regelungen nicht. Grenzen, die sich im Einzelfall auch hier gegenüber einem Zugriff auf höchstpersönliche Informationen ergeben können, sind bei deren Anwendung unmittelbar von Verfassungs wegen zu beachten.

Der Schutz des Kernbereichs privater Lebensgestaltung ist strikt und darf nicht durch Abwägung mit den Sicherheitsinteressen nach Maßgabe des Verhältnismäßigkeitsgrundsatzes relativiert werden (vgl. BVerfGE 109, 279 <314>; 120, 273 <339>; stRspr). Dies bedeutet jedoch nicht, dass jede tatsächliche Erfassung von höchstpersönlichen Informationen stets einen Verfassungsverstoß oder eine Menschenwürdeverletzung begründet. Angesichts der Handlungs- und Prognoseunsicherheiten, unter denen Sicherheitsbehörden ihre Aufgaben wahrnehmen, kann ein unbeabsichtigtes Eindringen in den Kernbereich privater Lebensgestaltung im Rahmen von Überwachungsmaßnahmen nicht für jeden Fall von vornherein ausgeschlossen werden (vgl. BVerfGE 120, 274 <337 f.>). Die Verfassung verlangt jedoch für die Ausgestaltung der Überwachungsbefugnisse die Achtung des Kernbereichs als eine strikte, nicht frei durch Einzelfallerwägungen überwindbare Grenze.

Absolut ausgeschlossen ist damit zunächst, den Kernbereich zum Ziel staatlicher Ermittlungen zu machen und diesbezügliche Informationen in irgendeiner Weise zu verwerten oder sonst zur Grundlage der weiteren Ermittlungen zu nehmen. Auch wenn hierdurch weiterführende Erkenntnisse erlangt werden können, scheidet ein gezielter Zugriff auf die höchstprivate Sphäre - zu der freilich nicht die Besprechung von Straftaten gehört (siehe oben C IV 3 a) - von vornherein aus. Insbesondere darf der Kernbereichsschutz nicht unter den Vorbehalt einer Abwägung im Einzelfall gestellt werden.

Des Weiteren folgt hieraus, dass bei der Durchführung von Überwachungsmaßnahmen dem Kernbereichsschutz auf zwei Ebenen Rechnung getragen werden muss. Zum einen sind auf der Ebene der Datenerhebung Vorkehrungen zu treffen, die eine unbeabsichtigte Miterfassung von Kernbereichsinformationen nach Möglichkeit ausschließen. Zum anderen sind auf der Ebene der nachgelagerten Auswertung und Verwertung die Folgen eines dennoch nicht vermiedenen Eindringens in den Kernbereich privater Lebensgestaltung strikt zu minimieren (vgl. BVerfGE 120, 274 <337 ff.>; 129, 208 <245 f.>)."

Aus dem in diesem Kontext Gesagten ergibt sich: Wenn der Staat schon Straftätern (!) gegenüber verpflichtet ist, den Kernbereich ihres Privatlebens ohne Abwägungsmöglichkeiten zu schützen und zu achten, dann muß sich dieser – dogmatisch in der unantastbaren Menschenwürde verortete – Respektanspruch des einzelnen erst Recht auch auf solche Bürger beziehen, von denen keine unmittelbaren kriminellen Gefahren für die Allgemeinheit ausgehen, sondern von denen nur angenommen wird, ihre Gesundheitsdaten könnten in Verarbeitung mit anderweitigen Informationen künftig zu einem irgendwie sozial dienlichen Zweck eingesetzt werden. Eine solche Abwägung ist nach den stets wiederholten Ausführungen des Bundesverfassungsgerichtes definitiv nicht statthaft.

C.IV.

Mehr noch: Ein weiterer Beschluss des BVerfG vom 17. Juli 2013 (1 BvR 3167/08) legt überzeugend dar, dass der Grundrechtsschutz des Individuums gerade in den Bereichen von besonderer Bedeutung ist, in denen zu Lasten des Einzelnen ein Machtungleichgewicht besteht (a.a.O. Rn 32ff.):

„Das allgemeine Persönlichkeitsrecht umfasst die Befugnis des Individuums, über die Preisgabe und Verwendung seiner persönlichen Daten - hier seiner Gesundheitsdaten - selbst zu bestimmen (vgl. BVerfGE 65, 1 <43>; 84, 192 <194>). Dieses Recht entfaltet als objektive Norm seinen Rechtsgehalt auch im Privatrecht und strahlt so auf die Auslegung und Anwendung privatrechtlicher Vorschriften aus (BVerfGE 84, 192 <194 f.>). Verkennt ein Gericht, das eine privatrechtliche Streitigkeit entscheidet, in grundsätzlicher Weise den Schutzgehalt des allgemeinen Persönlichkeitsrechts, verletzt es durch sein Urteil das Grundrecht des Bürgers in seiner Funktion als Schutznorm (vgl. BVerfGE 84, 192 <195>).

Die aus dem Recht auf informationelle Selbstbestimmung folgende Schutzpflicht gebietet es, dafür Sorge zu tragen, dass informationeller Selbstschutz für Einzelne tatsächlich möglich ist. Zwar steht es dem Individuum frei, Daten anderen gegenüber zu offenbaren oder sich vertraglich dazu zu verpflichten. Hat aber in einem Vertragsverhältnis ein Partner ein solches Gewicht, dass er den Vertragsinhalt faktisch einseitig bestimmen kann, so ist es Aufgabe des Rechts, auf die Wahrung der Grundrechtspositionen der beteiligten Parteien hinzuwirken, um zu verhindern, dass sich für einen Vertragsteil die Selbstbestimmung in eine Fremdbestimmung verkehrt (vgl. BVerfGE 103, 89 <100 f.>; 114, 1 <34>; BVerfGK 9, 353 <358 f.>).

Das Grundgesetz gibt eine konkrete Ausgestaltung des Schutzes der informationellen Selbstbestimmung nicht vor. Der Gesetzgeber hat mit dem Gesetz zur Reform des Versicherungsvertragsrechts vom 23. November 2007 (BGBl I S. 2631) in § 213 VVG den Schutz der informationellen Selbstbestimmung der Versicherungsnehmerinnen und -nehmer geregelt. Diese Regelung findet gemäß Art. 1 Abs. 2 EGVVG jedoch keine Anwendung, wenn ein Versicherungsfall - wie hier - vor dem 31. Dezember 2008 eingetreten ist. In diesen Fällen obliegt es allein den Gerichten, bei der Gesetzes- und Vertragsauslegung einen wirksamen Schutz der informationellen Selbstbestimmung zu gewährleisten, indem sie prüfen, wie das Interesse der Versicherten an wirkungsvollem informationellem Selbstschutz und das in der von Art. 12 GG geschützten Vertragsfreiheit wurzelnde Offenbarungsinteresse des Versicherungsunternehmens, in einen angemessenen Ausgleich gebracht werden können.

Eines Ausgleichs bedarf es hierbei insbesondere hinsichtlich der Frage, wie die für die Beurteilung der Leistungspflicht erforderlichen Informationen eingegrenzt werden können. Das Versicherungsunternehmen muss einerseits den Eintritt des Versicherungsfalls prüfen können, dabei muss anderseits aber die Übermittlung von persönlichen Daten auf das hierfür Erforderliche begrenzt bleiben. Allerdings ist es dem Versicherer oft nicht möglich, im Voraus alle Informationen zu beschreiben, auf die es für die Überprüfung ankommen kann. Auch wenn die für die Prüfung benötigten Auskünfte begrenzt sein können, lassen sich diese zum Teil erst dann bestimmen, wenn der Versicherer zunächst einen Überblick über die insgesamt in Betracht kommenden Informationsquellen und damit weiterreichende Informationen erlangt hat. In einer solchen Situation wird das verfassungsrechtlich gebotene Schutzniveau unterschritten, wenn die Gerichte den Versicherungsvertrag so auslegen, dass die Versicherten eine Obliegenheit trifft, eine umfassende Schweigepflichtentbindung abzugeben, die es dem Versicherungsunternehmen ermöglicht, ‚sachdienliche Auskünfte' bei einem nicht konkret bestimmten Personenkreis von Ärzten, Krankenhäusern, Krankenkassen, Versicherungsgesellschaften, Sozialversicherungsträgern, Behörden und Arbeitgebern einzuholen (vgl. BVerfGK 9, 353 <362 ff.>). Bestehen wie im vorliegenden Fall keine ausdrücklichen gesetzlichen Regelungen über den informationellen Selbstschutz, kann es zur Gewährleistung eines schonenden Ausgleichs der verschiedenen Grundrechtspositionen geboten sein, eine verfahrensrechtliche Lösung zu suchen. Denkbar wäre insoweit die Anerkennung von Kooperationspflichten, die sicherstellen, dass Versicherte und Versicherung im Dialog ermitteln, welche Daten zur Abwicklung des Versicherungsfalls erforderlich sind. Die Anforderungen an diesen Dialog festzulegen und Vorgaben für seine Ausgestaltung zu machen, zählt zu den Aufgaben der Zivilgerichte.

Diesen verfassungsrechtlichen Anforderungen an den Schutz der informationellen Selbstbestimmung genügen die angegriffenen Entscheidungen nicht.

Zwischen der Beschwerdeführerin und der Beklagten bestand bei Abschluss des Versicherungsvertrags ein Verhandlungsungleichgewicht, das es der Beschwerdeführerin nicht ermöglichte, ihren informationellen Selbstschutz eigenverantwortlich und selbständig sicherzustellen.

Deshalb oblag hier den Gerichten die Gewährleistung eines wirksamen Schutzes der informationellen Selbstbestimmung. Die Vertragsbedingungen der Versicherer sind - jedenfalls hinsichtlich der datenschutzrechtlichen Konditionen - praktisch nicht verhandelbar (BVerfGK 9, 353 <360>; vgl. - für die Lebensversicherung - BVerfGE 114, 73 <95>). Versicherte einer Berufsunfähigkeitsversicherung können nicht auf die Möglichkeit verwiesen werden, um des informationellen Selbstschutzes willen einen Vertragsschluss zu unterlassen oder die Leistungsfreiheit des Versicherers hinzunehmen. Berufstätige sind vielfach darauf angewiesen, für den Fall der Berufsunfähigkeit durch Abschluss eines entsprechenden Versicherungsvertrags vorzusorgen, um ihren Lebensstandard zu sichern.

Den danach sich aus der Verfassung ergebenden Anforderungen an einen hinreichenden Ausgleich zwischen den betroffenen Grundrechtspositionen, dem Interesse an informationellem Selbstschutz einerseits und dem in der Berufsfreiheit wurzelnden Interesse an der Offenlegung von Informationen andererseits, werden die angegriffenen Entscheidungen nicht gerecht. Sie tragen den Belangen der Beschwerdeführerin nicht hinreichend Rechnung.

Durch die von den vorformulierten Einzelermächtigungen vorgesehene Entbindung von der Schweigepflicht würde der Beklagten ermöglicht, auch über das für die Abwicklung des Versicherungsfalls erforderliche Maß hinaus in weitem Umfang sensible Informationen über die Beschwerdeführerin einzuholen. Dies trifft die Belange der Beschwerdeführerin erheblich, weil sich die Daten auf detaillierte Angaben zu ihrer Gesundheit und den ärztlichen Behandlungen, also auf Angaben höchstpersönlicher Natur beziehen. Zwar werden in den Einzelermächtigungen vier Auskunftsstellen benannt. Aus den Einzelermächtigungen war jedoch nicht ansatzweise erkennbar, welche konkreten Informationen die Beklagte zur Prüfung des Versicherungsfalls benötigt. Die benannten Auskunftsgegenstände - etwa Gesundheitsverhältnisse, Arbeitsunfähigkeitszeiten und Behandlungsdaten? - sind so allgemein gehalten, dass sie kaum zu einer Begrenzung des Auskunftsumfangs führen. Erfasst werden nahezu alle bei den benannten Auskunftsstellen über die Beschwerdeführerin vorliegenden Informationen. Die Weite der erfassten Auskunftsgegenstände wird durch die Verwendung des Wortes ‚umfassend' in den vorformulierten Erklärungen unterstrichen. Die Formulierung der Einzelermächtigungen umfasst damit auch Informationen, die für die Abwicklung des Versicherungsfalles bedeutungslos sind. So liegen schon der Krankenkasse regelmäßig Informationen über praktisch jeden Arztbesuch und Krankenhausaufenthalt der versicherten Person vor, so dass bereits insoweit annähernd alle Angaben über die Gesundheitsverhältnisse und Behandlungsdaten erfasst sind. Dass diese nicht in ihrer Gänze für die Bearbeitung des Versicherungsfalles von Bedeutung sind, liegt auf der Hand.

Die Beschwerdeführerin kann nicht, wie es die angegriffenen Entscheidungen als ausreichend ansehen, auf die Möglichkeit verwiesen werden, die vorformulierten Einzelermächtigungen selbst zu modifizieren oder die erforderlichen Unterlagen eigenständig vorzulegen. Zwar haben die erkennenden Gerichte damit der Beschwerdeführerin eine Mitwirkungsmöglichkeit zuerkannt. Jedoch erlegen sie damit der Beschwerdeführerin auf, die Interessen der Gegenpartei zu erforschen und belasten sie für den Fall, dass die vorgelegten Unterlagen oder die modifizierten Ermächtigungen für unzureichend erachtet würden, in nicht tragbarer Weise mit dem Risiko eines Verlusts des Leistungsanspruchs. Dieser Weg ist nicht geeignet, den informationellen Selbstschutz der Beschwerdeführerin im Dialog mit dem Versicherungsunternehmen zu gewährleisten. Die vorprozessuale anwaltliche Vertretung der Beschwerdeführerin ändert daran nichts, weil auch die Möglichkeit anwaltlicher Beratung nicht das Risiko beseitigt, dem die Beschwerdeführerin ausgesetzt ist.

Die angegriffenen Entscheidungen lassen beim Ausgleich der sich gegenüberstehenden Grundrechtspositionen unberücksichtigt, dass es dem Schutz der Beschwerdeführerin möglicherweise erheblich dienen kann, die Beklagte aber nicht unverhältnismäßig belasten muss, wenn von ihr eine weitere

Einschränkung der geforderten Einzelermächtigungen verlangt wird. Zwar kann der Umfang der Einzelermächtigungen dabei nicht vornherein schon auf die für die Prüfung des Leistungsanspruchs relevanten Informationen begrenzt werden, weil dem Versicherer zunächst selbst noch nicht bekannt ist, welche dies sind. Jedoch ließe sich in Betracht ziehen, die von den Einzelermächtigungen umfassten Informationen etwa zunächst auf solche weniger weitreichenden und persönlichkeitsrelevanten Vorinformationen zu beschränken, die ausreichen, um festzustellen, welche Informationen tatsächlich für die Prüfung des Leistungsfalls relevant sind. Eine zumindest grobe Konkretisierung der Auskunftsgegenstände könnte so den erheblichen Umfang der durch die Einzelermächtigungen zugänglichen, überschießenden Informationen begrenzen und damit dem Recht der Beschwerdeführerin auf informationelle Selbstbestimmung Rechnung tragen. Die Verfahrenseffizienz würde durch eine solche Konkretisierung der Auskunftsgegenstände nur geringfügig beeinträchtigt. Angesichts des Umfangs der bei der Krankenkasse der Beschwerdeführerin und der Deutschen Rentenversicherung Bund vorliegenden Unterlagen ist es ohnehin wahrscheinlich, dass die Beklagte den Auskunftsgegenstand im Rahmen einer Anfrage an diese präziser formulieren würde als in den Einzelermächtigungen."

Ein ebensolches „Machtungleichgewicht" herrscht erst recht zwischen pflichtversicherten Patienten und Vertrags(zahn) ärzten, denen von dem Gesetzgeber keine Spielräume gelassen werden, sich dem Regelungskontext gesetzeskonform und/oder ohne wirtschaftliche Nachteile zu entziehen. Die Befugnis, im Kernbereich des Intimen, der dem staatlichen Zugriff entzogen sein soll und nicht abwägungsfähig ist, Daten nicht unwillentlich offenlegen zu müssen, muß beim Individuum liegen.

D. Das Sittengesetz als weitere Schranke gesetzgeberischen Handelns

Die Illegitimität, Ärzte generalisiert per Gesetz zu einer Einspeisung von Patienteninformationen in ein informationstechnisches System zu zwingen (bzw. diese Teilnahme durch honorartechnisches „Nudging“ herbeizuführen), folgt indes nicht alleine aus den vorstehend beschriebenen verfassungsrechtlichen Gesichtspunkten. Namentlich der letztgenannte Gesichtspunkt des „Machtungleichgewichts“ zwischen „Kassenärzten“ und dem den Anschluss verfügenden Gesetzgeber leitet auf den weiteren Umstand der – wie nachstehend auszuführen – Sittenwidrigkeit eines solchen Gesetzesbefehls.

D.I.

Der Verfassungsgesetzgeber hat mit Art. 2 Abs. 1 GG seinem Verständnis Ausdruck verliehen, dass auch verfassungsrechtliche Befugnisse ihre Grenze dort finden, wo sie mit dem Sittengesetz kollidieren. Hieraus kann konsequent nur folgen, dass auch dem Gesetzgeber förmlicher Gesetze versagt ist, Normen in Geltung zu setzen, die mit dem Sittengesetz nicht in Einklang stehen.

D.II.

Nach gefestigter und ständiger höchstrichterlicher Rechtsprechung sind Rechtsakte dann als sittenwidrig und mithin rechtsunwirksam zu klassifizieren, wenn sie – so die einhellige juristisch genutzte Definitionsformel – dem „Anstandsgefühl aller billig und gerecht Denkenden“ widersprechen. Wird ein Rechtssubjekt durch ein rechtliches Handeln eines anderen so sehr in seinen Handlungsmöglichkeiten eingeschränkt, dass es „seine freie Selbstbestimmung ganz oder im Wesentlichen einbüßt“, so handelt sein Gegenüber anerkanntermaßen sittenwidrig. Die Macht- oder Monopolstellung eines Beteiligten ist in diesem Kontext wesentlicher Indikator für eine Sittenwidrigkeit. Dass ein mit dem staatlichen Gewaltmonopol ausgestatteter Gesetzgeber mit der Befugnis, Patienten eines Arztes zu verpflichten, an dem System der gesetzlichen Krankenversicherung teilzunehmen (vgl. § 5 SGB V), diesem gegenüber eine übermächtige Monopolstellung in diesem Sinne einnimmt, bedarf näherer Erörterung nicht. Gleiches gilt für die Rechtsposition eines jeden Arztes, der seiner mit öffentlich-rechtlichen Hoheitsbefugnissen ausgestatteten Kassenärztlichen Vereinigung gegenüber nicht nur in Honorar-, sondern auch in Disziplinarfragen allseits strukturell unterlegen ist.

Einigkeit besteht in Rechtsprechung und Lehre, dass die Maßstäbe zur Beurteilung des jeweils einschlägigen „Sittengesetzes" dem gesellschaftlichen Wandel unterworfen sind. Gesellschaftliche Ansichten in gewissen Verkehrskreisen nehmen Einfluss auf die entscheidenden Wertüberzeugungen der Allgemeinheit, aber auch die Entwicklung der akzeptierten Rechtsprechung ihrerseits tritt in ein Wechselwirkungsverhältnis zu den aktuellen Anstandsempfindungen der Beteiligten. Damit wird das Rechts- und Anstandsgefühl innerhalb einer Gesellschaft zu einem empirisch ebenso aufklärungsfähigen Gegenstand wie es die Beobachtungsergebnisse in empirischen Wissenschaften sind:

„Das hat zur Folge, dass allgemeine Werturteile ähnlich wie naturwissenschaftliche Hypothesen überprüfbar sind, und es plausibel und sinnvoll erscheint, einige der dort anerkannten Überprüfungsregeln auch für juristische Diskussionen zur Anwendung zu bringen."

(Helmut Haberstumpf, Die Formel von Anstandsgefühl aller billig und gerecht Denkenden in der Rechtsprechung des Bundesgerichtshofes, Dunker & Humblot, Berlin 1975, S. 13)

Unter Berücksichtigung der (dieses Anstandsgefühl in der beschriebenen Wechselwirkung mit gesellschaftlichen Meinungsbildungsprozessen auch mitprägenden) Rechtsprechung des Bundesverfassungsgerichtes ist also zu konstatieren: Wird das informationelle Selbstbestimmungsrecht eines Menschen in genau dem Kernbereich seiner persönlichkeitsbildenden Privatheit und Intimität, der dem Zugriff des Staates abwägungsfrei entzogen zu bleiben hat, ganz oder im Wesentlichen ausgehöhlt, dann steht nicht nur die verfassungsrechtliche Frage nach der Legitimität dieser Auszehrung im Raum, sondern – nach den etablierten Maßstäben der Prüfung auf eine etwaige Sittenwidrigkeit – auch die Frage nach einem Verstoß des Gesetzgebers gegen das Sittengesetz.

Die damit skizzierte Unwirksamkeit des Gesetzes über einen arztrechtlichen Anschluss- und Benutzungszwang an die digitalisierten Informationssysteme des SGB V infolge Verstoßes gegen das Anstandsgefühl aller billig und gerecht Denkenden mag auf den ersten Blick unvertraut erscheinen. Der Gedanke steht jedoch auch insoweit erkennbar im Kontext der einschlägigen europäischen Rechtsentwicklung. In der altrömischen Rechtstradition erwächst alles Recht in seinem Ursprung aus allgemeinen sozialen Anstandsüberzeugungen:

„Ebenso erscheint das Recht noch in einer ungeschiedenen und unvermittelten Einheit mit dem Bereich des Sittlichen und der Sitte. Äußere und innere Ordnung, Rechtszwang und Pflichtbindung … fallen zur einheitlichen Sozialnorm zusammen. Was dem überkommenen Brauch (mos maiorum) entspricht, ist ebenso Recht, und alles Recht erscheint seinerseits … als Gebot der bestehenden Sitte."

Wolfgang Waldstein und Michael Rainer, Römische Rechtsgeschichte, 10. Aufl. 2005, S. 39

Und auch die „Unantastbarkeit" der Menschenwürde, auf die – wie dargelegt – das informationelle Selbstbestimmungsrecht in der Judikatur des Bundesverfassungsgerichtes wesentlich gestützt wird, wurzelt ihrerseits letztlich in der langen Rechtstradition des katholischen (und damit ausgangs europäischen) Kirchenrechtes:

„Unter dem göttlichen Recht (ius divinum) sind all diejenigen rechtlichen Vorgaben zu verstehen, die unmittelbar auf göttlichen Willen zurückgeführt werden. Rein menschliches Recht (ius humanum) umfaßt demgegenüber alle Rechtssätze, die ihren Ursprung im Rechtssetzungswillen eines menschlichen Gesetzgebers … haben. Göttliches Recht geht davon aus, dass es in Bezug auf Glauben und Sitte unverfügbare Positionen gibt, die von Gott selbst vorgegeben sind. Sie sind nicht durch den Menschen veränderbar. … Die menschliche Rechtssetzung wird also durch die Vorgaben des göttlichen Rechts begrenzt und legitimiert. Daher ist auch das menschliche Recht nicht beliebig.

Es dient seiner Funktion nach vielmehr dazu, die unverfügbaren göttlichen Weisungen in der Welt wirksam und handhabbar zu machen."

Heinrich de Wall und Stefan Muckel, Kirchenrecht, München 2009, S. 101 – 103

D.IV.

Zu fragen ist nach alledem: Ist die Normsetzungsbefugnis des SGB-V-Gesetzgebers bezüglich der hier in Rede stehenden Digitalisierung nicht nur durch das in verfassungsrechtlicher Hinsicht unverfügbare informationelle Selbstbestimmungsrecht der Patienten eingeschränkt, sondern ergeben sich gleichlautende Schranken der Normsetzungsbefugnis auch aus dem inzwischen herrschenden Anstandsgefühl einer Mehrheit in der Gesellschaft?

Wenn richtig ist, dass gesellschaftliche Ansichten in gewissen Verkehrskreisen Einfluss auf die entscheidenden Wertüberzeugungen der Allgemeinheit nehmen, und die Entwicklung der akzeptierten Rechtsprechung ihrerseits in ein Wechselwirkungsverhältnis zu den aktuellen Anstandsempfindungen innerhalb einer Gesellschaft tritt, dann liegt nahe, insbesondere die Entwicklung der juristischen Wertanschauungen in den Blick zu nehmen, um zur Konkretisierung des Sittenbegriffs das maßgebende Anstandsgefühl konturieren zu können. Insoweit weist die Rechtsentwicklung der vergangenen Jahrzehnte in eine durchaus eindeutige Richtung.

Spätestens mit der Allgemeinen Erklärung der Menschenrechte am 10. Dezember 1948 rückte der Begriff der Menschenwürde in das Zentrum jedweder verfassungsrechtlichen Erörterung. Das deutsche Grundgesetz vom 23. Mai 1949 wiederholte insoweit mit seinem bis heute geltenden Art. 1 Abs. 1 GG (abweichend von der wohl noch deutlicheren Formulierung des vorangehenden „Herrenchiemseer" Entwurfes) die zentrale Stellung dieses Würdekonzeptes. Und das Bundesverfassungsgericht beschrieb schon kurz darauf die „sittliche Persönlichkeit" als Kerninhalt der Menschenwürde (BVerfGE 9, 167 [171]).

Auch der Bayerische Verfassungsgerichtshof präzisierte in seiner Judikatur früh:

„Der Mensch ist als Person Träger höchster geistiger und sittlicher Werte und verkörpert einen sittlichen Eigenwert, der unverlierbar und auch gegenüber jedem Anspruch der Gemeinschaft, insbesondere gegenüber allen politischen und rechtlichen Zugriffen des Staates und der Gesellschaft, eigenständig und unantastbar ist. Würde der Person ist dieser innere und zugleich soziale Wert – und Achtungsanspruch, der dem Menschen um seinetwillen zukommt."

BVerfGHE 1, 29 [32]

Die Verfassungsgerichte in Bund und Ländern brachten damit den zentralen Schutz der je individuellen sittlichen Person und ihres unantastbaren sittlichen Wertes ebenso zum Ausdruck, wie es sich auch in anderen Rechtsmaterien zeitgleich zeigte. Der aus dem Nürnberger Ärzteprozess der Jahre 1946/47 entwickelte „Nürnberger Kodex" – eine Stellungnahme des 1. Amerikanischen Militärgerichtshofes über „zulässige medizinische Versuche" – statuierte in Reaktion auf die nationalsozialistischen Verbrechen gegen die Menschlichkeit u.a. in Ziffer 1. wörtlich:

Die freiwillige Zustimmung der Versuchsperson ist unbedingt erforderlich. Das heißt, dass die betreffende Person im juristischen Sinne fähig sein muss, ihre Einwilligung zu geben; dass sie in der Lage sein muss, unbeeinflusst durch Gewalt, Betrug, List, Druck, Vortäuschung oder irgendeine andere Form der Überredung oder des Zwanges, von ihrem Urteilsvermögen Gebrauch zu machen; dass sie das betreffende Gebiet in seinen Einzelheiten hinreichend kennen und verstehen muss, um eine verständige und informierte Entscheidung treffen zu können. Diese letzte Bedingung macht es notwendig, dass der Versuchsperson vor der Einholung ihrer Zustimmung das Wesen, die Länge und der Zweck des Versuches klargemacht werden; sowie die Methode und die Mittel, welche angewendet werden sollen, alle Unannehmlichkeiten und Gefahren, welche mit Fug zu erwarten sind, und die Folgen für ihre Gesundheit oder ihre Person, welche sich aus der Teilnahme ergeben mögen. Die Pflicht und Verantwortlichkeit, den Wert der Zustimmung festzustellen, obliegt jedem, der den Versuch anordnet, leitet oder ihn durchführt. Dies ist eine persönliche Pflicht und Verantwortlichkeit, welche nicht straflos an andere weitergegeben werden kann.

Ohne die freiwillige und verständige, informierte Zustimmungsentscheidung eines Patienten dürfen in unserem Kulturkreis seither legitim keine experimentellen Maßnahmen an ihm durchgeführt werden. Dass jene Formulierungen des Nürnberger Kodex ungeachtet ihrer supranationalen Auswirkungen auch im Weiteren deutlich auf die gesamte deutsche Rechtsentwicklung des Medizinrechtes eingewirkt haben, zeigen nicht nur die Vorschriften der §§ 630c ff. BGB, sondern insbesondere auch die strengen Interpretationsregeln, die die höchstrichterliche Rechtsprechung aus diesen Normierungen abgeleitet hat. Der Bundesgerichtshof hat am 27. April 2021 (VI ZR 84/19) klargestellt:

„Die in § 630c Abs. 2 Satz 1 BGB kodifizierte Pflicht zur therapeutischen Information ist Bestandteil der fachgerechten ärztlichen Behandlung. Sie soll den Erfolg der medizinischen Heilbehandlung durch begleitende Maßnahmen, insbesondere durch Information und Beratung des Patienten, sicherstellen (vgl. BTDrucks. 17/10488, S. 21 re. Sp.; Senatsurteile vom 25. April 1989 - VI ZR 175/88, BGHZ 107, 222, juris Rn. 14, 17; vom 14. September 2004 - VI ZR 186/03, VersR 2005, 227, juris Rn. 13; vom 16. Juni 2009 - VI ZR 157/08, VersR 2009, 1267 f., juris Rn. 7 ff.). Hierzu zählt auch die Verpflichtung des Arztes, den Patienten über die Dringlichkeit etwa erforderlicher ärztlicher Maßnahmen in Kenntnis zu setzen und ihn auf die mit ihrem Unterbleiben verbundenen Risiken hinzuweisen (vgl. Senatsurteile vom 26. Mai 2020 - VI ZR 213/19, VersR 2020, 1052 mwN). Versäumnisse auf diesem Gebiet sind Behandlungsfehler… Mit dem Begriff der Aufklärung im Sinne des § 630f Abs. 2 Satz 1 BGB ist lediglich die in § 630e BGB geregelte Selbstbestimmungsaufklärung, nicht hingegen die vom Senat bislang als therapeutische Aufklärung oder Sicherungsaufklärung bezeichnete therapeutische Information des Patienten gemeint. Der Gesetzgeber hat bewusst zwischen den in § 630c Abs. 2 Satz 1 BGB geregelten Informationspflichten und den in § 630e BGB kodifizierten Aufklärungspflichten differenziert…"

Neben der therapeutischen und der Sicherungsaufklärung ist also dezidiert auch eine Selbstbestimmungsaufklärung vonnöten, die jedem Patienten rechtzeitig zu erteilen ist. Diese Aufklärung soll dem Patienten

„eine zutreffende Vorstellung davon verschaffen, worauf er sich einlässt, wenn er der vorgesehenen Behandlung zustimmt, und ihn dadurch in die Lage versetzen, über die Inkaufnahme der damit verbundenen Risiken frei zu entscheiden."

(Palandt-Weidenkaff, 81. Aufl. 2021, § 630e BGB Rn 1 m.w.N.)

Dass der Patient unter allen Umständen selbst „Herr des Behandlungsgeschehens" zu bleiben hat, wird im Einklang mit diesen verfassungs- und zivilrechtlichen Wertentscheidungen zusätzlich berufsrechtlich abgesichert. Auch in der (Muster-)Berufsordnung für die in Deutschland tätigen Ärztinnen und Ärzte vom 5. Mai 2021 heißt es daher:

„Jede medizinische Behandlung hat unter Wahrung der Menschenwürde und unter Achtung der Persönlichkeit, des Willens und der Rechte der Patientinnen und Patienten, insbesondere des Selbstbestimmungsrechts, zu erfolgen. Das Recht der Patientinnen und Patienten, empfohlene Untersuchungs- und Behandlungsmaßnahmen abzulehnen, ist zu respektieren."

Nach § 2 Abs. 2 a der Musterberufsordnung der Bundeszahnärztekammer vom 16. November 2019 ist auch jeder Zahnarzt verpflichtet,

„seinen Beruf gewissenhaft und nach den Geboten der ärztlichen Ethik und der Menschlichkeit auszuüben"

und nach § 2 Abs. 9 gilt:

„Vor der Durchführung klinischer Versuche am Menschen u. a. zur Prüfung von Arzneimitteln und Medizinprodukten sowie der epidemiologischen Forschung mit personenbezogenen Daten müssen Zahnärzte eine bei einer (Landes-) Zahnärztekammer, Ärztekammer oder einer Universität errichteten Ethikkommission anrufen, um sich ethisch und rechtlich beraten zu lassen."

Zudem hat jeder Zahnarzt berufsrechtlich zu geloben:

„Als Mitglied der zahnärztlichen Profession gelobe ich feierlich, mein Leben in den Dienst der Menschlichkeit zu stellen. Die Gesundheit und das Wohlergehen meiner Patientin oder meines Patienten werden mein oberstes Anliegen sein. Ich werde die Autonomie und die Würde meiner Patientin oder meines Patienten respektieren. Ich werde den höchsten Respekt vor menschlichem Leben wahren. Ich werde nicht zulassen, dass Erwägungen von Alter, Krankheit oder Behinderung, Glaube, ethnischer Herkunft, Geschlecht, Staatsangehörigkeit, politischer Zugehörigkeit, Rasse, sexueller Orientierung, sozialer Stellung oder jeglicher anderer Faktoren zwischen meine Pflichten und meine Patientin oder meinen Patienten treten. Ich werde die mir anvertrauten Geheimnisse auch über den Tod der Patientin oder des Patienten hinaus wahren."

D.V.

Es liegt in empirisch-rechtstatsächlicher Hinsicht auf der Hand, dass diese gesamten Normenwerke und die zu ihnen ergangene Judikatur in dieser Gestalt schlechterdings undenkbar wären, würden sich die dortigen Regelungen und Wertentscheidungen nicht mit dem Anstandsgefühl aller derjenigen in Einklang befinden, die jene Vorschriften über Jahrzehnte hinweg erlassen, novelliert und feinjustiert haben. Und es liegt ebenso auf der Hand, dass es diese auf die Gewährleistung umfassender personaler Selbstbestimmung zielenden Vorschriften allesamt nicht (mehr) gäbe, würden die mit ihnen erzielten rechtlichen Ergebnisse dem Anstandsgefühl der betroffenen Normadressaten widersprechen.

Mit anderen Worten: Es ist davon auszugehen, dass die Einhaltung jener Regelungen von dem Anstandsgefühl aller billig und gerecht Denkenden gedeckt ist. Ein Abweichen von diesen Regelungsinhalten stellt sich folgerichtig als ein Sachverhalt dar, der mit den „guten Sitten" im rechtlichen Verständnis des

§ 138 BGB nicht in Übereinstimmung gebracht werden kann. Was mit den guten Sitten in diesem Sinne nicht übereinstimmt, widerspricht mithin auch dem „Sittengesetz“ im Verständnis des Art. 2 Abs. 1 GG.

Vor diesem Hintergrund erscheint nicht plausibel, in rechtlicher Hinsicht anzunehmen, der einfache Bundesgesetzgeber des § 291b Abs. 5 SGB V könnte verfassungsrechtlich wirksam befugt sein, durch eine noch eher experimentelle Öffnung des Behandlungsgeschehens für die unabsehbaren informationellen Konsequenzen eines digitalisierten Kommunizierens von diesen etablierten Wertentscheidungen der Rechtsgemeinschaft abzuweichen.

In einem Beschluß vom 4. Januar 2021 hat das Bundesverfassungsgericht (1 BvQ 108/20, Rn 11) bestätigt, dass die direkten und indirekten Auswirkungen der gesetzlichen Begrifflichkeiten über Datenverarbeitungsbefugnisse nach dem SGB V derzeit weder absehbar sind, noch gar einer substantiellen rechtlichen Klärung zugänglich:

„Die in den angegriffenen Vorschriften verankerten Datenverarbeitungsbefugnisse enthalten unbestimmte Rechtsbegriffe, von deren Auslegung entscheidend abhängt, inwiefern der Antragsteller rechtlich und tatsächlich beschwert ist. Die Reichweite und die Handhabung dieser unbestimmten Rechtsbegriffe waren bereits im Gesetzgebungsverfahren zur Vorgängerfassung des § 68b SGB V Thema verschiedener Stellungnahmen. Auch die Kommentarliteratur beschäftigt sich etwa mit dem Fehlen einer gesetzlichen Definition für „Versorgungsinnovationen“ (vgl. Kircher, in: Becker/Kingreen, SGB V, 7. Aufl. 2020, § 68b Rn. 2; Koch, in: Schlegel/Voelzke, jurisPK-SGB V, 4. Aufl. 2020, § 68b Rn. 9). Damit sind gerade nicht nur spezifisch verfassungsrechtliche Fragen aufgeworfen, sondern diesen vorgelagert zunächst Fragen der Auslegung des Fachrechts zu klären. Erst danach besteht eine gesicherte Tatsachen- und Rechtsgrundlage, auf der über die Verfassungsmäßigkeit der angegriffenen Normen entschieden werden kann.“

Wenn also derzeit noch nicht einmal greifbar ist, welche einfachgesetzlichen und verfassungsrechtlichen Fragen sich in Ansehung der rein tatsächlich und technisch noch ganz unabschätzbaren Materie stellen, so kommt nicht ansatzweise schlüssig in Betracht, einen Patienten und/oder den ihn behandelnden Arzt rechtlich wirksam zu verpflichten, intime Informationen aus dem Kernbereich des Privaten eines Patienten ohne oder gegen dessen aufgeklärten und ausdrücklichen Willen in dieses digitalisierte Informationssystem einspeisen zu müssen. Denn weder der Patient, noch gar sein Arzt können abschätzen, worauf sich der Patient einlässt, wenn er der vorgesehenen Behandlung zustimmt, und welche damit verbundenen Risiken er in Kauf nimmt. Da auch der Arzt dies nicht weiß, ist ihm unmöglich, den Patienten pflichtgemäß so umfassend aufzuklären und zu belehren, wie dies insbesondere eine Selbstbestimmungsaufklärung verlangt.

E. Die Quintessenz: Drei Absolutheiten

Wo es technisch keine absolute Sicherheit gibt, da müssen alle menschenrechtlich absolut geschützten Räume jedem staatlichen Handeln ohne die ausdrückliche Einwilligung desjenigen, der über diesen Raum alleine verfügungsbefugt ist, absolut verschlossen bleiben.

Man mag gegen eine solche Öffnung des geschützten Raumes durch die Einwilligung des Betroffenen einwenden, es sei bislang kennzeichnend für den grundrechtlich geschützten Kernbereich der Menschenwürde gewesen, dass niemand – auch nicht der Träger des Rechtes selbst – über seine Preisgabe verfügen durfte. Wenn aber das Argument der heute in diesem Kernbereich mit überwiegenden Allgemeininteressen abwägenden Rechtsprechung zutrifft, dass die Öffnung des Intimsten für die Öffentlichkeit dienlich sei, so wird man dem einzelnen nicht versagen können, kraft eigener Entscheidung an diesem Vorteil zu partizipieren.

Die Arzthaftung des Staates

Der Staat weitet seinen regulierenden Einfluß auf das Gesundheitswesen nach wie vor kontinuierlich aus. Ein Ende ist nicht abzusehen. Insbesondere die dogmatische Umdeutung der Grundrechte auf Leben und körperliche Unversehrtheit von klassisch reinen Abwehrrechten gegen den Staat zu sogenannten sozialstaatlichen Leistungsrechten des Bürgers führte – und führt – hierbei zu einer verfassungsrechtlich legalisierten Ausdehnung hoheitlicher Kompetenzen. Zugleich reduzieren sich komplementär nicht nur die persönlichen Verantwortungsbereiche der einzelnen Bürger, sondern insbesondere auch die Handlungsspielräume der ‚Gesundheitsdienstleister' im System. Indem die diagnostischen und therapeutischen Handlungsoptionen der Ärzte und Krankenhäuser hierdurch schrumpfen und die Eingriffsbefugnisse der sozialversicherungsrechtlichen Verwaltung wachsen, stellt sich jedoch zwangsläufig die Frage nach der rechtlichen Beurteilung medizinischer Fehlschläge im System.

Während die von Rechtsprechung und Lehre entwickelten Grundsätze des Arzthaftungsrechtes dem Patienten nämlich ein hohes Maß an rechtlichem Schutz gegen Behandlungsfehler sichern, ist bislang noch weitgehend ungeklärt, welcher haftungsrechtliche Schutz dem Bürger gegen Fehlschläge der sozialversicherungsrechtlichen Gesundheitsverwaltung zukommt. Mit den nachstehend skizzierten Erwägungen wird dargestellt, daß der traditionelle Amtshaftungsanspruch aus § 839 I BGB einen weitgehenden haftungsrechtlichen Schutz auch gegen Fehlleistungen der Gesundheitsverwaltung sichert. Zugleich erhellt sich daraus, daß der Gesetzgeber des Fünften Sozialgesetzbuches bei seinen jüngeren Reformwerken Bedeutung und Tragweite dieser gesetzlichen Haftungsbestimmung – namentlich in ihrer durch die Rechtsprechung gewachsenen Gestalt – nicht ansatzweise erwogen hat.

I.

Schließen ein Arzt und ein Patient einen (zivilrechtlichen) Behandlungsvertrag, so bestimmt sich die Leistungspflicht des Arztes zum einen nach seinem vertraglichen Versprechen, zum anderen aber auch danach, was der jeweilige Standard der medizinischen Wissenschaft und Technik ist. Weicht die konkret erbrachte medizinische Behandlung von diesem Standard ab, d. h. erbringt der Arzt eine Behandlungsleistung, die unterhalb der Qualität liegt, die üblicherweise von einem vergleichbaren, gewissenhafter Arzt in der Lage des tatsächlichen Behandlers hätte erbracht werden können und müssen, so ist rechtlich von einem Sorgfaltspflichtverstoß des Arztes auszugehen.

Das Zivilrecht legt hierbei einen objektiven Verschuldensmaßstab an. Folgerichtig fallen „die Bejahung eines Behandlungsfehlers und die Feststellung eines Verschuldens praktisch immer zusammen. Liegt ein Abweichen vom Standard der medizinischen Wissenschaft vor, hat dies der behandelnde Arzt in aller Regel zu vertreten.“[26]

Für den demgegenüber öffentlich-rechtlich strukturierten Bereich der gesetzlichen Krankenversicherung nach dem Fünften Sozialgesetzbuch der Bundesrepublik Deutschland steht es mit diesen ursprünglich zivilrechtlichen Haftungsgrundlagen komplizierter. § 12 I SGB V bestimmt:

„Die Leistungen müssen ausreichend, zweckmäßig und wirtschaftlich sein; sie dürfen das Maß des Notwendigen nicht überschreiten. Leistungen, die nicht notwendig oder unwirtschaftlich sind, können Versicherte nicht beanspruchen, dürfen die Leistungserbringer nicht bewirken und die Krankenkassen nicht bewilligen.“

An die Stelle eines klassisch zivilrechtlich-zweiseitigen Vertragsverhältnisses tritt somit im sozialversicherungsrechtlichen Kontext a priori ein rechtliches Dreiecksverhältnis zwischen erstens Versicherten (Patienten), zweitens Leistungserbringern und drittens Krankenkassen.

26 Quaas/Zuck, Medizinrecht, 2004, § 13 Rn 72 m. w. N.

Für das Rechtsverhältnis zwischen Versicherten und Krankenkassen werden die zitierten Leistungsmaßstäbe vielfach wiederholt. § 27 I SGB V etwa konkretisiert den Notwendigkeits-Begriff dahin, daß Krankenbehandlung nur dem Ziel dienen darf, eine Krankheit zu erkennen, zu heilen, ihre Verschlimmerung zu verhüten oder Krankheitsbeschwerden zu lindern. § 39 I S. 2 SGB V bestimmt für die Krankenhausbehandlung, daß der Versicherte sie von seiner Krankenkasse nur dann beanspruchen kann, wenn sie „erforderlich ist, weil das Behandlungsziel nicht durch teilstationäre, vor- und nachstationäre oder ambulante Behandlung einschließlich häuslicher Krankenpflege erreicht" könnte.

Für das Rechtsverhältnis zwischen Krankenkassen und Leistungserbringern werden diese allgemeinen Maßstäbe allerdings verschärft. Nach § 70 I S. 2 SGB V sind die Leistungserbringer gegenüber den Krankenkassen nicht nur verpflichtet, an deren Versicherten Leistungen zu erbringen, die ausreichend und zweckmäßig bzw. notwendig und wirtschaftlich sind. Sie müssen vielmehr auch „in der fachlich gebotenen Qualität" erbracht werden. Darüber hinaus mußte der jeweilige Leistungserbringer gegenüber der Krankenkasse ursprünglich sogar sicherstellen, daß die an dem Versicherten erbrachten Krankenbehandlungen „human" ausgestaltet sind (jedenfalls so lange, bis der Sozialgesetzgeber dieses Erfordernis wieder aus dem Gesetz tilgte, § 70 II SGB V a.F.).

§ 70 I S. 1 SGB V stellt allerdings – wiederum einschränkend – nicht auf den jeweiligen Stand der (weltweiten) medizinischen Erkenntnisse oder auf den anerkannten Stand dieser Erkenntnisse innerhalb einer ‚worldwide scientific community' ab, sondern – so wörtlich – nur auf den „allgemein anerkannten Stand der medizinischen Erkenntnisse".

Für die definitorische Klarheit dessen, was ausreichende, zweckmäßige und wirtschaftliche Versorgung der Versicherten sei, ist nach § 92 I S. 1 SGB V maßgeblich der Gemeinsame Bundesausschuss zuständig. Er beschließt „Richtlinien" über eine diesen Maßstäben genügende Versorgung, die für systembeteiligte Leistungsgerbringen – grundsätzlich – verbindlich sind.

Im Hinblick auf die – aus jedem wissenschaftlichen und technischen Fortschritt zwangsläufig folgende – Dynamik des aktuellen medizinischen Standards stellt § 135 I SGB V sodann klar, daß neue Untersuchungs- und Behandlungsmethoden nur dann zu Lasten der Krankenkassen erbracht werden dürfen, wenn dieser Gemeinsame Bundesausschuss „auf Antrag einer Kassenärztlichen Bundesvereinigung, einer Kassenärztlichen Vereinigung oder eines Spitzenverbandes der Krankenkassen" zuvor entsprechende Empfehlungen hierüber abgegeben hat.

Aus alledem folgt: Die Art und der Umfang aller medizinischen Behandlungen, die nach herkömmlichen zivilrechtlichen Maßstäben geschuldet sind, nämlich eine Behandlung nach dem jeweiligen medizinischen „Weltstandard" der einschlägigen scientific community, könnten demnach durchaus von dem Standard abweichen, der nach den sozialversicherungsrechtlichen Vorschriften des SGB V von Leistungserbringern zu Lasten der Krankenkasse und zu Gunsten der Patienten an Leistung erbracht werden muß[27].

Jedermann, der zur Teilnahme an der gesetzlichen Krankenversicherung verpflichtet ist (vgl. § 5 SGB V) und dem – nicht zuletzt hierdurch selbst – faktisch-wirtschaftlich die Möglichkeit genommen ist, über die sozialversicherungsrechtlichen Begrenzungen hinaus körperliche Vorsorge und medizinische Behandlung gegen (weitere) Bezahlung für sich in Anspruch zu

27 Erich Steffen („Einfluß verminderter Ressourcen und von Finanzierungsgrenzen im Bereich des Gesundheitswesens auf die Anforderungen des Arzthaftungsrechts?" in: Budgetierung, haftungsrechtlicher Sorgfaltsmaßstab des Gesetzes und Handlungsbedarf des Arztes am Bett des Patienten; Dokumentation des gleichnamigen Ecclesia-Symposiums vom 12./13. September 1998 in Düsseldorf) sprach – bezeichnenderweise in der Sache durchaus unscharf – davon, daß „Einschränkungen aus Ressourcen und Finanzmittelbegrenzungen an den Haftungsmaßstab [sic!] weitergegeben werden" müssten; doch: „Weder die Erschöpfung seines [des Arztes] Budgets, noch eine am statistischen Durchschnitt ausgerichtete Wirtschaftlichkeitsprüfung rechtfertigen Einschränkungen in der übernommenen Behandlung und eine entsprechende Herabsetzung des Haftungsmaßstabes."

nehmen, steht somit in dem Risiko, infolge dieser Diskrepanz in seinem Recht auf Leben und körperliche Unversehrtheit aus Art. 2 II S. 1 GG verletzt zu werden.

Die überkommene dogmatische Differenzierung zwischen Eingriffs- und Leistungsverwaltung muß in Ansehung dessen für das staatlich-interventionistische Gesundheitswesen als schlechthin überholt angesehen werden. Denn ein Staat, der seine Bürger – bis hin zur Androhung strafrechtlicher Konsequenzen, § 266a StGB – zur Teilnahme an seinem sozialversicherungsrechtlichen Leistungssystem zwingt, handelt praktisch mit jeder gewährten (oder gerade nicht gewährten) Leistung immer zugleich auch spiegelbildlich eingriffsverwaltend. Ebenso gerät jede Erhebung (oder Nichterhebung) eines Beitrages zu einer Be- oder Entlastung. Anders gesagt: Jede staatliche Intervention hat nunmehr stets zwei Seiten; und dies hat weitreichende Konsequenzen. Nach der Rechtsprechung des Bundesverfassungsgerichtes kann eine Beeinträchtigung von Grundrechte nämlich nicht nur in der bereits eingetretenen Verletzung von Leben und/ oder Gesundheit liegen, sondern durchaus auch schon in einer bloßen Gefährdung eines dieser beider Rechtsgüter[28].

Der sogenannte „Nikolausbeschluß“ des Bundesverfassungsgerichtes vom 6. Dezember 2005[29] hat diese Grundrechtsposition einer jeden natürlichen Person ausdrücklich gestärkt. Versteht man Art. 2 II S. 1 GG nicht mehr traditionell als ein Abwehrrecht gegen (positive) Eingriffe des Staates, sondern (worauf die sozialversicherungsrechtlichen Mitgliedschaftspflichten per se ausgerichtet sein wollen) als ein anspruchsbegründendes Leistungsgrundrecht des Bürgers gegen den Staat, so folgt hieraus zwangsläufig eine erhebliche staatliche Bringschuld. Jedenfalls sind keine juristisch rechtfertigenden Gesichtspunkte dafür erkennbar, warum die sozialversicherungsrechtlich sicherzustellenden Leistungsumfänge der medizinischen Behandlung nicht denjenigen Standards anzugleichen sein müssten, die für

28 Jarass/Pieroth, Grundgesetz-Kommentar, 8. Auflage, Art. 2 GG Rn 90 m. w. N.

29 Geschäfts-Nr.: 1 BvR 347/98

die rechtliche Beurteilung eines ansonsten abgeschlossenen zivilrechtlichen Behandlungsvertrages heranzuziehen wären. Weniger der Gedanke von der Einheit der Rechtsordnung erzwingt diesen Gleichklang der Maßstäbe, sondern mehr noch das Selbstverständnis des SGB V, die volle notwendige medizinische Versorgung sicherstellen zu wollen.

Hieraus wiederum folgt, daß sämtliche in der öffentlich-rechtlichen Organisation zweckentsprechend eingesetzten Verwaltungsorgane die Amtspflicht haben, jenen – dann verfassungsrechtlich positiv gebotenen – Lebens-, Körper- und Gesundheitsschutz sicherzustellen. Denn Art. 2 II S. 1 GG bindet unbestritten ausnahmslos jedes Organ der vollziehenden Gewalt als unmittelbar geltendes Recht (Art. 1 III GG).

II.

Fallen der Standard von einerseits zivilrechtlich gebotener sorgfältiger medizinischer Behandlung und der Standard andererseits von sozialversicherungsrechtlich zulässigerweise erbrachter Versorgungsleistungen zu Lasten eines Patienten nachteilig auseinander oder werden bestimmte medizinisch mögliche, sozialversicherungsrechtlich jedoch nicht zugelassene Behandlungsmaßnahmen zu Gunsten eines Patienten überhaupt nicht erbracht, so stellt sich demnach zuerst die Frage, ob eine Verletzung von Amtspflichten vorliegt und anschließend die weitere Frage, ob, wie und gegen wen der betroffene Patient wegen dieser Amtspflichtverletzung Haftungsansprüche geltend machen kann.

§ 839 I S. 1 BGB bestimmt, daß ein Beamter einem Dritten (Patienten) dann Schadensersatz zu leisten hat, wenn er vorsätzlich oder fahrlässig eine ihm diesem gegenüber obliegende Amtspflicht verletzt. Die Vorschrift regelt die Voraussetzungen für die persönliche Haftung von Beamten im staatsrechtlichen Sinne abschließend[30]. § 839 BGB ist allerdings konstruktiv nur die haftungsbegründende Norm. Durch Art. 34 GG wird eine einmal in der Person des Beamten begründete Haftung dann erst

30 vgl. Palandt-Sprau, BGB-Kommentar, 2008, § 839 BGB Rn 3

auf den Staat verlagert, der dem geschädigten Bürger schließlich als Schuldner zur Verfügung steht. Folglich haftet „nach außen“, d. h. dem Bürger gegenüber, diejenige Körperschaft, für die der Beamte tätig geworden ist.

Diese auf ersten Blick eigenwillige Zweiteilung des Amtshaftpflichtrechtes hat ausschließlich historische Gründe. Der Gesetzgeber ging ursprünglich davon aus, daß der Staat seine Amtsträger selbstverständlich nur und ausschließlich zu rechtmäßigem, niemals aber zu rechtswidrigem Handeln mandatiert. Das rechtswidrige Handeln eines Amtsträgers konnte danach folglich konstruktiv stets nur seine ‚Privatsache‘ sein, für die er persönlich haften mußte[31].

Die somit gesetzlich konstatierte Staatshaftung nach § 839 BGB in Verbindung mit Art. 34 GG setzt demnach voraus, „daß die betroffene Person in Ausübung eines ihr anvertrauten öffentlichen Amtes gehandelt hat. Das kann ein Beamter im staatsrechtlichen Sinn sein, aber auch ein anderer Bediensteter der Körperschaft oder eine von der Körperschaft zur Wahrnehmung ihrer Aufgaben hinzugezogene Person, sofern sie mit hoheitlichen Aufgaben betraut ist“[32].

Die Mitglieder des Gemeinsamen Bundesausschusses müssen zwar gemäß § 91 II SGB V nicht notwendig Beamte im statusrechtlichen Sinne sein. Da ihre Richtlinienkompetenzen nach § 92 SGB V und nach § 135 SGB V gegenüber den Pflichtmitgliedern der Krankenkasse jedoch unbestreitbar öffentlich-rechtliche Rechtsfolgen zeitigen, handeln sie jedenfalls kraft anvertrauten öffentlichen Amtes.

Gleiches gilt auch für die Mitglieder und tätigen Personen der Stiftung des Institutes für Qualität und Wirtschaftlichkeit im Gesundheitswesen im Sinne des § 139a I SGB V. Die Tatsache, daß diese Stiftung gemäß § 139a I S. 2 SGB V in der Rechtsform des privaten Rechts errichtet werden konnte, steht der staatshaftungsrechtlichen Beurteilung ebenfalls nicht entgegen.

31 Erman-J. Hecker, BGB-Kommentar 11. Auflage, 2004, § 839 BGB Rn 10 m. w. N.

32 Palandt-Sprau, 2008, § 839 BGB Rn 15

Denn nach der Rechtsprechung des Bundesgerichtshofes ist für die Abgrenzung zu privatrechtlicher Tätigkeit des Staates alleine entscheidend, ob die Zielsetzung, in deren Sinn die handelnde Person tätig wird, hoheitlicher Tätigkeit zuzurechnen ist[33]. Je mehr Zwang bei der Zielerreichung eingesetzt wird, desto eher spricht dies nach Auffassung des Bundesgerichtshofes für die Annahme einer haftungsrechtlichen Beamteneigenschaft auch des privaten Akteurs:

„Nach der Rechtsprechung des Senates kann sich die öffentliche Hand jedenfalls im Bereich der Eingriffsverwaltung … der Amtshaftung für fehlerhaftes Verhalten ihrer Bediensteten grundsätzlich nicht dadurch entziehen, daß sie die Durchführung einer von ihr angeordneten Maßnahme durch privatrechtlichen Vertrag auf einen privaten Unternehmer überträgt. Je stärker der hoheitliche Charakter der Aufgabe in den Vordergrund tritt, je enger die Verbindung zwischen den übertragenen Tätigkeiten und der von der Behörde zu erfüllenden hoheitlichen Aufgabe und je begrenzter der Entscheidungsspielraum des Unternehmers ist, desto näher liegt es, ihn als Beamten im haftungsrechtlichen Sinne anzusehen.“[34]

Da die Beauftragung des Institutes nach § 139b I S. 1 SGB V auf „Fragen von grundsätzlicher Bedeutung für die Qualität und Wirtschaftlichkeit der im Rahmen der gesetzlichen Krankenversicherung erbrachten Leistungen“ (§ 139a III SGB V) insgesamt und im Allgemeinen abstellt, handelt das Institut für Qualität und Wirtschaftlichkeit im Gesundheitswesen daher augenscheinlich mit hoheitlicher Zielsetzung. Auch dieses (privatrechtliche) Rechtssubjekt ist folglich „Beamter“ im haftungsrechtlichen Sinne des § 839 I S. 1 BGB.

Dieselbe Beamteneigenschaft trifft desweiteren auch die von dem Institut für Qualität und Wirtschaftlichkeit im Gesundheitswesen nach § 139b III S. 1 SGB V beauftragten „externen Sachverständigen“. Denn auch natürliche Personen, die eine Körperschaft durch Vertrag oder in sonstiger Weise zur Wahr-

33 Palandt-Sprau, 2008, Rn 17 m. w. N.

34 BGH NJW 2005, 286 (287); ebenso schon BGHZ 121, 161 [165f.]

nehmung hoheitlicher Aufgaben heranzieht, gelten nach höchstrichterlicher Rechtsprechung im staatshaftungsrechtlichen Sinne des § 839 I S. 1 BGB als Beamte[35]. Abzustellen ist demnach alleine darauf, ob sich das Handeln auch dieser externen Sachverständigen im Ergebnis als öffentlich-rechtlich darstellt. Hierzu hat der Bundesgerichtshof mit Urteil vom 16. September 2004 allgemein klargestellt:

„Stellt sich die Erfüllung einer bestimmten öffentlichen Aufgabe als hoheitliche Betätigung dar, so sind die Rechtsbeziehungen, die bei Ausübung der Tätigkeit gegenüber den Leistungsempfängern entstehen, grundsätzlich gleichfalls als öffentlich-rechtlich zu qualifizieren“[36].

Erfüllt also ein externer Sachverständige den wissenschaftlichen Forschungsauftrag des Institutes für Qualität und Wirtschaftlichkeit im Gesundheitswesen, so wird er hoheitlich tätig, weil er – mittelbar über die anschließend erlassenen Richtlinien des Gemeinsamen Bundesausschusses – gegenüber den pflichtversicherten Mitgliedern einer Krankenkasse normativ definierende (und faktisch gleichsam präjudizierende) Tätigkeiten entfaltet.

Dies entspricht im Übrigen auch der einschlägig gewachsenen obergerichtlichen und höchstrichterlichen Rechtsprechung. Daß auch „fürsorgerische Tätigkeit des Staates“ nämlich unter den Begriff der Hoheitsverwaltung zu fassen ist, hatte das Oberlandesgericht Celle bereits vor einem halben Jahrhundert ausgesprochen[37]. Zugleich ist bereits höchstrichterlich geklärt, daß auch die Mitarbeiter des Medizinischen Dienstes amtshaftungsrechtlich als Beamte anzusehen sind, für deren Fehler – haftungssübernehmend – entweder der MDK als Anstellungskörperschaft oder aber diejenige Krankenkasse zu haften hat, die den Gutachtenauftrag erteilt hat[38].

35 BGH VersR 2006, 698

36 BGH NJW 2005, 429 [430]

37 OLG Celle NJW 1958, 264

38 Geigel, Der Haftpflichtprozeß, 2008, Kap. 20 Rn 48 zu BGH VersR 2006, 1684

Die Tatsache, daß in der Gestalt externer Sachverständiger, des Institutes für Qualität und Wirtschaftlichkeit im Gesundheitswesen sowie des Gemeinsamen Bundesausschusses, mehrere Rechtssubjekte definitorisch tätig werden und der zuletzt richtlinienerlassende Gemeinsame Bundesausschuss selbst (nur) eine Kollegialentscheidung trifft, steht der Haftung auch eines jeden einzelnen dortigen Mitgliedes gegenüber einem geschädigten Patienten nicht entgegen.

Steht nämlich das pflichtwidrige Verhalten einer Behörde insgesamt fest, so bedarf es nicht noch zusätzlich der gesonderten Feststellung des jeweils einzelnen Verantwortlichen hierfür innerhalb der Behörde[39]. Der Geschädigte muß vielmehr in dieser Konstellation nur beweisen, daß die von ihm in Anspruch genommene Person der Entscheidung zugestimmt hat, was zum Beispiel durch die Vernehmung anderer Mitglieder des Kollegiums über das Abstimmungsverhalten erwiesen werden kann[40].

Mithin stehen einem pflichtversicherten, geschädigten Patienten grundsätzlich die Schadensersatzansprüche des § 839 I S. 1 BGB sowohl gegenüber einer jeden einzelnen natürlichen Person zu, die Mitglied des Gemeinsamen Bundesausschusses und/oder der Stiftung Institut für Qualität und Wirtschaftlichkeit im Gesundheitswesen ist, als auch gegenüber diesen juristischen Personen selbst. Denn auch dann, wenn sie selbst keine beamtenrechtliche Dienstherrenfähigkeit besitzen, haften diese juristischen Personen gemäß § 839 BGB alleine schon deswegen selbst nach außen, weil und soweit ihnen nur die Ausübung öffentlicher Gewalt übertragen ist[41].

Für die wissenschaftlichen Forschungstätigkeiten der Sachverständigen im Sinne des § 139b III S. 1 SGB V (mitsamt den sich aus ihnen dann verwaltungspraktisch ergebenden Richtlinien) kann folgerichtig nichts anderes gelten, als für die fach-

---

39 BGH WM 1960, 1305; Palandt-Sprau, 2008, § 839 BGB Rn 17

40 Palandt-Sprau, 2008, § 839 BGB Rn 84

41 BGH VersR 1991, 1135

gutachterlichen Stellungnahmen des Medizinischen Dienstes im Sinne des § 275 I SGB V. Für diesen ist in Rechtsprechung und Literatur bereits zutreffend anerkannt, daß er gegenüber einem jeden individuellen Krankenkassenmitglied die je eigene Amtspflicht zu sorgfältiger und sachgemäßer Untersuchung hat[42]. Die gesamte Definitionsverwaltung handelt mithin öffentlich-rechtlich, d. h. hoheitsrechtlich und in Erfüllung entsprechender – wie nachstehend darzulegen auch dezidiert drittschützender – Amtspflichten im Sinne des § 839 I BGB.

III.

Eine Amtspflichtverletzung im Sinne des § 839 I BGB kann anerkanntermaßen sowohl in der Vornahme einer unzulässigen, wie auch in dem Unterlassen oder in der bloßen Verzögern einer gebotenen Handlung liegen.

Jeder Amtsträger hat demnach insgesamt die Pflicht zur jedenfalls gesetzmäßigen Verwaltung. Seine Aufgaben und Befugnisse sind von ihm folglich in Einklang mit dem gesamten objektiven Recht wahrzunehmen. Hierzu gehört fraglos auch der Schutz von Leben und körperlicher Unversehrtheit als – wie bereits ausgeführt – unmittelbar geltendem Recht im Sinne der Art. 2 II S. 1 GG in Verbindung mit Art. 1 III GG.

Für die Frage, wann ein „Beamter" der zuständigen Verwaltung haftungsbegründend fehlerhaft gehandelt hat, ist nun – im Hinblick auf die weitgehend von einem Einzelfall unabhängige, nur allgemein sachverständige Tätigkeit der Betroffenen – die jüngere gesetzliche Regelung des § 839a I BGB mit ihrem Regelungsgehalt fruchtbar zu machen. Danach ist ein Gutachten dann unrichtig im Sinne des Gesetzes, „wenn es nicht der objektiven Sachlage entspricht, wenn der Sachverständige von falschen Tatsachen oder einem unvollständigem Sachverhalt ausgeht. … Der Sachverständige hat sein Gutachten an allgemein vertretenen Ansichten auszurichten oder deutlich zu machen, daß seine … Auffassung auf einer Mindermeinung beruht. Er muß hierbei

42 Palandt-Sprau, 2008, § 839 BGB Rn 139 mit Verweis auf BGH VersR 1978, 252

die Gegenauffassung darlegen und begründen, warum er dieser nicht folgt.“[43]

Die sozialversicherungsrechtliche Definitionsverwaltung hat demgemäß nicht nur die „objektiv“ richtige medizinische Diagnostik und Therapie für jeden Einzelfall zu beschreiben. Sie hat darüber hinaus auch ausdrücklich alle verfügbaren Tatsachen der medizinischen Wissenschaft zu erkennen und die betroffenen Krankheitsbilder vollständig zu erfassen. In ihrer Wertung haben alle Beamten sodann der fachspezifisch einschlägigen, herrschenden Meinung zu folgen und können allenfalls mit dezidierter, besonderer eigener Begründung von dieser allgemeinen Auffassung ihrer Fachkollegen abweichen.

Im Wege einer ergänzenden rechtlichen Analogiebetrachtung können in diesem Kontext im Übrigen auch Erkenntnisse aus der Rechtsprechung und Literatur betreffend die Amtshaftungsansprüche gegen Mitarbeiter der – bekanntermaßen gleichfalls hoheitsrechtlich agierenden – Finanzverwaltung rechtsvergleichend herangezogen werden. Für den dortigen Regelungskreis ist seit langem anerkannt, daß Finanzbeamte den Steuerpflichtigen bereits dann gemäß § 839 I BGB auf Schadensersatz haften, wenn sie deren Steuersachen zu zögerlich bearbeiten[44].

Zugleich ist das Finanzamt nach obergerichtlicher Rechtsprechung zu einer stets rein objektiven Erforschung der in Rede stehenden Sachverhalte verpflichtet. Seine Aufklärungspflichten beschränken sich dabei auch ausdrücklich nicht auf die Interessen des Fiskus selbst: „Das öffentliche Interesse zielt auf die Feststellung des wahren Sachverhaltes, nicht auf ein möglichst hohes Steueraufkommen“[45].

Übertragen auf die Gesundheitsverwaltung kann dies also nur bedeuten: Der Mitarbeiter der definierenden Bürokratie hat sein Handeln ausschließlich objektiv an dem jeweils neuesten medizinisch-wissenschaftlichen Stand der Erkenntnis auszu-

43 Herberger/Martinek/Rüßmann/Weth-Zimmerling, Juris Praxiskommentar zum BGB, 2. Auflage, 2004, § 839a BGB Rn 13
44 BGB WM 1963, 345
45 OLG München NJW 1996, 1971 [1972]

richten. Kostengesichtspunkte, die den öffentlichen Haushalt entlasten könnten, haben für seine Arbeit außer Betracht zu bleiben.

Im Hinblick auf den genannten „Nikolausbeschluß" des Bundesverfassungsgerichtes könnte ein persönlich auf Schadensersatzleistungen in Anspruch genommener Amtsträger nun zwar die Auffassung vertreten, die ihn bindenden restriktiven sozialversicherungsrechtlichen Regelungen des Fünften Sozialgesetzbuches hinderten ihn, unmittelbar lebens- und gesundheitsschützend auf Art. 2 II S. 1 GG abzustellen. Danach wäre – so könnte er sich gegen einen geltend gemachten Ersatzanspruch weiter verteidigen wollen – zuerst und zuvorderst der Gesetzgeber selbst berufen, diejenigen erforderlichen institutionellen und organisatorischen Maßnahmen zu treffen, die für einen effektiven Lebens- und Gesundheitsschutz auch innerhalb des Systems der gesetzlichen Krankenversicherung erforderlich sind, um dem dynamischen zivilrechtlichen Sorgfaltsstandards auch sozialversicherungsrechtlich Geltung zu verschaffen.

Mit derartigen Einwendungen wird der betreffende Amtsträger (bzw. die seine Haftpflicht übernehmende Behörde) jedoch nach der höchstrichterlichen Rechtsprechung des Bundesgerichtshofes im Ergebnis nicht gehört werden können. Lassen nämlich Verwaltungsanweisungen (Richtlinien) definitionsbefugter Behörden nachgeordneten Stellen keine eigenen Ermessensspielräume, so wenden sie sich nach der Rechtsprechung des Bundesgerichtshofes doch zumindest faktisch unmittelbar nach außen. Der „nachteilige Erfolg" zu Lasten des Bürgers ist in dieser Konstellation dann der anweisenden (vorgesetzten) Behörde ohne weiteres unmittelbar zuzurechnen[46].

Selbst dann, wenn es bei der pflichtgemäßen Recherche, Darstellung und Bewertung des aktuellen medizinischen Wissensstandes, der Erstellung von wissenschaftlichen Ausarbeitungen etc., der Bewertung evidenzbasierter Leitlinien, der Abgabe von Empfehlungen, der Bewertung des Nutzens von Arzneimitteln oder der Bereitstellung von sonst erforder-

46 BGHZ 63, 319 [324], Urteil vom 12. Dezember 1974

lichen Informationen im Sinne des § 139a III SGB V, bei der Ausführung wissenschaftlicher Forschungsaufträge im Sinne des § 139b III S. 1 SGB V durch externe Sachverständige oder aber im Verfahren über den Erlass von Richtlinien durch den Gemeinsamen Bundesausschuss gemäß §§ 92, 135 SGB V zu Verzögerungen kommen sollte, die für den Eintritt von Lebens- und/oder Gesundheitsschäden ursächlich sind, die bei zügigerer (rechtzeitiger) Entscheidung nicht eingetreten wären, so haften diese Institutionen dem Geschädigten aus dem Gesichtspunkt der Amtspflichtverletzung.

Der Bundesgerichtshof hat hierzu auch deutlich gemacht: „Jeder Beamte muß die für sein Amt erforderlichen Rechts- und Verwaltungskenntnisse besitzen oder sich verschaffen. Die für die Prüfung des Antrages zuständigen Beamten mußten wissen, daß sie ihre Entschließung nicht beliebig hinauszögern konnten“[47].

In einem für den hiesigen Zusammenhang weiter fruchtbar zu machenden Urteil vom 15. Februar 1979[48] hatte sich der Bundesgerichtshof anlässlich der Geltendmachung von Schadensersatzansprüchen aus dem Gesichtspunkt der Amtspflichtverletzung mit der Frage auseinanderzusetzen, ob Maßnahmen der Bankenaufsicht nach dem Kreditwesengesetz „nur“ dem Interesse der Allgemeinheit bzw. der Öffentlichkeit dienen oder aber ob dahingehende Aufsichtsmaßnahmen auch dem konkreten Schutz eines jeden individuellen Einlegers dienen.

Der Bundesgerichtshof hatte zu dieser Rechtfrage im Jahre 1979 klargestellt, daß der Schutz des jeweils einzelnen Bürgers – also nicht nur der Allgemeinheit insgesamt – jedenfalls dann auch Amtspflicht der für die Öffentlichkeit insgesamt handelnden Verwaltung ist, wenn die gesetzliche Zielrichtung dies gebietet. Daß für den Zusammenhang der Gesundheitsversorgung eine entsprechende Zielrichtung des individuellen Lebens- und Gesundheitsschutzes unmittelbar aus dem Grundgesetz folgt, kann spätestens seit dem „Nikolausbe-

47 BGH WM 1994, 430 [432 re. Sp.]
48 BGHZ 74,144ff.

schluß“ des Bundesverfassungsgerichtes nicht mehr zweifelhaft sein.

In jener Entscheidung des Bundesgerichtshofes vom 15. Februar 1979 wurde darüber hinaus die bis dahin gültig gewesene Handhabung von Amtspflichtverletzungen bei Ermessensfehlgebräuchen[49] durch Beamte neu definiert. Mit der Anerkennung eines subjektiv-öffentlichen Rechtes eines jeden Einzelnen auf Einschreiten gewisser Behörden sei die Tätigkeit der Verwaltungsbehörde daher fortan auch dann nicht mehr als völlig frei anzusehen, wenn die Behörde aufgrund gesetzlicher Bestimmungen „nach ihrem Ermessen“ einzuschreiten habe. Denn es gelte nun vielmehr:

„Auch dann bleiben sie an die allgemeinen Erfordernisse des Rechtsstaates gebunden, unter anderem an den Grundsatz, daß von jeder Ermächtigung nur im Sinne des Gesetzeszwecks Gebrauch gemacht werden darf. … Dient … die Amtstätigkeit auch dem Schutz bestimmter ‚Dritter‘, so kommt eine Amtspflichtverletzung durch Ermessensfehlgebrauch auch dann in Betracht, wenn die Schwelle des Amtsmissbrauchs noch nicht erreicht ist oder ein Fall evident fehlerhafter Amtstätigkeit nicht vorliegt.“[50]

Verfehlt die Behörde demnach mit ihrem konkreten Handeln den gesetzlich angezielten Zweck, so handelt sie nach dieser Rechtsprechung des Bundesgerichtshofes amtspflichtwidrig, wenn sie den Lebens- und Gesundheitsschutz aus Art. 2 II S. 1 GG verfehlt. Die betreffenden Körperschaften, insbesondere aber auch die in ihnen und für sie tätigen natürlichen Personen, haben folgerichtig ihre gesamte Tätigkeit so auszuüben, wie dies die (grund-)gesetzliche Zielstellung des Art. 2 II S. 1 GG – verstanden als Leistungsgrundrecht – fordert.

Der Bundesgerichtshof hat sich in diesem Kontext (infolge einer gezielten Änderung des § 6 Abs. 3 KWG zur explizit nicht drittschützenden Norm durch den Gesetzgeber in Reaktion

49 wie sie am 12.12.1974 mit BGHZ 63, 319 [324] ausgesprochen worden war
50 BGHZ 74, 144 [156]

auf die genannte Rechtsprechung) zwar am 20. Januar 2005[51] – mit ausführlicher Begründung – gehalten gesehen, von seiner dortigen vorherigen, hergeleitet individuell-drittschützenden Rechtsprechung[52] Abstand zu nehmen. Einen Verstoß gegen höherrangiges Recht hat er hierbei jedoch namentlich deswegen nicht gesehen, weil es dem Gesetzgeber grundsätzlich nicht verwehrt sei, rechtlichen Entwicklungen entgegenzutreten, „die sich aus der Auslegung von gesetzlichen Bestimmungen durch die Rechtsprechung ergeben“[53]. Die Ausgestaltung der Bankenaufsicht und deren Eingrenzung liege dabei in der Gestaltungsmacht des Gesetzgebers, „sofern die verfassungsmäßige Ordnung nicht berührt ist“[54].

Anders als in dieser Entscheidung kann jedoch für den vorliegenden Zusammenhang eine solche – ausnahmsweise[55] – Einschränkung des Staatshaftungsrechtes durch den Gesetzgeber verfassungsrechtlich legitim nicht gelingen. Denn anders als dort sind vorliegend nicht nur die grundgesetzlich einschränkbaren Eigentumsrechte (Art. 14 GG) von freien Marktteilnehmern betroffen, sondern die Lebens- und Gesundheitsinteressen von Staatsbürgern, die ihrer Pflicht zur Teilnahme am System gerade nicht entgehen können[56]. Folglich bleibt es für den vorliegenden Zusammenhang bei dem individuell drittschützenden Charakter der beschriebenen Amtspflichten.

IV.

An dieser Stelle soll ein kurzer Inkurs ausgebracht werden:

In Ansehung der Unübersichtlichkeiten des deutschen Staatshaftungsrechtes konzentriert sich die hiesige Darstellung im wesentlichen auf Schadensersatzansprüche aus dem

51 BGHZ 162, 49 [55ff.]
52 u.a. aus BGHZ 74,144ff., s.o.
53 BGHZ 162, 49 [60]
54 BGHZ 162 49 [60]
55 BGHZ 162, 49 [62]
56 Der Bundesgerichtshof verweist bei BGHZ 162, 49 [63f.] auch ausdrücklich auf die Uneinschränkbarkeit dieses haftungsrechtlichen Schutzes bei Eingriffen in das verfassungsrechtlich besonders geschützte Rechtsgut Leben.

Gesichtspunkt der Amtspflichtverletzung im Sinne des § 839 BGB. Der Pflichtenkreis des Gemeinsamen Bundesausschusses, des Instituts für Wirtschaftlichkeit und Qualität im Gesundheitswesen sowie der externer Sachverständiger beschränkt sich indes mitnichten lediglich darauf, die je akut gebotene Definitionstätigkeit an den Maßstäben des Art. 2 II S. 1 GG auszurichten.

Nach der Rechtsprechung des Bundesgerichtshofes sind Beamte darüber hinaus auch verpflichtet, Zustände, die durch Zeitablauf rechtswidrig geworden sind oder sonst beendet wurden, im Rahmen des sogenannten bürgerlichen Folgenbeseitigungsanspruches zu bereinigen. Dies bedeutet: Selbst wenn ein vormaliges Verwaltungshandeln in der Vergangenheit für sich gesehen rechtmäßig gewesen war, so kann eine daraus späterhin erwachsene rechtswidrige Folge die Verpflichtung begründen, (erneut) tätig zu werden und den inzwischen entstandenen rechtswidrigen Zustand zu beseitigen[57]. Hieraus folgt, daß der Gemeinsame Bundesausschuss, das Institut für Qualität und Wirtschaftlichkeit in der Medizin sowie sämtliche pflichtgemäß forschend tätig gewordenen externen Sachverständigen ihr vorangegangenes Tun regelmäßig und kontinuierlich auch daraufhin zu überprüfen haben, ob die zuvor getroffenen Entscheidungen noch immer dem aktuellen Standard der medizinische Wissenschaft entsprechen. Kommt es zu Abweichungen, besteht für alle Beteiligten die Amtspflicht, den durch Zeitablauf nun rechtswidrig gewordenen Zustand durch geeignete Beseitigungsmaßnahmen zu klären und zu bereinigen.

In einer weiteren rechtsvergleichenden Hinsicht erscheint an dieser Stelle ein Blick auf die ähnliche Lage des Produkthaftungsrechtes bei fortschreitendem Erkenntnisstand sinnvoll. Dort nämlich ist anerkannten Rechtes, daß ein Hersteller sein bereits ausgeliefertes Produkt zu beobachten und gegebenenfalls Warnungen zu veröffentlichen hat, wenn dieses nicht (mehr) wirksam ist[58].

---

57 BGHZ 130, 333

58 Geigel, Der Haftpflichtprozeß, 25. Aufl., 2008, Kap. 14 Rn 290

In einer grundlegenden Entscheidung hierzu („Apfelschorfpestizid") hat der Bundesgerichtshof unter anderem ausgeführt: Ein Warenhersteller haftet seinem Abnehmer produkthaftungsrechtlich, wenn dieser im (unbegründeten, weil fehlgehenden) Vertrauen auf die weitere Wirksamkeit eines bestimmten Produktes von der Verwendung eines anderen (tatsächlich wirksamen) Produktes absieht[59].

Führt also ein Patient den Beweis, daß sich die Gefahren der Wirkungslosigkeit einer bestimmten Therapie durch Beobachtung in den einschlägigen Fachkreisen zum Zeitpunkt des Therapiebeginnes bereits als Erkenntnis allgemein „verdichtet" hatten, so muß dies konsequent zumindest eine Warnpflicht der Sozialverwaltung auslösen[60]. Entsprechend der Beweislastregelung aus der nicht minder grundlegenden „Hühnerpestentscheidung" des Bundesgerichtshofes[61] hat die somit fehlerhaft agierende Verwaltung diesenfalls auch bereits die (umgekehrte) Beweislast dafür zu tragen, ausnahmsweise nicht schuldhaft gehandelt zu haben.

Der Schädiger wird in diesem Zusammenhang insbesondere auch nicht damit gehört, daß ihm die „verdichtete Erkenntnis" einer bestimmten Gefahr zum Zeitpunkt der Produktauslieferung noch nicht bekannt gewesen sei. Für seine Warn- und Hinweispflichten kann er sich insbesondere auch nicht mit dem Rechtsgedanken aus § 3 II ProdHaftG entlasten. Denn nach dieser Vorschrift kommen Erkenntnisse nach Übergabe des Produktes an den Erwerber zwar grundsätzlich nicht als mangelbegründend in Betracht. Nach den Gesetzesmaterialien zielt § 3 II ProdHaftG jedoch ausdrücklich nicht auf eine Entlastung des Herstellers von der Pflicht, während des Laufs einer Produktserie neue Erkenntnisse zu berücksichtigen und sein Produkt dementsprechend zu modifizieren[62]. Auch kommt nicht in Betracht, daß der Hersteller zunächst abwartet, „bis maßgebliche

59 BGH VersR 1981, 639 ff.

60 BGH VersR 1981, 639 [641 f.]

61 BGHZ 51, 91

62 Staudinger-Oechsler, ProdHaftG-Kommentar, 2003, § 3 ProdHaftG Rn 81

Schäden eingetreten sind"[63]. Entscheidend ist alleine, „ob und in welchem Umfang sowie zu welchem Zeitpunkt für ein sachkundiges Urteil die naheliegende Möglichkeit bestanden hat, daß es ohne Warn- bzw. Sicherungsmaßnahmen zur Gefährdung anderer Rechtsgüter kommen würde"[64].

Wiederum übertragen auf die Gesundheitsverwaltung bedeutet dies: Die definierende Behörde hat den jeweils aktuellen und fortentwickelten Stand der medizinischen Wissenschaft kontinuierlich zu beobachten und – von sich aus! – überall dort auf Änderungen des Erkenntnisstandes hinzuweisen, wo sie zuvor eine (noch) andere Auffassung vertreten hatte.

Insbesondere kann sie sich nicht ohne weiteres darauf zurückziehen, daß ihr ein weiterer Antrag anderer Stellen auf erneute Begutachtung oder Erforschung (§ 135 I SGB V)nicht vorgelegen habe. Würde man nämlich ein solches Antragserfordernis zur Grundlage der normativen Pflichtenbeschreibung eines definierenden Beamten machen, so läge es im freien Belieben derjenigen (konstruktiv gerade nicht hinreichend sachkundigen) Stelle, die den Auftrag erteilen könnte, weiteren Erkenntnisgewinn zu begründen oder zu verhindern. Ein solches Ergebnis wäre erkennbar sinnwidrig.

V.

Amtshaftpflichtansprüche im Sinne des § 839 BGB erfordern, daß der geschädigte „Dritte" in den persönlichen Schutzbereich der Amtspflicht einbezogen gewesen ist. Daß pflichtversicherte Mitglieder von Krankenkassen mit ihrer Gesundheit dem sachlichen Schutzbereich der beschriebenen Amtspflicht unterliegen, kann nicht zweifelhaft sein. Gleiches gilt für ihre Einbeziehung in den persönlichen Schutzbereich. § 1 S. 1 SGB V spricht zwar den Krankenkassen nur die Pflicht zu, die Gesundheit „der Versicherten" zu erhalten bzw. wieder herzustellen. Daß indes nicht der allgemeine Gesundheitszustand aller Versicherten insgesamt angesprochen ist, sondern die Gesund-

63 Geigel, Der Haftpflichtprozeß, 25. Auflage, 2008, Kap. 14 Rn 291
64 So Geigel a. a. O.

heit eines jeden individuellen Versicherten, folgt nicht zuletzt aus der Individualisierung dieses Versicherten auch in § 1 S. 3 SGB V.

Maßgeblich ist also die Einbeziehung des konkreten Betroffenen in die Zielstellung des Gesetzes. Der Bundesgerichtshof hat dies mit folgenden Worten konkretisiert:

„Ob im Einzelfall der Geschädigte zum Kreis der ‚Dritten' im Sinne von § 839 BGB gehört, beantwortet sich danach, ob die Amtspflicht – wenn auch nicht notwendig allein, so doch auch – den Zweck hat, das Interesse gerade dieses Geschädigten wahrzunehmen. Nur wenn sich aus den die Amtspflicht begründenden und sie umreißenden Bestimmungen sowie aus der Natur des Amtsgeschäftes ergibt, daß der Geschädigte zu dem Personenkreis gehört, dessen Belange nach dem Zweck und der rechtlichen Bestimmung des Amtsgeschäftes geschützt und gefördert sein sollen, besteht ihm gegenüber bei schuldhafter Pflichtverletzung eine Schadensersatzpflicht."[65]

Die gesetzliche Krankenversicherung erhebt nach allem genau diesen sozialversicherungsrechtlichen Anspruch, die Gesundheit (auch) eines jeden individuellen Pflichtversicherten zu schützen. Eine andere Auslegung wäre mit Art. 2 Abs. 2 Satz 1 GG auch nicht vereinbar. Zudem es ist auch sowohl faktisch wie begrifflich unmöglich, die Gesundheit aller Versicherten zu schützen, nicht aber die Gesundheit (auch) eines jeden einzelnen versicherten Individuums; denn die Gesundheit „aller" kann denknotwendig nur aus der Gesundheit derjenigen Individuen, die diese Gesamtheit bilden, resultieren; eine Gesamtheit von Menschen ist nämlich nie medizinisch „krank" oder „gesund".

Weitere Evidenz gewinnt dies durch eine Entscheidung des Bundesgerichtshofes, die sich auf die Frage nach dem Inhalt und Zweck der Gewährung von Prozeßkostenhilfe bezog. Auch dort stellte das Gericht fest:

„Prozeßkostenhilfe … stellt als Leistung der staatlichen Daseinsfürsorge … eine Einrichtung der Sozialhilfe … dar, die ihre verfassungsrechtliche Legitimation im Gebot des sozialen

65 BGHZ 106, 323 [331]

Rechtsstaates und im allgemeinen Gleichheitssatz findet. Daraus folgt, daß die §§ 114 ff. ZPO neben dem Allgemeinwohl das Interesse des einzelnen Rechtssuchenden an der Gewährung gerichtlichen Rechtsschutzes im Blick haben. … Es sind deshalb … die Belange des einzelnen Rechtssuchenden, die … geschützt und gefördert werden."[66]

VI.

Sowohl der Gemeinsame Bundesausschuss, als auch die ihm zuarbeitenden Stellen sind Organe der vollziehenden Gewalt. Sie üben also keine legislative Tätigkeit aus. Der weithin anerkannte Ausschluss von Schadensersatzansprüchen gemäß § 839 I BGB bei sogenanntem „legislativem Unrecht" greift folglich für diese Stellen a priori nicht.

Selbst wenn man dieses Haftungsprivileg für die Legislative wegen der faktisch präjudiziellen Außenwirkung der medizinischen Definitionsarbeit im Sozialversicherungsrecht ausnahmsweise gelten lassen wollte, griffe dennoch die einschlägige Gegenausnahme für die Verletzung höherrangigen Rechtes. Wird durch Akte einer Legislative nämlich höherrangiges Recht verletzt, so haftet die normsetzende Instanz gleichwohl. Der Bundesgerichtshof hatte zwar mit Urteil vom 28. Juni 1971[67] noch die Auffassung vertreten, Verwaltungserlasse, die der nachgeordneten Verwaltung allgemein eine bestimmte Gesetzesauslegung vorschrieben, begründeten regelmäßig keine Amtspflichten der vorgesetzten Behörde gegenüber dem einzelnen Bürger. Diese alte Rechtsprechung ist jedoch mit der vorstehend bereits zitierten Judikatur des Bundesgerichtshofes seit dem 15. Februar 1979[68] überholt. Schon im Jahre 1971 hatte der zuständige Senat des Bundesgerichtshofes ausgesprochen:

„Dem Recht des Bürgers, die vorgesetzte Behörde auf ein Fehlverhalten der nachgeordneten Stellen hinzuweisen, entspricht die ihm gegenüber bestehende Amtspflicht der Dienstauf-

66 BGHZ 109, 163 (168)
67 BGH NJW 1971, 1699 ff.
68 BGHZ 74, 144 ff.

sichtsbehörde, seine im Beschwerdeweg an sie herangetragene Beanstandung auf ihre Berechtigung zu prüfen und sie sachgerecht zu bescheiden."[69]

Mithin ist aus dieser Rechtsprechung klargestellt, daß durchaus unmittelbare Rechtsbeziehungen zwischen Vorgesetzten (definitionsbefugten) Behörden und dem außenstehenden „Dritten" – dem Bürger – entstehen können.

VII.

Hat ein pflichtversicherter Bürger infolge des Auseinanderfallens von medizinischem Standard und sozialversicherungsrechtlich definiertem Leistungsumfang einen Lebens- oder Körperschaden erlitten, so haften ihm die zuständigen öffentlichen Stellen aus dem Gesichtspunkt der Amtspflichtverletzung nur dann, wenn sie schuldhaft (vorsätzlich oder fahrlässig) gehandelt haben. Das Verschulden muß sich auf den haftungsbegründenden Tatbestand erstrecken.

Definieren der Gemeinsame Bundesausschuss durch Beschluß gewisse Richtlinien oder aber das ihm zuarbeitende Institut für Qualität und Wirtschaftlichkeit im Gesundheitswesen gewisse medizinische Maßnahmen so, daß sie mit der Möglichkeit eines hierdurch begründeten Abweichens von dem dynamischen Standard der fachärztlichen Versorgung rechnen und nehmen diese Stellen diese Möglichkeit billigend in Kauf, so handeln sie wenigstens bedingt vorsätzlich im Sinne des Amtshaftungsrechtes. Denn niemand kann ernsthaft damit rechnen, daß ein einmal erreichter Stand der medizinischen Erkenntnis auf immer der endgültige bleiben werde.

Daß der „nachteilige Erfolg" zu Lasten des pflichtversicherten Patienten nicht gewünscht oder beabsichtigt war, ist hierbei ebenso unerheblich, wie der (möglicherweise wirtschaftlich motivierte) Beweggrund der handelnden Behörde. Fiskalische Erwägungen haben – wie dargelegt – kein Primat. Klarzustellen ist auch, daß Irrtümer und oder Fehlvorstellungen über Einzelheiten des Kausalverlaufes zwischen dem eigenen Handeln und

69 BGH NJW 1971, 1699 [1700]

dem eintretenden Lebens- oder Gesundheitsschaden für die Beurteilung der Vorsatzfrage unerheblich sind[70].

Ebenso wie für die unmittelbare Arzthaftung gilt auch für die Amts-haftung grundsätzlich der objektivierte Sorgfaltsmaßstab des durchschnittlichen Amtsträgers. Für den gemeinsamen Bundesausschuss, das Institut für Qualität und Wirtschaftlichkeit im Gesundheitswesen sowie insbesondere auch für die externen Sachverständigen gelten hier jedoch besondere Maßstäbe.

Insbesondere ist ihnen regelmäßig die Berufung auf die sogenannte „Kollegialgerichtsrichtlinie" des Amtshaftungsrechtes versagt. Diese Kollegialgerichtsrichtlinie besagt bekanntlich, daß ein Verschulden des Amtsträgers dann zu verneinen ist, wenn ein mit mehreren Rechtskundigen besetztes Kollegialgericht im Nachhinein sein Verhalten einmalig gebilligt hat. Nach der Rechtsprechung des Bundesgerichtshofes gilt diese Kollegialgerichtsrichtlinie für die Verschuldensfrage des haftenden Amtspflichtträgers jedoch nicht ausnahmslos. Wörtlich hat der Bundesgerichtshof hierzu formuliert:

„Es wird eine Ausnahme zu machen sein, wenn es sich bei dem beanstandeten Verhalten um eine grundsätzliche Maßnahme zentraler Dienststellen bei der Anwendung eines ihnen besonders vertrauten Spezialgesetzes handelt."[71]

Genau dies ist für die Spezialisten des Gemeinsamen Bundesausschusses und die ihm zuarbeitenden Stellen der Fall. Hätte ein derartiger Spezialist bzw. ein solches Spezialistengremium das Abweichen von dem medizinischen Facharztstandard – namentlich auch durch verfahrensbedingte Verzögerungen im eigenen Hause – vorhersehen können, die Abweichung vermeiden und den pflichtwidrigen Erfolg voraussehen können, so handeln die Betreffenden also jedenfalls schuldhaft. Für den Fall einer festgestellten Pflichtwidrigkeit ist – wie vorstehend in Analogie zu dem Recht der allgemeinen Produkthaftung ausgeführt – von einer Umkehr der Beweislast hinsichtlich der Frage des Verschuldens auszugehen („Hühnerpestentscheidung").

70 Palandt-Heinrichs, 2008, § 276 BGB Rn 11
71 BGH NJW 1971, 1699 [1701]

Auch können sich die Beteiligten nicht nach den Maßstäben einer ökonomischen Analyse des Rechts auf eine Abwägung der Nutzen und Kosten berufen. Diese Abwägung macht Sorgfaltsmaßnahmen mindestens dann erforderlich, wenn der für sie notwendige Aufwand geringer ist, als der durch ihre Nichtanwendung möglicherweise entstehende Schaden[72]. Doch eine solche Kosten-Nutzen-Analyse unter ökonomischen Gesichtspunkten kann wiederum allenfalls für reine Sachschäden, niemals aber für Lebens- und/oder Gesundheitsgefährdungen greifen.

Darüber hinaus entlastet es die Anstellungskörperschaft des pflichtwidrig und schuldhaft handelnden Beamten nicht, kapazitätsmäßig arbeitsüberlastet gewesen zu sein. Eine solche Überlastung nämlich begründet ihrerseits einen weiteren Organisationsmangel, der wiederum eigener Haftungsgrund ist[73]. Auch die Exekutive hat gegenüber Dritten die Pflicht, ihre vorhandenen Sach- und Personalmittel ordnungsgemäß einzusetzen und unzumutbare Bearbeitungsverzögerungen wegen Überlastung einzelner Bedienstete im Rahmen des Möglichen und Zumutbaren zu vermeiden[74].

Ob die Vielzahl eingeschalteter Behörden und/oder Stellen daher tatsächlich einen sachgemäßen Einsatz von Sach- und Personalmitteln im Rahmen des Möglichen darstellen, unterliegt folglich umfassender gerichtlicher Kontrolle.

VIII.

Fällt den Mitgliedern oder Stellen der definierenden Verwaltung nur Fahrlässigkeit zur Last, so können diese den geschädigten Patienten zwar – grundsätzlich – gemäß § 839 I S. 2 BGB auf anderweitige Ersatzmöglichkeiten verweisen. Konkret wäre daher die Fallgestaltung denkbar, daß ein auf Schadensersatzleistungen in Anspruch genommenes Mitglied des Gemeinsamen Bundesausschusses den geschädigten Patienten wegen

72 NJW 2006, 3650 [3653] und BGH NJW 2007, 762; zu allem: Palandt-Heinrichs, 2008, § 276 BGB Rn 19

73 BGH NJW 2007, 830

74 hier hat sich die Rechtsprechung des Bundesgerichtshofes gewandelt. Aufgegeben wurde NJW 1990, 2615; nunmehr gilt BGH NJW 2007, 830

anderweitiger Ersatzansprüche auf das Institut für Wirtschaftlichkeit und Qualität im Gesundheitswesen und/oder einen anderen, selbst handelnden Leistungserbringer verweist.

Nach der Rechtsprechung des Bundesgerichtshofes ist § 839 I S. 2 BGB indes in solchen Fällen unanwendbar, wenn sich der Amtshaftungsanspruch und der andere Anspruch aus demselben Tatkreis ergeben[75]. Mehrere Amtsträger haften dem verletzten Patienten darüber hinaus als Gesamtschuldner[76].

IX.

Nach allgemeinen Vorschriften ist der Geschädigte gemäß § 839 III BGB grundsätzlich verpflichtet, einen ihm entstandenen Schaden durch „Gebrauch eines Rechtsmittels abzuwenden". Da jedoch die sozialversicherungsrechtlichen Vorschriften des Fünften Sozialgesetzbuches dem pflichtversicherten Krankenkassenmitglied keine unmittelbaren Rechtsbehelfe und/oder Rechtsmittel gegen die Definitionsentscheidungen des Gemeinsamen Bundesausschusses und der ihm zuarbeitenden Stellen zugestehen, kann sich der auf Schadenersatz in Anspruch genommene Amtsträger nicht auf diesen Gesichtspunkt berufen.

X.

Die allgemeinen Amtshaftpflichtvorschriften des § 839 BGB sind darüber hinaus auch nicht durch § 12 III SGB V als lex specialis verdrängt. § 12 III SGB V betrifft nur den Fall, daß eine Krankenkasse Leistungen über das Maß des Erlaubten hinaus erbracht hat. Das nachteilige Abweichen des sozialversicherungsrechtlichen Standards von dem allgemeinen zivilrechtlichen Medizinstandard stellt jedoch gegenüber dieser gesetzlichen Regelung den genau entgegengesetzten Fall dar.

XI.

Inhalt und Umfang des Anspruches aus § 839 BGB ergeben sich aus den allgemeinen Regeln der §§ 249 bis 255, 842

---

75 BGH NJW 2003, 348 [350] und BGHZ 62, 394 sowie BGHZ 111, 272
76 BGH WM 1965, 1061

bis 847 BGB. Lediglich Naturalrestitution ist ausgeschlossen[77], der Ersatzanspruch geht folglich generell auf Ersatz in Geld. Der Schadensersatzanspruch umfasst insbesondere auch die gesamten unmittelbaren und mittelbaren Vermögensnachteile des Verletzten, auch dessen entgangenen Gewinn[78], sowie sämtliche Kosten der Rechtsverfolgung gegen den Schädiger[79]. Der Bundesgerichtshof hat dabei insbesondere klargestellt, daß der Schutzzweck der auf Leben und körperliche Unversehrtheit des Bürgers gerichteten Amtspflicht auch auf den Schutz des Vermögens eines Patienten haftungsrechtlich durchschlägt[80].

XII.

Gegebenenfalls haben die staatshaftungsrechtlich in Anspruch genommenen Personen und/oder Organe gesamtschuldnerisch mit denjenigen Vertragsärzten und/oder Krankenhäusern zu haften, die sich ebenfalls – auf Basis anderer Haftungsgrundlage – dem Patienten schadensersatzpflichtig gemacht haben. Denn § 840 I BGB gilt für die Haftungsansprüche aus § 839 I BGB, wie aus § 841 BGB folgt[81].

XIII.

Zur Entscheidung von Rechtsstreitigkeiten gemäß § 839 BGB sind die „ordentlichen Gerichte" berufen, denen diese Kompetenz allenfalls mit verfassungsändernder Mehrheit entzogen werden könnte (Artikel 34 S. 3 GG). Dies bietet nicht zuletzt auch einen weiteren, grundgesetzlich abgesicherten verfahrensrechtlichen Vorteil für geschädigte Patienten.

Die Zusammensetzung der Kammern bei den Sozialgerichten unterliegt bekanntlich besonderen gerichtsverfassungsrechtlichen Regularien. Zur Entscheidung sind keine Spruchkörper mit drei volljuristischen, staatlichen Richtern berufen, sondern

77 Erman-J. Hecker, 11. Auflage, 2004, § 839 BGB Rn 81
78 BGHZ 79, 223 [229]
79 BGHZ 39, 73 [74]
80 BGH NJW 1995, 2412
81 Prütting/Wegen/Weinreich-Schaub/Medicus, BGB-Kommentar, 2006, § 841 BGB Rn 1

Kammern mit ehrenamtlichen Beisitzern. Insbesondere im Bereich des Vertragsarztrechtes ist diese besondere Gerichtsbarkeit in der Vergangenheit bereits scharf kritisiert worden. Das Bundesverfassungsgericht hat indes bislang in seiner Rechtsprechung angenommen, daß durch die Mitwirkung der Kassenärzte als ehrenamtlicher Beisitzer beispielsweise in den Kammern und Senaten für das Kassenarztrecht eine Gefahr für die Unabhängigkeit dieser Spruchkörper nicht zu sehen sei. Vielmehr überwiege der Vorteil, daß diese beisitzenden Richter kraft ihrer besonderen Kenntnisse und Erfahrungen auf diesem Sachgebiet der Rechtsprechung bei der Rechtsfindung hülfen[82].

Für den Regelungsbereich des Artikel 34 S. 3 GG hat Papier allerdings ausgeführt, es dürfe „nicht übersehen werden, daß früher nur in der ‚ordentlichen' Gerichtsbarkeit in persönlicher und sachlicher Hinsicht unabhängige Gerichte judizierten. Die Verwaltungsgerichtsbarkeit ... besaß ... jene Qualifikation der vollen richterlichen Unabhängigkeit nicht"[83]. Ein – so wörtlich – „vollwertiger Schutz" für Kläger bestand dort demgemäß nur bei ordentlichen Gerichten. In Anbetracht der verfassungsrechtlichen Bedeutung des Schutzes von Leib und Leben kann also nur begrüßt werden, wenn der Anspruch des pflichtversicherten Bürgers auf Ersatz eines ihm durch die Gesundheitsverwaltung bereiteten Schadens unter den prozessual vollwertigen Schutz der ordentlichen Gerichte gestellt ist.

---

82 BVerfGE 27, 312 [323]

83 Papier bei Maunz/Dürig, GG-Kommentar, Lfg. Juni 1998, Artikel 34 GG Rn 306

Wenn der Staat beim Sterben hilft

Recht und Gesetz sagen uns, wie wir uns richtigerweise zu verhalten haben. Juristische Normen legen damit Standards fest, an denen sich unser Handeln orientieren soll. Handeln in diesem Sinne ist nicht nur aktives Tun. Auch ein bloßes Nichtstun kann ein Handeln im juristischen Sinne darstellen. Strafrechtliche Lehrbücher erklären diesen Zusammenhang oft mit dem Beispiel einer Mutter. Bei ihr macht es offenkundig keinen Unterschied, ob sie ihren neugeborenen Säugling aktiv tötet oder ob sie ihn, selbst völlig passiv bleibend, verhungern lässt. In beiden Fällen hat sie gleichermaßen rechtsrelevant gehandelt und sich wegen einer Tötung strafbar gemacht.

Für Ärzte am Sterbebett eines Patienten ergeben sich aus dieser Gleichstellung von Tun und Unterlassen oft schwierigste Verhaltensprobleme. Denn die zentrale Frage, mit der Ärzte dort konfrontiert werden, lautet: Welches medizinische Handeln ist geboten, um abwendbare Lebensgefahren abzuwehren, ohne zugleich einen aussichtslosen Kampf gegen Unabwendbares zu führen, der tatsächlich nur das Leiden des Sterbenden vermeidbar verlängert? Diese Frage zu stellen, heißt praktisch einzuräumen, dass es wirklich richtige Antworten hier kaum geben kann. Denn im Angesicht des Todes stehen Arzt und Patient nur allzu oft in einem Raum der Unsicherheiten, der keinerlei feste Orientierung bietet.

Je weniger sicheres Wissen Menschen aber über eine bestimmte Situation haben (und haben können), desto spekulativer muss ihr Verhalten werden. Wo wir nicht an Gewissheiten anknüpfen können, da sind wir für unsere weiteren Entscheidungen und unser weiteres Handeln auf bloße Annahmen und Vermutungen zurückgeworfen. An die Stelle des klaren Wissens treten das Meinen und das Abschätzen. Ob eine bestimmte Gefahr für Leib und Leben des Patienten prognostisch noch anzuwenden sein wird oder ob es gegen sie keine wirksamen medizinischen Mittel mehr geben werde, bleibt im Unklaren. Trifft der Arzt in dieser Lage die Entscheidung, einen objektiv aussichtslosen Kampf zu führen, verlängert er das Leiden seines Patienten. Gibt er den Kampf indes zu früh auf, stirbt unter Umständen ein Mensch, der noch hätte gerettet werden können.

Technische Fortschritte der Medizin haben das Arsenal potentiell möglicher Maßnahmen gegen den bevorstehenden Tod eines Menschen inzwischen gleichsam unabsehbar erweitert. Man wird kaum fehlgehen mit der Feststellung, dass heute ein jeder Tod eines jeden Menschen mit bereits existierenden medizinischen Mitteln mindestens noch verzögert werden kann. Dies wirft zwangsläufig die Frage auf, wer über eine solche Herauszögerung des Todes und insbesondere über den hierfür erforderlichen Mitteleinsatz zu befinden hat.

Belässt man die Befugnis zur Entscheidung über diese Frage im Zuständigkeitsbereich des Arztes, dann vergrößert man zwangsläufig den Bereich derjenigen Verhaltensunsicherheiten, in denen er sich ohnehin bereits befindet. Denn die technische Grenzverschiebung der Rettungsmöglichkeiten, die weit in den Raum der Unsicherheit über die tatsächliche Lage hineinreicht, erweitert die ärztlichen Handlungs- und mithin Entscheidungsspielräume unausweichlich. Was der Arzt richtigerweise zu tun und was er zu unterlassen hat, verunklart sich erheblich.

Im Gegenzug lassen sich diese Handlungsnöte eines Arztes am Sterbebett allerdings deutlich reduzieren, wenn Recht und Gesetz in dieser Lage genau demjenigen eine größere Mitsprachebefugnis über die anstehenden Abläufe zugestehen, den es unmittelbar selbst angeht: Den sterbenden Patienten. Wer, wenn nicht er, soll am ehesten legitim über Situationen entscheiden, in denen niemand, auch kein Arzt, verlässliche Tatsachenfeststellungen und Zukunftsprognosen liefern könnte? Wenn richtig ist, dass es der Patient ist, der über jedwede medizinische Maßnahmen oder Nichtmaßnahmen in freier Willensbestimmung zu entscheiden hat, dann muss auch richtig sein, ihn im Angesicht seines eigenen Todes relevant über einsetzende oder ausbleibende Rettungsmaßnahmen bestimmen zu lassen.

Indem der deutsche Gesetzgeber im Jahre 2009 mit der Einführung von § 1901a BGB die Möglichkeit schuf, eine sogenannte „Patientenverfügung“ zu errichten, erweiterte er somit nicht nur die rechtlich verbindlichen Entscheidungsbefugnisse für einen jeden Patienten. Die Möglichkeit, als Patient im Vorhinein bestimmte ärztliche Heileingriffe rechtswirksam zu untersagen, führte für jeden Arzt auch zu der Reduzierung seiner eigenen Handlungsnöte am Sterbebett. Weite Teile des Prognoserisikos, wie sich eine bestimmte gesundheitliche Krisensituation künftig mutmaßlich entwickeln werde, sind nunmehr, eine sorgsame Patientenverfügung vorausgesetzt, von dem Arzt auf den Patienten verlagert. Hat der Patient verfügt, gewisse Rettungsmaßnahmen künftig definitiv nicht zu wünschen, ist der Arzt von der Last befreit, für den Patienten entscheiden zu müssen. Heilung und Rettung zu versuchen, wo er es als Arzt vielleicht noch für hoffnungsvoll hielte, kann ihm nun definitiv verboten sein, wo und wenn der Patient es so gewollt und niedergeschrieben hat.

Während die zivilrechtlichen (und in der Folge auch die strafrechtlichen) Verhältnisse zwischen Arzt und sterbendem Patienten nun mit jener Gesetzesregelung in § 1901a BGB einer ebenso sinnvollen wie rechtsethisch anerkennenswerten Präzisierung zugeführt wurden, belastet eine andere Schwierigkeit wiederum genau diese medizinische Behandlungsbeziehung. Denn das Hinauszögern eines Todes bzw. der Versuch, die Verlängerung eines Menschenlebens zu erreichen, werden durch die sozialversicherungsrechtlichen Gesetze in Deutschland einer anderen, rechtsethisch äußerst problembehafteten Perspektive unterworfen.

Ob ein medizinischer Eingriff durchgeführt wird oder welche von mehreren alternativ in Betracht kommenden ärztlichen Maßnahmen verwirklicht werden, bestimmt nach gefestigter zivil- und strafrechtlicher Rechtslage in Deutschland in erster Linie der Patient selbst. Solange er wachen Geistes ist, hat er von seinem Arzt aufgeklärt und gefragt zu werden, was sein Wille als Patient ist. Auch die objektiv unvernünftige Entscheidung des Patienten, einen bestimmten ärztlich angeratenen Eingriff nicht durchführen zu lassen, muß akzeptiert werden. Kein Erwachsener darf gegen seinen Willen einer Operation unterzogen werden.

Anders ist die Rechtslage jedoch für jeden „Pflichtversicherten“ in der gesetzlichen Krankenversicherung nach Maßgabe des Fünften Sozialgesetzbuches (SGB V). Nach diesen sozialversicherungsrechtlichen Regeln sind der Wille des Patienten und seine freie Willensbestimmung hinsichtlich der Durchführung oder Nichtdurchführung bestimmter medizinischer Maßnahmen praktisch unbeachtlich. Ist das „Pflichtversicherungsverhältnis“, also der gesetzliche Zwang, an der öffentlichen Krankenversorgung teilzunehmen, einmal begründet, so bestimmen sich alle Inhalte der medizinischen Behandlung nach dessen internen Regularien. Gefragt wird dort nicht, was der Patient wünscht oder welche Behandlungsmaßnahme er und sein Arzt einer anderen vorziehen. Maßgebend ist alleine, dass die ausgewählte und durchgeführte Behandlung ausreichend, zweckmäßig, wirtschaftlich und notwendig ist, wie § 12 Abs. 1 SGB V bestimmt.

Was im Einzelnen diesen Kriterien genügt, definiert der sogenannte „Gemeinsame Bundesausschuss“, der aus Vertretern von Kassenärztlichen Bundesvereinigungen, Deutscher Krankenhausgesellschaft und Spitzenvertretern der Krankenkassen gebildet wird. Er beschließt nach § 92 Abs. 1 SGB V die zur Sicherung der ärztlichen Versorgung erforderlichen Richtlinien über die Gewährung der ausreichenden, zweckmäßigen und wirtschaftlichen medizinischen Versorgung der Versicherten.

Zu diesen Richtlinien gehören unter anderem auch diejenigen über eine spezialisierte ambulante Palliativversorgung. § 92 Abs. 7b SGB V bestimmt dabei: „Vor der Entscheidung über die Richtlinien zur Verordnung von spezialisierter ambulanter Palliativversorgung nach Absatz 1 Satz 2 Nr. 14 ist den maßgeblichen Organisationen der Hospizarbeit und der Palliativversorgung sowie den in § 132a Abs. 1 Satz 1 genannten Organisationen Gelegenheit zur Stellungnahme zu geben. Die Stellungnahmen sind in die Entscheidung einzubeziehen.“ Der in jener Vorschrift genannte § 132a Abs. 1 SGB V besagt unter anderem: „Der Spitzenverband Bund der Krankenkassen und die für die Wahrnehmung der Interessen von Pflegediensten maßgeblichen Spitzenorganisationen auf Bundesebene haben … gemeinsam Rahmenempfehlungen über die einheitliche Versorgung mit häuslicher Krankenpflege abzugeben; für Pflegedienste, die einer Kirche oder einer Religionsgemeinschaft des öffentlichen Rechts oder einem sonstigen freigemeinnützigen Träger zuzuordnen sind, können die Rahmenempfehlungen gemeinsam mit den übrigen Partnern der Rahmenempfehlungen auch von der Kirche oder der Religionsgemeinschaft oder von dem Wahlfahrtsverband abgeschlossen werden, dem die Einrichtung angehört. Vor Abschluss der Vereinbarung ist der Kassenärztlichen Bundesvereinigung und der Deutschen Krankenhausgesellschaft Gelegenheit zur Stellungnahme zu geben. Die Stellungnahmen sind in den Entscheidungsprozess der Partner der Rahmenempfehlungen einzubeziehen. …"

Im Zusammenspiel mit der Richtlinie über die erwartbare Krankenhausbehandlung nach § 92 Abs. 1 Nr. 6 SGB V wird hier also von dem Gemeinsamen Bundesausschuss faktisch abschließend vorgegeben, welche medizinischen und pflegerischen Maßnahmen für pflichtversicherte Sterbende erbracht werden dürfen und welche nicht. Die Einschätzung der konkreten Lage am Sterbebett und der Umfang entsprechend ergriffener Rettungsmaßnahmen werden damit schlussendlich weder von dem Patienten selbst, noch von seinem anwesenden Arzt vorgenommen. Gilt eine bestimmte Maßnahme nach den Richtlinien des Gemeinsamen Bundesausschusses daher generell als unwirtschaftlich, unzweckmäßig oder übermäßig, dann greift § 12 Abs. 1 Satz 2 SGB V, der besagt: „Leistungen, die nicht notwendig oder unwirtschaftlich sind, können Versicherte nicht beanspruchen, dürfen die Leistungserbringer nicht bewirken und die Krankenkassen nicht bewilligen."

Was demnach im Gefolge eines Beschlusses durch den Gemeinsamen Bundesausschuss abstrakt-generell als unwirtschaftlich gilt, muß ärztlich unterlassen werden. Der gesetzliche Befehl an den Arzt, passiv zu bleiben, ist sozialversicherungsrechtlich verbindlich, auch wenn durch dieses Unterlassen der Todeszeitpunkt für den Patienten unausweichlich näher rückt. Die generelle Zielstellung aus § 1 Satz 1 SGB V wird konkret und praktisch verdrängt. Sie lautet: „Die Krankenversicherung als Solidargemeinschaft hat die Aufgabe, die Gesundheit der Versicherten zu erhalten, wiederherzustellen oder ihren Gesundheitszustand zu bessern."

Indem der Staat mit dem gesetzlichen Versicherungszwang für seine Bürger unausweichlich macht, sich diesen medizinischen Richtlinien zu unterwerfen, fördert er nicht nur deren Gesundheitsversorgung auf der einen, sondern begrenzt er auch den Umfang ihrer potentiell lebenserhaltenden Behandlungschancen auf der anderen Seite. Da das eine nicht ohne das andere zu erreichen ist, bleibt die rechtsethische Frage, ob ein Staat seine Bürger zur Teilnahme an einem bzw. zur Unterwerfung unter einen derartigen Sachzwang wirksam verpflichten kann. Gute Gründe sprechen dafür, dies zu verneinen. Denn wenn ein Staat seine Bürger anerkanntermaßen schon nicht gegen deren Willen zu objektiv sinnvollen medizinischen Eingriffen zwingen kann, warum sollte er dann legitim befugt sein, sie in Zweifelfällen zwingen zu dürfen, bestimmte lebensrettende Maßnahmen nicht ergreifen zu können? Solange diese Frage nicht allgemein akzeptabel beantwortet ist, müssen wir uns eingestehen, dass unser Staat durch verbindliche sozialversicherungsrechtliche Gesetze beim Sterben hilft. Jeden Tag. Überall im Land. Für die überragende Mehrzahl aller Bürger, die in einer gesetzlichen Krankenkasse „pflichtversichert" sind.

Die Pilotwerdung des Patientenfluggastes im Gesundheitssystem

Vorüberlegungen für einen Paradigmenwechsel
Ein Beitrag für das Liberale Institut Zürich

Zu den elementarsten Interessen eines jeden Menschen gehört das Bedürfnis, sich selbst zu erhalten. Alleine schon die Rede vom „Selbsterhaltungstrieb“ verdeutlicht, dass menschliche Betätigungen in diesem Zusammenhang schnell den Bereich des Bewussten und Rationalen verlassen. Schmerz zu vermeiden oder Hunger und Durst zu stillen, ist in einem so erheblichen Masse fundamental, dass einzelne, konkrete Handlungsmotive zur Bedürfnisbefriedigung oft nicht fern von reiner Instinktbetätigung liegen. Wo eine Mahlzeit vor lauter Hunger hektisch verschlungen wird, wo das Glas nicht abgesetzt wird, bevor es geleert ist oder wo den Übermüdeten zuletzt der Schlaf übermannt, da ist kein Raum für nüchternes Abwägen oder kühle Intellektualität. Der Körper schützt seine physische Integrität. Hierzu sendet er die nötigen Signale zur Anforderung all dessen, was er braucht. Das Gesundbleiben dient einem gleichsam zirkulären Zweck: Nur ein funktionsfähig erhaltener Körper kann sich selbst schützen und ernähren, zugleich halten dieser Schutz und die Ernährung des Körpers ihn für diese Pflichterfüllungen gegenüber sich selbst intakt.

Natur oder Schöpfung sind indes bei den positiven Anreizen für die Selbsterhaltung eines Menschen nicht stehengeblieben. Um dem einzelnen zu signalisieren, wovon er sich fernzuhalten habe, damit er nicht vermeidbaren Gefahren ausgesetzt werde, haben sie ihm auch die Angst als weiteres, negatives Steuerungsmittel mit auf seinen Lebensweg gegeben. Und also bewegen sich alle Menschen seit jeher – lange schon, bevor die Psychoanalyse es auf ihre Begriffe brachte – zwischen dem Gegensatz aus anstrebenswerter Lust hier und abzuwehrenden Unlustzuständen dort: Jeder Mensch strebt hin zum Schönen, Guten, Bequemen und jeden zieht es fort vom Schmerzhaften, Anstrengenden, Gefährlichen. Da, wo Bedrohliches fern und Angenehmes nah ist, hält sich jeder Mensch am liebsten auf.

Der menschliche Selbsterhaltungstrieb ist machtpolitisch instrumentalisiert worden

Alles das wußten und wissen allerdings auch Politiker, die ein Gemeinwesen zu beherrschen und zu lenken trachten. So kann nicht wundern, dass das Versprechen, dem Individuum seine körperliche Integrität bequem erhalten zu helfen, in der menschlichen Entwicklungsgeschichte zu einem zentralen Inhalt der Staatslegitimation wurde. Die politische Zusage, den einzelnen von der Sorge um sich selbst – und namentlich von der Sorge um seinen gesund erhaltenen Körper – zu entlasten, bildet daher den Ausgangspunkt genau desjenigen mitteleuropäischen Wohlfahrtsstaates, der sich uns heute in der Gestalt des „Sozialstaates“ mit vielerlei Schutzzusagen rund um den menschlichen Körper präsentiert. Die Beruhigung, schlimmstenfalls von Krankheiten unter der Regie einer staatlichen Kasse geheilt, von einer Arbeitslosenverwaltung gegen Zahlungsunfähigkeit geschützt und von einer Rentenversicherung im Alter alimentiert zu werden, zielt genau auf die zentralsten und fundamentalsten Stellen der menschlichen Existenz und ihrer Bedürfnisse: Die belastende und allgegenwärtige Sorge um den individuellen Selbsterhalt wird in andere, für stärker befundene Hände gelegt.

Eine solche Delegation der Selbstverantwortung in die Hände eines anderen erzwingt jedoch auch einen Wandel aller bisher einschlägigen Funktionszusammenhänge. Denn der einzelne Mensch tritt mit seinen Bedürfnissen und Ängsten der Welt jetzt nicht mehr unmittelbar selbst gegenüber, sondern zwischen ihn und die Realitäten seiner Lebenswelt tritt ein Dritter: Der Organisator und Verwalter der Fremdverantwortung. Überall dort, wo aus Selbstbestimmung systematisch Fremdbestimmung wird, erweisen sich die vormals bekannten Abläufe zur Selbsterhaltung jetzt als obsolet: Im Krankheitsfall muss der Arzt vom Betroffenen nicht mehr selbst ausgewählt und aufgefunden, mit ihm muss nicht mehr über die gebotene Therapie gesprochen und ein Preis für die Behandlung vereinbart werden. Die Prüfung, ob der Arzt sein versprochenes Tun auch tatsächlich ordnungsrecht erbracht und der Preis dafür angemessen war, obliegt nicht mehr dem Patienten. Stattdessen ist es der Fremdverantwortliche, der all dies besorgt. Dieser Mechanismus ist auf ersten Blick sehr entlastend und bequem, wenn er bezahlbar bleibt und seine versprochenen Zwecke erfüllt. Was aber, wenn nicht?

Die Definitionsverwaltung konterkariert die Erfüllung ihrer Kernaufgaben

In den Staaten des mitteleuropäischen Kulturkreises haben sich – und, sofern gesetzlich überhaupt gestattet, von einer unübersehbaren Vielzahl beeindruckend differenzierter Arten und Unterarten abgesehen – im Wesentlichen zwei große Gattungen der sozialstaatlichen Gesundheitsfürsorge ausgebildet. Die erste dieser beiden Gattungen ist geprägt von einer stolz propagierten staatlichen Gesamtvorsorge für alles und jedes im Gesundheitssystem. Staatsbeamte legen die Höhe der Versicherungsbeiträge fest und ziehen sie ein, bestimmen den medizinischen und pflegerischen Leistungsumfang, organisieren die Strukturen der Leistungserbringung, kontrollieren Umfang und Güte der erbrachten Arbeiten, sanktionieren und bestrafen abweichendes Verhalten allerorten, forschen nach Neuerungen, suchen nach Einsparpotentialen, verwalten die Etats und bestimmen die Zahlungslasten. Die zweite der beiden großen Gattungen heißt „Private Krankenversicherung" und wird – jedenfalls in ihrem operativen Kern – nicht von verbeamteten Staatsbediensteten verwaltet, sondern durch privat angestellte Beschäftigte zivilrechtlich organisierter Versicherungsgesellschaften. Welcher dieser beiden Gattungen von Sicherungsmechanismen ein Bürger sich mit seinem Körper und dessen Schicksal anvertrauen darf, unterliegt im Sozialstaat wiederum gesetzlicher Bestimmung. Und es ist bezeichnend, dass die politisch schwerstens umstrittene Grenze, jenseits derer sich ein williger Bürger – halbwegs eigenständig und mitbestimmungsbefugt über den eigenen Körper und sein Schicksal – privatautonom versichern darf, ohne kategorisch gesetzlich versichert sein zu müssen, in Deutschland ausgerechnet als die „Friedensgrenze" zwischen beiden Gattungen bezeichnet wird. Die beschönigende Wortwahl für jene Kampflinie ist das äußere Anzeichen für die brachialen Machtinteressen, die mit den Privilegien der institutionalisierten Fremdverantwortung für die Verwalter verbunden sind. Auf diese strukturelle Korrumpierung im System wird zurückzukommen sein. Betrachten wir aber zunächst, was unter dieser Regie funktioniert.

Beide Varianten des gesundheitlichen Individualschutzes – die staatliche Krankenfürsorge durch Behörden und die gestattete private durch Versicherungsgesellschaften – erreichen fraglos ein erstes Ziel: Sie verteilen individuelle Erkrankungs- und also Kostenrisiken von jedem einzelnen alleine auf die große Gruppe vieler Beteiligter. Der eine Unglückliche, den aus einer versicherungsmathematisch kalkulierten Gruppe von beispielsweise 100.000 Bürgern eine fatale Krankheit trifft, muss die ihm individuell wirtschaftlich untragbare Last seiner Behandlungskosten nicht selber allein übernehmen, sondern sie wird – in winzigen, unmerklichen Kostenbestandteilen zu einem 100.000stel – auf alle Mitglieder der Versichertengemeinschaft verteilt. Niemand kann vernünftigerweise etwas gegen dieses Grundidee der Versicherungswirtschaft einwenden. Durch die Verteilung eines Risikos wird es für alle tragbar. Bis hierher gehen die archaische Befriedigung des Überlebenstriebes und eine primär plausible Handlungsrationalität konform. Der Volksmund sagt: Einer für alle, alle für einen. Gut so!

Jede Art von Fremdverantwortung hat indes – hinter ihren Vorteilen – stets auch eine Kehrseite. Und diese besteht bei Fremdverwaltungen aller Art systematisch im Eigeninteresse der Verwalter. Konkret: Aus den gesamten Mitteln, die für die Aufwendungen zur medizinischen Versorgung eingenommen werden, können nicht nur und ausschließlich Ärzte, Pfleger und Medikamente bezahlt werden. Es müssen auch die Fremdverwalter selbst für ihr Tun vergütet werden. Und genau das bereitet gerade im Bereich der Krankenkostenversicherung ganz erhebliche – wenn nicht, wie hier vertreten – im Ergebnis unüberwindliche Probleme. Denn je komplizierter und damit umfangreicher die Verwaltungstätigkeit wird, desto schwieriger und also teurer wird sie und umso weniger der vorhandenen Ressourcen stehen für das eigentliche Kerngeschäft der Versicherung noch zur Verfügung.

Der Beitragshase und der Kostenigel

Dem Überlebenstrieb des Menschen ist ureigen, dass er prinzipiell unendlich ist. Es gilt, den Tod zu vermeiden – koste es, was es wolle. Folglich ist auch der Bedarf an medizinischen Dienstleistungen im Erkrankungs- und also Versicherungsfall prinzipiell unendlich. Alles, was der Schmerzvermeidung, der Genesung oder selbst nur der vorläufigen Sterbensverhinderung dienlich ist, wird von dem Betroffenen (oder von seinen Angehörigen für ihn) beansprucht. Mehr noch: Das Einfordern der Hilfe für den Bedürftigen ist mit gleichlaufenden moralischen Ansprüchen bewehrt. Leistungen zu versagen, steht schnell im Lichte ethischer Unverantwortlichkeit. Dieser Nexus maximiert den Argumentationsaufwand für nicht gewährte Hilfen erheblich. Damit steigt der Kostenaufwand für eine notfalls gerichtsfeste Argumentation deutlich. Ein übervorsichtiger Rentenversicherungsmathematiker mag kalkulieren, dass alle Beteiligten einer Kohorte 130 Jahre alt werden könnten und er wird mit dieser rechnerischen Annahme auf der betriebswirtschaftlich sicheren Seite sein. Ein Krankenversicherungsmathematiker hingegen kann diese Sicherheit nie gewinnen. Anders als die ihm für seine Kalkulation auf der Einnahmeseite unausweichlich stets nur begrenzt verfügbaren Ressourcen, ist der einzustellende Kostenbetrag auf der Ausgabenseite – analog zum Überlebenswillen der Betroffenen – prinzipiell unendlich. Dies gilt zumal unter den Bedingungen eines immer weiteren medizintechnischen

Fortschritts. Das potentielle Leistungsspektrum und mit ihm der mögliche künftige Kostenbedarf wachsen unaufhaltsam. Der Beitragshase kann laufen so schnell er will, der Kostenigel ist immer schon vor ihm da.

So ethisch bitter und moralisch unerträglich es klingt: Jede Versicherung gegen die Kostenbelastung bei Krankenbehandlung – sei sie öffentlich oder privatrechtlich aufgestellt – hat unausweichlich einen willkürlichen Endpunkt zu definieren. Bis hierher – und nicht weiter! Denn die Ausgabenseite muss mit der Einnahmenseite im Gleichgewicht gehalten werden. Was schon im konkreten Einzelfall schier unlösbare ethische Fragen aufwirft, wird jedenfalls im Kollektiv von Versicherten, denen aus ordnungspolitischen Machtinteressen gesetzlich keine Versicherungsalternative zugestanden wird, vollends unbeherrschbar. Warum soll dem Patienten A eine Therapiemöglichkeit vorenthalten werden, obwohl die Mittel dafür zur Verfügung stünden, wenn man nur dem Patienten B oder dem Patienten C nicht das gäbe, was man ihnen zu geben bereit ist? Warum sollen die vereinnahmten Mittel für Verwaltung statt für Behandlung ausgegeben werden? Warum – erst recht – für eine immer kompliziertere und konfliktträchtigere administrative Begründung der Nichtleistung?

Das damit aufgeworfene ethische Dilemma stellt sich in der öffentlichen wie in der privatrechtlich organisierten Krankenversicherung prinzipiell in identischer Form: In beiden Fällen entscheidet nicht der Patient, sondern hier ein Beamter und dort ein Versicherungsangestellter über den Grenzpunkt des für notwendig befundenen Therapieweges. Für beide Versicherungsformen gilt: Je weiter der technische und medizinische Fortschritt die Therapiemöglichkeiten ausdehnt, desto unbeantwortbarer wird die ethische Frage nach der Leistungsbegrenzung für den Fremdverantwortlichen. Jedenfalls überall dort, wo der wissenschaftliche Fortschritt nicht zu Kosteneinsparungen führt, sondern zu einer Erhöhung der Leistungs- und also Ausgabepotentiale, stellt er das Prinzip der verantwortlichen und verantwortbaren Fremdbestimmung immer deutlicher in Frage.

Selbstrückbezüglichkeit als Königsweg aus der Fremdbestimmung

Bei allem gibt es wohl nur einen einzigen Weg aus diesem Dilemma: Das Prinzip der Selbstrückbezüglichkeit. Nur so lassen sich die Kostenrisiken eines Gesundheitssystems durch Vergemeinschaftung wünschenswert und ökonomisch sinnvoll minimieren, ohne dass die Eigenverantwortung des einzelnen für sich selbst in ethisch unvertretbarem Umfang auf andere übergeht. Die Katze muss sich in ihren eigenen Schwanz beißen: Die einzelnen Versicherten der Versichertengemeinschaft (sei sie privatrechtlich oder öffentlich-rechtlich organisiert) müssen persönlich Eigentümer ihrer Versicherung werden und deren wirtschaftliches Schicksal als ihr eigenes übernehmen. Ein Dritter – sei er eine Behörde oder eine Versicherungsgesellschaft – darf nicht zwischen dem Kopf und dem Schwanz der Katze agieren.

Bevor ich diese Prämisse zur weiteren Erläuterung aus acht unterschiedlichen Perspektiven beleuchte, will ich sie selbst noch durch eine Analogie plausibilisieren. In der zivilen Luftfahrt fände sich heute wahrscheinlich allenfalls eine verschwindend geringe Zahl von Fluggästen bereit, mit einer Maschine zu reisen, deren Pilot nicht auch selbst mit an Bord säße. Wir fühlen uns sicher an Bord, weil der Experte, dem wir unser Leben anvertrauen, uns mit seinem eigenen Körper Garantie bietet, vorsichtig zu starten, zu fliegen und zu landen. Der Flugkapitän haftet uns mit seinem eigenen Leben für die Güte seiner Leistung.

Ganz anders liegen die Verhältnisse im Gesundheitssystem, merkwürdigerweise allseits toleriert. Der Krankenkassenbeamte, der dem Patienten eine Leistung verweigert, kann selbst anderswo und anderswie versichert sein als dieser. Sein konkretes „Nein!" gegenüber dem Kranken ist also nicht einmal ein auch nur abstraktes „Nein!" sich selbst gegenüber, käme er selbst in die identische Lage des Betroffenen. Und auch in der privaten Krankenversicherungswirtschaft gilt: Alle, die die Kostenübernahme für eine bestimmte Therapie dort zur Meidung eigener Insolvenz ablehnen, können ohne weiteres selbst ganz anders versichert sein. In beiden Gattungen der Krankenversicherung bestimmen Fremde über Fremde, ohne selbst – wie ein Pilot – mit an Bord zu sitzen. Dieser Mangel lässt sich systematisch beheben. Dies sollen die nachstehenden acht Überlegungen zeigen.

Acht Blicke auf ein systematisch optimiertes Gesundheitssystem

Erstens: Der Gesetzgeber könnte regeln, dass jeder Bürger grundsätzlich verpflichtet ist, sich gegen das Risiko zu versichern, bei Krankheit mit persönlich untragbaren Behandlungskosten konfrontiert zu sein. Wo der Bürger sich versichert und gegen welche Risiken im Einzelnen, bliebe ihm – gemeinsam mit seinen Mitversicherten – zu entscheiden selbst überlassen. Zentral wäre einzig, dass die Versicherungsgesellschaft jedenfalls niemandem anderen gehören darf als nur denjenigen, die selbst bei ihr versichert sind. Diese ordnungspolitische Spielregel wäre zugleich Gegenstand des systemeinführenden Gesetzes. Auf diese Weise wäre sichergestellt, dass über die Höhe des Versicherungsbeitrages und über den Inhalt der versicherten Leistungen niemals ein Aussenstehender entschiede. Da kein Beteiligter ein Interesse hat, unnötig hohe Beiträge an die Gemeinschaft zu zahlen, begrenzt sich der Versicherungsumfang auf diese Weise unmittelbar selbstregulatorisch. Und da niemand interessiert ist, bei Krankheit finanziell schutzlos zu sein, wird er den Leistungsumfang interessengerecht definieren. Durch diese Rahmensetzung wird sichergestellt, dass alle „Piloten“ des Systems auch persönlich mit an Bord der von ihnen gesteuerten Versicherung sitzen. Was einem an Leistung nicht gewährt wird, kommt unterschiedslos keinem zugute. Eine direktere Qualitätssicherung erscheint nicht denkbar: Das Eigeninteresse jedes einzelnen wird für das Wohl aller fruchtbar gemacht.

Da Vertragsfreiheit für die Gründung von Versichertengemeinschaften herrscht, werden sich verschiedene Gesellschaften mit unterschiedlichen internen Regelwerken bilden und miteinander um die je beste Problemlösung konkurrieren. Alle

Gesellschaften lernen so voneinander und es ergeben sich Angebotsvarianten: Nervenstärkere Menschen bilden Gemeinschaften, die weniger, und ängstlichere Menschen solche, die mehr an Leistungen bieten. Durch eine weitere gesetzliche Regel, dass jede Gemeinschaft jedermann – gleich welchen Alters – ohne Gesundheitsprüfung zu identischen Beiträgen aufnehmen muss, wird verhindert, dass Dumpingpreise, die den tatsächlichen Kostenaufwand der Gemeinschaft nicht decken, in den Markt kommen. Versicherungsmitglieder dürfen auch nicht gehindert werden, jederzeit in eine andere Gemeinschaft zu wechseln, wodurch knebelnde Vertragsregularien ausgeschlossen sind. Weil alle „Piloten" der Gemeinschaft zugleich auch deren „Fluggäste" sind, sehen sie, wofür Geld ausgegeben wird und hält ihr ureigenes gemeinsames Interesse, medizinisch gut versorgt zu sein, die Verwaltungskosten gering.

Zweitens: In jeder Gemeinschaft leben stets Menschen, die über weniger finanzielle Ressourcen verfügen als andere. Auch „Arme" sind aber – wie jeder andere – auf Gesundheitsdienstleistungen angewiesen. Um Zahlungsunfähige in das System einzubeziehen, kann ihnen der Gesetzgeber daher das Recht zubilligen, sich wie jeder andere (beitragszahlende) Bürger frei einer der Versicherungen anzuschließen. Und weil niemand besser weiß als ein Finanzamt, ob ein Bürger arm oder reich ist, bezahlt dieses Finanzamt auf Anzeige des Unterstützungsbedürftigen dessen Beitragsschuld an die Versicherung in Form einer negativen Einkommensteuer. Um auszuschließen, dass sich eine Versicherungsgemeinschaft ausschließlich aus Unterstützungsempfängern bildet oder eine bestehende Gemeinschaft durch unangemessene interne Leistungsgewährungsbeschlüsse einer Mehrheit von Subventionsempfängern in finanzielle Schieflage geraten könnte, werden die internen Mitbestimmungsrechte von unterstützten Versicherten vorübergehend suspendiert, wenn und solange ihre Gruppe mehr als 25 Prozent der Stimmberechtigten bildet. Durch diese Ordnungsregel bleibt das zur langfristigen Kostenkontrolle essentielle Prinzip gewahrt, dass tatsächliche Beitragszahler ihre je persönlichen Budgetinteressen gemeinsam wahren. Gleichwohl partizipieren auch „Arme“ gleichberechtigt an den Gesundheitsleistungen.

Kostenkontrolle und sozialer Ausgleich in der schwarmintelligenten Gemeinschaft

Drittens: Ein häufiger Einwand gegen die Idee, dass Bürger sich selbständig einen Leistungskatalog zur Versicherung gegen Krankheitsrisiken schreiben könnten, liegt in dem Argument, ihnen fehlten dazu die notwendigen Kompetenzen. Staatliche Gesundheitsadministratoren berühmen sich daher regelmäßig genau derjenigen alleinigen Sachkompetenz, die ohne Ansehung der Person rein wissenschaftlich fundierte, objektiv richtige Entscheidungen zum Wohle aller ermögliche. Das Notwendige, Erforderliche, wirtschaftlich Sinnvolle, fachlich Angemessene und ethisch Zumutbare lasse sich überhaupt nur mit Staatszwang definieren. Der Bürger werde sonst in die Klauen kapitalistischer Raubtiere überantwortet, die sich alle Informationsasymmetrien im eigenen Profitinteresse zu Nutze machten.

Genau dieser Rhetorik, mit der etablierte staatliche Versicherungssysteme verteidigt werden, tritt das hier skizzierte Versicherungsmodell entgegen. Denn einen „dritten“ Profiteur kann es nur dort nicht geben, wo es einen „Dritten“ gar nicht gibt. Ausnahmslos jede beteiligte Person des hier skizzierten Systems hat ein ureigenes Interesse an einem möglichst idealen Preis-Leistungs-Verhältnis. Da jeder Beteiligte als Miteigentümer des Gemeinschaftsvermögens sowohl auf der Seite der Einnahmen, wie als Patient auch auf der der Ausgaben sitzt, wird die Übervorteilungen eines Dritten systematisch ausgeschlossen. Weil alle Beteiligten zugleich wissen, dass es für sie außerhalb der Versichertengemeinschaft (und jenseits eines hilfsweise konsultierten eigenen Sparbeutels) keinerlei sonstigen Krankheitskostenschutz gibt, haben alle ein gleiches Interesse, den versicherten Leistungsumfang hinreichend auskömmlich zu gestalten.

Allenfalls die fachlichen Berater der Versicherungsgemeinschaften könnten noch als gefährliche Dritte in diesem Sinne aufgefasst werden, wenn sie unrichtige Auskünfte und Ratschläge erteilen. Doch genau das darf – nach allen Erfahrungen in anderen Lebenskontexten – faktisch nahezu vollständig ausgeschlossen werden. Denn aus den wundersamen Gründen der Schwarmintelligenz setzt sich in frei organisierten Märkten sogar dann stets dasjenige Produkt durch, das die beste Leistungsbilanz aufweist, wenn seine Käufer nicht im Ansatz selber beurteilen können, was es von einem schlechteren Konkurrenzmodell unterscheidet. Menschen reden nämlich miteinander und erspüren so den fachlich seriösen Rat. Jener Mechanismus, der der ganzen Welt unübersehbar – und also kaum bestreitbar – die leistungsstärksten Smartphones beschert hat, kann auch für die Gesundheitsversorgung nutzbar gemacht werden.

Viertens: Einem weiteren gängigen Vorurteil zuwider bedeutet Konkurrenz der nebeneinander wirtschaftenden Versicherungsgemeinschaften auch mitnichten, dass diese gegeneinander feindsinnig gestimmt sein müssten. Im Gegenteil. Gesunder Wettbewerb, wie er auf einem so allgegenwärtigen und allseits interessiert beobachteten Markt wie dem der Gesundheitswirtschaft erwartet werden darf, fördert immer wieder neue Erkenntnisse darüber zutage, wer genau was besser kann als andere. Das Qualitätsinteresse des Publikums fördert dadurch Spezialisierungen und dies induziert kluge Kooperationsmöglichkeiten für alle Beteiligten zur allseits gedeihlichen Arbeitsteilung. Teilen sich zwei „konkurrierende“ Unternehmen kostenaufwendige Arbeit, dient dies beiden. Dadurch werden nicht nur Verwaltungskosten verringert, sondern es bildet sich die Einsicht, kooperierend ökonomischer arbeiten zu können, wenn gemeinsame Rückversicherungsmodelle etabliert werden. Die gefürchteten „dreadful diseases“ mit ihren unabschätzbaren Kostenrisiken können auf diese Weise zum Wohle aller „gepoolt“ und also in ihrem Bedrohungspotential minimiert werden. Konkurrenten mit Kostenbewusstsein kämpfen nämlich nicht ressourcenvernichtend gegeneinander, sondern ergänzen sich zur Schonung ihrer Ressourcen in dem, was sie können.

Fünftens: In den mitteleuropäischen und vielen weiteren Staaten des sogenannten Westens herrscht heute weitgehend Einigkeit, dass das Prinzip des Wohlfahrtsstaats eine wesentliche Ausprägung der verfassungsrechtlich garantierten Menschenwürde sei. Dies wirft vorliegend die Frage auf, wie mit Fallgestaltungen zu verfahren ist, in denen ein Bürger krankenbehandlungsbedürftig wird, er aber die Kosten genau dieser Behandlung mit seinen Versicherungsgemeinschaftern nicht versichert hat und sie auch nicht aus eigenen Mitteln darstellen kann. Würde dieser Behandlungsbedürftige weiterhin – wie z.B. bislang in Deutschland üblich – zur Kostenlast der Steuerzahler eines örtlichen Sozialamtes im Umfang einer gesetzlichen Krankenversicherung behandelt, so stellte dies die Gesamtsystematik des hier umrissenen Modells infrage. Denn besonders hartgesottene (oder verantwortungslose) Versicherte könnten sich eine Versicherungsgemeinschaft gestalten, in die sie faktisch keine Beiträge einzahlen und von der sie im Ernstfall ohne negative persönliche Konsequenz keine Hilfe erhalten müssten, da ein Sozialamt ihnen aus Steuermitteln Freistellung von Behandlungskosten zu gewähren hätte.

Die gemeinsame Verantwortung aller zur Selbstversicherung verpflichteten Bürger bedarf folglich einer ordnungspolitischen Absicherung an dieser Stelle, um nicht durch böswillige Vertragsgestaltungen einzelner insgesamt gezielt sabotiert werden zu können. Diese Absicherung lässt sich dadurch herstellen, dass die Sozialämter von der Pflicht zur Kostenübernahme für Krankenbehandlungen entbunden werden. Eine solche Freistellung der Sozialämter von der Kostentragung erscheint auch nicht unangemessen. Denn immerhin hat – wie beschrieben – jeder Bürger unabhängig von seiner individuellen Leistungsmöglichkeit das Recht, sich nötigenfalls kostenlos einer Versichertengemeinschaft anzuschließen. Schutzlos ist also hier nur derjenige, der nicht einmal den elementarsten selbstverantwortlichen Schritt gegangen ist, sich bei einer Gemeinschaft zu melden. Warum aber sollte für einen dergestalt Verantwortungslosen eine Gemeinschaft anderer finanziell aufkommen?

Gleichwohl bleibt es eine verfassungsrechtliche Verantwortung aller öffentlichen Stellen, die Menschenwürde eines jeden – auch eines selbst verantwortungslosen – Mitbürgers zu achten und zu schützen. Die Lösung dieses Dilemmas findet sich in einer manifesten Therapiebegrenzung: Der Verantwortungslose ist bei Kostenlast des Sozialamtes auf reine Schmerzbehandlung und Palliativmedizin beschränkt. So muss er nicht leiden, wird aber auch nicht mehr auf Kosten anderer geheilt. Karitativen Stellen bleibt unbenommen, ihm Hilfe anzudienen.

Es mag auf den ersten Blick hart erscheinen, einen verantwortungslosen „free rider" teilweise schutzlos zu stellen. Doch solcher Umgang der Rechtsordnung mit denjenigen, die den zumutbaren Regeln einer Gemeinschaft widersprechen, markiert keinen – im Besonderen keinen verfassungsrechtlichen – Systembruch. Es ist vielmehr anerkannten Rechtes, dass die sogenannte „Generalprävention" nicht gegen die Menschenwürde steht. Wenn aber schon legitim ist, einen Täter notfalls lebenslang alleine deswegen in ein Gefängnis zu sperren, um sein Beispiel zur Abschreckung potentiell künftiger Täter präsentieren zu können, so muss eine solche Exemplifizierung auch für denjenigen gelten können, der Leben und Körper anderer durch Boykott ihres gemeinschaftlichen Gesundheitssystems vermeidbar gefährdet.

Verantwortungsbewusste Kooperationen mit Respekt vor der Menschenwürde

Sechstens: Die Versicherungsgemeinschaften müssen dem Staat garantieren, für ihre versicherungsvertraglichen Leistungsversprechen auch tatsächlich leistungsfähig zu sein. Die Geschäftsführer einer Versicherung haben aus dem genannten „Piloten-Prinzip" folgerichtig nicht nur selbst bei der Gemeinschaft versichert zu sein, für die sie arbeiten. Sie haben überdies ihre Arbeit gegen mögliche Fehler durch eine Berufs- und Vermögenshaftpflichtversicherung abzudecken. Durch diese weitere Rückabsicherung gewinnen die Versicherten zusätzlichen Schutz, da auch die Haftpflichtversicherer diese Geschäftsleistung im wiederum eigenen geschäftlichen Interesse unter Qualitätskontrolle halten. Und: Je höher die Rücklagen und Rückstellungen der Gemeinschaft, desto geringer die Versicherungsprämien für ihre Geschäftsführer.

Siebtens: Um sicherzustellen, dass auch in dem hier umrissenen Versicherungsmodell kein Mensch gezwungen wird, sich mit seinem Körper und seinem Vermögen Regularien anschließen zu müssen, denen er sich nicht unterwerfen will, sollte jedem erwachsenen Bürger das Recht zugestanden werden, sich von der grundsätzlichen gesetzlichen Versicherungspflicht lossagen zu dürfen. Denn auch wenn eine Vielfalt von Versicherungsgesellschaften entstehen wird, bleibt möglich, dass Einzelne keine ihnen adäquat erscheinende Gemeinschaft finden. Folglich sollten sie auch nicht gezwungen sein, sie zu finanzieren und dadurch individuelle Schutzrücklagen zu minimieren. Im Notfall bleiben sie dann aber auf den beschriebenen Minimalschutz der gemeindlichen Sozialämter beschränkt. Wird dieses Sezessionsrecht so ausgestaltet, dass es nur in notariell erklärter Form nach entsprechender Belehrung und Prüfung der Willensfreiheit wirksam ist, erscheint es auch rechtsethisch vertretbar. Eine drohende Sezessionsmöglichkeit wirkt zudem als Motivation für alle Versicherer, ihrer Ausübung durch eigene Arbeitsqualität vorzubeugen.

Achtens: Welche erheblichen systematischen Entlastungen sich ergeben, wenn ein Staat die Willensbetätigung freier, erwachsener Menschen als legitim und unhintergehbar anerkennt, statt sie im eigenen Machtinteresse zu bekämpfen, macht ein weiteres Beispiel deutlich: Soll man Menschen ohne oder gegen deren Willen gesetzlich zwingen, Organe ihres sterbenden Körpers an andere zu spenden? Die Diskussion dieser Frage führt bekanntermaßen schnell ins Unendliche, da jede Antwort in Anbetracht der allgegenwärtigen Unwägbarkeiten stets neue Fragen aufwirft. Gelänge es hingegen, den Kreis potentieller Empfänger prinzipiell auf diejenigen zu beschränken, die sich vor Entstehen ihres Empfängerbedarfs dazu bereit erklärt hatten, im Fall der Fälle selbst als Spender zu Verfügung zu stehen, wäre nicht nur die Gefahr beseitigt, den möglicherweise tatsächlich entgegenstehenden Willen eines Sterbenden durch bloße gesetzliche Einwilligungsfiktion zu brechen, sondern das Eigeninteresse aller am Selbsterhalt interessierten Empfänger würde zügig den Mangel an Organen beseitigen.

Unkluge Rechtspolitik ignoriert und bricht den Willen der Bürger. Kluge Rechtspolitik dagegen balanciert die freien Willensentscheidungen von Bürgern zum allseitigen Nutzen aus. Ethisch vertretbar ist alleine Letzteres, sofern man die gewachsenen mitteleuropäischen Wertentscheidungen für ein gedeihliches Miteinander bejaht. Für den Bereich der europäischen Gesundheitssysteme ergibt sich daraus organisatorischer Überholungsbedarf. An die Stelle administrativer Machtinteressen muss bürgerliche Selbstorganisation treten.

Umweltpolitische Kontrollverluste im viralen Weltdorf Gesundheit und Freiheit im Klima der Angst

I. Eine feste Burg

In den unwirtlich kalten, ewigen und schwarzen Weiten des Universums strahlt unsere Erde dem Auge schon aus der Ferne mit einem wohligen Blau entgegen. Aufwärtsblickend von hienieden heißen wir dieses Farbenspiel Himmel und lassen unsere Seelen erquicken von seinem Schein. Seitwärtsblickend erfreuen uns ein Morgen- und ein Abendrot, herabschauend stehen wir oft auf sattem, grünem Grund. Wir Menschen sind, wer könnte es bestreiten, Teil eines universellen und wundersamen Kreislaufes aus den oft unergründlichsten Phänomenen. Und die Rätselhaftigkeiten unserer Existenz beschränken sich bei weitem nicht auf solche Lichteffekte. Wer tiefer blickt und die glänzend reflektierenden Oberflächen allerorten auch denkend durchdringt, der entdeckt bei alledem immer wieder das Ungeheuerlichste.

Auf den höchsten Berggipfeln ihrer Welt, immer dem Sonnenlicht entgegen, haben sich unsere Vorfahren seit jeher robust gefügte Burgen errichtet. Wer je die Gräben um solche Bauwerke über eine herabgelassene Zugbrücke betreten durfte und, heraufgestiegen auf den höchsten Turm, aus dem Inneren der Festung von den Burgzinnen herab über das Land in die Täler geblickt hat, der mag sich Fragen wie diese gestellt haben: Was hat unsere Vorfahren veranlasst, diesen architektonischen Aufwand zu betreiben? Wer hat beschlossen, in fernliegenden Steinbrüchen grobe Brocken aus den Felsen zu schlagen, sie flächig zu behauen, auf Karren zu laden und sie in diese Höhen hinauf zu schleppen? Wer hat die fein gefügten Quader planvoll zu Mauern und Häusern und Wehrgängen aufeinander gesetzt, sie miteinander verkeilt und verbunden, vermauert und verklebt? Wer besorgte die Inneneinrichtung, wer gestaltete die Versorgungssysteme und wer unterhielt sie? Wer pflegte das Bauwerk, wer verteidigte es gegen Wind und Wetter? Wer – vor allem – organisierte und motivierte überhaupt (und: wie?) all die erforderliche Muskelkraft, derer es zum Ganzen bedurfte? Zu einer Zeit, als die elementarste Motorkraft noch nicht einmal im Ansatz verfügbar war?

Während der Betrachter mit der Suche nach Antworten auf diese Fragen beschäftigt ist, mag eine sanfte, wohlriechende Brise Bergluft seine Nase umschmeicheln, Vögel können freudig zwitschern und Sonnenlicht darf sich lustig in den Tautropfen der wogenden Wiesenblumen brechen. Doch sei die Szenerie auch noch so schön und noch so heimelig, die zentrale Antwort auf alle diese Fragen ist wenig herzerwärmend. Der Grund für den Bau der Burg auf dem Berg, die Ursache ihrer Existenz, das Motiv für die Knochenarbeit zu ihrer Entstehung, der Auslöser für das ganze Schinden und das Leiden, ist: Angst.

Würden die Errichter dieser Mauern einschließlich ihrer Vorfahren nämlich nicht in aller Ausführlichkeit und Bitterkeit zuvor immer wieder die Erfahrung gemacht haben, ohne solche Mauern schutzlos und schmerzhaft den zerstörerischsten Kräften ausgesetzt zu sein, hätten sie dieses Werk auszehrender Plackerei wohl kaum auf sich genommen. Denn niemand bricht und schleppt mit bloßen Händen Steine, trägt sie, unterstützt bestenfalls von Eseln und Karren, über das Land und auf den Berg, wo er sie stapelt, wenn er nicht felsenfest davon überzeugt ist, sich ohne diese Anstrengungen im Ergebnis schlechter zu stehen als mit ihnen. Die traurige Erkenntnis des nachdenklichen Kulturtouristen auf dem Berge lautet: Die feste Burg da oben ist eine Antwort ihrer Erbauer auf erlittene mitmenschliche Aggressionen. Wer Augen hat, es zu sehen, der kann es nicht verkennen. Es ist kein Zufall, dass Väter und Mütter inmitten Europas ihre Söhne immer wieder Siegfried und Friedrich oder Hartmut und

Burghard nannten. Denn ihre tiefe Sehnsucht war, dass nach dem Sieg endlich Friede, reichlich Friede, und nötigenfalls unbeugsamer Mut herrschten, die Burg und ihren Frieden zu halten. Die steingewordene anthropologische Lektion jeder Burg auf einem Berg lautet: Der Mensch ist nicht nur ein konstruktiv harmonisches Gemeinschaftswesen, ein „zoon politikon" oder „zoon koinonikon", sondern er ist eben auch ein Konfliktwesen. Neben Kooperation und Koopetition betreibt er im Streit um jedwede knappe Ressourcen immer wieder weidlich Konfrontation mit seinesgleichen. Und dieser menschliche Wesenszug jenseits freundlich lachender Sonnenblumen über den grünen Auen des blauen Planeten hat Konsequenzen, die weit über den Bau von Burgen, Verteidigungsanlagen und Wehrtürmen hinausgehen.

II. Angst und Macht

Angst und Macht ziehen einander an wie entgegengesetzte magnetische Pole. Wer Angst hat, der wünscht sich, Macht zu haben, um seine Angst bekämpfen zu können. Wer ängstlich ist, aber machtlos, der sehnt sich einen mächtigen Beschützer herbei. Doch auch die Macht ihrerseits bereitet Angst. Sie kann auch den Mächtigen selber drücken, wenn er mit sich hadert, ob er seine Macht einsetzen und wie er sie gebrauchen soll. Der Ängstliche, der auf Dauer machtlos bleibt, wird bald eine Neigung entwickeln, sich einem machtvollen Beschützer zu unterwerfen. Durch diese Unterwerfung bekämpft er seine Angst und spekuliert er, sie tatsächlich bewältigen zu können. Für den Mächtigen wiederum bedeutet die Unterwerfung des Ängstlichen eine Reduzierung der eigenen Angst. Denn dieser neue Untertan verspricht, ihm ungefährlich zu bleiben und also keinen Grund für eigene Befürchtungen aus dieser Quelle zu liefern.

Herrschaft hier und Unterwerfung dort schaffen auf diese Weise – als einander wechselseitig ergänzende Komplementärphänomene – Sicherheit für die beiderseits Beteiligten. Denn indem der Unterworfene seinem Beherrscher nun auch noch die eigenen Kräfte zur Umsetzung von dessen Zielen zur Verfügung stellt, vergrößert sich die zugestandene Herrschermacht. Die gemeinsame Sehnsucht der Beteiligten nach Sicherheit in der Welt schafft so die arbeitsteiligen Voraussetzungen selbst für den kräftezehrenden Bau von Burgen und Wehranlagen auf Bergkämmen. Durch seine bereitwillige Kooperation mit dem Mächtigeren bekämpft der Schwächere also seine Angst. Man kann diesen Punkt nicht genug betonen: In dem grundlegend eigenwilligen Paradox dieser Konstruktion liegt zugleich ihre außergewöhnliche – und wundersam änderungsresistente – Bestandsfähigkeit. Der Schwache erfährt seine ersehnte eigene Stärkung, indem er sich selbst weiter schwächt! Dies ist der vielleicht entscheidende psychologische Nukleus der Hobbes'schen Staatsidee: Die Entwaffnung des einzelnen konstituiert die Bewaffnung des dadurch gestärkten Volkes. Der Wunsch einer kriegsmüden und ermatteten Bevölkerung nach Ruhe und Frieden in der Folge eines langen Bürgerkrieges lieferte diesem Staatsmodell die nötige Entstehungskraft. Je schwächer und machtloser sich der einzelne Bürger in einem solchen Herrschaftskonstrukt macht, desto stärker und mächtiger darf er sich fühlen.

Die Beständigkeit eines solchen komplementären Konstrukts aus Herrschaft und Unterwerfung erfordert über die Zeit allerdings auch stets wiederkehrende Loyalitätsbeweise. Der Mächtige muß sich sicher sein können, von dem anderen auf Dauer als Herrscher respektiert und akzeptiert zu bleiben. Der Schwächere umgekehrt will die Gewissheit haben, durch seine Unterwerfung nach wie vor in Sicherheit zu sein. Die Aufrechterhaltung der Machtbeziehung erfordert daher eine feine Ausdifferenzierung des gesamten Angstmanagements. Der Herrscher darf dem Beherrschten seine ursprünglichen Ängste und Schwächegefühle niemals dauerhaft nehmen. Das erfordert die behutsame Aufrechterhaltung eines angemessenen Niveaus von Angsthaben durch wohldosiertes Angstmachen. An die Stelle derjenigen Angst, die ursprünglich Anlass für die Unterwerfung war (und die durch das Unterwerfen plangerecht in den Hintergrund getreten ist), muß also eine Art Ersatzangst treten, die der sie erzeugende Herrscher hinlänglich präzise kontrollieren kann. Sie darf nicht erlöschen, sie darf aber auch nicht ausufern.

Die Angst des Machtlosen muß folglich in einem jederzeit beherrschbaren Schwebezustand gehalten werden.

Dauerhaft machtvolles Herrschen setzt bei alledem also zwangsläufig voraus, dass der Herrschende insgesamt die Handlungskontrolle über seine Regulierungsaktivitäten gewinnt und diese Kontrolle auch behält. Das wiederum ist nur denkbar, wenn der Herrscher über das für die zielgenaue Steuerung der Machtbeziehung notwendige Wissen verfügt. Anders gesagt: Ein ahnungsloser, unwissender Herrscher ist auf Dauer nicht denkbar. Denn wem das erforderliche Wissen fehlt, um Kausalverläufe regulieren und sie steuern zu können, der kann auf Dauer auch einen Schwächeren, Ängstlichen nicht überzeugend vor den Risiken beschützen, die ihm drohen. Der Schutz des Machtlosen ist aber – wie gesehen – die unverzichtbar wesentliche Geschäftsgrundlage für den komplementären Unterwerfungshandel. Scheitert der herrschende Teil infolge mangelnden eigenen Wissens oder Könnens bei der Angstbewirtschaftung, verliert das Unterwerfungsgeschäft seinen wesentlichen Sinn für den Ängstlichen. Fühlt sich der Ängstliche nämlich nicht mehr hinreichend vor Gefahren beschützt, kündigt er das Unterwerfungsverhältnis und begründet ein anderes. Dies gilt es für den herrschenden Teil unter allen Umständen zu vermeiden.

Misslich für jeden, der Ängstlichen einmal Schutz versprochen hat, ist nun ein entscheidender weiterer tatsächlicher Umstand: Wem als Herrscher ursprünglich ein Mehr an Macht zugeschrieben worden war, der kann nicht alleine deswegen auf Dauer sicherstellen, auch immer über ein Mehr an Wissen zu verfügen als der Beherrschte. Die Grenzen des eigenen Wissens sind eben unausweichlich auch die Grenzen der eigenen Macht. Mit anderen Worten: Ohnmacht kann nicht regieren. Ohnmacht kann insbesondere nicht die Machtsehnsucht des Ängstlichen befriedigen. Denn niemand wäre bereit, seine eigene Ohnmacht dadurch zu bekämpfen, dass er sich der Ohnmacht eines anderen unterwirft. Der Unterwerfungsakt setzt vielmehr – ebenso wie die anschließende Bereitschaft zur Aufrechterhaltung des Unterwerfungsverhältnisses – wesentlich die Annahme des

Schwächeren voraus, prognostisch effektiv von eigenen Ängsten befreit und von Sorgen freigehalten zu werden. Ein unwissend-ohnmächtiger Herrscher kann diese Prognoseanforderung aber nicht erfüllen. Die aussichtsreiche Aufrechterhaltung einer einmal gewonnenen Machtposition erfordert daher (in Ermangelung tatsächlich besseren Wissens) jedenfalls die Verteidigung mindestens der glaubhaft glänzenden Aura des kontinuierlichen Besserwissens.

Genau das aber erweist sich infolge der durch die Potentiale des Internets aktuell ubiquitär verloren gegangenen Möglichkeit substantieller Wissensvorsprünge des einen vor dem anderen als die vielleicht entscheidendste existenzgefährdende Herausforderung für Machtverhältnisse und Herrschaftsstrukturen weltweit! Die althergebrachte, prinzipielle Informationsasymmetrie zwischen wissenden Regierungen hier und unwissenden Regierten dort ist nämlich angesichts der bisweilen chaotischen Verteilung von Wissen und Unwissen im Kommunikationszeitalter im Begriff, verloren zu gehen. Entscheidend für den Verlust dieses herrschaftsstrategischen Vorteils ist dabei weniger, dass die machtlosen Regierten mehr oder Besseres wüssten als die machtvollen Regierungen. Es genügt vielmehr schon das einfache Bewusstsein der Regierten, sich in demselben Raum des Unwissens zu befinden wie die Regierungen. Wo der verwirrte Untertan seinen Herrscher ebenso unwissend glaubt wie sich selbst, da sind die Grundlagen der Machtbeziehung infrage gestellt. Ein Herrscher, der schon nur den Anschein zulässt, mangels besseren Wissens die Kontrolle über die Lage verloren zu haben, zerstört die Machtstruktur, auf der seine eigene Rolle als Beschützer basiert.

III. Forschung schafft Angsträume

Zu den Eigenwilligkeiten allen wissenschaftlichen Arbeitens gehört, dass praktisch jede neue Entdeckung zwar bestimmte Unsicherheiten beseitigt, dass sie dabei zugleich aber immer auch den Raum für neue Fragen öffnet. Fortschritt bedeutet daher regelhaft nicht nur das Finden von Antworten auf Fragen, sondern Fortschritt bedeutet auch die kontinuierliche Erschließung neuer Sphären des Nichtwissens. Getreu dem bisweilen bemühten Topos, dass derzeit mehr Wissenschaftler gleichzeitig auf der Welt tätig seien als zuvor in der gesamten Menschheitsgeschichte hintereinander, muß folglich auch konstatiert werden: Noch nie in der Geschichte haben so viele Wissenschaftler der Menschheit gleichzeitig so viele Sphären des Nichtwissens erschlossen wie in genau diesem gegenwärtigen historischen Augenblick. Und noch niemals zuvor konnte dieses geballte Unwissen (mit der gesamten Wucht seiner daraus folgenden Verunsicherungspotentiale) tagtäglich ubiquitär an jedermann auf der Welt in Sekundenbruchteilen weitergegeben werden, um diese allgegenwärtigen Unsicherheiten mit den bislang bekannten Gewissheiten abzugleichen.

Für ein jedes Herrschaftskonstrukt, das in der hier beschriebenen Weise auf der Absicherung ängstlicher Menschen beruht, die sich alleine, hilflos und schwach fühlen, ist eine derartig permanente Eröffnung neuer Unsicherheitsräume ein Quell ununterbrochener Bestandsgefährdung. Denn der Untertan kann auf Grundlage des Unterwerfungsgeschäftes von seiner Regierung – unter der Androhung des eigenen Loyalitätsentzuges – kontinuierlich Antworten auf die immer neu eintreffenden Fragen einfordern. Im Hinblick auf die das Machtverhältnis konstituierende Schwäche des Untertanen (der in dem beschriebenen Sinne ja überhaupt nur gerade deshalb zu einer Unterwerfung bereit war, weil er diese eigene Schwäche kompensieren wollte) verdichtet sich die Gefahrenlage für den herrschenden Teil sogar noch weiter. Der Untertan kann nämlich nicht nur beständig neu kursierende Fragen an seine Regierung weiterleiten, auf die diese mangels eigenen (besseren) Wissens (noch) keine Antworten hat. Das fehlende Wissen seiner Regierung führt darüber hinaus auch noch zu einer Intensivierung der Kontrollsehnsucht des Ängstlichen.

Die Vergrößerung des Wissens, das ununterbrochene Aufwerfen neuer Fragen, die Schaffung unerwarteter Unsicherheiten und bei alledem das Fehlen jedweder bibliothekarischer Ordnung im Chaos des Diskurses konstituiert somit für die meisten Menschen einen Diskursraum der kommunikativen Haltlosigkeit. Durch die wissenschaftliche Erforschung der Welt und ihre offene Diskussion entstehen für den Großteil der Menschheit folglich schlicht neue Angsträume: Das Unverstandene weckt neue Beschützersehnsüchte. Denn die bisherigen Beschützer können in dem Informationschaos ja gerade deshalb keine befriedigenden Antworten liefern, weil sie es nicht besser wissen.

Die ursprünglich als Informationszeitalter gedachte Epoche des „world wide web“, die Digitalisierung und der Umzug weiter Teile menschlicher Kooperation in das Internet haben somit per jetzt einen technisch induzierten informationellen Overkill produziert. Das menschliche Denken wird durch die unübersehbaren Nachrichtenflut nicht mehr in eine immer zutreffender abbildhafte Form der bestehenden Realität gebracht (also: in-formiert), sondern das Verstehen gerät aus den Fugen und damit aus der Form (es des-in-form-iert sich). In Anbetracht der unzählbaren und unbekannten Akteure auf bestimmten Wissensgebieten ist für den herkömmlichen menschlichen Verstand zudem auch nicht einmal mehr abzuschätzen, welchem Fachmann aufgrund anderer Randumstände derjenige Autoritätsstatus zugebilligt werden könnte, der sonst im zwischenmenschlichen Bereich als Hilfskriterium herangezogen wird, um in Fällen mangelnder eigener Sachkompetenz bei divergierenden Expertenempfehlungen zu einer befriedigenden eigenen Entscheidung zu finden.

Im Raum des menschlichen Wissens und Debattierens hat sich somit – und dies ganz wesentlich durch die exzessiven Kommunikationsmöglichkeiten des Internet – ein Zustand der globalen Hyperkomplexität entwickelt, der menschlich nicht mehr erfassbar und verstehbar ist. Er ist insbesondere auch für Staatenlenker im herkömmlichen Sinne dieses Wortes nicht mehr machtpolitisch beherrschbar. Alle Versuche, die gegebene Realität der Welt noch gedanklich abbildhaft zu erfassen, um sie zu kennen, um von ihr zu wissen oder um sie gar steuer- und kontrollierbar zu halten, sind damit zum Scheitern verurteilt. Was bleibt, ist ein verwirrendes Weltbildwackeln oder – richtiger wohl – ein unentzifferbares Weltbildflimmern, das kein individueller menschlicher Geist noch erfassen könnte. Da das Geschehen dem einzelnen Menschen nicht mehr verständlich ist, gibt es auch keine Chance, es in kommunikativer Arbeitsteilung gemeinschaftlich zu ordnen. Denn was dem einzelnen Subjekt schon unverstehbar bleibt, das kann von ihm erst recht nicht mehr zum Gegenstand einer sinnvollen intersubjektiven Erörterung mit anderen gemacht werden. Was man nicht erkennt, davon kann man nicht berichten.

Menschen haben jedoch – weit über den Kontext politischer Herrschaft hinaus – ein grundlegendes Bedürfnis, ihr Weltbild mit der realen Umgebung in einem ausgeglichenen Einklang zu halten. In Anlehnung an das zellbiologische Bild der Osmose bietet sich an, metaphorisch von einer Art Zerebralosmose zu sprechen: Jeder Mensch will zwischen dem Wissen in seinem Kopf und der für ihn relevanten Umgebung einen Druckausgleich schaffen. Neugier schafft in den Kopf alle Nachrichten hinein, die für den individuell empfundenen Ausgleich notwendig erscheinen. Mitteilungsbedürfnis schafft die Nachrichten heraus, die andere mutmaßlich interessieren sollten. Nachstehend wird sich noch zeigen, wie wichtig es ist, bei alledem demütig von dem zerebralosmotischen Versuch Abstand zu nehmen, die entstandene Hyperkomplexität der Welt noch in den eigenen Kopf aufnehmen zu wollen, will man ihn vor dem Platzen bewahren. Erst recht gilt dies in umgekehrter Richtung: Der Außenwelt einen Organisationsgedanken aufzwingen zu wollen, ist in der Hyperkomplexität dieser Welt faktisch ausgeschlossen. Namentlich simple Monokausalitätsversprechen zeigen sich den sensibleren Geistern hier schon im Ansatz als kontrafaktischer, propagandistischer Irreführungsversuch.

IV. Die Umwelt als Gott 2.0

Menschen haben zwar in ihrer Geschichte immer wieder die Erfahrung machen müssen, keine vollständige Kontrolle über ihr Schicksal zu haben. In dieser Hinsicht allein unterscheidet sich das Los des Gegenwartsmenschen in seiner Hilflosigkeit gegenüber der Hyperkomplexität der Welt kaum substantiell von dem seiner Ahnen. Der für das westliche Denken maßgebliche historische Unterschied liegt indes im zwischenzeitlichen Tod seines Gottes. Der traditionell gottesgläubige Christenmensch der Vergangenheit legte Situationen und Entwicklungen, die sich ihm als nicht mehr beherrschbar darstellten, zwar resigniert aber doch immerhin vertrauensvoll in die Hände Gottes. In einem gottesfürchtigen gesellschaftlichen Umfeld hatte dies regelhaft auch entlastende Konsequenzen. Denn wenn der Wille Gottes dahin ging, einen Schaden nicht zu vermeiden, so fiel die Schädigung dann immerhin nicht in die Verantwortungssphäre desjenigen, der die Zügel preisgegeben hatte. Denn der Herrgott selbst hatte so entschieden. Da war also nichts zu machen. Kollateralschäden aus unzulänglich menschlichem Handeln ließen sich zu dieser Zeit folglich noch irgendwie allgemein akzeptabel ausgestalten. Ein guter Gott, so war man sicher, hatte sich auch bei dem Fürchterlichsten noch etwas Sinnvolles gedacht. Wo man etwas nicht sicher wissen kann, da bietet der Glaube an einen guten Gott eine willkommene Strategie zur Duldung auch von Schmerzhaftem.

Mit der Abwendung von dieser Form des Gottvertrauens brachte sich der Mensch jedoch nolens volens in eine völlig neue Verantwortungslage. Was üblicherweise „technische Machbarkeit“ genannt wird, trat spätestens durch die Industrielle Revolution zunehmend an die Stelle Gottes. Die bisweilen entschuldigend vorgebrachte Formel, irgendein Drama ginge auf „technisches Versagen“ zurück, war von hellsichtigeren Geistern indes schon früh als haltlose Ausflucht entlarvt: Technisches Versagen, bemerkte Nietzsche kühl, sei ein Fehler des Konstrukteurs bei der Berechnung einer Maschine. Ein maßgeblicher menschlicher Konstruktionsfehler in diesem Sinne lag bei der industriellen Eroberung der Welt offenkundig in der ursprünglich unrichtigen Annahme, Böden, Flüsse und Luft könnten grenzenlos fähig sein, stinkende Abfälle der Produktion in ein Nichts verschwinden zu lassen. Die Melange aus gesellschaftlich inakzeptabel hinterlassenem Produktionsmüll einerseits und dem Wegfall des vormals gesellschaftsstabilisierenden Gottesglaubens andererseits ließ kluge (um nicht zu sagen: raffinierte) Machtmenschen in der zweiten Hälfte des zwanzigsten Jahrhunderts sehr konkret auf die politisch wirkkräftige Idee kommen, den westlichen Gesellschaften zur Herrschaftslegitimation einen gleichsam als Ersatzangstraum bewirtschaftungsfähigen Ersatzgott zur Verfügung zu stellen: Die „Umwelt".

Auf den ersten Blick ist diese „Umwelt" nur eine konsequent abstrahierende Begriffsbildung, die ermöglicht, Einzelschutzgegenstände wie die des Landschaftsschutzes, des Luftschutzes, des Wasserschutzes, des Tierschutzes, des Baumschutzes, des Bodenschutzes, des Vogelschutzes und vieler anderer Schützlinge mehr über den Begriff des Naturschutzes hinaus auf praktisch alles auszudehnen, was die Menschheit irgendwie umgab (und umgibt). Solange natürliche Phänomene in dieser Umgebung wie Unwetter, Sturmfluten oder Erdbeben vorläufig noch in den Bereich der „höheren Gewalt" gelegt waren, blieb der traditionelle „act of god" – wie angelsächsische Juristen das Walten höherer Mächte nennen – prinzipiell erhalten. Der Bereich des nichtjustitiablen natürlichen Schicksals wurde aber mit der Zeit von interessierter Seite auch gesetzestechnisch modifiziert und verengt. Während unsere Vorfahren mit gotteslästerlichem Verhalten den unantastbaren Zorn Gottes provozierten und sodann eine gänzlich unbeherrschbare Strafe Gottes zu gewärtigen hatten, lassen sich seit der Geburt des Umweltschutzes viele Naturkatastrophen mit einem zuvor umweltschädigenden Verhalten von Irgendwem immer besser nichttheologisch-diesseitig juristisch verknüpfen.

Beginnt man, Gott und Umwelt in dieser Weise zu betrachten, ergeben sich frappierende Parallelen. Wie zwischen den gläubigen Christenmenschen und Gott weiland vermittelnd die Kirche getreten war, haben seit der Entdeckung der Umwelt diverse vergleichbare Institutionen begonnen, jene konkret organisatorischen Vermittlungstätigkeiten zu besorgen. Ein herrenloser Baum konnte in Ermangelung eigener Rechtssubjektqualität nicht gerichtlich dagegen klagen, gefällt zu werden oder gefällt worden zu sein. Folglich haben sich hilfreiche Nichtregierungsvereine Verbandsklagerechte erstritten, um – gleichsam stellvertretend für den Baum als einer exemplarischen Realisierung der geschundenen Umwelt an sich – für diesen seine Rechte gerichtlich geltend zu machen. In der traditionellen prozessrechtlichen Begrifflichkeit war noch undenkbar gewesen, dass eine nicht entstandene Regenwolke gegen ihre eigene Nichtexistenz klagt. Auch solche Hürden haben sich inzwischen durch umweltgesetzliche Klagerechte gemeinnütziger Umweltschutzverbände überwinden lassen. Wo vormals naturwissenschaftliche Kausalitätsnachweise unmöglich erschienen, hat sich inzwischen gezielt eine entsprechende Kausalitätsmodellierungsindustrie etabliert. Umweltbewusste Gesetzgeber haben zusätzlich mit dem juristischen Instrument der Beweislastumkehr manchen ergänzenden Naturschutz induziert: Kann sich ein umwelttechnisch Beschuldigter nicht durch Beibringung nötiger Nachweise entlasten, wird er verurteilt. Im Zweifel gegen den Angeschuldigten.

Kritiker haben angemerkt, dass diese Art des Umweltschutzes einen geistesgeschichtlichen Rückfall hinter den kulturschaffend entmaterialisierten Gottesbegriff nicht nur des Christentums bedeute: Die entgeistigende Wiedermaterialisierung des ökologischen Naturgottbegriffes stelle letztlich nur eine Neuauflage der archaischen Naturreligionen dar, mit denen Sonnen- oder Erdgötter verehrt worden waren. Der vornehmlich theologischen Dimension dieses Themas und der Frage, wie reaktionär solches Denken sei, muß vorliegend nicht weiter nachgegangen werden. Im hiesigen Kontext interessiert im Kern die zentral machtstrategische Bedeutung des Umweltbegriffes.

Für sie ist entscheidend, dass der Schutz der „Umwelt“ – anders als der Schutz von Natur oder Welt an sich – nicht auf einen konkreten Gegenstand fokussiert ist, sondern auf etwas Umhüllendes, etwas Ummantelndes, Umschließendes: Umweltschutz schützt nicht die Welt als Ganzes, sondern stets nur einen bestimmten Funktionskontext in dieser Welt. Im Mittelpunkt des Umweltschutzes steht der Mensch, um den herum die maßgebliche Welt des Umweltschutzes politisch konstruierbar ist.

Umweltschutz ist also anthropozentrisch. Die Auswahl des je konkreten Schutzgegenstandes ist das Herrenrecht des machthabenden Regenten. Er schützt nicht eine Ganzheit, sondern am liebsten nur denjenigen Ausschnitt aus dem Ganzen, der seinem Machterhalt und seinen Machtinteressen dient. Im Mittelpunkt der Umweltpolitik steht somit der sie definierende Herrscher. Und hierin liegt die machtstrategisch zentrale Funktionsweise des Umweltschutzes. Ihre Menschenzentriertheit entkleidet die Umweltpolitik von den vormaligen Unwägbarkeiten der unbeherrschbaren Naturreligion, eröffnet aber gleichwohl die machtpolitisch so bedeutsamen Bedrohungspotentiale des Angstmanagements: Der moderne Herrscher droht nicht mehr mit einem zürnenden Gott, sondern mit den Risiken einer geschädigten Umwelt.

Aus verpöntem gotteslästerlichem Verhalten ist verbotenes umweltschädigendes Verhalten geworden. Nicht mehr ein zorniger Gott droht zurückzuschlagen, sondern der Tod droht aus einer Beschädigung der schützenden Ummantelung menschlichen Lebens. Wer die politisch definierte Schutzhülle um den Menschen angreift, der handelt unerlaubt. Und weil zur Umgebung eines einzelnen Menschen nicht nur die Natur oder seine „natürlichen Lebensgrundlagen" gehören, sondern eben auch jene Menschen, die um ihn herum existieren, deswegen fallen – je nach dem Willen des definierenden Herrschers – neben Flora und Fauna wahlweise auch das ganze Weltklima oder ein einzelnes Virus unter den Umweltbegriff. Die überarbeitete Version des vormals machtabsichernden Gottes heißt jetzt „Umwelt". Wem es hier gelingt, das machterhaltende Angstmanagement (mittels Beschreibung von Umweltgefahren und ihrer Beherrschung) zu kontrollieren, der verschafft seinen machtlosen Untertanen also den nötigen Glauben an die Sicherheit, die sie zur Aufrechterhaltung des politischen Status quo willig nachfragen.

V. Anthropogene Pandemieerwärmung

Aus dem bislang Gesagten folgt: Um die vorgefundenen Widrigkeiten des irdischen Lebens zu bewältigen, verbinden sich Menschen zu ihrer Sicherheit in Gemeinschaften aus Beherrschern und Beherrschten. Die Ängstlicheren dienen sich den Mächtigeren mit ihren Kräften an und streben danach, gemeinsam eine sichere Umgebung zu gestalten. Der zeitgenössische Diskurs im globalen Weltdorf hat bei den Beherrschten offenbar Zweifel aufkommen lassen, ob die Herrschenden noch über die notwendigen Wissensvorsprünge verfügen, um die Lage sicher zu kontrollieren. Nicht nur die beeindruckenden Bilder von Migrantenströmen und Schiffbrüchigen haben die Seelen der Vielen in jüngerer Vergangenheit verunsichernd berührt. Insbesondere die Diskursgeschwindigkeiten auf dem machtstrategisch bedeutsamen Gebiet des Klimaschutzes nähren inzwischen an breiter Front den Verdacht eines energiepolitischen Kontroll- und Steuerungsverlustes der Staatsführungen. Mit dem Verlust des Glaubens an die Problemlösungskompetenzen der Herrscher geht aber die Gefahr ihrer Delegitimation unmittelbar einher. Da eine allgemeine Überzeugung von der Bedeutung des Umweltschutzes inzwischen tief – und also auch weithin kritikimmunisiert – im Bewusstsein der globalen Bevölkerungen verwurzelt wurde, ist rund um die Themen Umwelt, Leib und Leben ein Machtkampf um die einschlägige Deutungshoheit im Weltdorf ausgebrochen. Damit ist der politische Diskursrahmen skizziert, in dem die aktuellen Debatten toben. Seine Prämissen markieren die wesentlichen Entwicklungslinien des Streits um die Macht.

Im Kernbereich der sogenannten Klimapolitik und ihrer Angstraumbewirtschaftung zeichnet sich inzwischen ein Verlust der bisherigen Deutungshoheiten ab. Die breite Bevölkerung hatte den wesentlichen Umschwung von der „globalen Erwärmung“ hin zum propagandistisch flexibleren „Klimawandel“ zwar noch ohne wesentliches Murren hingenommen. Das bot die Chance, auch bei stagnierenden oder fallenden Temperaturen vorläufig weiter Weltklimaplanung betreiben zu können. Das Ausbleiben bildermächtiger klimatischer Großkatastrophen und die zunehmende Verbreitung kritischer Publikationen ließ die Erfolgswelle des anfangs schier unaufhaltsam scheinenden Klimaangstmanagements allerdings merklich abebben. Zudem stand der politische Agitationsapparat bei der einschlägigen Kommunikationsgestaltung vor einem sehr grundsätzlichen Zeitproblem: Getreu der Erkenntnis, dass Hemden den Menschen näher sind als ihre Jacken, erlahmte der bereitwillige Impetus der Massen, an der Rettung des Weltklimas im Jahre 2100 teilzunehmen, wenn man im Jahre 2020 nicht mehr mit seinem kürzlich gekauften Auto zur Arbeit fahren dürfen sollte. Das künftige Untergehen von Südseeinseln ist als Horrorszenario nicht geeignet, ein effizient machterhaltendes Angstmanagement zu betreiben. Aus dem informatorischen Overkill des Internet ließen sich für Dieselfahrer, Kohleofenbetreiber oder Ölheizungsbesitzer neben den offiziellen Katastrophenmeldungen bald unvermeidbar hinlänglich auch diejenigen Nachrichten herausfiltern, die für einen Weiterbetrieb dieser Anlagen mit gutem ökologischen Gewissen nötig waren. Kurz: Die Weltdurchschnittstemperatur, mit der es Enkelgenerationen zu tun haben könnten, ist mit ihren Risikobeschreibungen für einen dauerhaften Alarmismus in der politischen Gegenwart nicht geeignet.

Während das Instrumentarium des Klimaalarmismus den handelnden Politikern zunehmend entglitt, erstarkte jedoch ein anderes Großthema mit Allgemeinbezug, das alle bisherigen Panikszenarien des Atmosphärenschutzes binnen kürzester Zeit völlig in den Schatten stellte. Hatten die Lebensgefahren von AIDS, BSE, Ebola, Vogel- und Schweinegrippe die Weltbevölkerung als Ganzes noch weithin unaufgeregt gelassen, schlug das Coronavirus des Jahres 2019 nun als „neuartiges" SARS-Virus Covid-19 alle bisher gesehenen Potentiale der Massenverängstigung. Hier ist nicht der Ort, den fast vollständigen globalen Lockdown des Jahres 2020 zu resümieren. Angesichts seines gigantischen Ausmaßes werden Generationen von Chronisten diese Ereignisse aufzuarbeiten haben. Macht- und umweltpolitisch indes lässt sich schon jetzt und hier ein Kernbestand an Erkenntnissen formulieren.

Covid-19 traf im Jahre 2020 auf eine strukturell verunsicherte Welt, die begonnen hatte, sich einzugestehen, dass die Nachkriegsordnung nach 1945 an ihr Ende gekommen war. Covid-19 sah ein Jahr 2020, das zudem weltweit von unmittelbar bevorstehenden finanzpolitischen Erschütterungen ungesehenen Ausmaßes bedroht war. Covid-19 erschien, als auch die Unordnungen der globalen Kommunikationspotentiale unübersehbar geworden waren. Kurz: Covid-19 bot denen, die in den heraufziehenden Umbrüchen akut Angst um ihre Macht hatten, eine willig und nicht selten geradezu begierig genutzte Möglichkeit, die etablierten Machtstrukturen durch das Schüren von allgemeiner Seuchenpanik weidlich zu verteidigen. Politische Profis wissen: Man darf eine Krise nie ungenutzt lassen, um den eigenen Machtanspruch zu verfestigen. Denn nichts betäubt die öffentliche Kritikbereitschaft mehr als allgemeine Panik und Existenzangst.

Die weitgehende Stilllegung des Verkehrs, die Einstellung des Flugverkehrs bis hin zur Sprengung eines funktionsfähigen deutschen Kernkraftwerkes – all dies wurde von der Öffentlichkeit beinahe völlig klaglos hingenommen, weil es mit gezielter Medienarbeit gelang, echte Todesangst vor einem Coronavirus zu verbreiten. Einen solch durchschlagenden Erfolg hatte die Klimapolitik selbst in dreißig Jahren des exzessiven Panikschürens nie für sich verbuchen können. Der wesentliche propagandistische Unterschied liegt im schon erwähnten Zeitmoment: Ein umweltlästerliches Verhalten gegen den politischen Comment des Klimaschutzes mag erst in 50 oder 80 Jahren zu Lasten irgendeines Ungeborenen, Unbekannten, Unbedeutenden theoretisch negative Konsequenzen zeitigen. Die Gefahr eines Kontaktes mit dem Covid-19-Todesvirus indes bedeutete das eindringlich verkündete Risiko, höchstpersönlich nur neun Tage später bereits erstickt zu sein.

Ein Virus spricht nicht mehr nur die Verwünschung aus „I want you to panic!“, sondern der Fluch des Virus ist weit unmittelbarer, gegenwärtig: „I am your panic!“. Die Gesichtsmaskenpflicht variiert somit die waffentheoretische Legende, dass alle Menschen gemeinsam dann stärker seien, wenn jeder einzelne sich beschränke. In ihrer konkreten Unbestimmtheit, welche Gesichtsmaske der einzelne überhaupt genau zu tragen verpflichtet sei, lässt die Anordnung offen, ob der Zwang, sich das Gesicht zu verhüllen, tatsächlich dem eigenen Schutz oder dem der anderen diene. Wer die Maske demnach pflichtgemäß trägt, der weiß nicht, ob die Ursache seines Handelns ein staatlicher Paternalismus zu seinem eigenen Besten oder das Brechen seines verantwortungslosen Egoismus zum Wohle der anderen sein soll. Im Anlegen der Maske liegt daher nicht nur ihre unklar bleibende Begründung, sondern insbesondere der Zwang gegen jeden einzelnen zur Ausführung eines öffentlichen Unterwerfungsaktes: Die im gegenständlichsten Sinne sichtbar gemachte Selbstentmündigung und Entpersönlichung des einzelnen. Wer diesen perpetuierten Geßlerhutsgruss nicht vollzieht, der verlässt offenkundig den inneren Kreis der Gemeinschaft. Er wird damit zur Ursache der Überlebensängste aller Umstehenden. Eine effektivere Präsentation der Unterwerfung des Beherrschten kann sich ein Machthaber bei der allgemeinen gesellschaftlichen Angstbewirtschaftung schwerlich ausdenken. Die potentiellen Gefahren des Virus stärken auf diese Weise die Kraft der Staatslegitimation.

Das machtpolitische Potential, einem Bürger Angst vor seinem eigenen Körper machen zu können und dies mit wissenschaftlichem Anspruch darzustellen, kann kein Herrscher ungenutzt lassen, zumal dann, wenn sein Machtanspruch gerade wackelt. Wie eingangs gesagt: Menschen sind nicht nur ausnahmslos nett und freundlich und kooperativ. Menschen können auch sehr hässlich und äußerst konfliktbereit sein, wenn es um ihren eigenen Vorteil geht. An derartige Rücksichtslosigkeiten erinnert den Wanderer die feste Burg auf dem Bergkamm! Und genau wie einst, als die Menschen sich zu Zeiten Thomas Hobbes‘ bewusst entwaffnen ließen, um hierdurch Stärke zu erwerben, ließen sich die verängstigten modernen Untertanen der Covid-19-Ära nun arbeitslos in ihre Wohnungen sperren, um ihr nacktes Leben zu retten. Ihre furchtsamen Seelen wurden dabei pausenlos mit neuen medialen Hammerschlägen in die Panik geformt: Massenkrematorien in China, Leichenberge in Italien, Massensterben in Spanien und Schweden, Elend in Brasilien, tödliche Uneinsichtigkeit in Großbritannien, Krankenhausdramen in den USA. Es gelang sogar, die disziplinierenden Schläge immer feiner und weitreichender zu setzen. Overtourism, Luftverschmutzung, ungesunde Ernährung, zu hoher Fleischkonsum – alle Sünden gegen die ökologische Lebensklugheit konnten plötzlich zu Instrumenten werden, um die verängstigte Bevölkerung in Schach zu halten. Effizienter und ausgedehnter haben politmediales Framing und propagandistisches Nudging wohl noch nie gewirkt. Wäre es, wie mancher Kritiker glauben wollte, ein grosstransformatorischer Coup d'etat gewesen, stünde er einzigartig in der Reihe aller Revolutionen: Kein Schuss fiel, kein Panzer rollte, kein Winterpalais musste gestürmt werden, keine Präsidentenbrille zerbrach. Es war nur die Sage von einem unsichtbaren Virus, die eine allgemeine Ausgangssperre rund um den Globus verwirklichen ließ.

Bei allem stand und steht dieses viruspolitische Panikmanagement gleichwohl doch kontinuierlich unter der Gefahr der blitzschnell weltweit kommunizierten abweichenden Expertenmeinung. Wohl nie in der Geschichte des Internet ist der Machtkampf um die Deutungshoheit bei einem Thema mit solcher Erbarmungslosigkeit und Rücksichtslosigkeit geführt worden. Da es um die Aufrechterhaltung der etablierten Machtstrukturen geht, konnte es kein Pardon geben. Wer gestern noch ein gefeierter Experte und eine anerkannte Kapazität auf dem Gebiet der Medizin war, hochdekorierte Virologen, ausgezeichnete Epidemiologen, angesehene Immunologen, ein jeder von ihnen wurde von einer Sekunde zur anderen zur persona non grata im öffentlichen Raum, sobald er nur wagte, von der offiziellen Paniklinie abzuweichen.

Welche immense Bedeutung dieses einmal etablierte Angstmanagement für die politische Klasse hat, zeigt die Bereitschaft, der Bevölkerung eine Gesichtsmaskenpflicht zu einem Zeitpunkt aufzuerlegen, zu dem nach langer virologischer Erkenntnis Coronaviren schon jahreszeitbedingt nicht mehr aktiv sind. Mitten in Europa nach dem Ende des Monats April Coronaviren in Mund-Nasen-Masken fangen zu wollen, gleicht demnach eher dem Versuch, die Rutschfestigkeit des Asphalts im Mai durch das Streuen von Salz zu erhöhen. Gleichwohl ist diese Art des Angstmanagements – mag sie auch in der Sache so sinnfrei und surreal erscheinen wie eine hier abschnittsbenennende anthropogene Pandemieerwärmung – in einer Weise machtstrategisch bitter ernst und alternativlos und so weit jenseits aller Diskutierbarkeit, dass sie sich sogar der Verfügungsbefugnis der höchsten staatlichen Autoritäten entzieht, wie die deutsche Kanzlerin Anfang Juli 2020 erfahren musste. Hatte sie gerade noch gegenüber Journalisten allzu liederlich erklärt, selber eine Maske nicht tragen zu müssen, da sie stets den nötigen Abstand zu anderen wahre, wurde sie im Hintergrund von ihren Beratern wohl flugs eines Besseren belehrt. Kaum war ihr lockerer Spruch berichtet, begann sie umgehend selbst demütig mit Maske aufzutreten. Wenn es wirklich ernst wird, sind bekanntlich auch Anführer unfrei.

In der Stunde dieser kommunikativen Not gilt es folglich zum Machterhalt alle Nachrichtenströme bestmöglich zu beherrschen. Zwei Mittel dominieren: Das Eliminieren der Kritik und das Prononcieren der offiziellen Linie. Dem ersten dienen Löschorgien gegen tatsächliche oder vermeintliche „fake news" der Opposition. Mit der Aura des regierungsamtlichen Besserwissens werden Korrekturen ausgebracht, die vor gefährlichen Meinungen warnen. Und weil nicht alle abweichenden Darstellungen oder Zweifel vollends beseitigt oder marginalisiert werden können, muss zweitens die offizielle Linie auf allen zur Verfügung stehenden Kanälen wieder und wieder als richtig und wichtig und alleine relevant in die Köpfe der Rezipienten getrommelt werden. Von eminenter Bedeutung ist an dieser Stelle die bemerkenswert gezeigte Bereitschaft der marktbeherrschenden Internetgiganten, den politischen Wünschen zur Löschung des Unliebsamen nachzukommen. Genau hier wird aller Voraussicht nach in diesen aktuellen Wochen und Monaten kommunikative Weltgeschichte geschrieben. Denn eine Organisation, die im Internet als Suchmaschine groß geworden ist, kann als Versteckmaschine nicht überleben. Das gleiche gilt für Videoplattformen, die ihren Status als neutraler Transporteur von Nachrichten in einen thematischen Filterdienst umstellen. Wer sein etabliertes Produkt aus Gründen der politischen Tagesopportunität plötzlich in ein anderes umwandelt, der darf nicht erwarten, auf dem ihm bekannten Markt weiterhin zu bestehen. Insofern markiert Covid-19 den Anfang des Endes sowohl von Google als auch von Youtube. Was soll man denen antworten, die das Shadowbanning und Löschen von unpopulären Inhalten ja mit einer virtuellen Bücherverbrennung vergleichen? In der Zeit des Internet wird auch die Politik lernen müssen, wie kurz Beine wirklich sein können.

VI. Demütiger dezentraler Umweltschutz

Politik ist seit jeher ein Geschäft mit der Angst. Solange Untertanen dem Versprechen eines Herrschers vertrauen, sie vor den Brutalitäten ihrer irdischen Existenz zu schützen, da ist seine Macht gesichert. Der moderne Versuch, die Welträtsel wissenschaftlich zu entzaubern, hat den Beherrschten nun aber auch den Blick auf das immer neue Unwissen der Mächtigen eröffnet. Das Unterfangen, nach dem Tode des metaphysischen Gottes durch Umweltpolitik die althergebrachten Möglichkeiten der Angstbewirtschaftung noch fortzuschreiben, scheitert inzwischen an den Hyperkomplexitäten sowohl der Realität als auch an denen der massenweisen Kommunikation über diese Gegebenheiten. Der Rettungsversuch politischer Akteure, sich die ihnen entgleitende Lage durch verengte, eingehegte Narrative und medientechnische Restriktionen wieder beherrschbar zu machen, kann allenfalls vorübergehend gelingen. Milliarden weltweit kommunikativ vernetzbare Menschen lassen sich nicht dauerhaft unter eine Erzählung zwingen. Das natürliche Bedürfnis, ihr eigenes Denken mit den gegebenen Wirklichkeiten der äußeren Welt in Einklang zu bringen, bleibt auf Dauer unbeherrschbar wie die Natur selbst, die sich nicht unter einen politisch konstruierten, anthropozentrischen Weltenplan pressen lässt. Der angstfreie Schutz von Natur und Gesundheit gelingt nur im Kleinen, im Nahen und Übersichtlichen, in dem, was der einzelne verstehen und begreifen kann. Diese Konkretheit zu erstreiten, ist ein ethisches Postulat für jedwedes verantwortliches Handeln in der Welt. Globale Steuerungsanmaßung ist faktisch auch hier nur wieder das Problem, für dessen Lösung sie sich hält. Der entsprechende Diskurs wird in Anbetracht der bislang weltweit geschaffenen Stimmungslage voraussichtlich ähnlich anstrengend sein, als würde man Felsbrocken auf einen Berg schleppen müssen. Aber vielleicht ist genau dies die Herausforderung für unser menschliches Leben auf diesem schönen blauen Planeten.

***

Postintelligente Wissenschaft

Warum Covid-19 eine Grundlagenkrise des Denkens offenbart

Seuchen sind mitnichten nur eine medizinische Herausforderung. Seuchen stellen ganz wesentlich Fragen der Ethik. Das gilt besonders, wenn eine Seuche mit rechtlichen Mitteln bekämpft werden soll. Denn Seuchen bringen Recht und Gesetz an die Grenzen ihrer Leistungsfähigkeit. Das systematische Wesen von Rechtsregeln ist nämlich, dass sie einen klar definierten Tatbestand mit einer ebenso deutlich konturierten Rechtsfolge verknüpfen. Auf diese Weise verfolgt das Recht seinen Zweck, die Erwartung an menschliches Verhalten für jedermann einschätzbar und damit kalkulierbar zu machen. Was aber, wenn schon die Tatsachengrundlage, an die ein Gesetz anknüpfen will, ihrerseits unsicher ist oder ganz fehlt? Was, wenn den Entscheidern – den Regelgebern ebenso wie den Regelanwendern – die nötigen Informationen für eine verlässliche Einschätzung der Faktenlage fehlen? Die betroffenen Akteure stehen dann allesamt auf unsicherer Tatsachengrundlage. Und genau diese Tatsachenunsicherheit zwingt sie vor jeder Entscheidung zum Tätigwerden zur Beantwortung einer vorgreiflichen Frage. Die lautet: Können und dürfen wir überhaupt aktiv etwas tun, oder sind wir aufgrund unseres mangelnden Wissens nicht vielmehr gehalten, abzuwarten und mindestens bis auf weiteres gar nichts zu tun?

Im Angesicht einer Gefahr neigen die meisten Menschen erfahrungsgemäß dazu, lieber aktiv zu werden als passiv zu bleiben. In Schockstarre zu verfallen und dem Schicksal seinen Lauf zu lassen, ist üblicherweise nicht die erste Option, die Betroffene wählen. Wo der Panische wegrennt, sehen Gruppenanführer sich dann gehalten, Aktivität zu zeigen, um sich und anderen irgendwie ihre Führungsstärke zu beweisen. Ein Mensch der Tat bleibt nicht bewegungslos, wenn eine Bedrohung naht. Sein Selbstverständnis treibt ihn zur Aktion. Auch ein Gesetzgeber bleibt daher in solchen Fällen nicht gerne still, sondern er greift zur aktiven Handlungsvariante. Er erlässt eilends Krisengesetze und Notverordnungen, um sich erst gar nicht dem Vorwurf hilfloser Untätigkeit auszusetzen.

Aber auch die vitalste Bereitschaft, Regeln formulieren zu wollen, beseitigt den Mangel der fehlenden Tatsachenkenntnis naturgemäß nicht. Also formuliert eine solchermaßen zum Äußersten entschlossene Legislative einen ganz besonderen Typus der Rechtsregel: Sie kombiniert eine unspezifisch formulierte Voraussetzungsseite dieser Norm mit einer gleichfalls unspezifisch formulierten Rechtsfolgenseite. Rechtsvorschriften dieser Art ordnen dann in der Sache zwar nur an, dass irgendjemand, falls nötig, das Erforderliche bewirken kann. Das ist in der Substanz der rechtlichen Verhaltenssteuerung kaum mehr als ein Nichts. Aber es lässt sich mit solchen Gesetzesinitiativen immerhin zeigen: Wir haben die Gefahr gesehen. Wir sind zu allem entschlossen. Und egal, wie sich die Lage entwickelt: Wir sind handlungsfähig!

Juristische Ermächtigungen solch unspezifischer Art erwecken zwar schnell auch die rechtspolitische Kritik, es seien dadurch bedenklich schrankenlose Generalvollmachten erteilt. Der Normgeber tritt derartigen Vorwürfen dann aber meist damit zur allgemeinen Beruhigung entgegen, dass er die Befugnisse des Zuständigen vorerst zeitlich befristet oder dass er sie dahin eingrenzt, nur Zumutbares anordnen zu dürfen. Hilfsweise fügt er gewisse tatbestandliche Spezifikationen bei, die die semantische Leere des machtverschaffenden Rechtssatzes erträglicher erscheinen lassen. Bisweilen wird zur rechtspsychologischen Entschärfung in der Norm das handelnde Subjekt grammatikalisch ausgespart, um die in Wahrheit schon bald vor Ort um Orientierung ringenden Beamten in den Hintergrund der öffentlichen Kognition treten zu lassen. Der Phantasie sind hier kaum Grenzen gesetzt. In Paragraf 16 Absatz 2 des deutschen Bundespolizeigesetzes heißt es zum Beispiel: „Kommen zur Abwehr einer Gefahr mehrere Mittel in Betracht, so genügt es, wenn eines davon bestimmt wird."

Formulierungen wie diese liefern dem Rechtssuchenden, der gesetzliche Antworten auf rechtliche Fragen sucht, erkennbar nur Steine statt Brot. Im Ergebnis all dessen bleibt es dabei: Solche Gesetze bieten auch dem gesetzestreuesten Normanwender keinerlei substantiellen Halt für sein Handeln. Welche Gefahr? Welche Mittel? Um was abzuwehren? Wohin und wie weit? Wer bestimmt über Voraussetzungen und Folgen? Was genügt? Kurz: Wer in derart unsicherer Lage mit reinem Herzen eine richtige Entscheidung treffen will, dem bleibt bei alledem nichts anderes, als ganz zwangsläufig auf Erwägungen der Ethik zurückzugreifen: Was muß ich nun, was darf ich jetzt tun?

Da nicht nur Juristen mit Tatsachenunkenntnissen dieser Art im Prinzipiellen hadern, sondern bekanntermaßen auch Politiker und Wissenschaftler, lohnt ein heuristisch vergleichender Blick über den engen rechtlichen Tellerrand hinaus: In jüngerer Vergangenheit ist an der Schnittstelle zwischen Wissenschaft und Politik bekanntlich der Versuch unternommen worden, unter wirklichen oder vermeintlichen Handlungszwängen die herkömmlich ethisch abwägenden Problemlösungsmethoden aufzugeben und derartige Probleme nun mit einem Paradigma namens „postnormaler Wissenschaft" zu lösen. Einer postnormalen Wissenschaft in diesem Sinne bedürfe es demnach, wenn vier Elemente einer Problemsituation gegeben sind: Wenn die Tatsachengrundlagen für eine bestimmte Entscheidung unsicher, die dabei betroffenen Werte streitig, die Einsätze erheblich und der Zwang zur Entscheidungen dennoch dringend seien.

In solchen vierfach problematischen Lagen dürfe man sich demnach ganz legitim von der traditionellen Suche nach faktischer Wahrheit und dem Streben nach rationalen Beweisbarkeiten lösen und stattdessen willkürliche Setzungen für das Handeln nach eigenen Qualitätsvorstellungen vornehmen. Exemplarisch reklamiert aktuell die Klimawissenschaft für sich die Befugnis, mangelndes Faktenwissen durch wertorientierte Handlungsoptionen dieser Art ersetzen zu dürfen. Wenn alles auf dem Spiel stehe, sei der handelnde Mensch mithin nicht mehr verpflichtet, die tatsächlichen Grundlagen seiner Entscheidungen und seines Handelns zu erforschen, sondern die Logik des politischen Willens zur Handlung sei in der Abwägung schwerer zu gewichten als die Logik der vorerst demütig nach Fakten suchenden Wissenschaft.

In diesem Konstrukt treten eigene Tatsachenspekulationen des Akteurs also an die Stelle der Mühe, andere mit intersubjektiv überprüfbaren, unwiderlegten Erkenntnissen von der Praktikabilität einer beabsichtigten, für die Gesellschaft insgesamt relevanten Handlung zu überzeugen. Aus dem fehlenden Wissen aller wird somit eine Legitimation für eigene normative Setzungen abgleitet. Je größer die befürchtete Gefahr, desto umfänglicher folglich auch die Erlaubnis des Gesetzgebers, in dieser Postnormalitätshypothese Rechtsgehorsam von jedem einzelnen zu erzwingen.

Das Ergebnis einer derart „postnormalen" Wissenschaft ist nicht nur die faktische Ermächtigung desjenigen zum entscheidungsbefugten Herrscher, der gerade – umständehalber – in der Position ist, durch eine institutionelle Verknüpfung der Postwissenschaftler seines Vertrauens mit den Instrumentarien der Staatsgewalt zu seiner Verfügbarkeit ganz traditionell politische Macht über andere auszuüben. Das Ergebnis derartiger Postnormalität ist auch, dass die akademischen Werte der forschenden Wissenschaft, namentlich Skepsis und Ergebnisoffenheit alles systematisch-kritischen Suchens, aufgegeben werden. Bei genauer Betrachtung wird offenbar, dass jene scheinbar revolutionär neue strategische Methode für die Lösung gesellschaftlicher Problemlagen alles andere als postwissenschaftlich ist. Denn sie nimmt die fruchtbare Skepsis der Wissenschaft nicht in sich auf, sondern sie wirft deren stetigen Selbstzweifel ersatzlos über Bord. An der Stelle des geduldigen Suchens nimmt sie damit das ungeduldige Mutmaßen zur Basis ihres Entscheidens und Handelns. Tatsächlich ist sie damit nicht postwissenschaftlich, sondern eher präwissenschaftlich, wenn nicht gar non-wissenschaftlich, da sie Wissen durch Glauben ersetzt. Ihr Ansatz fällt hinter die historisch gewonnene Erkenntnis zurück, dass ein jedes rationales, geordnetes und zielgerichtetes Handeln des Menschen in der realen Welt eine verlässliche Orientierung des Handelnden in dieser realen Welt voraussetzt.

Wo aber Wissen über Tatsachen als Grundlage für Handlungen fehlt, da sind Eingriffe in das Gegebene in jedem Falle dann nicht klug, wenn sie ihrerseits Unabänderbares schaffen. Ein vorgefundenes großes Chaos lässt sich nicht dadurch beherrschbar ordnen, dass man ihm willkürlich ein unbeherrschtes weiteres, kleines Chaos hinzufügt. Auf unsicherer Tatsachengrundlage kann also auch in ethischer Hinsicht allenfalls legitim sein, Schritte zu gehen, die mit an Sicherheit grenzender Wahrscheinlichkeit jederzeit wieder vollständig rückgängig zu machen sind. Je weniger Wissen vorhanden ist, desto dringender ist folglich die Notwendigkeit, wie in einem dunklen Keller allenfalls tastend voranzuschreiten, um – in kleinsten Handlungsschritten operierend – beim Erkennen potentiell schadensgeneigter Entwicklungen stets sofort umkehren zu können.

Juristen haben jedenfalls seit langem verstanden, dass nicht legitim ist, auf der Basis von Tatsachenzweifeln unabänderbare Eingriffe in die Wirklichkeit vorzunehmen. In ihrer Theorie und in ihrer Praxis haben sie daher ein fein verästeltes Instrumentarium entwickelt, mit faktischer Unsicherheit zu operieren: Im Zweifel verurteilen Richter keinen Angeklagten, weil sie wissen, dass ihm – erwiese sich seine Unschuld im Nachhinein – die verlorene Zeit einer Gefängnisstrafe nie wieder zurückgegeben werden könnte. Im Zweifel weisen Richter auch zivilrechtliche Klagen ab, wenn ein Anspruchsteller seine Behauptungen über ein besseres Recht an einem Gegenstand nicht beweisen kann. Die Beweislast liegt bei dem, der eine Veränderung des aktuell Vorgefundenen erstrebt. Und im Zweifel ordnen Richter verwaltungs- oder verfassungsrechtlich keine vorübergehenden Änderungen der Sachlage per Eilentscheidung an, weil sie ihren sorgfältigen Prüfungen in einem Hauptsacheverfahren nicht faktisch vorgreifen mögen.

Übertrüge man nun die Ansprüche jener hier skizzierten „postnormalen“ Wissenschaft mit ihren vier Elementen auf das Gebiet der Juristerei, so würden alle gerichtlichen Entscheidungen unter Tatsachenunsicherheit nur noch nach dem Maßstab zu fällen sein, ob der zum jeweiligen Urteil berufene Richter zufällig die Werte der einen oder der anderen Streitpartei teilt. Denn Streit ist der jeweilige Kern eines jeden Gerichtsprozesses und um Entscheidungen geht es dort auch ausnahmslos. Die Übertragung des Gedankens von der „Postnormalität“ in den Gerichtssaal macht somit evident, warum der Verzicht auf die Last der vorherigen Tatsachenermittlung kein Vehikel sein kann, das in einem gesellschaftlichen Umfeld qualitativ bessere Entscheidungen ermöglichen könnte. Wo Tatsachenunsicherheit herrscht, bleibt dem Menschen im Juristischen wie im Politischen keine andere Handhabe, als mit den traditionellen Instrumenten des ethischen Abwägens zwischen realistisch gegebenen Handlungsoptionen zu wählen. Und diese Abwägung hat Wahrscheinlichkeiten zu gewichten.

Dass ein derartiges Abwägen bei Tatsachenunsicherheiten keine einmalige und historisch ungesehene, hochaktuelle Herausforderung für den modernen Massenmenschen in der Globalisierung darstellt, sondern im Gegenteil seit jeher eine geradezu elementare Grundfrage der menschlichen Existenz vorgibt, zeigt das in Deutschland jüngst öffentlich debattierte Schicksal einer beliebten TV-Moderatorin. Zufällig war bei ihr im Jahre 2009 ein Hirnaneurysma entdeckt worden, von dem Ärzte annahmen, es könne möglicherweise platzen und sie töten. In der Abwägung mit den Risiken einer Operation entschied sie sich seinerzeit für den Eingriff, der aber – mit dann fatalsten beruflichen und familiären Konsequenzen – vollends misslang. Kurz vor ihrem 50. Geburtstag erklärte sie nun, sie würde sich in solcher Lage retrospektiv nie wieder für die Beseitigung der abstrakten Gefahr aus dem entdeckten Aneurysma entscheiden. Augenscheinlich haben die konkreteren Risiken der tatsächlich durchgeführten Operation für sie in ihrer Abwägung schlimmere Folgen hervorgebracht als es der ansonsten abstrakt drohende

Tod in ihrer heutigen subjektiven Bewertung hätte tun können. Abstrakt in diesem Sinne sind also Gefahren, die sich zwar als mögliche Konstellation gedanklich konturenscharf beschreiben lassen, von denen sich aber (noch) kein greifbares Element in der Realität findet. Konkrete Gefahren sind demgegenüber solche, die in ihrer Konstellation nicht nur bildlich beschreibbar sind, sondern von denen sich einzelne Elemente bereits tatsächlich in der Welt verwirklicht haben.

Man muß allerdings nicht einmal auf derartige Krankheitsrisiken blicken, um die alltägliche Gegenwart solcher Abwägungsherausforderungen zu erkennen. Während die genannte Moderatorin die unmittelbaren Folgen ihrer eigenen gesundheitlichen Abwägungsentscheidung für sich ganz alleine tragen muß, beziehen ethische Abwägungen zwischen konkreten und abstrakten Gefahrenlagen andernorts auch sehr oft weitere Beteiligte mit ein. Auch solche Konstellationen sind im Alltag weitaus häufiger und lebensnäher, als man gemeinhin denken könnte. Wer je als Radfahrer – unter den kontinentaleuropäischen Bedingungen des Rechtsverkehrs – in der Lage war, von einer vielbefahrenen Straße nach links in eine Seitenstraße abzubiegen, der kennt die Fragen, die sich ihm dann stellen: Bleibt er am zunächst konkret sichereren rechten Fahrbahnrand, bis er die Seitenstraße erreicht hat, so wird er dann wohl – abstrakt gefährlicher – zwei Fahrbahnen überqueren müssen. Entscheidet er sich hingegen, rechtzeitig in einer Lücke zwischen der Autokolonne in seiner Fahrtrichtung zur Straßenmitte hin zu wechseln, dann wird er dort nur – konkret ungefährlicher – eine einzige (Gegen-)Fahrbahn überqueren müssen, um seine Zielstraße zu erreichen. Bis dahin bewegt er sich aber – abstrakt wiederum gefährlicher – mitten auf der Straße zwischen dem hektischen Kraftverkehr auf beiden gegenläufigen Fahrbahnen.

Aus der Perspektive des Radfahrers wird ein Entscheidungsbündel dieser Art im Straßenverkehr üblicherweise nicht als eine auch ethische Herausforderung begriffen, weil er bei alledem (als der relativ ungeschützt Schwächere gegenüber den vorbeifahrenden Fahrzeugen) ernsthafte Schadensgefahren allenfalls für sich selbst, nicht aber auch für andere begründet. Dass die Bewältigung der allgegenwärtigen Tatsachenunsicherheiten im Straßenverkehr indes ganz deutlich auch ethische Dimensionen hat, wird umgekehrt klar, sobald man in der beispielhaften Betrachtung nur die Blickrichtung zwischen Auto- und Fahrradfahrer wechselt: Auch ein Autofahrer muß nämlich immer wieder auf unsicherer Tatsachengrundlage Abwägungsentscheidungen für sein Verhalten treffen. Seine handlungsleitenden Entscheidungen zur Bewältigung abstrakter oder konkreter Gefahren erfolgen hier geradezu ununterbrochen und auch noch in Sekundenschnelle. Zudem betreffen sie – in der Gestalt beispielsweise eines weitgehend ungeschützten Radfahrers – sehr unmittelbar Leib und Leben anderer Menschen.

Das Überholen eines Radfahrers vor der Kurve auf einer steil ansteigenden, engen Bergstraße beispielsweise bedeutet für den Autofahrer in ethischer Formulierung: Wieviel Abstand halte ich seitlich zu dem Radfahrer, um weder ihn konkret zu gefährden, noch dabei zugleich das weitere abstrakte Risiko zu begründen, mit einem möglicherweise bergab entgegenkommenden Dritten frontal zu kollidieren?

In einer solchen Lage auf der Bergstraße kann kaum legitim sein, aus Sorge vor jedwedem abstrakt möglichem Gegenverkehr so nah an den konkret tatsächlichen Radfahrer heranzusteuern, dass dieser infolge physisch oder psychisch vermittelter Kausalitäten den Abhang herabstürzt. Eher wird sich ein verantwortungsbewusster Autofahrer vorläufig so lange hinter dem Radfahrer halten, bis ihm das Risiko des Überholens unter der Annahme eines nicht seinerseits verantwortungslos schnell entgegenkommenden Dritten in der gesamthaften Abwägung für alle Beteiligten tragbar erscheint. Das ist weder postnormal, noch methodisch außergewöhnlich, sondern es entspricht schlicht den Anforderungen, die das praktische Leben an ein funktionierendes Miteinander unter Menschen in der Welt stellt.

Bei dem Versuch, die weltweite „Corona-Krise“ rund um das Covid-19-Virus angemessen zu bewältigen, haben Politiker anfangs allerorten vor mannigfaltigen tatsächlichen Unsicherheiten gestanden. Unklar war zunächst jedenfalls, wo sich das Virus bereits befand, wie es übertragen wurde, für wen es welche Gefahren barg, wie ihm oder seinen Konsequenzen begegnet werden konnte und für welche Zeiträume Maßnahmen zu ergreifen waren. Es galt mithin, einer vielgestaltig abstrakten Gefahrenlage entgegenzutreten. Auf einer engen Bergstraße hörte man also gleichsam von oben ein Motorengeräusch, doch es war nicht zu erkennen, ob es zu Gegenverkehr gehörte, wie breit dieser war oder mit welcher Geschwindigkeit er sich möglicherweise näherte. Gleichwohl entschlossen sich Politiker fast überall auf der Welt dafür, mit einem „Lockdown" des öffentlichen Lebens die abstrakte Gefahr eines etwaigen Gegenverkehrs für schwergewichtiger zu halten als die Aufrechterhaltung des konkreten Wirtschafts- und Sozialllebens. Anders als der Autofahrer in diesem Beispiel stand der handlungswillige Politiker zwar in der heraufziehenden „Corona-Krise" in dem zusätzlichen Dilemma, sich in Raum und Zeit keine zusätzlichen Überlegungsspielräume dadurch schaffen zu können, dass er erst einmal langsam hinter dem Radfahrer herfuhr. Die Politik entschied sich gleichwohl, in jener gegebenen Lage der Tatsachenunsicherheit trotz fehlender Überlegungsfristen gezielt so nah an den dadurch ausgebremsten Radfahrer heranzufahren, dass dieser im Ergebnis gegen die Leitplanke geriet und den Hang herabfiel: Der gesellschaftliche Zusammenhalt zwischen den Menschen wurde durch Zerschlagung arbeitsteiliger Prozesse schwer geschädigt.

Es steht bei alledem der Verdacht im Raum, dass die Vordenker der „postnormalen Wissenschaft" auf jene politische Vorgehensweise nicht unmaßgeblich beeinflusst haben dürften. Den handelnden Politikern erschienen die epidemiologische Tatsachengrundlagen für ihre Entscheidungen unsicher, die betroffenen Werte von abstrakten Lebens- und Gesundheitsgefahren hier und gesellschaftlicher Strukturerhaltung dort waren streitig, die materiellen Einsätze waren erheblich und der Zwang zur Entscheidung erschien ihnen dringend. Analog zu den bereits eingeübten rhetorischen Topoi einer drängelnden

Klimapolitik, denen zufolge man nicht warten dürfe, bis die maßgeblichen Fakten ermittelt sein werden, wurde auch hier nicht nur ein immenser emotionaler Handlungsdruck aufgebaut, sondern an mindestens einer Stelle darüber hinaus sogar vollends faktenfrei agiert: Soweit ersichtlich, hat nämlich niemand von denjenigen, die den „Lockdown" anordneten, je konkret dessen unvermeidliche Folgen selbst systematisch und rational erforscht. Obwohl epidemiologisch seit über zwanzig Jahren weltweit – auch auf der Ebene der World Health Organization – Szenarien besprochen und sogar innerstaatlich eingeübt wurden, blieben alle Ermittlungen zu den gesellschaftlichen Folgen eines Lockdown aus. Eine Abwägung zwischen konkret umschriebenen Handlungsalternativen, zwischen Handeln und Nichthandeln, zwischen menschlichem Tun und menschlichem Lassen, konnte alleine dadurch nicht stattfinden. Gesetzgeber konnten folglich ihre legislative Einschätzungsprärogative und Verwaltungen ihre Ermessensspielräume gar nicht rational ausüben. Der Radfahrer wurde mithin ohne jede systematischen Folgenabwägungen in die Tiefe geworfen. Das ist aber einerseits ethisch nicht vertretbar und andererseits auch – in juristischen Kategorien – schlicht rechtswidrig. Versteht man Intelligenz als die Fähigkeit, zwischen den Zeilen lesen und interdisziplinäre Zusammenhänge geordnet erkennen zu können, dann ist das Ausblenden von Teilbereichen der Realität bei Handlungsentscheidungen schlicht unintelligent. Eine Wissenschaft, die jenseits der üblichen, normalen Rationalität stehen möchte, dürfte folglich postintelligente Wissenschaft sein. Wer sie proklamiert, ist kein Intellektueller, sondern ein Postintellektueller.

Mögen nach allem jene Richter, die in ihren Eilentscheidungen die politischen Weichenstellungen zunächst noch unangetastet gelassen hatten, weil sie – gerichtlich dogmengerecht – nicht an die Stelle einer legislativen Spekulation schlicht eine andere judikative setzen wollten, nun auf breiterer und rationaler Tatsachengrundlage entscheiden. Die Beurteilungen in den folgenden Hauptsacheverfahren werden absehbar andere sein müssen. Eine „postnormale Rechtsprechung" kann und darf es nicht geben. Denn sie wäre zwangsläufig auch eine postintellektuelle. Ein solcher wissenschaftlicher und juristischer Postintellektualismus ist aber mit dem europäischen Weltbild der Aufklärung nicht vereinbar. Anders gesagt: Ein moderne Europäer glaubt nicht einfach unhinterfragt etwas und gibt sich nicht kopflos seiner Angst hin. Er findet stattdessen heraus, was der Fall ist, und stützt seine verantwortlich abwägende Entscheidung zum Tun oder zum Unterlassen auf rational strukturierte Handlungsvarianten. Auf dieser Grundlage wird deutlich, dass die künftige Aufarbeitung der Ereignisse um das Covid-19-Virus in der „Corona-Krise" weit größere als nur medizinische oder epidemiologische Herausforderungen bergen wird. Das wissenschaftliche Weltbild der aufgeklärten, denkenden Moderne, die Werte unserer Rechtsordnung, unserer Kultur und unserer ethischen Standards – kurz: die Normalität des gewachsenen, westlichen Menschenbildes – sie stehen allesamt auf dem Prüfstand und müssen sich bewähren.

Öffnet endlich wieder Kaufhof und Karstadt!

Warum Grundrechte stärker sein müssen als die Angst

Appell zur Beendigung von „Corona-Maßnahmen" vom 22. April 2020

Was dem Bürger Toilettenpapier und Nudeln, sind der Politik derzeit offenbar Kontaktverbot und Warenhausschließung. Denn ebenso maßlos, wie die Deutschen zu Beginn der „Corona-Krise" ganze Wagenladungen von Hygienepapier aus den Geschäften trugen, scheint sich die deutsche Politik inzwischen ungehemmt durch das gesamte gesellschaftliche Leben zu administrieren. Gastwirte, Hoteliers, Gewerbetreibende, Kurzarbeiter und Vermieter wurden dabei durch eilig neu geschaffene Infektionsschutzgesetze bereits in die Pleite getrieben. Währenddessen blieb aber der planungspolitisch als sicher angenommene Ansturm auf hastig leer geräumte Krankenhausbetten und Beatmungsplätze praktisch vollständig aus.

Statt also das öffentliche Leben in Ansehung der ausbleibenden Großkatastrophe durch Aufhebung der Verbote wieder hervortreten zu lassen, wünschen führende Politiker nun aber erst feinjustiert ausbalancierte „Lockerungen". Die Krisenmanager wollen augenscheinlich noch nicht nach Hause gehen. Im Alarmmodus kündigten sie erst wochenlang das unmittelbar bevorstehende Chaos an. Als es ausblieb, erschien hilfsweise die Warnung vor einer „zweiten Welle". Verleitet etwa der einmal gelungene politische Zwangszugriff auf das allgemeine Leben, die politisch gewonnene Wichtigkeit und Steuerungsmacht immer noch etwas weiter fortzuschreiben?

Was sagt das Verfassungsrecht dazu? Dürfen – um es konkret am fassbaren Beispiel zu erörtern – die Warenhäuser von

Kaufhof und Karstadt bis auf weiteres geschlossen bleiben? Die Antwort des Verfassungsrechtes ist aktuell klar. Sie lautet: Nein! Die Rechtsordnung der Bundesrepublik Deutschland steht diesen Schließungen per jetzt entgegen. Und dies lässt sich ohne unverständliche Juristerei auch plausibel erklären.

Grundsätzlich genießen Bürger für ihr Handeln – insbesondere auch für ihr gesamtes berufliches und wirtschaftliches Tun – den verfassungsrechtlichen Schutz von Grundrechten. Juristen weisen einzelnen Grundrechten spezifische Schutzbereiche zu: Berufsfreiheit, Eigentumsfreiheit, allgemeine Handlungsfreiheit. In diesen Bereichen dürfen der Gesetzgeber und die staatliche Verwaltung bürgerliches Handeln prinzipiell nicht einschränken oder behindern. Allenfalls ausnahmsweise sind dem Staat in klaren Grenzen sogenannte Eingriffe in diese Schutzbereiche erlaubt. Voraussetzung zulässiger Eingriffe ist stets, dass diese verfassungsrechtlich gerechtfertigt sind.

Den typischen Fall einer Möglichkeit zur Grundrechtsbeschränkung stellen Situationen der sogenannten Gefahrenabwehr dar. Besteht eine Gefahr für die öffentliche Sicherheit oder Ordnung, dann können Grundrechte eingeschränkt werden. In Artikel 11 des Grundgesetzes heißt es beispielsweise ausdrücklich, daß die Freizügigkeit der Deutschen im ganzen Bundegebiet „zur Bekämpfung von Seuchengefahr" eingeschränkt werden kann. Dies wirft naturgemäß die zentrale Frage auf, wann eine solche Gefahr tatsächlich gegeben ist. Denn das kann ohne weiteres zweifelhaft oder umstritten sein. Der eine hält für gefährlich, was dem anderen noch harmlos erscheint – und umgekehrt. Die verfassungsrechtliche Frage nach einem legitimen Grundrechtseingriff setzt also vorgreiflich voraus, begriffliche Klarheit darüber zu gewinnen, von welcher Art Gefahr hier überhaupt die Rede ist.

Zur gedanklichen Präzision empfiehlt es sich, hier der Einfachheit halber auf erprobte und lange herausgearbeitete Begriffe des Polizei- und Ordnungsrechtes zurückzugreifen statt unklare oder nicht allgemein akzeptierte Begriffe einzuführen. Gerade auf diesem Rechtsgebiet ist nämlich die Frage nach dem

Bestehen oder Nichtbestehen einer zu Eingriffen legitimierenden Gefahr traditionell am deutlichsten beantwortet worden.

Polizeirechtlich wird davon ausgegangen, dass eine nicht nur irgendwie diffuse (abstrakte), sondern auch juristisch konkret greifbare „Gefahr“ im eigentlichen Sinne dann besteht, wenn Anhaltspunkte tatsächlicher Art vorliegen, aus denen sich mit hinreichender Wahrscheinlichkeit in absehbarer Zeit die nicht unerhebliche Beeinträchtigung eines Rechtsgutes ergeben kann. Notwendig ist eine verständige Gesamtwürdigung aller Umstände des Einzelfalles. Das Bestehen einer Gefahr wird dadurch von der sogenannten „Scheingefahr“ abgegrenzt. Geht ein Polizist nämlich nur infolge eines subjektiven Irrtumes davon aus, dass eine Gefahr (scheinbar) vorliege, so ist ihm sein etwaiger Eingriff in fremde Rechte nicht erlaubt.

Auch ein bloßer „Gefahrenverdacht“ legitimiert in aller Regel nicht, Rechtseingriffe vorzunehmen. Erlaubt sind bei einem solchen Verdacht allenfalls weitere Erforschungsmaßnahmen, um zu ermitteln, ob sich der bloße Anschein einer Gefahr überhaupt als eine tatsächliche Gefahr erweist. Zeigt sich bei einer solchen Gefahrüberprüfung, dass die Gefahr, von der ursprünglich ausgegangen wurde, in Wahrheit nicht dringend oder gegenwärtig droht, so ist die Schwelle für einen Grundrechtseingriff nicht erreicht.

Übertragen auf die aktuell breit diskutierte Seuchengefahr der „Corona-Krise“ ist folglich grundlegende Voraussetzung für legitime Grundrechtsbeschränkungen, dass nicht nur die Möglichkeit einer künftigen Gefahr für Leib und Leben droht. Notwendig für gerechtfertigte Grundrechtseingriffe ist vielmehr das definitive Vorliegen von Tatsachen, die nach professioneller Gesamtwürdigung aller Umstände einen ernsthaft erheblichen, bevorstehenden Schadeneintritt in diesem Sinne als wahrscheinlich annehmen lassen.

Es bedarf an dieser Stelle keiner Erklärung, dass oder warum der fachwissenschaftliche und der allgemein-öffentliche Meinungsstand zu dieser Frage seit Wochen sehr diffus ist. Während einerseits eine wirkliche Gefahr im beschriebenen Sinne angenommen wird, stellen andere dies - nicht selten bezogen auf dieselben wissenschaftlichen Grundlagen – dezidiert in Abrede. Derzeit steht alleine sicher fest, dass die freigeräumten und vorgehaltenen Krankenhausbehandlungsplätze in Deutschland nicht im Ansatz für die ursprünglich prognostizierte Anzahl von Behandlungs- und insbesondere Beatmungsfällen benötigt werden. Es besteht also Unsicherheit allenfalls über die künftige dortige Lage, nicht aber über die inzwischen eingetretene. Für die Zwecke der nachstehenden Überlegungen soll gleichwohl davon ausgegangen werden, dass die allgemeine Gefahrenlage noch nicht beseitigt wäre, sondern dass die Möglichkeit einer sich intensivierenden Gefahr weiterhin unverändert akut bestünde.

Auf Basis dieser Möglichkeit, d.h. auf Grundlage dieser unsicheren Tatsachengrundlage, muß also verfassungsrechtlich erörtert werden, ob gesetzlich angeordnete Grundrechtseingriffe wie Warenhausschließungen akut (weiter) legitim möglich sind. Denn auch wenn unklar ist, wie sich die Tatsachen darstellen, besteht – wie am Beispiel des Polizei- und Ordnungsrechtes beschrieben – ein nachvollziehbares Bedürfnis, daß mindestens irgendjemand die Entscheidungsbefugnis hat, die Lage weiter zu erforschen.

In der Rechtsprechung des Bundesverfassungsgerichtes ist für solche Fälle das Rechtsinstitut der sogenannten „Einschätzungsprärogative" konturiert worden. Ebenso wie einem erfahrenen und besonnenen Polizisten bei gefährlichen Situationen ein Spielraum für die Einschätzung der nächsten Lageentwicklung zugestanden wird, soll auch einer Regierung verfassungsrechtlich erlaubt sein, die künftigen Entwicklungen zunächst rein spekulativ abzuschätzen. Dem staatlichen Akteur ist dadurch die Möglichkeit gegeben, an die Stelle tatsächlicher Unsicherheiten vorläufig eine eigene Tatsachenannahme zu setzen, auf die er dann rechtswirksam und rechtmäßig sein nächstes Handeln stützen kann.

Auch im Rahmen dieser Einschätzungsprärogative unterliegt staatliches Gesetzgebungs- und Verwaltungshandeln indes konsequent dem allgemeinen rechtsstaatlichen Übermaßverbot. Kurz gesagt gilt die Regel: Ein Staat darf niemals, auch nicht auf Grundlage seiner Einschätzungsprärogative, grenzenlos über das eigentliche Ziel seines legitimen Handelns hinausschießen. Selbst Gefahrerforschungsmaßnahmen und vorläufige Beschränkungen bürgerlicher Freiheiten haben, wenn sie legitim bleiben sollen, unter allen denkbaren Gesichtspunkten das notwendige Maß zu halten.

Daraus folgt zuallererst, dass jedwedes staatliche Handeln sich selbst nur solche Handlungsziele setzen kann, die ihrerseits definitiv legitim sind. Legitim bei der Abwehr einer Seuchen- und Infektionsgefahr kann nur sein, die unkontrollierbare Ausbreitung der in Rede stehenden Krankheit zu verhindern bzw. einzudämmen. Maßnahmen, die diesem Ziel nicht zu dienen bestimmt sind, scheiden also von vornherein schon begrifflich als verfassungsrechtlich erlaubt aus.

Anerkanntermaßen hat staatliches Handeln bei der Verfolgung eines jeden seiner Ziele das sogenannte Angemessenheitsgebot zu berücksichtigen. Dieses zwingt, drei Fragen zu beantworten.

Die erste dieser Fragen lautet: Ist die staatliche Maßnahme geeignet, das angestrebte Ziel zu erreichen? Die hier thematisierte weitere Schließung von Kaufhäusern kann nur dann in diesem Sinne zur angemessenen Zweckerreichung geeignet sein, wenn genau die durch sie verhinderte Öffnung des Warenhauses andernfalls eine weitere Verbreitung der Seuche ermöglichen würde. Ob dies der Fall ist, muss mindestens in Ansehung des hier ebenfalls zu beachtenden Gleichheitsgrundsatzes zweifelhaft sein. Warum nämlich sollte spezifisch die Schließung eines Warenhauses geeignet sein, weitere Infektionen zu verhindern, wenn dieselbe körperliche Nähe zwischen einkaufenden und verkaufenden Menschen erst recht auf kleineren Ladenflächen gegeben ist, auf denen zu handeln erlaubt wird? Desgleichen eignet sich die Schließung eines Warenhauses zur Erreichung der angestrebten seuchenrechtlichen Zielstellung dann und deswegen nicht, wenn und weil zugleich Möbelhäuser und/oder die

Fahrzeuge des öffentlichen Personennahverkehrs für die Öffentlichkeit nutzbar sind. Darüber hinaus dient es nicht der seuchenrechtlich allgemein wünschenswerten, räumlichen „Entzerrung" zwischen Verbrauchern und Verkaufspersonal, wenn die zur Verfügung stehende Gesamtverkaufsfläche innerhalb einer Gemeinde insgesamt durch die fortdauernde Schließung ausgerechnet von großräumigen Warenhäusern vermeidbar verknappt wird.

Die zweite Frage, die im Rahmen dieser Angemessenheitsprüfung verfassungsrechtlich zu stellen ist, ist die nach der Erforderlichkeit der Warenhausschließung: Ist die vollständige Schließung des Warenhauses zur Zweckerreichung unabweisbar notwendig oder gäbe es ein milderes Mittel, mit dem sich dasselbe Ziel erreichen ließe? Jenseits der Möglichkeit, auch und gerade innerhalb von großräumigen Warenhäusern Abstandsgebote zwischen Personen einzuführen, fällt auf: Kein Kunde wird gezwungen, ein Warenhaus zu betreten, wenn er es zur Meidung einer befürchteten Selbstgefährdung nicht will. Etwas anderes kann allenfalls für die Mitarbeiter eines Warenhauses gelten, die durch eine Warenhausöffnung absehbar arbeitsvertraglich verpflichtet wären, tätig zu werden. Der Gesetzgeber hat aber als Regelungsvariante auch hier in der Hand, jedem Arbeitnehmer zu gestatten, der Arbeit fern zu bleiben, soweit er eine daraus resultierende gesundheitliche Gefahr befürchtet. Die vorübergehende Suspendierung von der obligatorischen Arbeitspflicht für Warenhausmitarbeiter wäre somit ein augenscheinlich milderes Mittel im Sinne der Erforderlichkeitsprüfung, um die Warenhausschließung insgesamt entbehrlich zu machen.

Drittens ist bei der Angemessenheitsprüfung zu fragen, ob die Schließung des Warenhauses insgesamt noch verhältnismäßig ist. Hier wird verfassungsrechtlich üblicherweise abgewogen, welche nachteiligen Nebenfolgen die angestrebte Zweckerreichung auslöst und ob diese in einem vernünftigen, ausgewogenen Verhältnis zum Handlungsziel stehen.

Weit verbreitet war in der öffentlichen Debatte an genau dieser Stelle zuletzt das Mißverständnis, es müsse zwischen den wirtschaftlichen Folgen der angeordneten Sperrmaßnahmen einerseits und dem Leben oder der körperlichen Unversehrtheit konkret einzelner Personen andererseits abgewogen werden. Eine solche seuchenrechtliche Abwägung kann es indes schon deshalb nicht geben, weil die staatlichen Kontaktverbote und Handlungsbeschränkungen rein faktisch niemals darauf zielen konnten oder könnten, das Leben oder die Gesundheit eines konkreten (gar vorerkrankten) Bürgers zu schützen. Jedenfalls hier haben die handelnden politischen Akteure stattdessen richtigerweise die drohende Überlastung des Gesundheitssystems als solche in ihr Argumentationsgerüst eingeflochten. Sache des Staates konnte und kann hier schon rein faktisch nur sein, die verfügbaren Ressourcen des Gesundheitssystems angemessen erreichbar und leistungsbereit zu halten. Genau dieses Ziel ist indes - wie eingangs dargestellt - bislang kontinuierlich erreicht. Die Schließung eines Warenhauses steht folglich auch insoweit in keinem denkbaren Angemessenheitsverhältnis zur Erreichung des diskutierten Regelungsziels.

Selbst wenn man – wie es die Grundlage aller hiesigen Überlegungen ist – vorsichtig davon ausgeht, daß die Seuchengefahr insgesamt derzeit noch nicht gebannt ist, sondern daß sie latent tatsächlich fortbesteht und sich also auch jederzeit wieder intensivieren kann, so bleibt es mangels akut gegenwärtiger Gefahr und eines statt dessen aktuell bloßen Gefahrverdachtes derzeit einzig bei der Befugnis des Gesetzgebers, Gefahrenermittlungsmaßnahmen auszubringen, nicht aber Gefahrenbekämpfungsmaßnahmen. Der gegebene Zustand der dynamischen Entwicklung legitimiert derzeit einzig Beobachtung und Untersuchung, nicht aber Verbote, Einschränkungen oder gar die Schließung von Warenhäusern insgesamt. Das Privileg der Einschätzungsprärogative verpflichtet den Staat, seine ausgebrachten Maßnahmen kontinuierlich auf deren Richtigkeit und Angemessenheit hin zu überprüfen. Stellt er fest, übervorsichtig Unangemessenes angeordnet zu haben, muß er sofort zurückzusteuern. Andernfalls handelt er verfassungswidrig.

In der gegebenen Krise hat sich zu erweisen, ob die oft geäußerte Kritik am überzogenen Wohlfahrts- und Präventionsstaat berechtigt ist oder ob es den handelnden Politikern gelingt, durch Selbstbeschränkung die Grenzen der Legitimität bei ihrem legalen Tun angemessen zu wahren. Der moderne Interventionsstaat muss im Interesse einer breiten Akzeptanz seiner Maßnahmen – und also schlicht auch im Interesse seines eigenen Fortbestandes – der Versuchung widerstehen, in die obrigkeitsstaatliche Autorität der historischen „Polizeystaaten" zurückzufallen.

Das Gebot der Selbstbeschränkung gegen die Verlockungen eines beliebig ausgedehnten Präventionsanspruches im Rahmen allgegenwärtiger staatlicher Sozial- und Kontrolltechnologie richtet sich nicht zuletzt auch an diejenigen Verfassungsrichter, die über die Grundrechte der Bürger und deren Schutz zu entscheiden haben. Sie sind die Hüter des rechtsstaatlichen Rahmens, innerhalb dessen Politik stattfinden darf.

Vieles, wenn nicht alles, spricht dafür, dass die Warenhäuser von Kaufhof und Karstadt bereits auf Grundlage summarischer Rechtsprüfung der Verfassungsrichter durch einstweilige Anordnungen geöffnet werden müssen. Denn die Aufrechterhaltung des Öffnungsverbotes dürfte bereits ein illegitimes gesetzliches Handlungsziel fortschreiben, was selbst eine nur summarische Abwägung der Folgen verbietet.

5. Kapitel
Appendix

Unlike socialism, the welfare state lacks a definition

Vortrag in Monaco am 8. November 2016

I. Introduction

The welfare state of today is a deceptive, inaccurate promise. That is, because it lacks a precise definition. Today's welfare states do not aim for taking away all responsibilities from individual citizens to transfers it to irresponsible bureaucrats like pure socialism did (and does). But neither do they respect the rule of law. The welfare state claims to be the "third way" between socialism and laissez-faire states. But in the long run – as we will see – there is no such thing as a "third way".

I will try to show that – and why – it is impossible to give clear and valid definitions for the rules inside a welfare state. This impossibility has an evident structural reason: Legal rules in their essence have, on the one side, precise condition precedents and, on the other, determined consequences. The welfare state however cannot be defined because it has no clear beginning and it has no clear ending. Thus, a welfare state on the one hand and the rule of law on the other hand simply cannot go together, at least not in the long run. It is not even necessary to refer to economic statistics to understand that. The welfare state's dysfunction can already be derived from an accurate analysis of what both, "welfare state" and "constitutional rights", really mean.

II. Main Part

1. History

The best approach to the whole drama is a look back in history at first. In 1651, only two years after the civil war in England (1642 to 1649), Thomas Hobbes wrote his well known, famous words: “During the time men live without a Common Power to keep them all in awe, they are in that condition which is called war; and such war is of every man, against every man.”

It is self-evident that people like Hobbes who suffered over years in civil war were then deeply longing for safety. Thus, they were willing to accept the idea of a “Common Power” if only it would end their everyday’s fighting. After the religious wars of the 17th century on the continent, Hobbes’ fellow citizens all over Europe were craving for a saviour that would not only speak of law but credibly promise and effectively guarantee a life in peace. People in their every day’s life simply wanted to know if someone was their friend or their enemy. And they wanted their enemies to be eliminated.

In two of his books Hobbes described the battle between the bad “Behemoth” (a beast like an elephant) and the good “Leviathan” (an animal living in the sea that eventually comes into the scene, only when needed). Behemoth on the one side is a strong and terrifying monster that harms people and takes away their lives and possessions. On the other side, Leviathan indeed is some kind of a deer as well. However Leviathan, i.e. the state, protects all citizens who have come together consensually in a good and peaceful will to now effectively defend their rights against any aggressions of Behemoth.

In effect, Leviathan basically is nothing else than a construction to force all citizens under the ruling and peaceful power of one sheltering government. Only a monopolistic power like that could dispense people from the experienced and dangerous need of wartimes to decide which of two struggling powers they would want to be loyal to. To make this idea of a state come true, every single citizen had to disarm himself and thereby renounce his former individual rights to self-defense. This is how the idea of a protective state and a “good government” came into being and, of course, into our modern consciousness.

That was – in short – the historic state’s theory of Thomas Hobbes. And in fact it still is the anchor for all contemporary theories to explain why it is necessary to organize an entity that is more powerful and more effective than the diffuse power of individuals to finally win the otherwise ongoing battles against Behemoth.

2. Defensive Rights

The historical situation at the end of the 17th century offered European and American thinkers the best chances to accelerate their efforts in extending the already given idea of a "state". In ancient times, Athens and Rome had created organizations that were called "states" as well. But compared to the potentials of modern Kings and Queens their governmental powers seemed rather negligible, not to speak of the kind of democratic states that the world has seen after 1918.

Please have this in mind: Even in the days just before the beginning of the First World War an English citizen could live his life literarily without having to have any contact to his state's representatives. Only a "Bobby" on the street or a red colored mailbox would remind him of the existence of a government. At the same time only two percent of the whole German workforce was active on behalf of the state. And half of these two percent again was on military duty. Hundred years later nearly twenty percent of the workforce is busy with the state and the maximum income tax rate has risen from 5% to approximately 50%. Two hundred years before that tenfold of today's states the situation was comparatively in an infant stadium.

Considering the roots of the 17th century, it is comprehensible that at this very moment in history e.g. the United States' constitution of 1787, above all, wanted to "establish justice" and "insure domestic tranquility". That again reflected, in the words of Thomas Hobbes, the contemporarily pending fight against the immortal Behemoth. People with their war experiences were longing for peace and safety.

At that time, the rule of law – effectively enforced by police and military – consequently was regarded as the central means to protect people's lives, bodies and property. In this respect the fundamental rights of each person were, of course, understood as a guarantee against the mighty "Common Power" itself in the first place. But they also served as a safeguard against third parties (from the inside as well as from the outside) who might want to attack the citizens and harm the peace given.

Thus, the constitutional state was established to effectively grant each individual person the right to live free from violence, to harvest the fruits of their own labor and to enjoy the results of their efforts. In consequence, this original idea of a constitutional state thereby provided its citizens the prospect of peace and prosperous cooperation under the rule of law.

I like to name this kind of classical liberalism – in a period of pure human rights – as the phase of morally healthy "leave-me-alone-rights" or, to draw a picture, as the happy time of citizen's substantial "hedgehog-rights".

3. Rights to benefit

Tragically, the idea of defending citizen's fundamental rights did not mark the end in the development of the growing modern state. In the eyes of later theorists Leviathan did not only have the obligation to respect the rights of those who had consensually created their state. In their view the state's duty to help and assist citizens against third-party aggressions also had to be extended beyond that. They now introduced sophisticated rights for protection in general into the constitutional debate.

Indeed, already the US-constitution of 1787 sought – literally – to "promote the general welfare". And only two years later the French Declaration of Human Rights took the promotion of a "public advantage" into regard. At first glance, this may appear to have somehow just enforced the accepted fundamental rights to defend given legal positions. However, what the creators of the welfare state theory really were striving for was the implementation of something completely new: They longed for the so called "social rights" as a stronghold for the poor.

In their eyes only an equal distribution of goods, possessions and even just chances between all men would (and could) fulfil the constitutional promise of a "public advantage". In other words: As long as some citizens, coincidentally or fatefully, were able to own more than others the constitutional's pledge for welfare would not come true. According to this theory inequality meant (and even today still means) unconstitutionality.

In other words: The demanding obtainment of rights now drew near the mere defense of rights and – as I will show under the next section – it thereby again countered and questioned these very rights, simultaneously!

4. Contradictoriness of a welfare state's obligations

The idea of a helping and assisting state had (and always will have) a mere destructive effect on the rule of law. It is often overlooked that the mighty "Common Power" itself – in other words: The state – earns nothing and owns nothing except the funds and means that it takes away from its citizens (by the exclusive governmental technique called "taxation").

Hence, this construction leads with inevitable logic to a complete reversal of the original Leviathan-idea to defend individual rights by the help of the state. The welfare state then in effect runs into an open conflict of duties between those citizens who have any certain something and those citizens who have it not.

If citizens cannot (and must not) consensually cooperate to distribute their goods or chances by contracting peacefully, they have to have their demarcation disputes instead. Obviously, most of these conflicts of distribution must simply be indefeasible and insolvable for the respective two parties because they are personally involved. Consequently, it comes to the only alternative method of delimination: The intervening welfare state joins into what is called "harmonization".

But in harmonizing the conflicting parties and their rights the welfare state tragically but inevitably gets straight-jacketed because in the end it has to decide everything on its own. May the representatives of a welfare state want it or not: Their work comes down to an autocracy of imperative regulations. For logical reasons there is no way out. The welfare state needs to operate in omnipotence otherwise it cannot fulfil any of its "legal" duties.

At that point it is necessary to define two terms that have no precise equivalent in English. Going back to Latin will help. When speaking English we use the word "law" for the ideas of "ius" and "lex". Other than rules that are written down by lawmakers as "legislation" in a formal sense (which Romans called "lex") the sheer and pure "ius" describes the whole collection of rules that a community thinks to be true and right. Whereas a lawmaker can change any "lex"-rule every day by simply using new words on another sheet of paper, the law named "ius" stubbornly lives inside the hearts of all citizens. This kind of clumsiness straight-jackets the lawmakers of the welfare state even more. They can change their words and orders very quickly but not the directions of all citizens beliefs.

All ubiquitous battle lines of distribution conflicts between the welfare state's citizens now shift precisely onto the desktops of the bureaucrats. And since it is impossible to define valid and generally binding rules for all cases in advance, the welfare state as now omnipotent institution again and again comes into indefinable paradox situations.

The history of philosophy knows the problems that deviate from divine omnipotence. A well-known mystifying question suggests a test of God's power: Can He build a wall that is too high for Him to jump over it?

René Descartes wrote in a letter on the 15th of April 1630 about his solution to the problem: "The truth of mathematics were established by God and entirely depend on Him. You will be told that if God established these truths He would be able to change them, as a king does his laws."

In another letter dating 2nd May 1644 Descartes wrote: "God cannot have been determined to make it true that contradictions cannot be together and consequently He could have done the contrary."

May the old philosophers have saved the omnipotence of God by dispending Him from the rules of mathematics and logic. But a welfare state exists inside our reality on earth and for that inevitably inside the rules of logic. Hence, a welfare state cannot be tricky dispensed from the problems of self-contradictoriness. Only if a welfare state acts like a medieval king, it is free to change legal rules steadily inconsistent and contradictory. But is that, what we wanted – and want – a state to be like?

Eventually, the answer to all questions regarding a welfare state's distribution of goods has to be left to discretion of the state which itself is – of course – uncontrolled. There is no other way to fulfil the planned economy's requirement to be in organized harmony with all legal surroundings. Here it is the architect who has the last word, not the inhabitants. The statesmen's work to define legal spheres in fairly general terms becomes a work of arbitrary measures to control the uncertainties and the indeterminable nature of societies.

Consequently, contemporary constitutional theory does no longer refer to specified fundamental human rights. Instead, the leading theorists seek their solutions in constructing a general citizen's right for "good and effective government" which – tragically – can mean anything.

Just like before in civil war, again nowadays nobody can feel safe when it comes to his income or to his property. The new welfare state can claim and take away these possessions (if needed by force) to manoeuvre it to other citizens at its sovereign decision and definition of "poverty" or "equality" – as long as the justification is: "To promote general welfare". Only the "Common Power" decides what kind of right you are provided with: The right to keep something or the right to get something.

In result, the new welfare-state as the "Common power" has become the monopolistic institution to distribute goods, disregarding formerly given rights although still invoking the terms of law. From now on the citizen never knows whether the next state's bureaucrat he faces will be his friend or his enemy. It is unclear if he wants to protect a citizen's possessions to promote individual rights or if he wants to tax them away to promote general welfare.

Unlike in socialism the welfare state is not continuously the declared enemy of a citizen. On the contrary, it can (sometimes and as long as the productiveness of a society's paying members is not exhausted) even be his friend. But in the long run this – as psychologist would call it – undefined double-bind relation between a citizen and the power that rules him undermines any trust in state's activities at all and finally destroys the rule of law.

5. Cultural homogeneity as underestimated basis of temporarily functioning welfare states

The re-distribution of wealth inside a welfare state can only work for a limited period of time. The first timeline is the day when the payments out of the common purse are higher than the payments into it. But there is an even deeper structural problem to face.

The "Böckenförde-dictum" of 1964, in short, says: 'Every constitutional state is based on conditions that it cannot create or even guarantee itself. The moral substance of freedom has to have its sources inside the homogeneous convictions and beliefs of its citizens. These regulating dynamics cannot be replaced by governmental power without by this again autocratically destroying freedom'.

Europe has learned, at least during the last fourteen months, that a welfare state cannot be organized for long when the people who benefit from it do not share the same values as the citizens who pay for it. A homogeneous structure is needed.

Ernst-Wolfgang Böckenförde was not the first man on earth to discover the problems of such self-reflexiveness. Buddha said 2500 years before: "The clutching hand cannot grab itself" which means as much as: "Pour reconnaître que l'on n'est pas intelligent, il faudrait l'étre!"

That means for our context here: Traditions and beliefs of each society exist inside its legal system but also outside of it. Nevertheless, both spheres have a relation to one another so that they are bound into each other recursively. As soon as the legislator's convictions and the citizens' convictions fall apart and disintegrate, the system called "welfare state" as a whole must collapse.

Every welfare state tends to consider equality of wealth as the pivot of its political and governmental efforts. But the expectation to accomplish wealth by only waiting for governmental allocation of goods (instead of having worked for it before) has a substantial negative educational impact on people. Accomplishing comfort by doing nothing hollows out the ethos of any pride to work successfully. In other words: Any materialistic equalization of inequalities by governmental force disintegrates the moral spheres of value inside and outside the legal system.

III. Concluding Remarks

As shown, a welfare state does not go together with a constitutional state that binds itself to the clearly defined rule of law. A welfare state cannot be defined. Attempts to make a welfare state come true must consequently always end in inevitable paradoxes.

According to the architecture of this conference I do not have to give an answer to the question "What is a way out?" But our host and his organization obviously seek for perspectives in Monaco. Thus, I feel legitimated to make these final remarks:

Back in 1414, the Cardinal of Piacenza monished Emperor Sigismund who had tried to naturalize (neutral) Greek words into (feminine) Latin with the words: "Caesar non supra grammaticos", which means "Caesar is not above grammarians." If it is true that every language has grown over centuries and lives inside the innumerable brains and hearts of its speakers then it might be right to presume that law and the acceptance of rights (scil.: "ius") are nothing but a kind of specialized language in which people communicate. That again means: Every legislator is due to mindfully respect the established grammar of rights that is in use by the citizens of his country.

The ancient lawyers of Rome already knew: "Ultra posse nemo obligatur." Nobody is obliged to do what is impossible. I tend to even go one step further. There is not only no obligation to do what is impossible. I ask myself: Should not those efforts at all be forbidden of which we have learned yet that their mission is truly impossible? Shouldn't we establish a rule of "ius" that says so? (Maybe the Roman lawyers would have formulated exactly that idea long ago – if only they had been given the chance to compare themselves with the omnipotence of Tom Cruise...)

To be serious: The early US-constitution wanted people to be free to pursue their personal happiness. Over the centuries this idea was transformed into the concept of a welfare state providing public happiness to every man. That experiment had to fail, as shown. Maybe the Kingdom of Bhutan with its constitution of 2008 that revitalizes a legal rule of 1729 offers a congenial discrete solution: "If the government cannot create happiness for its people, there is no purpose for the government to exist."

All lawmakers should keep the rule of law (understood as "ius"!) as definite limit for their work. Therefore they have to learn and to respect the developed cultural language of right that is spoken in their country. "Ius" is superior to any presumptuous re-distribution of goods, wealth and chances.

Public Health and Private Sickness

The Law of Governing Bodies, Administrative Corpses and Ailing Citizens - Illustrations from Germany -

Bodrum, Turkey, 22nd of May 2009, Forth Annual Meeting of the Property and Freedom Society

I.

The older we get – and, of course, the more we study – we learn a lot about the world we live in. Step by step we understand more about our nature. And we discover its secrets, the ways things work. Within this process, one day, we often find that there are mighty powers behind all different appearances. And some of us even believe in the existence of an almighty creator who has foreseen all this and who has planned all incidents, all factors, all details working one for each other, forming the wonderful unit of this miraculous earth. And in addition to this, we realize as well the functions namely of our own bodies. We are amazed at seeing the perfection of its organ's cooperation and interplay, the intelligence of a central nerve system for example - or the meritorious strength of a liver. At one point the most of us feel a great humbleness, no matter if they think all this was made by god or by accident.

In comparison with these impressions it really brings us down to take a look at the system of public health care in Germany, because its components and modes of operation perform in a definitely different way. We see a system that claims to be made perfectly and we see political and administrative people improving it from day to day. But in the end it is nothing but a very, very expensive bureaucratic chaos that is paid by innocent and unsuspecting citizens and that delivers far less medical service than could be if it was organized by the people themselves. Let's take a closer look at the system's details to see how destructive the deadly socialist ideas have influenced the structures this "public health".

II.

Within the last four decades the legislator has written 12 books of social law in Germany. The first of these 12 "social law books" formulates the chief aim of them all, right in its section Nr. 1: The first and foremost task and mission of all book is to bring "social justice" to all citizens (which, by the way, was the same determination of value in the preamble of GDR's constitution of October 7th, 1949).

The fifth of this impressive social dozen is the book that deals with the health and with the holding ready of medical care for the insured. Here we find the tragic mixture of economic aspects on the one hand and medical treatments on the other that constantly misguides its insured and its economic conditions over all into heavy indebtedness.

III.

According to this law each and every resident of the republic who signs a contract of employment instantly becomes a compulsory member of the public health insurance. His principal also takes part in this legal construction. He is not allowed to pay the whole wage directly to his employee. Instead of this he has to deduct 15.5% of the employee's wage and he then has to transfer this sum immediately – at the end of each month – to the health insurance company that his employee has chosen to be responsible for his health.

At this point we should take a closer look at four characteristics of the system before we go an. These four interim remarks are those: (1) We should look at the term "health insurance company". We should (2) make clear what it means to say that this company is "responsible" for the employee's (respectively: insured's) health. We ought to become (3) aware of that system not being a real, truthful insurance. And we have to face the fact (4) that even these roundabout 250 public health insurances at least from the beginning of the year 2009 are nothing else than remote-controlled financial units of a new giant administrative masterpiece called "Health Fund".

(1) A health insurance company in Germany is not a "company" in the sense of a free and private corporation. It is nothing else but a government body. It has sovereign powers over its members and consequently the right to issue administrative acts. In case a principal decides not to transfer the monthly contribution of the mentioned 15.5% he will suffer punishment according to criminal law, even if his employee agreed to do so. The punishment laid down by law for this crime, by the way, equals the punishment laid down for the procuration of women under the use of arms. (Obviously, we do not have to ask for the first time in history, why a system that is said to be as glorious as this, needs to take people under its wings by the thread of force). Regarding all that, we can conceive that this system, so to say, is dead serious about really collecting in all the contributions of its insured.

(2) Saying that the system is "responsible" for the health of its insured is not only a euphemistic wording. Again, this is – at times in the bitter and double sense of its meaning – meant deadly serious. In the first section of the fifth social law book we read that an insured is "jointly responsible" for his health. This means in an argumentum e contrario (so to say regarded from the other side of the mirror) that the insured no longer is responsible for his body himself. He is only one out of a group of responsible persons and bodies who care for his own health, body and life.

(3) This brings us to the third interim remark. This public health insurance system is not a health system equal to seriously calculated actuarial theory. The risk of getting sick is not being set into relation to the amount of one's insurance premium. Instead of this the size of a contribution only depends upon the income bracket. This again simulates poor people not facing major hazards to human health whereas those insured with higher

incomes are fictitious bad risks. One does not have to be a specialist in the arts of actuarial theory to understand that this construction gives a funny bunch of stimulus and incentives to all compulsory members. And within this dimension it is probably the hour of birth of the war on corruption that eats up so much resources of the system.

4) As I said, the latest administrative masterpiece of German health policy is a so called "Health Fund". Imagine all public health insurances collecting in all contributions from all insured – via their principals – and them all again being bound by law to pass on all that money to this one and only, gigantic general health fund. This is not an administrative nightmare – it is law in force in Germany since the 1st of January 2009. And it is the executed reality in my country that this general health fund subsequently pays out these collected sums – according, of course, to certain quota allocations that guarantee social justice coming into being – to each single public insurance company again. (I suppose, a lot of specialized experts will have to travel to an awful lot of meetings throughout the country again and again, to find the right mathematical formula for the real social-justice-cash-flow. And I am rather convinced they will also have a lot of fun doing this…).

However, a system such as this speaks of "public health", but it creates – and this is my thesis – nothing else but private sickness. It sets back the individual into the loneliness and isolation of his own body. It falls back into the undeniable fact that physical pain and grief are strictly personal occurrences. The intellectual misconception of a public that could be kept healthy by authoritarian political and administrative arrangements without asking for the will of each and every individual, leads inevitably astray. Why is that so? Because the public simply has no body! It's as easy as this. You can't shake hands with the public, you can't look into the public's eyes and the public cannot catch a cold. Only human beings can, because only human beings have their bodies. So, if you make a policy for the health of a subject (named "public") that has not body, you can't at the same time make a proper policy for those who really do have bodies.

All these public health ideas simply got on the wrong intellectual track. And it is not my subject today to deal with the question if those who personally profit from that lost their orientations either by mistake or willfully. But the German health system sets an example for the symptoms and functional disturbances of any public health system that is simply based on such sort of incorrect axioms. Let me proof this by describing the ways the German system searches and finds the adequate therapy for a sick and suffering individual.

IV.

Since you are not asked basically and in general whether you want to be insured within this system, it is no wonder that you are – as well – not asked what kind of therapy you want to receive, in case your own body does not work properly any longer. The system has its answers for you. The system cares for you. Remember: You are only "jointly responsible" for yourself. Consequently, you are not the only owner of your body. Your co-owners want to exercise their co-determination rights concerning your body to constitute the mentioned fiction of a "public body" that shall be cared for.

The priority legal technique to make sure that a patient is not to be asked about what kind of treatment he wishes is, of course, the construction of it all being put into public – and not into private or civil – law. None of the members of this system is invited to express his views or opinions on the proceedings. Everyone is simply forced to participate in it by law.

Now, if an insured is under medical treatment he has – consequently – no right and no chance to close any private contract with his medical doctor concerning the contents of the proceeding. The doctor on the one side is participating in a health insurance plan. He himself is compulsory member of a special chamber of doctors. This chamber of doctors again is constituted as an administrative body under public law with sovereign rights in relation to every single doctor. And the patient on the other side is – as mentioned – only part of the administrative body called "public health insurance". Both, neither the patient nor the doctor are asked about what they personally and individually think to be the right way of medical treatment in each single case. Instead of any private agreement between these two parties simply the written law of our fifth social law book and the supplementary implementing regulations (that are invented by the administration to fill the many gaps) rule the courses of events inside every doctor's room. The patient does not get what he wants. He gets what the experts and specialists of his public health insurance – and, of course, the mighty general health fund in the background – find to be " necessary".

The necessity of a treatment is defined as (a) economically efficient, (b) adequate and (c) expedient. These are the three constituent facts that make a good and necessary treatment. Unfortunately, the standards of these constituent components which might lead to a treatment you wish are defined objectively or – to use another, maybe more precise word – they are particularized "disinterested". That means that you personally, as a subject, might have been interested and willing to spend more money to get a certain treatment different to the average standards. A treatment so to say that is somewhat objectively inadequate. But – sorry! – the system can, of course, not take such extravagances into consideration. It has to keep in mind that all insured parties have to get their medical part of social justice as well. Even if you have paid thousands and thousands of Euros into the system over years this does not keep you away from having to pay your own special treatment once you need it.

All these theoretical thoughts and ideas are realized by a sheer unimaginable bureaucratic force. Between every single medical doctor and every single patient we find a kind of giant administrative vault, a modern dome of priceless public servants doing their indefatigable jobs – and being paid of course from the public purse of the system's compulsory members.

Once a patient gets sick, it is –as mentioned – after all not the doctor who has to find and to describe the adequate therapy. It is the employee of the social insurance institution called "health insurance" who selects among the possible treatments. But since this employee never in his life has studied medicine he has to obtain specialist's advice to do his job. To make sure he can find that advice our legislator has created another administrative body called the "Medical Service of Health Insurance Institutions". Inside this highly specialized government subdivision you'll find medical doctors who have the status of a public official. They decide about your therapy, unfortunately without ever having seen you personally. But: They read your medical bulletins very carefully. And they adjust your case with the standards that are given by another – even higher specialized – government body, called the "Advisory Committee of Common Interests" within the health system.

In those cases in which not even this Advisory Committee knows what is wrong and what is right, they can ask another administrative body called the "Institute of Quality and Good Efficiency inside the Health System". This Institute recently founded another Foundation under Private Law (!) which helps to carry out all the work that has to be done. For example, the fifth social law book allows these institutions – as well as the Ministry of Health itself! – to entrust external specialists to give their expert opinions in writing.

If your medical standpoint is not the one of these bureaucrats, you still have the right to file your case to court. The guarantee of access to the courts can even bring you to the constitutional courts. And what they think about all that might be the subject of another lecture, in case we find a couple of hours to deal with that.

We all have to pay very dearly for that. But, as our politicians say: Isn't health somewhat invaluable?

V.

In the end we find a through and through astonishing result of all these health politic and health administrative efforts: When the German health system was invented at the end of the 19th century, its founders aimed at a certain conception. They wanted to end the era of poor people being thrown upon acts of clemency, grace and mercy in case of illness. They wanted to enforce the poor with suable rights on the health sector.

What has come out now is a system of simply unclear fundamental-principle rights of people against their public health insurances that indeed give "necessary" medical protection. But the contents of these "rights" are indefinite, unascertained and – namely with regard to the medicine according to the position of liquid assets within the system – completely indeterminable. If you as a patient have not the means to pay for a treatment you really need and all these impressive administrative bodies within the public dome of social justice are not willing to officially approve your therapy you have no other chance than to simply beg for treatment! So this again throws people down to depend on acts of clemency just like it used to be in the 19th century. In other words: We have reached the same point again, from which we started 130 years ago!

In effect, the whole speaking of "social justice" inside a public health system has become (1) nothing else than a camouflage-term for medical unsteadiness and uncertainty; (2) a self-service system for those who enrich themselves by pretending to be able to perfectly define absolute adequate treatment-standards; and (3) a welcome method of political ruling in post-religious, modern times.

VI.

Right in the middle of our bodies there is an organ called "spleen". I think God – or whoever is responsible for us being here – must have had a certain idea when he invented that tool for our lives. Because: If you get hurt and you lose this organ, you do not have to die (at least not for that reason). The other organs inside our body take upon the duties of that lost spleen. So in the end I can promise you this: We can learn from nature that a public health system is probably nothing else but a spleen. If we clear it away from the earth's surface, the whole human society can live on without any damages, each and every single human being will be healthier than they are today – and: health will be far cheaper and in the consequence affordable for everyone.

The Germans – Scattered Souls Dissolving into Irrelevance

Property and Freedom Conference, Bodrum, September 2014

Introduction: A fictitious first landing on the moon in 2014

What would happen if Neil Armstrong landed on the moon in 2014 for the first time? He would, of course, plant a flag on her surface, just as he did in 1969! Stars and stripes would somehow flutter over the lunar craters just as we all saw it 45 years ago.

If it weren't American astronauts landing there in 2014 but astronauts of other nations, what would they do? British astronauts for example would self-evidently fly the Union Jack and Turkish astronauts a Turkish national flag – what else?

But would German astronauts hoist a German national flag if they landed there? That is obviously unthinkable. That leads to the question: What else would, prospectively, happen in such a case?

I think it is highly probable that we would face these five events:

1.) At first German astronauts (Kevin and Mehmet) would heave out a massive big black concrete cube from their spaceship, place it in the sand and then lay down a wreath right beneath it to remember all dead of the second world war (maybe the first as well, you never know).

2.) Secondly they would fasten a commemorative plaque to the reverse side of this cube as a warning to future generations to – please! – reconstruct the entire world climate of 1850 at the latest by 2050.

3.) Following this they would open the black cube's top and fill in a sum of 150 Billion Euros in freshly printed bank notes as a special reserve to safeguard any future moon currency from turbulences and collapse plus an additional guarantee bond in writing (signed by the chancellor herself) that promises to pay another 270 Billion Euro in case other nations should not land there and fulfill similar obligations.

4.) Finally, after having worked through all those steps very seriously and consequently within the given time-schedules, the captain of this German spaceship (named 'dove 1' or 'pigeon alpha' but never ever 'eagle' or 'buzzard' or 'falcon') would look into his onboard-camera and address mankind directly. He would send his greetings from the moon as a peaceful and sustainable European and then ask for forgiveness for not yet having built (as the world can see on screen in the background) a wind power plant over there.

5.) After this ceremony we certainly would see humanity worldwide answering the Germans. Who could doubt that within the first hour afterwards the main representatives of mankind (i.e. Ban Ki-moon, the Dalai Lama, Christine Lagarde, Bob Geldof and – maybe – the surgeons of Angelina Jolie) would post their comments on twitter and facebook? They would congratulate the astronauts for their technical craftsmanship, express joy over that non-violent, peaceful and ecologically valuable behavior; but it is foreseeable that they would also mention a slight disappointment because "We would have expected a little more effort and eagerness to succeed from our German friends".

Main Part: Searching for the reasons of a bewildered German soul

Why do Germans act like that? And why aren't all those hard efforts ever enough for the world?

1.) The German landscape:
A country without (natural) borders

There are no natural borders that could substantially define the beginning or ending of "Germany" on the European countryside. A few kilometers seaside in the north do not give the faintest understanding of a natural backing like, for example, a British soul can have on its island. No mountains frame this German soul either. Looking on the map even the Spanish, the Italians, the French, not to speak of Icelanders, Maltese, Irish or Sicilians have their clear borders and their safeness: This is my land, here it begins and here it ends. The national anthem of Germany sings of a country in between four rivers (Maas, Memel, Etsch, Belt). But even those rivers have no political meaning today. At the most the river Rhine gives some sparse hold to the idea of where Germany could, topographically, begin. All the rest is a result of partly historically, partly arbitrarily set frontiers. Looking down from the moon you can see no nature-given shape at all that would surround Germany.

2.) The German vegetation: Forest and fear

Those territories that we know as "Germany" today were – in history – areas of endless forests. Not even the Roman Empire was able to cultivate the land east of river Rhine (or interested in doing so). Entering those territories was life-threatening, not only for strangers but for "Germans" as well. Even in his century Richard Wagner still described those forests as home of the dangerous lindworm-dragon. That means: Not only strangers, but also the Germans themselves found that their homeland was a place of uncertainty; that means: We see a kind of nature-given homeland insecurity! No wonder the Romans tried to fence these dangers off by building their "limes"! Those forests are the cause of "German Angst" of course, even in the (somewhat funny-paradox) form of "Waldsterben". Grandfather had to flee from the lindworm in 1890; father went to the forest by car in 1930 for the weekend; and the grandchild of 1980 fears the withering of trees. May nobody ever declare that Germans have no sense of humor!

3.) Intensifying the feeling of uncertainty by means of younger history

Today's Germans are a kind of conglomeration of Germans, Goths, Alemannians, Teutons, Bavarians and a countless number of other tribes (and their derivates) that we cannot even name precisely today. All these groups of people were – in the long run – assembled and united, partly willingly, partly unwillingly, under the Name of "Deutschland". At the end of 1871 this state became the so called "late nation", putting together all kinds of different cultures, weakly held together by a (more or less) common language.

It becomes obvious, regarding this, that there is not a lot of common ground for the development of a strong sense of community. And it becomes clear as well that of all things especially this lack of community was to be of crucial importance in the darkest hour of German history. Because a politician who spoke of nothing else than of such a people's community named "Volksgemeinschaft" could easily address their deepest longings. The crowd that had just lost its unifying "Emperor" figure hungered and thirsted for new form of identification. In the end (and as the consequence) of all those national socialist perversions, we know things got even worse. Because the local transfer from Russians on to Polish ground, from Polish on to German ground and from Germans into a narrowed "Bundesdeutschland" after 1945, by Churchill and Stalin according to the Potsdam-Treaties, diminished the idea of defined people on a defined land moreover.

4.) Insertion: Micro- and Macro-Mentalities

Germany harbors two very special forms of mentalities that have to be differentiated.

a.) Some 15 years ago lawmakers renewed the procedural rules for lawyers in Germany. Until then I was allowed to work inside one court district only. Afterwards lawyers were enabled to work at (nearly) any court in Germany. This new rule gave me the opportunity to (a) fight for justice anywhere and (b) buy a new faster car, both of which did instantly. Some clients then sent me to courts I had never been to before. My experiences since that time cover a core area that has a radius of approximately 150 kilometers. And my initial assumption that clients, judges and lawyers who speak the same German language, who refer to the same German law and who live at the same time inside the same country… in one word: the assumption that these people would have to have an awful lot of things in common, turned out to be definitely wrong! I saw completely different modes of behavior and perspectives in a court near the Dutch border (in Kleve) on the one hand, and – for example – in Dortmund on the other. Whereas the court personnel in rich rural areas behave friendly and cooperative, the personnel in the big working-class cities appear to be nearly impudent and without any polite manners. Those areas where people have had plenty of food and wealth over generations are still the friendly and relaxed places; where there used to be a shortage of means and regional overpopulation in the past those are still the uninviting and uncomfortable courts and processes. Meanwhile I am sure: These micro-mentalities are very durable and they do not die out within one or two generations. They are – on the contrary – everlasting.

The differences between the old German tribes and their views though seem to continue to exist. You can have an appointment with someone in the northern Rhineland at "around 11 o'clock" and that will make it probable that both persons participating will meet between 10.40 and 11.20. But you cannot ask to meet someone from Stuttgart any other way than, say, "at 10.55" or "at 11.05". This is a certain insight not only for regions hundreds of kilometers apart but also for regions that are only 20 kilometers distant from each other. The atmosphere at court in Kleve is more similar to that in Münster than in Dortmund, although Dortmund is situated midway between the two! German micro-mentalities exist in geographical spots and patches.

That leads to the understanding: Different German regions have their micro-mentalities.

b.) But there is also the greater German macro-mentality:

aa.) No matter what part of Germany you are in: Germans are somehow proud of the quality and perfection that characterize their products. I call it the "Made-in-Germany-habit". We are better at producing things than others. We can organize them better. In a way we are perfect ourselves.

bb.) But – astonishingly – this very macro-mentality of pride has another fascinating downside! If one German wants to say something very rude and unfriendly to another German he uses the commonly established (and legally not [yet?] punishable) insult of something being "typically German". That indicates and leads us to a very strong and dominant German feeling: Germans as a whole feel a lot self-hatred.

5.) Searching for the reasons of German's self-hatred

As we have seen, Germans do not have a strong topographical backing for any self-confidence. But the uncertainty coming from this is enforced by the specific German history. Other than American or French citizens who (with or without reason) develop positive patriotic feelings when looking at their national flag, Germans cannot do so. They have to take the collective blame for their history. In consequence of that they cannot develop a positive sense of community.

Germans cannot be commonly motivated by turning them all together towards a (positive) idea. To the contrary: Germans can only be motivated all together by turning them away from the (negative) history they share as community of joint heirs sui generis. And so this community of uncertain souls is always busy escaping from the bad – instead of positively seeking the good.

Even if these Germans are confronted with something positive that they could enjoy altogether, for example a football-world-championship, they wave their national flag definitely only for this specific purpose. After the end of the games all flags disappear. And – as a latest development – they shorten the name of their nation from "Deutschland" to "Schland"!

Germans do not love Germans as a whole. And that leads to the paradox that the best and most positive Germans are those who are mostly Non-Germans. The motivation pattern to flee from the bad (instead of longing for the good) has – in combination with the specific pride of being somewhat perfect – led to the obstinate belief that nothing and nobody has ever been or could ever be worse than the Germans in history. Looking at the flag that a German astronaut though would never plant on the moon: If any participant in a political party meeting today waves the official national flag of Germany with the colors that are defined in our German constitution, the whole meeting is defined as a right-wing event at once.

6.) Acceleration factors for the dissolution of Germany

Anti-German Germans are on their way to create this specific good German who is a Non-German. Only a Non-German can be a good German. And that means, of course, that any German has to become a European German as soon as possible. Every factor that slows down this process is a negative factor and indicates the beginning return of bad historical experiences. Consequently the warning of dangers concerning the Euro-currency must be seen as a movement away from the good towards the bad. That gives the whole discussion more and more the character of a religious war instead of a rational discourse. The fewer of the historic murderers are still alive, the more intensely the fight against their crimes is fought. Konrad Lorenz probably would have named that a specific kind of displacement activity.

Why has this scheme of political correctness become so strong within the last 20 years? I believe the atmosphere of our political discourse in Germany has changed so negatively because the seat of the German government was moved from Bonn to Berlin in 1991. Because of that the micro-mentality of Berlin now governs the mood-making media for the whole macro-mentality of Germany.

Johann Wolfgang von Goethe already knew: „Es lebt dort ein so verwegener Menschenschlag zusammen, daß man mit der Delikatesse nicht weit reicht, sondern daß man Haare auf den Zähnen haben und mitunter etwas grob sein muß, um sich über Wasser zu halten.“ People in Berlin are outrageous. Being polite does not lead you to anything over there. You have to have a sharp tongue. Otherwise you will be destroyed.

For nearly a quarter century the governing personnel of Germany has been recruited largely from Berlin and the surrounding areas. Consequently the tone of government has changed. The leading persons are no longer the tolerant people from the Rhineland area who have designed the old Bonn Republic of 1949.

The micro-mentality of Berlin is "Orders are orders!" That was the spirit of the Prussian Soldier-King, the spirit of the last German Emperor, it was the spirit of National Socialism and it was the spirit of the fenced-in socialist GDR. They all ruled from a seat in Berlin.

This is the spirit that tells all present-day Germans to be good Non-Germans. And it also is the spirit that shapes the European Union. If the Germans stick to these given harsh rules they will be dissolved as a nation and in the end get lost as scattered individuals.

Conclusions

These days the Germans "morgenthau" themselves. Instead of a simple ruralization we see a differentiated colonization.

The banking union in Europe will lead to an average equality on the level of Bulgaria. What we see is the Bucharestization of our continent.

The perspectives of people who want to aspire to something better are declining. Excellence is washed out of our communities.

Since we all have to be glad – as Germans – to have the Euro and the miraculous benefits of the Martin-Schulz-based beauty of governance we should be happy to commit national suicide as unworthy people.

In a museum in Bonn I recently saw a video about the Vandals. They began their historic move on today's territory of Poland, went through Germany, France and Spain, set over to northern Africa, travelled on eastward and shipped again in a northerly direction; in the end they reached the island of Corsica and – died.

Maybe simple historic irrelevance for the Germans is even sweeter that the death. But in both cases you, my audience, can call yourself proud to having seen one of the last of these central European human dinosaurs speaking about his people.

Limited Spaces Call for Unlimited Thoughts

The II. International Jacques Rueff Conference
A Case for Europe's Small States

Centre d'Etudes Prospectives pour Monaco (CEPROM) and
European Center of Austrian Economics Foundation (ECAEF)
Principality of Monaco, Musée Océanographique
November 23th, 2017

I. Introduction

I will try to give evidence that it is not a disadvantage for humans to live in a small state today. On the contrary, I will describe why – in the meantime of human history and development – it has even become an advantage to be inside a small political entity. Supposed my thoughts are correct, the territorial extension of a nation does not play the meaningful role for the wealth of a nation as it used to do in the past. More than ever, the safety, the wealth and the pursuit of happiness of a state's people depend on the fragile balance of two main factors: 1. on statecraft in terms of a well-balanced cooperation between politics, citizens and administration. 2. on an institutionally secured, universal permission of free private communication and cooperation (among one another inside the state as well as with the entire mankind outside). Only an intellectually flexible, economically adaptive, well-educated and homogenously committed community will have the tools needed to persist in a surrounding world full of unseen challenges and paradox requirements. In that sense, the call for unlimited thoughts is not only a question of practicability but rather a matter of wise political leadership, in special when standing on the grounds of a limited space.

II. Main Part

1.) Historical and empirical backgrounds

For a long time in human history, guaranteeing prosperous and wealthy living conditions for its citizens was the privilege of states ruling over extensive landscapes and widespread means of production. Armed forces were able to live off a land as long as farmers knew how to cultivate their spacious fields effectively. Protected by military means outward and by law inside, bright engineers and entrepreneurs were able to successfully advance their technologies. At least this is what a vast majority of people used to think and what many still hold to be true.

In the course of time and by acceleration of all kinds of technological progresses, not only the quantity but also the quality of all supplying industries and the goods inquired in that process, however, changed dramatically. First, the economic relevance of manufacturing trades was overrun by the significance of the services sector. Later the – as we call it – "digitalization" even overtook this evolution. Fortunately, today's developed countries do not primarily have to cope with the task of nourishing a population. At the present time their focus is rather on how to improve the effectiveness of production, service and communication. That again leads to a substantial modification of nowadays wealth production: Behind the technological phenomenon that we call "digitalization" stands, at the heart, nothing else than the pure challenge of human creativity. Restless and hungry brains all over the world are continuously teaming up with one another, working on improvements and accelerations of all kind at any time. But division of labor, obviously, does not only increase economic productiveness exponentially. It also brings some typical problems for the intellectual culture of a society as well. None less than Adam Smith wrote:

"In the progress of the division of labor, the employment of the far greater part of those who live by labor, that is, of the great body of the people, comes to be confined to a few very simple operations; frequently to one or two. But the understandings of the greater part of men are necessarily formed by their ordinary employments. The man whose whole life is spent in performing a few simple operations … has no occasion to exert his understanding, or to exercise his invention in finding out expedients for removing difficulties which never occur. He naturally loses, therefore, the habit of such exertion, and generally becomes as stupid and ignorant as it is possible for a human creature to become. … Of the great and extensive interests of his country he is altogether incapable of judging."[84]

Thus, human history brings again[85] the paradox correlation of simultaneously opposing trends: The progress of technology on the one side comes along with an individual intellectual regression on the other. While mankind as a whole is walking forward in the range of technology every day, each single human being on the other side goes backward and loses formerly given (and trained) skills of living together in content. Once more in history – but this time in unseen dimensions – individual humans are no longer connected to their social surroundings as they used to be in the times before globalization. Disruptive developments make it more and more difficult to feel embedded inside a community. That again, of course, makes people individually feel insecure.

But there is even more reason for mental discomfort: The German philosopher Peter Sloterdijk reminded us of the contrast between the soul of a Bayreuth opera-goer at the end of the 19th century and an excursionist in a forest around Berlin only one generation later.

---

84 Adam Smith, Untersuchung über Wesen und Ursachen des Reichtums der Völker, Tübingen, 1. Auflage, 2005, S. 747f.

85 The industrial revolution of the 19th century showed similar effects: While society as a whole gained their economic profits from the technical developments, individuals suffered emotionally from losing contact to their families that had not moved into the industrial areas but stayed in the landscape.

As the parents of these times just had taken their fright at Wagnerian dragons and dwarfs inside the dark and mysterious forests, their children already went there voluntarily by car, enjoying the fresh air of the woods at a weekend-relaxation[86]. This technologically induced revolution of changing world views is even accelerating today. And it changes not only the individual sights, but also the sensitivities and the behaving of communities acting inside the world as a whole.

It is likely that, in special, this collective uneasiness evolving out of confusing paradoxes and radical changes all over the world gives reason for another outstanding development: The call for newly defined collective identifications to safeguard individual human souls on the basis of a de facto inhabitable and inhabited region. Just at the turn of the last century the German historian Wolfgang Reinhardt pointed out that there is an overall, worldwide trend towards a new kind of closer defined self-awareness:

“All around the world we see a tendency of people not to identify within big national groups. Instead, they prefer to feel unified as a smaller entity, inside certain assemblies or assured movements. People began to define themselves rather as Alsatians than as French, no longer as a human being than as a female.”[87]

Today those words from a publication of 1999 almost foreshadow the very latest ongoing that we saw in Catalan or Venetian places. Obviously, there seems to be a powerful human want for a spiritual home to counterbalance the centrifugal forces of globalization that are draining people everywhere.

At this point it seems to be suitable – as an intermediate summary – to put it like this: The findings and manifestations of a globalized digitalization and its division of labor have made individuals lose their track of durable integration into a

86 Peter Sloterdijk, Kritik der zynischen Vernunft, Frankfurt am Main, 1. Auflage 1983, Band 2, S. 882

87 Wolfgang Reinhard, Geschichte der Staatsgewalt – Eine vergleichende Verfassungsgeschichte Europas, München, 3. Auflage, 2002, S. 511

consistent social community. The permanent surplus supply of information does not provide consented (and, by this, secured) guiding directions for all members of a community. Instead, everyone faces disrupting effects in all places at all time. In effect, the intensively fractionized integration of every individual into a worldwide community on technical behalf comes along with its social isolation at the same time. And that, obviously, contradicts inherent human necessities.

2.) Epistemology as a switch stand for political developments

Precautionary, it might be useful to take a look at the theory of human recognition in general at that point. Thus, it seems reasonable and essential to insert a preliminary note on some established aspects of epistemology.

Human brains can only work and function (in the sense of any interaction with the world outside our individual craniums) if there is any perception of the world as the basic precondition of all intellectual understanding. In other words: Our five senses are the doors to our mind. By listening to our surroundings, by watching, touching, smelling and tasting, we accurately collect the information we then need to act and behave adjusted inside the world.

The quantity of optical and acoustical information that a cave man had to deal with was comparatively clearly arranged and easy to manage, even if he was hunting outside in the woods. Compared to his life conditions, a pedestrian, for example in the New York of 1930, met far more complicated challenges to find his way home without being knocked down by a horse buggy or being overrun by the astonishingly taking over motor-car behind it.

But even this citizen of New York did not rudimentary face as much information as any human being in the world of today has to bring to his mind without any substantial cease. This is what I call the permanent surplus of information supply.

To estimate the full consequences of this – for a start seemingly unimpressive – development, we have to bear one more simple fact in mind: Not even the most vigilant and attentive human being can foresee the future. All our activities are not only based on facts that we definitely know for sure. They are in addition, inescapably, based on sheer speculations about what will happen next. That again means: Every human being is inevitably convicted to challenge particular presuppositions as a fundament for all further activities without any chance to know whether they will turn out to be correct or not.[88]

Even if we are not aware of this fact in our every day's life: Our brain permanently selects those fractional amounts of information out of a vast number of information offered by our environment that it judges to be relevant in a certain situation. And after this selecting process, in a next step, the information left is assessed within the scope of every individual's activity plan. Although the skeletal structure of this process has not changed since the days of the cave man, the amount of possibly relevant information has, positively, exploded.

Engines have accelerated our lives for long and telecommunication has helped to melt away distances between all kinds of senders and recipients. But today's internet has essentially changed the hearing range and the visibility range in historically unprecedented dimensions. Not even the velocity of sound safeguards our assumptions based on a certain status of information against opposing "breaking news", possibly arriving from any point of the world on every given moment.

And since complex worldwide causalities can be interloped in any surprising constellation, the controllability even of simple and individual lines of action may be interrupted at any time.

Thus, the individual and the collective consciousness must unavoidably again and again get disorientated by the overreach of (even in the end mostly insignificant) information arriving. Nonetheless, reasonable protection against that kind of puzzling

88 The former US-Defense Secretary Donald Rumsfeld said on February 12th, 2002: „ [T]here are known knowns; there are things we know we know. We also know there are known unknowns; that is to say we know there are some things we do not know. But there are also unknown unknowns – there are things we do not know we don't know. "

overreaches cannot even be provided by trying to block selected information to prevent the potential recipients from losing track. Because that again would require the (utterly impossible) knowledge of someone, what the fundament of that reasonability for any selection or non-selection could be.

To summarize: The human brain has, undoubtedly, entered a new age. Every human brain (at least each that has a present access to the internet) can be the target of any new information, no matter at which place on earth it stays. We can say: Information has become ubiquitous. But the changes we see are not only related to the dimension of space. Since a letter does no longer have to be shipped over oceans or transported over roads, the whole mankind has potential access to all information practically at the same time. Daytime or nighttime do not matter any longer. Therefore, we can say: This has become a world of isochronism. All information is – at least potentially – on every place in the world, at the same time[89]. In the consequence, all information can restructure every reality on any place at any time worldwide. This fact is not just disillusioning any conviction of safe knowledge out of the past. It is, beyond that, a very stressful lesson to learn for all our presuppositions that we take as fundaments for our future activities. They are all doubtful and questionable at any time. Within the framework of epistemology, the age of a globalized and digitalized human consciousness will, inevitably, be an age of everlasting uncertainty.

It is crucial at that point to realize that this kind of perpetual uncertainty is not only the fate of all state's citizens but of its political leaders and its administrators as well. One of the former presidents of Germany, Roman Herzog, once wrote: "Obedience is the gamete cell and breeding ground of the state."[90] But if the commander has lost his leading knowledge, what could be the remaining justification for obedience? In case Roman Herzog

89 Volker Boehme-Neßler, Die Macht der Algorithmen und die Ohnmacht des Rechts, Neue Juristische Wochenschrift 2017, 3031 [3032] even asks if this could be the end of law itself.
90 Roman Herzog, Staaten der Frühzeit, München, 1988, S. 9

had the right understanding of a state's functioning, the ubiquitous isochronisms of a digitalized world thus erode and hollow out the fundaments of the state per se. This insight requires the taking of appropriate measures for a sustainably fruitful living together of people and peoples.

3.) Political consequences of ubiquitous isochronisms and permanent systematical disruptions

As I said in the beginning: It is not a disadvantage for humans to live in a small state today. And this thesis can easily be justified and explained on the basis of the empirical and epistemological contexts mentioned before.

Due to these increases of speed and the deriving uncertainties from that, big nations with extensive landscapes, millions of citizens, uncountable languages and dismembered cultures run without any chance in the future race for the best living conditions on this planet. The mere reaction time they require for all those social and economic adjustments that are perpetually needed is far too long to keep the pace with the ever changing framework.

Indeed, many still believe improvements of administrative productivity and a computerized rationalization of workflow could compensate the perpetual change of circumstances. Some even think that a unification and accumulation of processes could counterbalance the ubiquitous quantum jumps that are taking place at any time.

But these theories underestimate a core phenomenon of factor changes: Developments do not occur linear but with unforeseeable multidimensional disruptive effects.

And only human beings have the very creativity at their command that is needed to mend those disruptions in a way that is accepted by their fellow citizens in the long run. There is only one way to equalize the creativity of a visionary counterpart, and that is the use of one's own creativity. The typical effect of this intellectual concept is, of course, progress and improvement on all sides.

Based on this, the path to design the smart state of the future is set. The only promising search technique and detection method inside an endless intellectual merry-go-round of worldwide ideas (while facing a shark pool of disruptions at the same time) is the permission of a totally open intellectual process by – at the same time – guaranteeing and safeguarding a reliable framework of procedural rules and inviolable competences. This raises the question: Which state will be fit to guaranty the stability that is needed?

Unfortunately, western democracies (including their supranational unions) have shown more than once to be structurally vulnerable at one certain point: Even the fundamental principles of their own constitutional groundwork can be made the envy of a majority decision at all times. And, to be honest, the group of people who can form a deciding majority is not very big in a system of representative democracy. Protective arrangements in their legal systems have also turned out to be inappropriate to prevent these very foundations to be shaken by any arbitrary political moods of a day.

The only stronghold against such attacks on the positive law seems to be the firm ethos of a ruling class – and, in special, its individually acting members – not to do so. But that ethos can only be a promising safeguard for the constitutional framework when it is deep-rooted in the vitally practiced values of a (may I say: touchable near) community itself.

As soon as a ruling administrator is not personally interwoven into the community he decides for, he loses the human contact that is needed to stabilize his ethos.

Administrators who decide and act anonymously without personally knowing the administrated people will always be tempted to modify even the holy rules of a constitution as long as this strategy only promises to bring a solution for any burning issue.

It is evident that political leaders in these puzzling times are perpetually tempted to simplify and to decelerate ambiguous situations by expulsing all these ubiquitous isochronisms that I outlined above.

But disconnecting a society from intellectual and technical developments beyond the homeland borders is not a promising strategy to preserve any given political situation in the long run. The world has seen that neither the ancient Chinese emperors nor the almighty communist leaders of contemporary history managed to freeze human development by building walls. In times of digitalization all political attempts to hold progress by forcefully erected digital walls will, of course, have some short-term successes.

But their intentions to master the elemental forces of human creativity are already foredoomed mid-term because the prohibitive politicians will lose their control at least for two simple reasons: First, they will not be able to master the disruptive and multi-dimensional developments all around since they cannot foresee the unknown future. And second, the violation of constitutionally guaranteed elbow-rooms of the people intensifies the citizen's discomfort with their average situation of uncertainty.

Cutting off people from reality is not a winning way for politicians[91]. If it is not only the factual world outside that spends uncertainty but also the political decisions (instead of establishing a reliable framework of procedural rules and inviolable rights) then a community and its organizations come to an end.[92]

4.) The advantage of being a small state

Preserving and developing a state in such times of ubiquitous isochronisms and – deriving from that – permanent systematical disruptions therefore brings the challenge of walking the fine line between intellectual openness on the one side and institutional constancy on the other side. This all but paradox

91 And it is not a winning way for journalists as well. Those of them who have tried to give their readers or viewers the runaround of untrue reports and news have learned painfully what chances the internet offers for first-hand information

92 I wonder if one day scientist will examine the parallels of the collapse of the GDR and of Biosphere 2.

task can actually only be mastered by a very precise definition of the core area of a state's institutions and of its functions that cannot (under no circumstances) be questioned.

That leads – as an almost crystallizing moment – to another surprising and exciting finding: The smaller a state and its authority are, the more insignificant and ineffectual are the points where uncontrollable and, by this, ungovernable disruptive forces can act. Big states with sophisticated institutions and excessive bureaucratic work forces are condemned to fail as soon as they are no longer in the position to maintain the accepted fundaments of their existence.

Inflexibility and immovability have always been the death sentence for the great empires in human history. But under today's conditions of nonstop high-speed innovations even every seemingly normal-size state with its common institutions that we think to be familiar with can rapidly turn into a mortally wounded colossus.

In the consequence, it is necessary to precisely define this core area of a state's institutions and its functions. Due to the tightness of time, I will leave out some traditional questions of state organization that can be perfectly discussed anywhere else. Instead, I want to concentrate on the essential question of today's conference and on my subject in special: How can a small state manage today's specific challenges of ubiquitous isochronisms?

The first of two answers to that question is part of the question itself: A small state is a state that is small. And strictly this quality predestines it to be the perfect tool, fit to endure all coming storms of disruption.

Big organizations are tardy, small ones are flexible. And flexibility is a feature that helps organizations to persist. A rowboat can already have left any uncomfortable situation before the seamen's eyes see a tankship slowly change its direction.

But how could a small state with little natural resources and limited space manage to survive in a world full of bigger players? At this point we have to bear in mind that the primal source of our problem (called "ubiquitous isochronisms") is to be found in the phenomenon of digitalization. We are dealing with a technique to record and send contents of human thinking and intelligence. Creativity is what matters. But brainwork does not require any noteworthy volume expansion. It was the scholastic philosophers who already knew that thinking can be done by millions of intellectual angels on one single tip of a needle.

That comes from the fact that reality has two dimensions: The tangible world of objects and the virtual world of thoughts. Traditional philosophers named these two worlds "mundus intelligibilis" and "mundus sensibilis". Thus, interactive communication via internet (beyond pure algorithm work of the machinery) only requires two human brains and a certain hardware with some cabling or antenna and electric current somewhere out there in the real, touchable world.

For that you do not have to operate a spacious state with millions of public servants and impressive government facilities. From the perspective of intellectual exchanges via internet a state is already big enough inside the "mundus sensibilis" as soon as it has sufficient space to deploy and maintain a network-compatible computer of any considerable size.

And that state does – moreover – not even have to be big enough to shelter and accommodate the creative minds themselves. It is sufficient to welcome their brains inside the virtual "mundus intelligibilis" of this state. The tangible bodies of the creative minds can be anywhere outside around the globe.

According to practical experience, there is just one circumstance that is definitely indispensable for any successful innovative engagement: Creativity will only be promising in places where human brains have the freedom and permission to assemble for the work on their unlimited thoughts. In this regard, small states on the one side and creative minds on the other can enjoy mutual attraction. While intellectuals discover new horizons of human thinking, the allowing state increases its wealth and the contentment of its native and virtual citizens. As long as the ruling (and allowing) political power is not endangered by unrulable disruptive effects of innovation, the sensitive balance of this fruitful arrangement can persist to reciprocal benefit. Moreover, one might expect that – as a side effect – just the assembled creative minds that enjoy the liberties of free thinking shall be the best guaranty to safeguard this kind of state to stand its ground. And that again justifies the assumption that small states should wisely call for free thinkers.

III. Concluding Remarks

I think there is some reason to believe that the dominating political development direction of the last century that was slanted towards big states and impressive administrative unions is coming to an end.

More and more people understand that their personal strategies to master the challenges of human life are incompatible to the strategies of other people on the globe. And maybe the time has come to admit that the relevant discrepancies are too big to be dissolved by the sheer attempts of harmonizing politics within one region and one state. Especially an intervening state that tries to be in line with everyone inside a multicultural society must inevitably here and then head for self-contradictions. Wherever it is not within the realms of possibility to pacify these dissensions by trade and cooperation, it seems to be the best advice to disjoin and decompose incompatible groups and to offer the chance of peaceful separation.

Two scientists from Munich have just published an article on the subject of the political economy of secession that I found very impressive[93]. Their research has not only shown an increase of nations worldwide from 57 to 194 within the last 100 years. They also point out that the dogma of unshiftable borders on the one hand indeed safeguards a status quo given. Nevertheless this dogma can collide painfully with the right of self-determination on the other hand. Isn't it therefore a better way towards a peaceful political framework to allow secession, as the chief

93 Martin Braml und Gabriel Felbermayr, Zur politischen Ökonomie von Sezessionen, Frankfurter Allgemeine Zeitung, 13.11.2017

economist of the magazine “Wirtschaftswoche”, Malte Fischer, recently suggested[94]?

Ten years ago, the Ethiopian economist Eleni Gabre-Madhin formulated the secret of human happiness in a wonderful sentence. She said: “Happiness is freedom of choice”[95]. If that is true (and I personally believe it is) we could transfer this economic insight into the world of states and citizenships. We would then come to the conclusion that the more states the planet has the more happiness could be provided for civilians. Although the surface of the earth is limited, human brains and their creativity is not.

So in the end I believe that the smartest strategy to stand one’s ground inside an ever changing world of uncertainties is to learn how to learn. If you cannot control your circumstances then you have to control your skills how to adapt to the changes. And in the center of all intellectual efforts it can never be wrong to study the philosophy of science. Together with training and schooling of the traditional canons of education a community can be fit for the future. Intelligence can survive on the tip of a needle.

94 Malte Fischer, „Lasst die Katalanen ziehen!“, Wirtschaftswoche, Düsseldorf, 02.11.2017

95 https://www.ted.com/talks/elene_gabre_madhin_on_ethiopian_economics?language=de

Quellen

Von allen hier versammelten Texten ist ausschließlich die „eigentümlich frei“-Kolumne „Öffnet endlich wieder Kaufhof und Karstadt!“ im Lichtschlag-Verlag publiziert worden. Ihr kommt darüber hinaus aber auch in inhaltlicher Hinsicht eine Sonderstellung zu: Sie erschien am 22. April 2020 und enthielt den Aufruf, die rund fünf Wochen zuvor, am 11. März 2020, mit Ausrufung einer „pandemischen Lage“ durch die Weltgesundheitsorganisation ausgelösten, exzessiven Maßnahmen gegen ein Coronavirus zu beenden. Aus heutiger Sicht erweist dieser Aufruf, dass es bei rationaler Betrachtung schon in der Frühphase der Coronakrise möglich gewesen wäre, die anschließend verursachten Schäden durch das politische Coronamanagement in weitestem Umfang zu vermeiden. Hätte man sich der unsicheren Lage zur Problembewältigung konsequent mit etablierter Dogmatik und Methodik gewidmet, wären unermessliches Leid und die entstandene Spaltung der Gesellschaft weithin vermieden worden. Für eine juristische Aufarbeitung dieser Zeit und die Frage nach dem Verschulden der Verantwortlichen spielt das sogenannte „Kennenkönnen“ üblicherweise eine maßgebliche Rolle.

Soweit in diesem Band Redetexte wiedergegeben sind, beziehen sie sich auf Referate, Vorträge und Ansprachen, die an den unterschiedlichsten Stellen zwischen Monaco und der Türkei und faktisch im gesamten DACH-Gebiet gehalten wurden. Die Worte über Biofortifikation und Intelligenzfortifikation richteten sich in der Gestalt einer Tischrede an die Teilnehmer der Gottfried-Haberler-Konferenz der European Center of Austrian Economics Foundation in Vaduz. Die Literaturanalyse des Biedermann-Textes von Max Frisch wurde auf Einladung der ‚Partei der Vernunft‘ im Offenburger Saal der Verfassungsfreunde vorgetragen. Die Überlegungen über Wechselkursschwankungen als den Höflichkeitsabstand zwischen den Völkern waren Gegenstand eines Festvortrages in Bern auf Einladung der Schweizer Initiative für eine unabhängige und neutrale Schweiz. Der Vortrag über den ‚Great Reset' und seinen Abgleich mit einer wünschenswerten Abgeordnetenhaftung wurde auf Einladung der ‚Atlas Initiative' in Frankfurt am Main gehalten. Auf Schloss Stuppach im niederösterreichischen Gloggnitz wurden die Überlegungen zu einer Selbstbehauptung ohne Selbstbewusstsein vor Mitglieder eines Wirtschaftsclubs vorgestellt. Gesetzgebungsmacht und Übernormierung waren Vorträge auf Gottfried-Haberler-Konferenzen in Vaduz, die Auseinandersetzung mit der Frage nach dem Öffentlichen Interesse erfolgte auf Schloss Freudenfels in Eschenz auf Einladung der Liechtenstein Academy. Ob man durch die Nutzung von Flugzeugen gegen eine ‚Klimaethik' verstoße, war Gegenstand eines Referates für die Friedrich-Naumann-Stiftung in deren Gummersbacher Theodor-Heuss-Akademie. Die Frage nach einer Arzthaftung des Staates wurde für das Deutsche Institut für Gesundheitsrecht anlässlich der von ihm veranstalteten ‚Berliner Gesundheitsgespräche' aufgeworfen. Die englischsprachigen Vortragstexte entstanden auf Einladung der ‚Property and Freedom Society' für Bodrum in der Türkei beziehungsweise auf Einladung des ‚Centre d'Etudes Prospectives pour Monaco' (CEPROM) und der ‚European Center of Austrian Economics Foundation' (ecaef) für Konferenzen in Monte Carlo.

Die Artikel und Aufsätze dieses Buches erschienen ursprünglich in der deutschen ‚Epoch Times', bei ‚Novo Argumente', auf der Seite von ‚Tichy's Einblick', in der ‚Wirtschaftswoche', dem Blog der Liechtenstein Academy, auf der „Achse des Guten", in Publikationen des ‚Liberalen Instituts' Zürich sowie in Buch- oder Festschriftbeiträgen für Fürst Hans Adam II. von Liechtenstein, Kurt R. Leube, Gerd Habermann und als Vorwort für die Neuausgabe des Buches von Roland Baader über die Euro-Katastrophe.

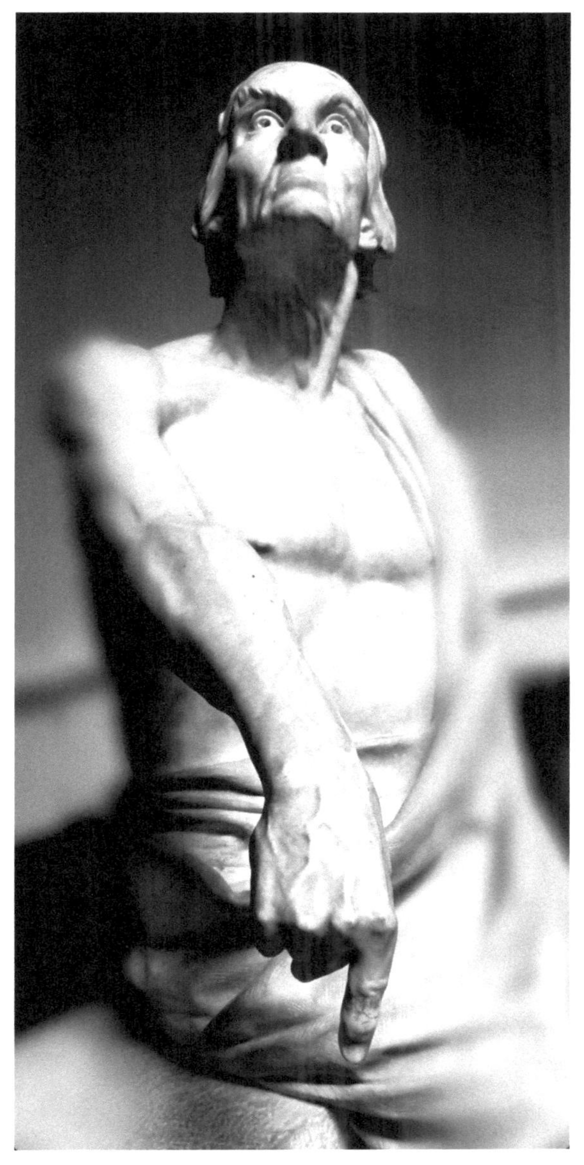

Tierrechte: Albert Schweitzer
Grundgesetz: Tristan Barczak
eigentümlich frei
Totalitarismus. Recht und Medien. Innovation. Merkels letzter Streich. Demokratie und Demonstration.
Pandemie. Panik. Polizeistaat.
Mit Spaltung und Spannung hinein in den Totalitarismus
Merkels letzter Streich